企业竞争优势来源之微观基础研究

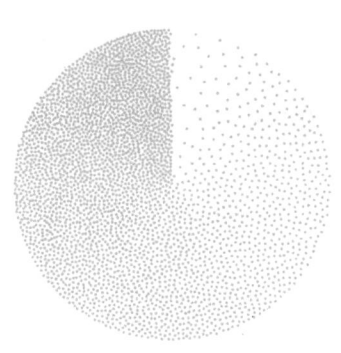

Research on the Microfoundations of
Sources of Enterprise

COMPETITIVE ADVANTAGES

杨 荣 ◎著

内 容 简 介

本书注重企业竞争优势来源的微观基础研究，全面阐述微观基础理论，梳理企业竞争优势来源理论发展脉络，并从资源、人力资本、企业能力、动态能力、知识创造等五个方面来探讨构成企业竞争优势来源的微观基础。本书的研究有助于从理论上正确理解和把握企业竞争优势的来源及其相互关系。本书可概括为三部分内容：第一部分涉及竞争优势理论的发展脉络，从基本概念出发，对竞争优势领域研究的文献资料进行梳理；第二部分涉及微观基础理论，重点阐述了微观基础思想的起源与发展，微观基础的概念、微观基础解释结构与模式以及分析层次、聚合与涌现、微观与宏观的联系等内容；第三部分涉及不同视角下微观基础与企业竞争优势相互关系的分析。

本书适合从事相关研究工作的人员参考阅读。

图书在版编目 (CIP) 数据

企业竞争优势来源之微观基础研究 / 杨荣著． —— 北京：北京大学出版社，2022.12
ISBN 978-7-301-33867-4

Ⅰ．①企… Ⅱ．①杨… Ⅲ．①企业竞争—研究 Ⅳ．① F271.3

中国国家版本馆 CIP 数据核字 (2023) 第 053983 号

书　　　名	企业竞争优势来源之微观基础研究 QIYE JINGZHENG YOUSHI LAIYUAN ZHI WEIGUAN JICHU YANJIU
著作责任者	杨　荣　著
策划编辑	王显超
责任编辑	许　飞
标准书号	ISBN 978-7-301-33867-4
出版发行	北京大学出版社
地　　　址	北京市海淀区成府路 205 号　100871
网　　　址	http://www.pup.cn　新浪微博：@ 北京大学出版社
电子邮箱	编辑部 pup6@pup.cn　总编室 zpup@pup.cn
电　　　话	邮购部 010-62752015　发行部 010-62750672　编辑部 010-62750667
印刷者	天津和萱印刷有限公司
经销者	新华书店
	787 毫米 × 1092 毫米　16 开本　21 印张　399 千字 2022 年 12 月第 1 版　2022 年 12 月第 1 次印刷
定　　　价	98.00 元

未经许可，不得以任何方式复制或抄袭本书之部分或全部内容。
版权所有，侵权必究
举报电话：010-62752024　电子邮箱：fd@pup.cn
图书如有印装质量问题，请与出版部联系，电话：010-62756370

序

作为经济实体的企业,是一国经济的立身之本,是财富创造的源泉,是国家强盛的重要支柱。因此,不断激发企业活力,促进企业健康发展,对提升国家的经济实力和竞争能力具有重大的现实意义。然而,在当前竞争激烈的动态环境下,企业要想在竞争舞台上取得成功,就必须拥有竞争优势,这意味着要创造并保持卓越的绩效。

竞争优势是经济学家张伯伦(Chamberlin)在 1933 年的著作《垄断竞争理论》中提出来的一个概念。"如何获得和保持可持续竞争优势"是战略管理的根本问题,也是学界、政界和业界都普遍关注的问题,因此也一直是战略管理学的主要研究热点。

企业竞争优势理论主要是回答"为什么有些企业能够相对于其他企业获得更好的业绩"这个问题,即解释造成企业之间业绩差异的原因。而研究企业竞争优势的根源,不仅有助于企业的实践,而且也是检验各种理论流派能否解释和预期企业竞争优势的判断依据。在众多学者的长期共同努力下,战略管理学在这个问题上已经取得了许多重大的成果和进展。由于研究视角的不同,学者对于企业竞争优势的来源有着不一样的理解与阐释,从而形成了不同的战略学说或理论。从经济学视角的古典企业理论、新古典企业理论、现代企业契约理论,再到管理学视角的资源观、能力观、动态能力观、知识观等,学者提出的这些创造竞争优势来源的理论,虽然在结论上大相径庭,但实际上从某种程度来看,不是相互对立的,而是相互补充的。这些理论分别从不同的分析前提和思路出发,形成了各自对竞争优势来源的解释,对于学界和业界都有着重要的启发和指导价值。

然而,从现实来看,在对企业竞争优势来源的研究中绝大多数学者把视角聚焦于集体或宏观层面,而该视角通常是用集合型主体变量(如惯例、能力、竞争力等)来解释组织层面的异质性,这在很大程度上忽略了这些集体层面概念背后所隐含的深层个体认知与行为根源。因此，它们难以清晰揭示企业竞争优势来源的本质及其联系。而微观基础研究却可以弥补这方面的不足。

其实，战略从根本上是围绕着"选择"而展开的。鲁梅尔特（Rumelt）、申德尔（Schendel）和蒂斯（Teece）在他们的开创性论文中指出："企业如果想生存下去，就要作出选择。它们的战略性选择包括：目标、产品和服务的选择；政策设计和配置的选择（以决定企业如何定位自己在产品市场上的竞争地位，例如，竞争战略）；业务范围和多元化水平的选择；组织结构、行政制度和政策设计的选择（以定义和协调工作）。这些选择对企业的成败至关重要，必须将它们整合起来，作为战略领域的一个基本命题。正是这些选择之间的整合使集合成为一种策略。"

当然，相关的选择权不属于组织层面的"企业"，而是属于高层管理者。应该承认，长期以来，战略往往专注于一系列企业层面的概念，如核心能力、动态能力、吸收能力等，它们与选择的关系是不明确的。蒂斯认为，近些年来，"选择"已重新成为战略中的一个核心概念。高层管理人员的"选择"固然很重要，但要理解像动态能力或吸收能力等企业层面概念的性质，仅关注高层管理人员是不够的。也有必要关注中层管理人员、信息传递者、研究人员，甚至车间的组织成员。

虽然"选择"已经成为微观基础研究的核心，但从根本上来说，在战略中，微观基础是关于从个体，尤其是组织成员的行为和相互作用的角度来理解企业或行业层面的聚合现象的研究方法。2005年，费林（Felin）和福斯（Foss）在《战略组织》杂志上发表了《战略组织：一个寻找微观基础的领域》一文，对那些过度使用宏观建构而没有明确使用微观基础来探讨战略管理领域主题（如惯例、能力、吸收能力等）的做法进行了抨击。费林和福斯认为，像企业层面的"能力"这样的结构是如何与组织成员的技能、知识、行动和互动联系在一起的，在宏观建构研究中是没有被阐释清楚的。从此之后，微观基础很快被管理学者们拾起并用作框架工具，"微观基础运动"的方法论在战略管理领域逐渐得到了学者的普遍认可。

需要特别指出的是，正如福斯所说，微观基础并不像动态能力或资源观那样是一种战略理论。相反，它是一种解释社会现象（如企业盈利能力、企业吸收能力等）的总体方法，可以表示为一套直观的推断模型（modelling heuristics）。它也是从基本的本体论承诺（ontological commitment）出发的一种方法，即认为管理中的利益现象本质来是多层次的。微观基础旨在通过在理论和经验上找出低于现象本身的一个或多个分析层次来解释现象的近因，确保分析明确考虑到这种多层次的性质，以促进我们对管理现象的理解。

由此可见，微观基础研究在战略管理研究领域的地位是十分重要的。可以预计，随着企业竞争优势理论的不断完善与发展，微观基础的重要性将日益凸显，其研究前景也将越来越广阔。

当前，很多西方学者热衷于从微观基础视角研究战略管理，研究主题比较宽泛，获得的学术成果也十分丰富。相比之下，国内有关这方面的研究相对滞后，在学术著作上更是缺乏成果，填补这一空白正是本书的出发点和主要目的。本书在参考了国内外大量相关著作、学术论文等文献资料，并在引用了其中思想精华和学术观点的基础上，力图通过梳理理论逻辑、澄清模糊认识，构建起一个较为完善的企业竞争优势来源之微观基础的分析框架。希望本书能起到抛砖引玉的作用，吸引更多学者关注，甚至参与到这个领域的研究当中，以推动国内学界战略管理微观基础研究的普及开展，为进一步完善该领域的理论体系作出积极的贡献。

本书共有七章，可分为三方面内容。第一，全面阐述微观基础理论，这是第一章的内容。主要包括：了解微观基础的概念及其产生的必要性，微观基础思想的起源与发展，微观基础解释要素，聚合与涌现的含义，微观基础与微观学科的关系，微观与宏观的联系，对微观基础的误解及其纠正，微观基础范式存在的原因。第二，企业竞争优势来源理论发展脉络的梳理，这是第二章的内容。主要从基本概念出发，对竞争优势研究领域的文献资料进行梳理，以洞悉企业竞争优势理论的发展脉络。从脉络上看，企业竞争优势理论主要经历了竞争优势外生论和竞争优势内生论等发展阶段。其中，内生论包含资源观、能力观、动态能力观、知识观和演化观等不同的阶段。第三，多视角探讨企业竞争优势来源的微观基础，这是第三章到第七章的内容。本书探讨的企业竞争优势来源的视角分为五个，分别是资源、人力资本、企业能力、动态能力、知识创造。在第三章到第七章中，每章结构、逻辑基本保持一致。具体上，企业竞争优势的每一种来源单独成章。每章首先阐述构成企业竞争优势来源的概念、维度、分类、特征，对该来源形成的文献进行回顾。然后分析该来源构建企业竞争优势的逻辑机理。最后分析该来源的微观基础，即从微观基础的角度分析该来源是如何涌现而成的。

本书的学术创新性主要体现在以下三个方面。一是研究视角新。将主要视角放在个体或微观层面上，同时也兼顾集体或宏观层面的视角，更新了传统的企业竞争优势来源的研究主体。二是理论建构新。从微观上研究企业竞争优势来源是战略管理的一个新领域，但由于竞争优势来源的表现形式是多方面的，公认的形式包括资源、人力资本、企业能力、动态能力、知识创造等，当中，不同学者对同一种形式的研究，视角也是不同的。因此，研究内容往往比较零散，缺乏系统性。相比之下，本研究高度整合了不同内容，变碎片化信息为具有完整逻辑性的知识，从而使研究内容具有综合性和系统性。三是本书不仅完善和丰富了企业竞争优势来源的研究内容，还拓展了研究边界。本书从多层面和多角度分析了企业竞争优势的形成机理，内容和学术观点新颖并自成体系，为进一步从事企业竞争优势来源理论的课题研究提供了更坚实的理论基础。同时，本书内容涉及多门学科，包括哲学、社会学、经济学、管理学、心理学等，研究内容的交叉与融合，拓宽了企业竞争优势理论研究的范围与视野。此外，本书从机理上全面分析企业竞争优势来源的内在逻辑关系，可使人们深刻地认识、理解和把握企业竞争优势理论的本质及其发展规律。

应该看到，战略管理的微观基础是一个新的研究领域，理论还不够成熟，有相当多的观点仍存在分歧，因此需要不断地完善和发展。鉴于战略管理的微观基础涉及面较广，可以想象，其未来的发展空间应该是非常巨大的。由于笔者的精力和学术功力都很有限，许多不妥甚至错误之处在所难免。在此，诚恳期待学界同行以及广大读者朋友批评指正。

最后想要说明的是，本书适合具备一定经济学或管理学基础知识并对战略管理感兴趣的人们阅读。它也可作为高等院校经济管理类专业高年级大学生或研究生的相关课程的参考读物，以及从事战略管理方面的理论研究与教学人员的参考用书。此外，对企业管理人员也有一定的参考价值。

杨荣

2022 年 9 月

目 录

第一章　微观基础的内涵逻辑与分析范式 ·················· 1
　第一节　微观基础思想的起源与发展 ·················· 1
　第二节　微观基础范式的必要性及其本质 ·················· 14
　第三节　微观基础的解释结构 ·················· 23
　第四节　聚合与涌现 ·················· 32
　第五节　微观基础与微观学科 ·················· 37
　第六节　微观与宏观 ·················· 39
　第七节　微观基础范式的质疑与辩驳 ·················· 46
　第八节　管理研究中微观基础的发展趋势 ·················· 51

第二章　竞争优势的概念及其理论发展脉络 ·················· 55
　第一节　竞争优势的概念及其特征 ·················· 55
　第二节　竞争优势的构成要素与类型 ·················· 60
　第三节　竞争优势理论的发展脉络 ·················· 64

第三章　基于资源竞争优势之微观基础 ·················· 80
　第一节　资源概述 ·················· 80
　第二节　资源与企业竞争优势 ·················· 87
　第三节　资源搜索的微观基础 ·················· 96

第四章　基于人力资本竞争优势之微观基础 ·················· 108
　第一节　人力资本概述 ·················· 108
　第二节　人力资本与企业竞争优势 ·················· 121

第三节　人力资本资源形成的微观基础 ……………………………………… 131

第五章　基于企业能力竞争优势之微观基础 ………………………………… 152
  第一节　能力概述 ………………………………………………………………… 152
  第二节　企业能力与企业竞争优势 …………………………………………… 170
  第三节　企业能力形成的微观基础 …………………………………………… 184

第六章　基于动态能力竞争优势之微观基础 ………………………………… 209
  第一节　动态能力概述 …………………………………………………………… 209
  第二节　动态能力与企业竞争优势 …………………………………………… 220
  第三节　动态能力形成的微观基础 …………………………………………… 227

第七章　基于知识创造竞争优势之微观基础 ………………………………… 263
  第一节　知识概述 ………………………………………………………………… 263
  第二节　知识与企业竞争优势 ………………………………………………… 276
  第三节　知识创造的微观基础 ………………………………………………… 303

后　记 …………………………………………………………………………………… 327

第一章 微观基础的内涵逻辑与分析范式

微观基础概念的起源与经济学的发展密切相关。在经济学领域,微观基础是指研究宏观经济现象必须以微观经济个体行为的规律为理论根据,它是宏观经济学理论的保证,如果不理解单个经济单位的经济行为和经济规律,就难以正确理解社会和集体的经济活动。随着整体主义与个人主义之间争论的展开,微观基础开始在社会学领域得到应用。到 20 世纪后期,微观基础的概念应用到战略管理领域,并呈现出快速成长的态势。要充分地发挥微观基础分析方法的优势,关键就是要理解微观基础的内涵逻辑与分析范式。

第一节 微观基础思想的起源与发展

在阐述微观基础分析范式之前,要先了解微观基础思想的历史状况,包括其起源及发展情况。它的演变史主要体现在经济学、社会学和管理学这三个不同的学科上。

一、经济学视角下微观基础思想的起源与发展

我们现在使用的"经济学"(economics)一词,最初来源于希腊语"οικουομικη",它的意思是"管理一个家庭的人"。日本的神田孝平(Kanda Kohei)最早用汉字将其翻译成"经济学",近代中国的严复称之为"生计学",现在人们一般称之为"经济学"。

微观基础概念的起源与经济学的发展有着千丝万缕的联系。经济学这个学科的最早名称是"政治经济学",其核心思想是将国家管理比作家庭管理。在十七八世纪期间,政治理论家更多地考虑社会等级制度的作用,而很少考虑个人的作用。

配第(Petty)、金(King)、达文南特(Davenant)等人在早期开展了统计研究,但他们不是为了了解特定人群的经济行为,而是为了调查英格兰和爱尔兰支持英国国

王军事野心的能力。同时，法国重农学派的创始人和领袖魁奈（Quesnay）和其他重农主义者的模型在结构和方法上与现代宏观经济模型有许多相似之处，他们呼吁将法国社会划分为广泛的阶层（如贵族、农民、手工业者等），并建议法国国王通过发展经济来提高国家的军事能力。[①]

17世纪中叶开始，古典经济学兴起，代表人物包括斯密（Smith）、李嘉图（Ricardo）、休谟（Hume）等经济学家。他们既研究国民收入、货币流通等宏观问题，又研究劳动分工、价值创造、财富分配等微观问题。但总体上，古典经济学的理论基础与依据就是萨伊定律，即供给创造需求的定律，其宏观经济分析以供给决定为中心，研究的是总供给或总产量的决定，强调供给因素，而忽视需求因素。其实，古典经济学的核心是劳动价值论，认为经济增长产生于资本积累和劳动分工的相互作用，并在不同程度上探讨了剩余价值的各种形式，如利润、利息和地租等。在分析方法上，古典经济学主要采用总量分析，着重于经济总量研究，从斯密到穆勒（Mill）等人，他们均从总量上分析经济均衡现象。

19世纪70年代早期，经济学家们在经济理论中运用了边际分析，这被认为是新古典经济学的开始。古典经济学经过边际革命，过渡到了新古典经济学，主要代表人物有：杰文斯（Jevons）、门格尔（Menger）、瓦尔拉斯（Walras）、（Fisher）和马歇尔（Marshall）等人。

新古典经济学在继承古典经济学经济自由市场主义的同时，以边际效用价值论代替了古典经济学的劳动价值论，以以需求为核心的分析代替了以供给为核心的分析，以边际分析的研究方法代替了总量的分析方法。此时的经济学家们已开始将精力集中在微观分析方面，主要研究在给定资源和偏好条件下的资源配置问题，他们认为只要分析清楚微观的经济变量和行为，就不难知道宏观经济总量和总体经济行为，因此对宏观经济问题的研究相对较少。[②] 到了19世纪末，英国经济学家马歇尔出版了《经济学原理》，通过综合宏观与微观的观点，形成了今天微观经济学的基本框架，但当时还没有微观经济学这个名称。

19世纪中后期，德国历史学派与奥地利经济学派之间爆发了一场关于经济学研究方法论范式的争论。历史学派在价值观上重视使用价值的整体价值观，从系统的角度

[①] HAUSMAN D M. The philosophy of economics: an anthology [M]. 3rd ed. Cambridge, UK: Cambridge University Press, 2007: 316.

[②] 侯明亮. 西方经济学流派对宏观经济学的微观基础问题的辨析 [J]. 晋阳学刊, 2012 (6): 54-58.

去认识效率和把握价值，主张以结构主义和方法论集体主义来分析经济现象。相对而言，奥地利经济学派在价值观上重视交换价值的个体价值观，从个体效用的角度去认识效率和把握价值，主张以边际主义和方法论个人主义来分析经济现象。①其中，门格尔与20世纪的米塞斯（Mises）和哈耶克（Hayek）坚持认为，对社会现象的唯一有充分根据的解释是诉诸个人的行动和行为的解释。②

1933年，挪威著名经济学家、首届诺贝尔经济学奖获得者弗里希（Frisch）创造了"微观动力学"（microdynamics）和"宏观动力学"（macrodynamics）两个术语，它们的含义与我们现在使用的"微观经济学"和"宏观经济学"基本相同。弗里希宣称，微观动力学分析是一种分析，通过这种分析，我们试图详细解释庞大经济机制中某个部门的行为，理所当然地认为某些一般参数是给定的……这种分析的本质是显示特定市场的演变、特定类型消费者的行为等细节。而宏观动力学分析则是试图从整体上考虑整个经济系统的波动。显然，在这种情况下，不可能进行非常详细的分析。当然，如果我们把自己局限在一个纯形式的理论中，即使是采用宏观动力学分析，也总是有可能进行详细的分析。在这样的理论中，对一些基本问题的研究会变得十分困难，比如，解决方案的精确时间状况、一组现象是落后还是领先于另一组现象、系统的一部分是否会比另一部分振荡幅度更大等，显然，这样的理论不太会引起人们的兴趣。然而，为了在宏观动力学的基础上解决这些问题，以便从整体上解释系统的运动，必须故意忽略相当多的细节。我们可以把各种生产放到一个变量中，而把所有消费放到另一个变量中，以此类推，设想"生产""消费"等概念可以通过某种总指数来衡量。③

弗里希不仅是首次提出"微观动力学"和"宏观动力学"概念的学者，还是第一个明确区分微观动力学与宏观动力学两者区别的学者。弗里希所描绘的两者的基本区别是，"各个部分独立运作"与"将整个经济体系作为一个整体"的特征之间的区别。弗里希虽然十分关注经济要素的动态变化，但也并没有忽视要素的相互依存关系。事实上，正是基于这种相互依存关系的角度，弗里希将宏观动力学与微观动力学区

---

① 靳涛. 两大经济思潮的碰撞与演进——历史学派和奥地利学派的思想追踪及对现代经济学的影响[J]. 江苏社会科学，2005（6）：92-96.
② HAUSMAN D M. The philosophy of economics: an anthology [M]. 3rd ed. Cambridge, UK: Cambridge University Press, 2007: 317.
③ FRISCH R. Propagation problems and impulse problems in dynamic economics [M]//AMMONN A, FUBINI R, FRISCH R, et al. Economic essays in honor of Gustav Cassel, October 20th 1933. London: George Allen and Unwin, 1933: 172-173.

分开来。① 与此同时，弗里希的观点不是像瓦尔拉斯的一般均衡观点那样，将相互依存关系作为经济范围内拍卖中的个体参与者，而是将其作为"系统某些部分内外的循环"，加以充实。

然而，我们可以看到，弗里希没有讨论微观基础问题，他并不认为微观比宏观更基本，也不认为宏观只是微观的可有可无的代表。同时，"整体经济体系"的微观"部分"是构成性的，是构成经济系统的一部分。但微观动力学是弗里希经济学的基础，它本身就是"理所当然地认为某些一般参数是给定的"的特例。

凯恩斯（Keynes）似乎没有使用微观和宏观的概念，但他非常清楚这两者的区别。凯恩斯在 1936 年出版的《就业、利息和货币通论》（简称《通论》）中写道：我认为，将经济学分为价值、分配理论和货币理论是错误的。正确的二分法应该是，一方面是个体产业或企业的理论以及一定数量资源的报酬和分配理论，另一方面是将产出和就业理论作为一个整体。②

1941 年，荷兰统计研究所一位并不著名的经济学家德沃尔夫（De Wolff）是第一个使用"微观经济"和"宏观经济"这两个词的学者。德沃尔夫非常了解弗里希的宏观动力学建模工作，可能是受到了启发，他将弗里希对"微观动力学"的使用扩展到更一般的"微观经济学"。他关注我们现在所说的"聚集问题"，即如何从个人消费行为转向总消费行为。沃尔夫提出，需求收入弹性的概念有两个完全不同的含义，分别来自微观和宏观经济的解释。微观经济将其解释为个人或家庭在某一商品上的收入和支出之间的关系。而宏观经济的解释是来自一大群人或家庭（社会阶层、国家等）的总收入和总支出之间的对应关系。③ 自 20 世纪 40 年代，"宏观经济学"这一术语开始出现在学术期刊上，甚至是一些较少使用的教科书上，到 50 年代中期开始被广泛使用，并首次出现在萨缪尔森（Samuelson）的 1958 年版权威经济学入门教科书中。④

可以认为，经济学体系出现微观经济学与宏观经济学两大研究体系的对立是从凯恩斯开始的，然而凯恩斯革命的本意却并不是对立而是颠覆。凯恩斯强调短期分析和

---

① DUARTE P G, LIMA G T. Microfoundations reconsidered: the relationship of micro and macro-economics in historical perspective [M]. Cheltenham, UK: Edward Elgar Publishing, 2012: 29 - 30.
② KEYNES J M. The general theory of employment, interest and money [M]. London: Macmillan Cambridge University Press, 1936: 293.
③ DE WOLFF P. Income elasticity of demand, a microeconomic and a macroeconomic interpretation [J]. The Economic Journal, 1941, 51 (201): 140 - 145.
④ Macmillan Publishers. The new palgrave dictionary of economics [M]. 3rd ed. London: Palgrave Macmillan, 2018: 8741.

市场失灵是经常性的一般情况,否定经济理论长期分析的普遍适用性,因而新古典经济学有关充分就业的长期均衡只是其《通论》中的一个"特例",他的理论所强调的非均衡才是普遍的、常态的,因此称为"通论"。这种颠覆既得到了认可,也受到了质疑,如凯恩斯主义模型在方法论上受到了批评。20世纪70至80年代以后,以新古典综合派为代表的凯恩斯主义经济学既不能在实践上提出解决"滞涨"问题的有效对策,又不能从理论上对"滞涨"现象加以合理的解释,因而陷入了困境。之后,原凯恩斯主义经济学便走向了衰落。

一些经济学家认为,宏观经济变量之间的关系有可能受到经济政策本身的影响,因此,基于这些宏观经济变量之间关系的政策分析可能是错误的。卢卡斯(Lucas)认为,如果没有微观基础,就无法对宏观经济进行正确的分析。其实,在卢卡斯之前,就有众多的学者指出了宏观经济学缺乏微观基础的问题,并进行过寻找宏观经济学微观基础的研究。经济学家们大部分都认为,如果为凯恩斯的经济理论构筑一个较为完善的微观基础,那么宏观经济学便可以更有说服力地把国家干预建立在市场机制的基础上,更为准确地把握国家调节的范围和力度。经济学理论体系的缺陷引发了经济学家们对宏观经济学微观基础的探索。他们力图使宏、微观理论相互协调,使宏观经济学建立在微观理论的基础之上。这个宏观经济学微观化的理论探索过程,构成了第二次世界大战后尤其是20世纪70年代以来宏观经济学发展的主线。[①]

二、社会学视角下微观基础思想的起源与发展

从社会学的角度看,微观基础的产生主要来源于整体主义(集体主义、总体主义)与个体主义之间的争论。整体主义与个体主义成为西方社会研究领域的一对最基本的范式之一,它们之间的对立在西方社会学界由来已久,并贯穿了社会学学科发展的整个历程。

"整体主义"(Holism)一词由史末资(Smuts)于1926年在《整体论与进化》一书中首次提出。史末资用"整体主义"这个术语指代自然界中的一种整体倾向,即宇宙中"整体"的基本特征。他认为,整体不仅仅是思想上的人为构造,而是一个真正有效的特征,一个真正的原因,它们确实存在,指向宇宙中真实的东西。他强调,整体主义的基本概念将使我们更接近宇宙的统一或一元概念,这是建立在所有科学和哲

---

① 侯明亮. 西方经济学流派对宏观经济学的微观基础问题的辨析[J]. 晋阳学刊,2012(6):54-58.

学解释下的完美思想。同时,它将使我们能够弥合分歧,解决将物质、生命和心灵(思想)的概念相互分割的矛盾。[①] 在史末资看来,一个事物的整体是不可能通过分解,靠研究分析局部构成的方法来被认识的,或者说,当一个事物被分解之后,子部分的性质之和不能代表事物的整体性质。

其实,社会学方法论的整体主义最早可以追溯到社会学的奠基人孔德(Comte)。孔德是法国实证主义哲学家和社会学家,他于1838年在他的《实证哲学教程》(第4卷)中,首先提出了"社会学"的名称,而后又对它的研究对象、范围和方法进行了初步的界定,为社会学的学科化奠定了基础。孔德指出,社会学的本质特点和社会现实诸现象的本质特点必然要求用特殊的方法去研究这些现象,这种特殊的方法就是社会学方法。社会学方法的主要特征是从一般到个别、从复杂现象到简单现象、从体系到各个组成部分。孔德认为,社会现象的本质就是所有范畴的社会现象同时在相互作用中发展。对整体的发展进程预先没有一个一般的认识,而只想深入研究其中个别现象的始末是根本不可能的。[②]

作为孔德继承者的迪尔凯姆(Durkheim),通常被称为"社会学之父",他也提倡整体主义的方法论。迪尔凯姆于1895年在法国巴黎出版了其著作《社会学方法的规则》,该书充分体现了迪尔凯姆的整体主义思想。迪尔凯姆提出,社会学研究方法的最基本的规则是把社会现象当作客观事物来看待。社会现象不能简单地等同于社会中的普遍现象,它是存在于人们身体以外的行为方式、思维方式和感觉方式,是独立于个人并由外界力量作用于个人而产生的一种特殊现象。同时,迪尔凯姆还提出,在解释一种社会现象时,只能通过其他社会现象去解释,而不能通过个人心理现象去解释。因为,社会并不是一种简单的个人相加的总和,它具有个人所不具有的特殊性质。因此根据个人现象去推断群体,不可能准确理解群体中发生的各种现象。[③]

自孔德和迪尔凯姆之后,帕森斯(Parsons)、默顿(Merton)、阿尔都塞(Althusser)、卢卡奇(Lukács)、葛兰西(Gramsci)、达伦多夫(Dahrendorf)、列维-斯特劳斯(Levi-Strauss)、哈贝马斯(Habermas)、沃勒斯坦(Wallerstein)等社会学家,都坚持社会学整体主义的立场。然而,即使在社会学整体主义的阵营内部,其观点也并不是完全一致的。激进的整体主义者(如迪尔凯姆、阿尔都塞)强调社会整体高于个

---

① SMUTS J C. Holism and evolution [M]. 3rd ed. London: Macmillan and Co., 1936: 85, 107.
② 特罗什金娜, 田力. 孔德社会学在当代资产阶级社会科学中的地位 [J]. 国外社会科学, 1981(4): 48 – 49.
③ 迪尔凯姆. 社会学方法的规则 [M]. 胡伟, 译. 北京: 华夏出版社, 1999: 5 – 10, 80 – 91.

体，强调超个人的社会秩序和结构，把社会看作是外在于个体和超个体的实体。正如水分子不等于氢分子和氧分子的简单相加一样，或生命不能还原于构成生命体的氢、氧、碳、氮等元素一样，社会整体也大于个体的总和，因为社会整体获得了超个体的、新增的、独立于个体的属性和特征。温和的整体主义者则认为，社会不能脱离个体而存在，且只能通过个体而存在，但是，社会不能还原为个体。社会实际上是个体之间的一种关系性和互动性结构，有其相对独立的存在。[①]

与孔德、迪尔凯姆等社会学家主张整体主义思想观形成鲜明对比的是个体主义思想观。个体主义方法论思想源于早期的原子论假说。原子论假说作为一种方法论思想，认为一切都是可以细分的，整体可以从部分中求得，为人们提供了一个对事物结构进行理性思考的原则和一个从次一层次去寻求原因的研究方法。古希腊的哲学家恩培多克勒（Empedocles）就曾经用"从部分说明整体"的方法来说明生命现象，他认为人、兽、植物等所有生命都是由水、火、土、气的混合组成。古希腊伟大的唯物主义哲学家，原子唯物论学说的创始人之一德谟克利特（Democritus）率先提出原子论，认为万物均由原子构成。

现代社会学奠基人韦伯（Weber），把"个体主义"（individualism）作为一种现代社会科学的方法论原则。韦伯的社会学指的是一门试图说明性地理解社会行为，并由此对这一行为的过程和作用作出因果解释的科学。"行为"在这里表示人的行动（包括外在的和内心的行动，以及不行动或忍受），只要这一行动带有行为者赋予的主观意向。"社会"行为则表示，根据行为者所赋加的意向而与他人行为有关，并在其过程中针对他人行为的一类行动。[②] 对于韦伯来说，个体是这些行动的唯一载体。韦伯指出，为了某种目的，把社会的集体状态，诸如国家、社团、企业和基金会等，视为仿佛是作为个体的个人，或许是方便的甚至是必要的。就社会学的目的来说，不存在诸如"起作用"的集体"个体"这类事物。当在社会学意义上提到国家、民族、企业、家庭或类似的集体状态时，它所指的只是单独个人实际的或可能的社会行动的某种发展，即是个体之间相互作用的复合体。[③] 由此可见，韦伯试图通过对个体行动的主观意义的理解达到对整体社会现象的因果说明，也就是在研究社会现象时优先考虑个体，通过个体研究整体。

如果说，韦伯属于方法论个体主义的温和派学者，那么也就是说，批判理性主义

---

① 王宁. 个体主义与整体主义对立的新思考：社会研究方法论的基本问题之一[J]. 中山大学学报（社会科学版），2002（2）：125-132.
② 韦伯. 社会学的基本概念[M]. 胡景北，译. 上海：上海人民出版社，2005：1.
③ 韦伯. 社会科学方法论[M]. 杨富斌，译. 北京：华夏出版社，1999：48.

的学者波普尔（Popper）可以作为方法论个体主义激进派的杰出代表。在这个问题上，波普尔极力主张社会科学归根结底是以个人为研究对象的。他指出，社会理论的任务是要仔细地用描述性的或唯名论的词语建立和分析社会学模式，这就是说，依据每个人以及他们的态度、期望、关系等情况来建立和分析社会学模式——这个设定可以称为方法论的个体主义。社会现象，包括群体，应按照个体及其活动与关系来加以分析。[①]

与此同时，波普尔对整体主义思想观进行了猛烈的批判。他认为，孔德、斯宾塞（Spencer）等人所说的社会整体，并不是经验的对象，基本上属于流行的社会理论的公设。虽然人们认为像"集合的人群"这种经验的对象是存在的，但是像"中产阶级"这样的名称代表的经验群体是完全虚假的：它们所代表的是一种现象的对象，其存在完全取决于理论的假设。因此，对社会整体或集体之经验存在的信仰（可以被描述为朴素的整体主义）必须让位于这样的要求：社会现象，包括群体，应按照个体及其活动与关系来加以分析。[②] 波普尔进一步提出，我们不可能观察或描述整个世界或整个自然界。事实上，甚至最小的整体都不能被描述，因为一切描述必须是有选择的……在全部的意义上，整体不能成为科学的研究对象。[③]

除波普尔外，哈耶克也极力主张方法论个体主义思想。哈耶克提出，在社会学中，我们所熟悉的要素是个人的态度，我们通过组合这些要素，从这个事实尝试重建复杂现象，即个人行为中那些我们所知不多的结果——这个过程经常导致人们发现一些不是通过直接观察而建立的复杂现象之结构统一性的原理，而自然科学则必须从自然界的复杂现象入手，再回过头来推导出那些构成它们的要素。[④] 这就是说，社会学的研究方法，就是从个人出发，"重建"复杂现象，这是社会学的特点。它的这一特点，与自然科学不同，自然科学的特点就是能够对复杂现象进行直接观察。此外，哈耶克于1948年在他出版的著作《个人主义与经济秩序》中强调，我们在理解社会现象时没有任何其他方法，只有通过对那些作用于他人并由预期行为所引导的个人活动的理解，才能理解社会现象。[⑤]

[①] 波普. 历史决定论的贫困[M]. 杜汝楫，邱仁宗，译. 北京：华夏出版社，1987：108.
[②] 波普尔. 猜想与反驳：科学知识的增长[M]. 傅季重，等译. 上海：上海译文出版社，1986：487.
[③] 郇建立. 个体主义＋整体主义＝结构化理论？——西方社会学研究的方法论述评[J]. 北京科技大学学报（社会科学版），2001（1）：4-8.
[④] 哈耶克. 科学的反革命：理性滥用之研究（修订版）[M]. 冯克利，译. 南京：译林出版社，2012：35.
[⑤] 哈耶克. 个人主义与经济秩序[M]. 贾湛，等译. 北京：北京经济学院出版社，1989：6.

对于方法论个体主义与整体主义的争论，其实质就在于：说明、解释社会现象是从个人、个体出发还是从社会的整体即社会制度、组织、群体等出发。对立的焦点在于在说明、解释社会现象时，社会的整体现象是可还原为个体的，还是不可还原的、独立的和自成一格的现象，哪一种说明是更带有根本性质的说明。历史哲学家德雷（Dray）用另一种方式表达了这个问题，他说，个体主义与整体主义在方法论上的对立在于，我们是否应该把大规模的社会事件和状态仅仅视为由个体男人或女人参与的行动、具有的态度和面临的关系及环境等所组合或聚合起来的东西。方法论的个体主义者说，我们应该这样看，方法论的整体主义者则声称，应该将社会现象放在它们自主的、宏观的分析层次上来研究。①

事实上，方法论个体主义与整体主义的思想观均有其合理性，并各具优势。同时，也各有局限性。比如，对于方法论整体主义，它摆脱不了所谓"整体性悖论"：只有从整体出发才能认识个体，只有认识了个体才能认识整体。整体确实不能归结为个体的总和，但是任何整体又不能脱离个体。社会现象如果脱离开个体的活动，那就会成为一种先验的、神秘的东西。另外，如何界定整体也是方法论整体主义者面临的一个问题。小至家庭、企业，大至利益集团、国家，它们也都有自己的个性、特点、自主性，也就是说，它们也是"个体"，特别是相对于更大的整体而言，更是如此。同样，任何个体也不是一种单独存在的部分，而是诸多"关系"的总和，所以个体也就是一个"小宇宙"，从这个意义上说，个体就是一个整体。② 同样，对于方法论个体主义，它片面夸大了个体的行为能力，忽视了结构性因素诸如社会关系、制度等对个体行为能力的约束与限制，具有浓厚的唯意志论色彩，简化了对复杂社会现象的认识。

法国哲学家帕斯卡尔（Pascal）有句充满智慧的箴言：不可能只认识部分而不认识整体，同样地，也不可能只认识整体而不具体地认识各个部分。另外，方法论的个体主义与整体主义在验证的逻辑上并不存在本质的对立，正如罗宾斯（Robbins）所说，在某种程度上，二者的对立只是语义的而非实质性的。因此，在解释社会现象时，方法论个体主义与整体主义应互补优势，携手共进。显然，"综合"已成为一种研究趋势。

---

① 杨立雄. "个体主义"抑或"整体主义"[J]. 经济学家，2000（1）：75-80.
② 同上。

三、管理学视角下微观基础思想的起源与发展

随着经济学和社会学等学科的学者越来越重视微观基础领域的研究，管理学中的组织理论和战略管理理论工作者也逐渐将视角从宏观层次转向微观层次。20世纪后期，一些从微观基础的视角研究战略管理问题的学者认为，战略和组织理论侧重于对竞争优势、利润、创新、惯性或吸收能力等结果的企业层次的解释，而对较低层次分析的实体和机制的关注太少，特别是对于个体及其互动，以及二者如何推动形成企业层次的结果来说。为此，他们在研究中纳入了微观分析层次。汉布里克和梅森（Hambrick and Mason，1984）通过分析高层管理团队的认知和高层特征，强调了微观基础分析的价值。[1] 格兰特（Grant，1996）呼吁摒弃组织知识的概念，以强调个体在创造和存储知识方面的作用。[2] 科夫（Coff，1997）质疑了"企业层次的竞争优势"的概念，指出最终所有价值创造和价值攫取都可以还原为个体行为。[3] 尽管这些研究强调了微观分析层次，但对于战略管理领域，微观基础的基本思想是什么这一问题，当时的学者还没有论及，因此，可以认为，这一时期的微观基础研究属于萌芽阶段。

进入21世纪后，从微观基础研究战略管理问题的学者不断增多。当中最早使用微观基础概念的学者是李普曼（Lippman）、鲁梅尔特、福斯、费林、加韦蒂（Gavetti）和蒂斯等。2005年，费林和福斯共同撰写了论文《战略组织：一个寻找微观基础的领域》，并发表在《战略组织》杂志上，该文全面而明确地分析了战略管理中的微观基础，指出了研究整体主义能力的主要缺陷，呼吁在战略管理中采用微观基础分析方法，并提供了这一研究路线的基本思想，因此，该文被认为是战略管理微观基础的开端。正如费林和福斯在他们的开创性论著中指出的那样：组织是由个人组成的，没有个人就没有组织。没有什么是比这更基本的。然而，最近的许多战略管理研究越来越多地关注结构、惯例、能力、文化、制度和各种其他集体概念，这一基本事实似乎已经被遗忘了。[4] 根据战略管理类国际顶级期刊上发表的论文数量

---

[1] HAMBRICK D C, MASON P A. Upper echelons: the organization as a reflection of its top managers [J]. Academy of Management Review, 1984, 9 (2): 193-206.

[2] GRANT R M. Towards a knowledge-based theory of the firm [J]. Strategic Management Journal, 1996, 17: 112.

[3] COFF R W. Human assets and management dilemmas: coping with hazards on the road to resource-based theory [J]. Academy of Management Review, 1997, 22 (2): 374-402.

[4] FELIN T, FOSS N J. Strategic organization: a field in search of micro-foundations [J]. Strategic Organization, 2005, 3 (4): 441-455.

来判断，在微观基础方面的研究工作从 2010 年开始有了实质性的飞跃。

表 1-1 反映了组织理论和战略管理理论工作者在 2000—2010 年间和 2011—2020 年间从事微观基础的研究主题。

从研究的个体层次上看，2000—2010 年间，研究内容包括五个主题：认知、动机、人力资源（人力资本）、企业家精神（管理者）和个体差异。而在 2011—2020 年期间，研究主题除了 2000—2010 年间所包含的五个主题外，还新增了心理学方面的内容。

对于认知主题的探索，其目的就是努力打开个体认知特征的黑匣子。在 2000—2010 年间，认知研究内容包括感知、注意力、直观推断和偏见、隐性知识和有限理性等概念，福斯、加韦蒂和蒂斯等学者在这方面做了开创性的研究。福斯于 2003 年发表了《有限理性与隐性知识在组织能力研究中的应用：一种评估与再评估》，加韦蒂于 2005 年发表了《认知与层级：重新思考能力发展的微观基础》，蒂斯于 2007 年发表了《阐释动态能力：企业（可持续）绩效的本质和微观基础》……与 2000—2010 年间相比，2011—2020 年间认知内容的范围有所扩大。比如，多了问题解决和推理、语言与交流、意义建构、认知能力、直觉、判断、换位思考、战略心智模型、认知框架等新的内容（见表 1-1）。

表 1-1 基于战略管理视角的微观基础的研究主题（2000—2020 年）

层次	主题	2000—2010 年	2011—2020 年
个体层次	认知	认知概念、认知心理学、感知、管理认知、注意力分配、注意力转移、注意力调节、直观推断和偏见、换位思考、能力学习、创造性技能、隐性知识、有限理性	认知概念、认知情感、认知心理学、认知科学、认知神经科学、管理认知、社会认知、认知能力、认知框架、认知社会资本、认知维度、认知控制能力、管理认知能力、注意力、感知、问题解决和推理、语言与交流、意义建构、创造力、直觉、判断、启发式和偏见、有限理性、换位思考、战略心智模型
	动机	动机概念、联合生产激励、激励管理、外在激励和内在激励	动机过程、异质性动机、激励、联合生产激励、激励机制、基于认可的奖励结构、激励的微观基础
	心理学	—	策略的心理学基础、杜威的心理学思想和习惯概念、当代心理学、社会心理学、情绪调节、行为心理学、行为策略、行为经济学、行为学习、理性选择

续表

层次	主题	2000—2010 年	2011—2020 年
个体层次	人力资源	人力资本、人力资源管理、人力资本管理、社会资本、人类行为	人力资源管理、战略性人力资源管理、人力资本、人力资本资源、社会资本、人力资源能力、结构性认知型和关系型及管理型社会资本、人力资本投资、高承诺工作系统理论、人力资本开发、战略性人力资本、管理型人力资本、管理型社会资本
	企业家精神	动态管理能力、战略选择、捕获、决策、利益相关者管理	首席执行官、高层管理人员、中层管理人员、高层管理团队、利益相关者管理、动态管理能力、变革型领导（创业管理）、创业导向、创业举措、内部创业、企业创业、创业环境适应性、战略决策
	个体差异	员工态度、员工流动性、异质性、个人技能、谈判、联盟力量	个体知识、技能、能力或其他特征、习惯、经验、个体行为、思考与行动、利己主义、意图
能力层次	能力	动态能力、资源基础观、惯例、组织双元性、语境特异性、因果模糊性	动态能力、业绩与明示性惯例、组织惯例、组织能力、资源基础观、资源管理流程、整合任务和团队设计、隔离机制、战略实践、企业历史的实用性、特质行为、路径依赖、行动模式、交互记忆、管理流程、资产编配、重新配置、战略更新、能力发展、跨国公司能力、组织双元性、探索、开发、资源配置/管理、团队内部信任、新创业团队、能力发展、资源调动、历史演变性、历史觉悟
	知识	知识、知识治理方法、知识管理、知识经济、基于知识的生产、知识共享、知识流程、知识集成、信息不完善	知识、新知识创造、基于知识的职权设计、知识管理、知识转移、知识治理机制、知识获取、知识资产、知识交换、企业特有知识、信息处理、知识流、全球和本地知识、创业团队知识
组织层次	组织	组织行为学、组织搜索、企业理论、企业边界、组织结构、层级、组织公平、组织经济学（交易成本、产权）、吸收能力、竞争优势、绩效、租金、经济利润	组织适应力、战略变革、组织学习、组织知识、组织解释图式、组织创新、组织演化、组织变革、组织承诺、组织激励、组织行为、组织结构、企业效应、组织认知、组织文化、组织心理学、组织搜索、吸收能力、竞争优势、企业绩效
跨组织层次	网络	网络概念	网络中的知识共享、网络中心性、行动者网络、企业内部网络、社交网络、组织间关系、网络动态、网络微观基础、网络结构、战略要素市场的并购行为
语境层次	语境	—	结构、社会结构、产业、制度、市场、环境、环境动态、环境变化和灵活性、语境依赖性、语境变量
研究方法	方法论	方法论个体主义/方法论整体主义、还原论	方法论个体主义/方法论整体主义、还原论、经验方法、方法论进展

资料来源：BAĞIŞ M. A longitudinal analysis on the micro-foundations of strategic management: where are micro-foundations going? [J]. Business and Management Studies: An International Journal, 8 (2): 1310-1333.

对于动机方面，在 2000—2010 年间，研究内容包括动机概念、联合生产激励、激励管理、外在激励和内在激励。在 2011—2020 年间，动机的研究内容增加了一些新的内容，比如，动机过程、异质性动机、激励、联合生产激励、激励机制、基于认可的奖励结构和激励的微观基础等内容。

对于人力资源方面，在 2000—2010 年间，研究主题包括人力资本、人力资源管理、人力资本管理、社会资本、人类行为等内容。在 2011—2020 年间，对人力资源微观基础的研究，研究主题的广度和深度均有新突破。比如，在研究广度上，研究内容增加了人力资源能力、高承诺工作系统理论等内容；在研究深度上，将对社会资本内容的研究，进一步深化为对结构性认知型社会资本、关系型社会资本、管理型社会资本等内容的研究。

对于企业家精神方面，在 2000—2010 年间，研究内容包括动态管理能力、战略选择、捕获、决策、利益相关者管理等内容。在 2011—2020 年间，研究内容增加了首席执行官、高层管理人员、中层管理人员、高层管理团队、变革型领导（创业管理）、创业导向、创业举措、内部创业、企业创业、创业环境适应性等。

对于个体差异方面，在 2000—2010 年间，研究主题包括员工态度、员工流动性、异质性、个人技能、谈判、联盟力量等内容。在 2011—2020 年间，研究内容转变为个体知识、技能、能力或其他特征、习惯、经验、个体行为、思考与行动、利己主义、意图等。

从 2011 年开始，在个体层次上，从心理学的视角研究战略管理的微观基础成为新的研究领域，福斯、霍奇金森（Hodgkinson）和希利（Healey）、鲍威尔（Powell）等学者在这方面进行了早期的研究。其中，霍奇金森和希利于 2011 年发表了《动态能力的心理基础：战略管理中的思考与反思》一文，将当代社会认知神经科学（social cognitive neuroscience）和神经经济学（neuroeconomics）的相关理论引入蒂斯著名的动态能力构建模型中，阐释了感知和塑造机会、捕获机会、重构能力等三种基本能力是如何要求企业利用个体和群体的认知和情感能力的。[1]

根据表 1-1，除了个体层次外，在能力层次、组织层次、跨组织层次、语境层次和研究方法等分析层次或方法上，2011—2020 年间研究的主题内容均比 2000—2010 年间相对应的主题内容丰富了许多。

---

[1] HODGKINSON G P, HEALEY M P. Psychological foundations of dynamic capabilities: reflexion and reflection in strategic management [J]. Strategic Management Journal, 2011, 32 (13): 1500-1516.

第二节 微观基础范式的必要性及其本质

当我们刚接触到微观基础的概念时，会很自然地提出一些疑问，例如，微观基础的作用是什么？我们为什么要学习它？它的本质含义是什么？这些都是首先要被了解和被回答的问题。

一、为何需要微观基础范式

当今，"微观基础"一词在国际顶级管理学期刊的论文标题中的使用频率越来越高，成为组织理论和战略管理研究领域的一个流行词。在探讨微观基础的定义之前，我们有必要明白一个问题：为何需要微观基础范式？其实，微观基础范式的生成是有其内在的逻辑的。微观基础范式的存在原因包括有替代解释的需要、还原论的需要、管理介入的需要、解释简约的需要、理论产生新见解的需要、解释稳定与可预测的需要等。

（一）替代解释的需要

所谓替代解释，指的是用从微观层次出发取代从宏观层次出发来解释社会现象。我们知道，社会科学的主要任务是解释社会现象，而从宏观层次分析社会现象的因果关系是解释社会现象的一种常用方法。宏观层次解释的一个问题是，宏观层次行为可能会有许多其他较低层次的解释，不能单独进行宏观分析。科尔曼（Coleman，1990）认为，宏观层次的解释（即宏观现象在其他宏观现象方面的解释）不能区分宏观层次行为的许多潜在的替代较低层次的解释，其根本问题是存在未观察到的机制。[1]

现以一些战略学者将组织能力作为理解企业层次异质性和绩效的关键结构为例（见图1-1中的虚线框）。基于宏观层次的核心论点是，组织能力是分析的基本单位，组织应该被概念化为能力的中央存储库（central repository）。佐洛和温特（Zollo and Winter，2002）明确将能力定义为"集体活动的学习和稳定模式"。[2] 显然，对集体结构的强调导致了对个体行动和互动层次的忽视，在这种情况下，我们很难推论出个

---

[1] COLEMAN J S. Foundations of social theory [M]. Cambridge, US: Harvard University Press, 1990: 3-4.
[2] ZOLLO M, WINTER S G. Deliberate learning and the evolution of dynamic capabilities [J]. Organization Science, 2002, 13 (3): 340.

体层次是集体结构的起源,为此,人们会不禁提出疑问:个体的行动、能力和选择究竟是如何聚合到集体层次上的?正如阿戈特和英格拉姆(Argote and Ingram,2000)所感叹的那样,学界在将知识作为竞争优势基础的研究方面取得了一定程度的进展,但对于这种进展的研究一直停留在确定组织知识发展路径一致性的层次,而几乎从未处于作为知识和知识转移主要来源的人与人之间互动的层次。[1] 然而,忽视这个"主要来源"意味着我们错失了非常重要的个体层次的信息。

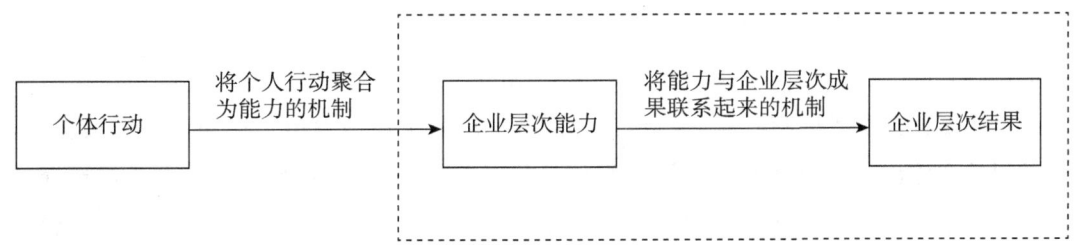

图 1-1 组织能力形成的解释性黑箱

又比如,许多战略思维试图解释企业层次异质性的不同企业绩效,即异质性惯例(heterogeneous routines)和能力。然而,如费林和赫斯特利(Felin and Hesterly,2007)所说,异质性可能位于个体层次,企业层次的异质性可能是一个偶发现象。推动这一机制的是个体对特定企业的自我选择(self-selection)。[2]

此外,从宏观层次解释社会现象还存在另外一些明显缺陷。比如,数据不充分。因为在宏观社会层次,在一个长期的单一社会系统中,或在不同的社会系统之间,变化通常太小以至于不能从经验上验证。除非理论是功能主义的,而且系统本身被视为内部稳态(消除不断变化的可能性的解决办法),否则就无法对为什么保持一种关系而不是另一种关系作出说明或解释。同时,在方法上必须把假设社会系统的存在作为起点。产生这些缺陷的主要原因有两个:第一,经验社会科学不能直接对作为整体的系统进行观察而只能对其部分进行观察,并且个人总是被观察的自然单位;第二,既不能把功能主义或社会系统论当作社会科学的魁首,也不能把它们看作是在宏观层次上不证自明的理论。因此,科尔曼认为要弥补这些缺陷,必须采用两种解决方式:第一

---

[1] ARGOTE L, INGRAM P. Knowledge transfer: a basis for competitive advantage in firms [J]. Organizational Behavior and Human Decision Processes, 2000, 82 (1): 156.
[2] FELIN T, HESTERLY W S. The knowledge-based view, nested heterogeneity, and new value creation: philosophical considerations on the locus of knowledge [J]. Academy of Management Review, 2007, 32 (1): 212.

种是对个人行为的说明,第二种是对内在于个人的过程的考察。[①]

(二) 还原论的需要

还原论思想最早起源于古希腊,是先哲们在探究世界本原的过程中逐渐提出的。这里的"还原"(reduction)是指用较低层次的现象解释某一特定现象的过程,科学的进步也可以看作是与还原有关。例如,生物学对早期"生命"的解释方式就是将其还原为更多的微单元(如细胞、分子和原子)。

从本体论角度看,还原论的一般问题是,社会作为人类的创造物,与构成它的个体是否具有同一性,即社会实体与社会属性能否还原为个体和个体属性。还原论者认为,个体是社会世界中唯一真实的存在,社会不过是个体的聚集。还原论的目的在于,从微观的个体出发,解释宏观的社会整体,将社会制度或社会现象理解为个体选择和行动的结果。该学说的理论前提是,只有个体行动者拥有因果力,个体在解释上较社会整体而言具有优先性。

微观基础方法的一个基本假设就是知识通常是通过还原操作来提升的,这与科学界普遍认为"还原是科学进步的核心"的思想一脉相承。[②] 正如费林等人(Felin et al.,2012)所主张的那样:科学还原是一种呼吁,要求用被视为更基本的嵌套成分来解释集体现象和结构,并对构成聚合和集体现象的成分进行搜寻和解释。[③] 同时,费林等人(Felin et al.,2015)指出,各种宏观的、社会的或关系的结构,如网络可能只是较低层次前因后果的附带现象或人工制品(artefacts),而不是从理论上或经验上解释的关键变量。他们解释说,处于结构洞中的个体,或者成为网络中的中心经纪人,或者拥有特定的联系,这可能与节点的特征有关,学者无法对节点或个体的同质性作出假设。由此可见,还原操作可以帮助学者将关键变量从人工制品中分离出来。[④] 为此,科尔曼(Coleman,1990)强调,将宏观现象还原为其构成的微观成分会产生额外的洞察力。[⑤]

[①] 吴畏,石敬琳."科尔曼船"及其变形与社会科学的说明逻辑[J].自然辩证法通讯,2022,44(1):21.

[②] ELSTER J. Nuts and bolts for the social sciences [M]. Cambridge, UK: Cambridge University Press, 1989:74.

[③] FELIN T, FOSS N J, HEIMERIKS K H, et al. Microfoundations of routines and capabilities: individuals, processes, and structure [J]. Journal of Management Studies, 2012, 49 (8): 1354.

[④] FELIN T, FOSS N J, PLOYHART R E. The microfoundations movement in strategy and organization theory [J]. The Academy of Management Annals, 2015, 9 (1): 583.

[⑤] COLEMAN J S. Foundations of social theory [M]. Cambridge, US: Harvard University Press, 1990: 1-26.

(三) 管理介入的需要

微观基础强调的主要思想之一是战略管理的根本任务：使管理人员通过决策和行动获得和维持竞争优势。要实现这一点，需要进行管理介入，这必然能反映出对微观层次的一些考虑，因为它必须涉及形成关于员工响应人力资源管理实践中变化的期望。比如说，管理者虽然不能直接介入企业层次能力的形成过程，但他们可以通过微观层次的介入去影响能力，包括通过雇佣关键员工，改变组织结构，实施新的培训、控制、信息和沟通形式，参与象征性行为等各种不同手段。在某种程度上，这种管理选择会影响到组织成员的工作能力（capabilities），这是因为管理介入影响了他们的技能（abilities）、动机和机会。① 显然，所有这些行为都涉及微观层次。需要提及的是，基于能力方法的集体主义导向与战略管理的存在理由存在很大的偏离，这应该为职业经理提供可行和有用的理论见解，而微观设计可以满足这一关键特征。集体概念的起源很可能来自个体层次，而最终植根于有目的和有意向的行为。②

(四) 解释简约的需要

解释上的简约（explanatory parsimony）是微观基础的重要推动力。在学界，方法论个人主义可划分为强式和弱式两种类型，其中，强式方法论个人主义只接受"最底层"（rock-bottom）解释（即在解释中不包括对总体社会现象的解释），而弱式方法论个人主义采取与强式方法论个人主义相同的本体论立场，但因为现实主义，弱式方法论个人主义接受未被解释的社会现象作为解释的一部分。由于社会学解释的许多基本要素（如法律规则、社会制度和生产能力）是长期和复杂的历史结果，这些要素要么被忽视，要么被假定为一个短暂而简单的因果。与道德哲学和规范经济理论等领域相比，对于像社会学这样的经验主义科学来说，强烈的个人主义计划是必不可少的，自然状态的描述在此似乎受到了限制。因此，虽然寻找最底层的解释通常在智力上具有挑战性且耐人寻味，但在解释具体的社会现象时，这种策略往往用处有限，也并非总是必要。③ 例如，懂得经济学的战略管理学者都知道，在竞争条件下，企业决策者只有有限可行的行为方案：许多行为与企业的长期生存观点不

---

① FOSS N J, LINDER S. Microfoundations: nature, debate, and promise [M]. Cambridge, UK: Cambridge University Press, 2019: 7.
② FELIN T, FOSS N J. Strategic organization: a field in search of micro-foundations [J]. Strategic Organization, 2005, 3 (4): 445.
③ SWEDBERG R, HEDSTRÖM P. Social mechanisms: an analytical approach to social theory [M]. Cambrige, UK: Cambridge University Press, 1998: 12.

相符。因此，结构（即竞争条件）可能会以涉及个体行动和交互的更复杂的解释来取代对意义的解释。[①] 对此，刘易斯（Lewis，1986）作了很恰当的描述：我们想要解释的任何特定事件都是处于一个漫长而复杂的因果历史的终点。我们可以想象一个因果历史是短暂而简单的世界；但在我们所知的世界里，唯一的问题是它们到底是无限的，还是仅仅是巨大的。[②]

（五）理论产生新见解的需要

大多数理论都具有衍生潜力，因为它们能够在其原始预期语境之外生成新的见解。微观基础能够解释宏观到微观、微观到微观以及微观到宏观的联系，它将组织层次的能力与个体行为和互动紧密地联结在一起，显示出一种巨大的衍生潜力，因此，将微观基础范式应用于战略领域的研究，有助于为战略问题带来新的认识和新的见解。比如，交易成本经济学（transaction cost economics，TCE）是战略的基础理论之一，它最初的目的是作为纵向一体化基本原理的替代理论，但却发展成为一种选择高效经济组织的一般理论。基于微观基础方法，学者对企业边界的 TCE 分析和层级形式选择问题的探讨获得了新的见解。主要体现在通过增加 TCE 的行为性变量或剖析 TCE 的一种行为假设，理论得到了推进。例如，尼克森和曾格（Nickerson and Zenge，2008）在 TCE 中引入了"嫉妒"变量，探讨了社会比较和嫉妒如何在企业内部施加社会比较成本。他们的研究表明，引入"嫉妒"变量至少为解释企业边界塑造和设计过程的不经济提供了一个理论基础，这也为工资压缩和等级结构提供了一种新的见解。[③]

（六）解释稳定与可预测的需要

科尔曼（Coleman，1990）提出，微观层次的解释比宏观层次的解释更为稳定、基本和普遍。他认为，基于系统组织行为的内部分析（即微观基础），从较低层次对单位的行动和方向方面作出的解释可能比从系统层次作出的解释更为稳定和普遍。由于系统的行为实际上是其组成部分的行为结果，所以这些部分的行为结合起来产生的系统行为的知识，比系统表面特征的统计关系更具备可预测性。管理不仅仅要在功能上解释企业过去的业绩，而且对其自身的要求也应具有规范性，

---

① SATZ D, FEREJOHN J. Rational choice and social theory [J]. The Journal of Philosophy, 1994, 91 (2): 74.
② LEWIS D. On the plurality of worlds [M]. Oxford: Basil Blackwell, 1986: 214.
③ NICKERSON J A, ZENGER T R. Envy, comparison costs, and the economic theory of the firm [J]. Strategic Management Journal, 2008, 29 (13): 1429-1449.

科尔曼的观点引起了一种重要的关注：预测能力是提出对策的前提条件。因此，微观基础是规范性企业的战略管理的重要组成部分。[①]

二、微观基础的含义及其本质特征

（一）微观基础的含义

微观基础究竟是什么意思？它的本质内涵是什么？

在回答这些问题之前，我们先通过一个案例来说明什么是微观基础。众所周知，在组织理论和战略管理中，企业绩效是一个最值得关注的主题。企业绩效的驱动因素是什么，或者说，是什么因素可以提升企业绩效水平，这一问题吸引着大量的学者进行探究。从已有的研究来看，有三种理论和观点解释了影响企业绩效水平的原因，分别是 SCP（structure-conduct-performance）范式、企业资源观（resource-based view，RBV）和高层梯队理论（upper echelons theory）。

其中，SCP 范式认为，产业结构决定了产业内的竞争状态，并决定了企业的行为及其战略，从而最终决定着企业的绩效水平；而 RBV 认为，企业是各种资源的集合体，由于各种不同的原因，企业拥有的资源各不相同，具有异质性，这种异质性决定了企业竞争力的差异，最终导致企业绩效水平的差异；高层梯队理论则认为，管理者具有其"背景特征"，如性别、年龄、经验或人格特征，这些特征影响着他们的战略选择，进而影响到企业的行为。因此，高层管理团队的认知能力、感知能力和价值观等心理结构决定了战略决策过程和对应的绩效结果。

虽然这三个典型理论都试图解释相同的结构，即企业绩效，但它们的分析层次和在这些层次（以及跨层次）的运作机制是不一样的。显然，SCP 范式侧重于行业层次的特征（S）以及它们如何通过影响各种企业的行为（C）来影响企业绩效（P），分析层次是行业层次；RBV 的重点是企业资源的特征（价值性、稀缺性、难模仿性和难替代性）推动企业绩效，分析层次是企业层次；高层梯队理论着重于个体特征如何影响企业高层管理人员，继而影响企业的行动和绩效，分析层次是个体层次。相对而言，在分析层次上，SCP 范式属于"宏观"层次，RBV 属于"中观"层次，而高层梯队理论则属于"微观"层次。

虽然三种理论和视角在研究这一现象的分析层次上有所不同，但都可以导向实证工作，为各自对影响企业绩效因素的看法提供支持。因此，他们强调，与学者和从业

---

① COLEMAN J S. Foundations of social theory [M]. Cambridge, US: Harvard University Press, 1990: 3.

者感兴趣的许多其他现象一样，企业绩效是一种现象，其原因跨越多个分析层次，从微观层次（例如，一位才华横溢的首席执行官）到宏观层次（例如，一个特别有吸引力的行业）。其实，这些因素可能是相互关联的，比如，才华横溢的首席执行官可以通过企业业务多元化而进入有吸引力的行业。实际上，不仅绩效等关键现象的成因可以放在多个层次上，而且现象本身也可以跨越不同的分析层次。我们可以直观地将诸如惯例或企业能力之类的构造放在宏观（企业）层次上。例如，我们可以认为惯例的表现形式是一组操作规程，与执行惯例的个体是分开存在的，但惯例的实际执行是由组织成员执行的一组连续动作构成的。因此，惯例绩效既涵盖了个体层次，也涵盖了组织层次。[1]

事实上，像企业绩效的事情一样，许多经济和管理现象都是涉及多层次的，在研究中，往往强调个体、小群体、子单元、组织和组织间层次在理解社会现象中的作用。在解释社会现象的分析层次中，低层次通常嵌套在高层次中，而最高层次、最低层次和中级层次的数量和性质会随着学术问题的不同而不同。比如，如果有人想了解数字化如何影响行业竞争，那么，宏观层次是特定行业或整个生态系统，而微观层次则可以是特定行业中的单个企业，而不一定非得是这些企业中的单个经理或员工，单个企业就足够了。然而，如果感兴趣的现象是单个企业的创新或适应性行为，由于企业属于宏观层次，因此分析层次在本体论层次上需要进一步下降，比如，研究微观层次的数字化是如何影响最高管理团队（中观层次）的决策的，而他们的决策又是如何影响企业层次的行动的。

通过实例分析，我们初步了解了微观基础的含义，在学术上，"微观基础"在概念上至少有两种不同的解释，即我们所称的"微观基础层次论"和"微观基础要求个体解释的优位性"。在"微观基础层次论"中，构建微观基础指定位（理论上和实证上）一个现象的直接原因（或结果的解释）在分析层次中低于现象本身。费林等人采用这种解释将"微观基础"定义如下。

微观基础是由实证检验支持的一种理论解释，用于解释在时间 t 位于分析层次 N_t 的现象。简单来说，层次 N_t 的基准微观基础在时间为 $t-1$ 时处在 $N-1_{(t-1)}$ 层次，其中时间维度反映了不同层次现象间的时间排序（层次 $N-1_{(t-1)}$ 的现象比层次 N_t 的现象发生得早）。在分析层次 $N-1_{(t-1)}$，行动者、流程或结构各组成要素的可能相互作用或单独运作会影响位于层次 N_t 的现象。此外，在层次 $N-1_{(t-1)}$ 的行动者、流程或

---

[1] FOSS N J, LINDER S. Microfoundations: nature, debate, and promise [M]. Cambridge, UK: Cambridge University Press, 2019: 5-6.

结构也可以调节或调解位于层次 N_t 或更高层次现象的影响，例如，从层次 $N+1_{(t+1)}$ 到层次 $N+n_{(t+n)}$ 现象的影响。[1]

(二) 微观基础的本质特征

微观基础为识别组织成果的驱动因素提供了一个新的视角，它具有以下六个本质特征。

第一，微观基础不是一种理论。因为它并不像战略中的资源基础理论、经济学中的代理理论那样属于某一种理论。相反，微观基础是一种运动和思维方式，这种运动和思维方式已经传播到一系列宏观理论中。[2] 它是一种思考如何解释社会现象的总体方法，正如企业盈利能力、企业能力、吸收能力等术语，可以表示为一种直观的推断模型。同时，微观基础也是一种从基本的本体论承诺出发的方法，即管理中感兴趣的现象在本质上是多层次的。微观基础旨在使我们明确在分析上要充分考虑多层次这种性质，通过从理论上和经验上查找现象的近因，试图在一个或多个比现象本身更低的分析层次上解释现象，从而促进我们对管理现象的理解。[3]

第二，注重微观与宏观的联系。微观基础定义中呈现的高层抽象性使得微观基础结构的定义具有很大的灵活性。例如，微观基础的观点已经被用于调查消费者和企业之间的互动，以及在塑造社交网络中探索个体的特征和认知。微观基础范式的基本假设是，较低层次的现象为更高层次现象的形成作出了重要的贡献。基于这一假设，微观基础研究的范围侧重于探索微观与宏观之间的联系，其中较低层次的相互作用和现象为较高层次的现象提供了理论和经验来源，它强调微观到宏观的因果链，即研究自下而上效应对更高层次结果的影响，这是大多数现有强调自上而下效应的层内或跨层研究的一种替代方法。

第三，"行动者"的多重指向性。微观基础定义中提及的"行动者"，并不一定就是指个体。例如，蒂斯（Teece，2007）在研究动态能力的微观基础时强调"动态能力的微观基础……包括独特的技能、流程、程序、组织结构、决策规则和行为准则……

---

[1] FELIN T, FOSS N J, HEIMERIKS K H, et al. Microfoundations of routines and capabilities: individuals, processes, and structure [J]. Journal of Management Studies, 2012, 49 (8): 1353.

[2] FELIN T, FOSS N J, PLOYHART R E. The microfoundations movement in strategy and organization theory [J]. The Academy of Management Annals, 2015, 9 (1): 577.

[3] DUHAIME I M, HITT M A, LYLES M A. Strategic management: state of the field and its future [M]. Oxford: Oxford University Press, 2021: 561.

这是为加强企业层次的感知、捕获和重新配置的能力，这些能力难以开发和部署"。①在这里，个体或行动者根本没有被提及。

第四，个体解释的优位性。除了将微观基础解释为一个层次的论点外，还存在将微观基础解释为"个体在解释上处于优位"的观点。不过，微观基础强调解释上个体的优位，并不意味着集体结构和宏观变量没有解释的余地。微观基础解释基于分层社会本体论的概念，即层次不是理论抽象，而是存在于社会现实中。将现象（或结果的解释）的近因定位在比现象本身低的分析层次上，才能使该分析的现象得到特别的关注。也就是说，它具有解释上的优位性，而更高层次的现象则是派生的。诚然，在某些方面，什么应该占据优先地位的问题往往是经验问题。对微观基础的呼吁可以被看作是一种推测，经验表明，关注微观因素确实可以更好地对社会现象作出解释。从这个角度看，微观基础并不否认更高层次的现象可能会对较低层次的现象产生因果关系的影响。但是，微观基础对更高层次现象的所有解释都应该将较低层次的现象或行为者作为最近（直接）的原因。或者，至少应该控制较低层次的因素，而不是简单地假设较低层次是同质的。因此，较低层次并不一定要还原到某种类型的行动者，也可能是社交互动的结果。

第五，应用元理论。微观基础研究的另一个特征是元理论（metatheory）的发展和应用，将微观与宏观联系了起来。正如不能假设结构在不同层次之间是同构的一样，微观基础理论必须能够突出个体和集体层次之间存在的差异。格里戈里奥和罗塔梅尔（Grigoriou and Rothaermel，2014）的研究发现，组织知识不仅来源于员工所拥有的知识及其行为，还来源于个体关系和互动的"嵌入性"。②组织知识和个体知识之间的区别表明，仅仅借用心理学和社会学理论并将其应用于更高的抽象层次是不准确的。相反，企业结果需要对个体层次和集体层次的理论进行解释。因此，微观基础侧重于应用涵盖多个层次的元理论，可以使用来自不同学科的各种理论框架。③

第六，强调互动和要素市场。微观基础关注员工之间的组织内部互动和流程，这些互动和流程有助于在竞争性要素市场中产生企业层次的成果。组织是由嵌入在独特社会环境中的个人组成的。一方面，工作组织环境只是环境的一种形式，如家庭、社

---

① TEECE D J. Explicating dynamic capabilities: the nature and microfoundations of (sustainable) enterprise performance [J]. Strategic Management Journal, 2007, 28 (13): 1319.
② GRIGORIOU K, ROTHAERMEL F T. Structural microfoundations of innovation: the role of relational stars [J]. Journal of Management, 2014, 40 (2): 586–615.
③ HUMPHREY S E, LEBRETON J M. The handbook of multilevel theory, measurement, and analysis [M]. Washington: American Psychological Association, 2019: 146.

会组织、学校、公民团体等。另一方面，虽然组织周围存在更广泛的环境（例如，竞争经济环境、法律和监管环境、文化环境），但工作组织创造了一种不同于其他环境的独特环境。在这种组织环境中，人之间的互动塑造了情感、认知和行为，最终塑造并形成了该环境中个人和群体的知识、技能和能力。因此，个体相互作用对于解释企业异质性的微观基础影响至关重要。微观基础研究与其他方法不同的领域之一是对要素市场（factor markets）的重视。要素市场是资源交换的地方，它决定着组织资源（例如人力资本资源、物质资源）的外部价值。如果不明确地考虑更广泛的要素市场，就不可能估量人力资源的作用或价值，也不可能估量员工或企业是否获得了更多的价值。价值获取对竞争优势有直接的影响，因为它决定了一个组织获取其人力资本资源池（human capital resource pool）所创造价值的程度。[①]

第三节　微观基础的解释结构

微观基础分析范式的重要内容之一就是它的解释结构。其实，这种解释结构就是科尔曼提出的"浴缸"结构。它能将宏观与微观联系起来，并用微观因素来解释宏观现象。"浴缸"结构除了它的基本结构外，还存在它的变体及基本结构的扩展形式。

一、基本结构

微观基础解释可以采取多种形式，它赋予微观层次的优位解释权，并且关注因果关系在机制之间和层次之间是如何展开的。它是建立在一个分层的本体论基础上的，在这种体系中，社会现实可以用堆叠层（stacked layers）来描述，底层是个体，通常是由个人主义的本体论来描述。著名的科尔曼"浴缸"结构或"船状"结构描述了这些论点。

图1-2反映了微观基础解释的基本结构，是一种最简单的表现形式。该图描述了涉及两个层次（宏观层次和微观层次）的微观基础解释中的利益关系。其中，"宏观"指的是社会系统，如社会、城市、行业、企业、家庭、学校等层次的因素或结果，而"微观"指的是个体。

[①] HUMPHREY S E, LEBRETON J M. The handbook of multilevel theory, measurement, analysis [M]. Washington: American Psychological Association, 2019: 146-147.

一个完整的科尔曼"浴缸"结构图是一个有向的、具有四个节点和四条箭线的无环图（其中还包含一条宏观－宏观的箭线）。在图1-2中，右上角的节点表示被解释的现象，即被解释的事物或结果，其余的节点和箭线是解释要素，或者是一组前因变量、自变量或中介变量。箭线可以被认为是可以采取不同形式的因果机制。

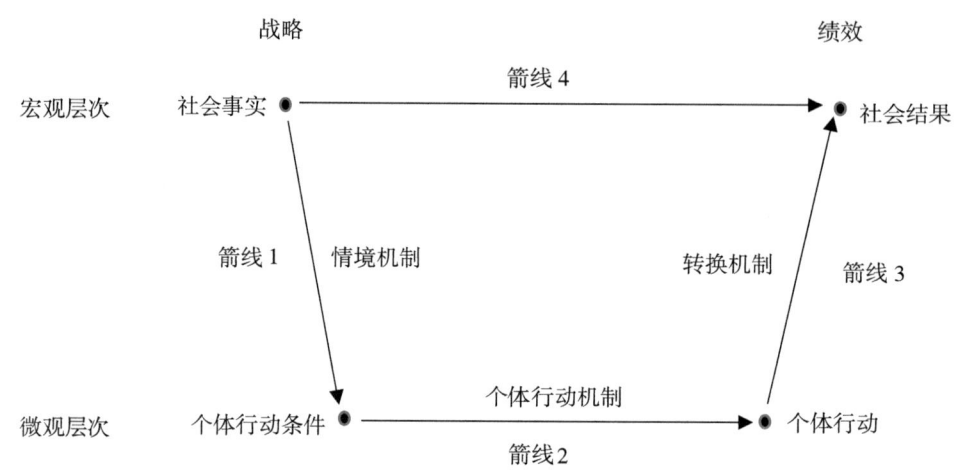

图1-2 微观基础解释的基本结构（科尔曼图）

微观基础解释以科尔曼图为基础，具有一些明显的特征：[①]

（1）暗示一个分层的社会本体论，即社会现实中存在层次；

（2）存在因果关系，包括层次内和层次间的因果关系，两节点之间的关系表示为因果关系；

（3）考虑时间维度，四个节点分别表示为t_1、t_2、t_3和t_4，箭线是连接这些时间点的过程，因此，科尔曼图可以被视为时间维度的多级路径图；

（4）进行机械式解释，即箭线所涉及的部分以一种规则的、类似法规的方式相互作用；

（5）强调微观的优先地位，即所有解释必须始终涉及微观因素；

（6）强调行为和互动的作用，也就是说，事情的发生是因为个人或群体在受到限制的情况下采取了行动；

（7）明确允许集体在解释中发挥作用，即微观基础并没有从解释中消除宏观层次的因素。

在图1-2中，宏观和微观两个层次各自，以及互相之间具有一些明确的关系。首

---

① FOSS N J, LINDER S. Microfoundations: nature, debate, and promise [M]. Cambridge, UK: Cambridge University Press, 2019: 24.

先，宏观层次的社会事实（左上角的节点）对个人的行动条件（偏好和倾向）具有向下的因果影响（宏观—微观，箭线1）。不同的制度设置、治理机制或其他宏观层次的因素将对较低层次产生不同的影响，特别是对个体所面临的条件产生影响。其次，个体所处的行动条件决定了个体面临的认知、动机和机会，进而影响个体自身的行动（微观—微观，箭线2）。最后，个体行动最终可能以不同的方式形成社会结果，解释了待解释的现象（微观—宏观，箭线3）。其实，箭线4所描绘的关系可以分解为三条箭线：箭线1、箭线2和箭线3。这三条箭线可分别称为情境机制、个体行动机制和转换机制。例如，对于"战略—绩效"关系（箭线4），可将其分解为特定战略（比如市场渗透战略）如何塑造企业中个别决策者的条件（比如销售经理，箭线1），销售经理在个体层次上所拥有的工作条件和处事方式如何影响决策者（总经理）的行为和互动（比如拓展市场，箭线2），以及这些行为和互动如何转化为企业绩效（比如增加销售额，箭线3）。

同时，我们在图1-2中还可以看到，对有关被解释现象的解释可能涉及科尔曼图中箭线所代表的因果关系机制的不同组合方式。箭线3为A类；箭线2—箭线3为B类；箭线1—箭线2—箭线3为C类。A类解释纯粹集中在聚合微观行为，此类聚合可以在线性和非线性两方面进行。其中，线性聚合的形式包含个体特征、偏好、观点、投票等，而非线性聚合涉及个人相互影响、相互学习，或者结构可能施加的社会互动复杂性。相反，B类解释包括个别行为的最近原因，而C类解释则包含较远的宏观原因。A类、B类和C类都是微观解释的实例。相比之下，从微观角度来看，箭线4所述的解释被认为是有问题的，因为其完全诉诸宏观因果关系，完全没有诉诸行动者或潜在机制。此外，只关注微观层次（即箭线2）的解释不是微观基础。

需要提及的是，图1-2强调了前面提及的$N-1_{(t-1)}$定义。首先，$N-1_{(t-1)}$是在微观解释中明确识别的，它最终通过箭线3操作，说明类型A，B和（或）C。其次，该图是有向图，它有时间维度，因此，微观基础定义的"$t-1$"元素被隐含地表示为箭头在时间上排序的事实，使得箭线1出现在箭线2之前，箭线2出现在箭线3之前。最后，该图可以在垂直方向上或在水平维度上扩展维度（堆叠），允许多于两个层次的分析。

表1-2对科尔曼图各箭线的含义与其应用在战略管理方面的观点，以及更广泛的组织分析内容进行了归纳总结。

表 1-2　科尔曼图各箭线的基本特性

	箭线 1	箭线 2	箭线 3	箭线 4
关键术语	文化，环境，组织（集体），情境，制度	互动与交流	选择，潜在特征，能力（技能），自我选择	演化与环境适应性
因果性	宏观—微观	微观—微观	微观—宏观	宏观—宏观
理论机制	社会化	行为	理性设计，"无形之手"机制，交换	环境选择
关键问题	决定行为的主要背景和环境因素是什么？文化在决定结果中的作用是什么？	"互动的根本起源是什么，为什么是这样，与谁有关，等等"是一个潜在的、行为互动因素（"社会化"和由此产生的"涌现"），还是仅仅是个体潜在特征的产物	聚合结构、制度等是如何从个体行动和交互中涌现的？排序或自我选择进入组织的程序是什么？	该组织如何应对环境压力？组织的惯例和程序是什么？
行为与理性的重点	行为的	行为的	理性选择的	行为的

资料来源：KETCHEN D J, BERGH D D. Research methodology in strategy and management [C]. London：JAI Press，2006：266.

为了更好地理解科尔曼图，从而达到深刻理解微观基础解释基本结构之目的，现在以"组织整合机制影响组织吸收能力的微观基础"为主题进行案例说明。图1-3是一个反映组织整合机制影响组织吸收能力的科尔曼图。

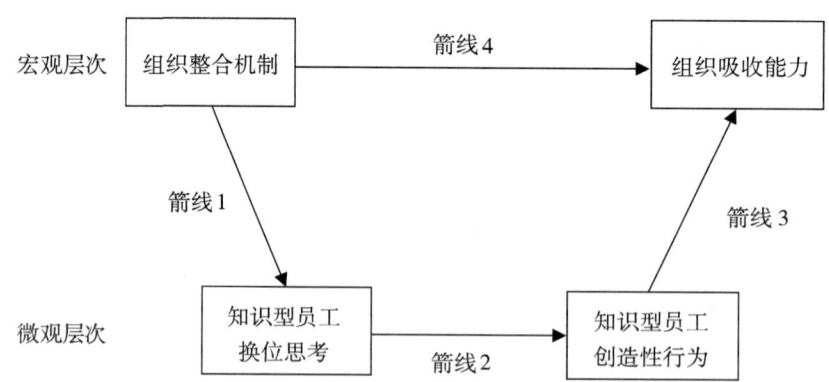

图 1-3　组织整合机制影响组织吸收能力的科尔曼图

在进行微观基础解释之前，我们先从宏观层次上分析组织整合机制对组织吸收能力的影响关系（箭线4）。

吸收能力是组织为了创立动态竞争优势而获得、消化、转变和应用外部知识的能力。根据这个定义，吸收能力包括了获得、消化、转变和应用外部知识这四种能力。① 前两个维度共同构成潜在的吸收能力，代表企业获取和理解外部新知识的能力，后两个维度则构成已实现的吸收能力，包括企业转变、利用和应用所获得知识的能力。

整合机制是指企业在其组织单元之间和组织单元内部协调其活动的正式和非正式机制。这些机制使企业更容易接受外部的新知识并加强其边界内的知识交流。企业一旦建立了正式的整合机制，如联络委员会和部门间工作队，就可以加强横向沟通和互惠信息处理，从而克服差异，使人们能够更好地理解来自外部的新知识。同时，企业使用正式机制，例如跨职能团队，可以整合和结合来自不同职能领域的各种专业知识；例如研发和营销，可以促进知识在新流程和产品中的应用。此外，非正式的整合机制能使企业在知识管理过程中保持更大的灵活性，有助于获得新知识。因为企业可以通过非正式整合机制鼓励不同部门之间的信任与合作，以减少目标和利益冲突，增强高效知识的交流和实施。因此，正式和非正式的整合机制有助于促进组织吸收能力的提升。②

接着，我们分析正式和非正式整合机制是如何通过微观层次的过程影响组织层次的吸收能力的。

首先，分析箭线1的情境机制。整合机制能够直接影响个人行为的条件，特别是与换位思考（perspective taking）相关的认知过程。换位思考指的是一种思考他人心理状态以及推断他人思维的认知能力。人们普遍认为，换位思考的过程取决于如何对特定情况进行认知上的评价，在很大程度上，这个过程可以通过影响员工所面临的特定情境的组织结构来进行情境延展。因此，正式的整合机制能够决定企业知识型员工的换位思考，因为这些机制可以让员工接触到不同的观点，并增加他们对组织内其他职能部门专业知识的感知。通过这些机制，员工可以了解自己的工作与其他职能或部门的关系，以及与整个组织的关系。这种对工作的综合理解能够帮助员工从他人的角度看待问题。其实，正式的整合机制可能不仅有助于员工理解同事的观点，而且有助于员工深入了解与同事互动的外部人员的观点。例如，通过站在销售人员的角度考虑，

---

① ZAHRA S A, GEORGE G. Absorptive capacity: a review, reconceptualization, and extension [J]. Academy of Management Review, 2002, 27 (2): 189.
② DISTEL A P. Unveiling the microfoundations of absorptive capacity: a study of Coleman's bathtub model [J]. Journal of Management, 2019, 45 (5): 2018-2019.

工程师可以将客户的观点内化，在设计产品时考虑客户的需求。此外，当企业在经营中强调非正式整合机制时，例如进行开放式沟通和频繁的社会互动，员工就会建立更多的人际熟悉度（interpersonal familiarity）和个人亲和力（personal affinity），从而更有可能采纳他人的观点。因此，可以推断，整合机制有助于促进知识型员工的换位思考。①

其次，分析箭线 2 的个体行动机制。认知过程通常是有形行动的基础。研究表明，以他人的观点看待问题有助于促进社会整合行为，以克服组织内外存在的不同思想世界对知识整合和创新造成的解释障碍，这意味着知识型员工之间的换位思考可能会激发他们的创造力。具体上，知识型员工越愿意换位思考，就越能站在他人的角度去思考问题，并试着用他人的评价标准去评判他人的想法和意见，这样他们不仅能更深入理解他人的观点，而且能从他人身上学到更多有用的信息，从而让整个团队产生更多新颖、有用的想法。在此基础上，知识型员工还能结合不同观点进行尝试，从中选择对他人最有价值和最实用的想法，以实现尽可能高的效用。由此可见，知识型员工的换位思考有助于创造性行为的产生。②

最后，分析箭线 3 的转换机制。一方面，由于创造力涉及发散思维能力，当员工建立新的联系，并将看似不同的外部或内部信息和曾经孤立的元素联系起来时，将提高其潜在的吸收能力。通过跳出思维定式，员工可以提出多种全新的想法，这些想法可能代表了问题的新解决方案，也可能为组织带来潜在的商机。同时，由于员工寻求更多信息以增加他们对所产生新想法的理解，因此创新过程得到了进一步加强。通过将意义赋予新的联想，并将其与先前掌握的知识联系起来，员工可以提高对组织新想法的理解，这是企业吸收能力的核心所在。另一方面，组织上的知识转化可以通过员工相互反思性重构的创造性行为来实现。通过质疑彼此的原始想法，并将看法转换到新的待解决问题方面，员工们会对原始想法进行调整或赋予新的含义，从而使其更便于后续实施。同时，员工通过创造性地解决问题，可以更有效地开发和使用新知识。因此，知识型员工的创造性行为有助于组织吸收能力的提升。③

二、基本结构的变体

图 1-2 科尔曼的基本结构图只描述了一种可能的微观—宏观解释。事实上，微

---

① DISTEL A P. Unveiling the microfoundations of absorptive capacity：a study of Coleman's bathtub model[J]. Journal of Management，2019，45（5）：2019-2020，2022.
② 江静，杨百寅. 换位思考、任务反思与团队创造力：领导批判性思维的调节作用[J]. 南开管理评论，2016，19（6）：28.
③ 同①.

观一宏观的解释除了基本形式外，还存在其他形式（见图 1-4）。

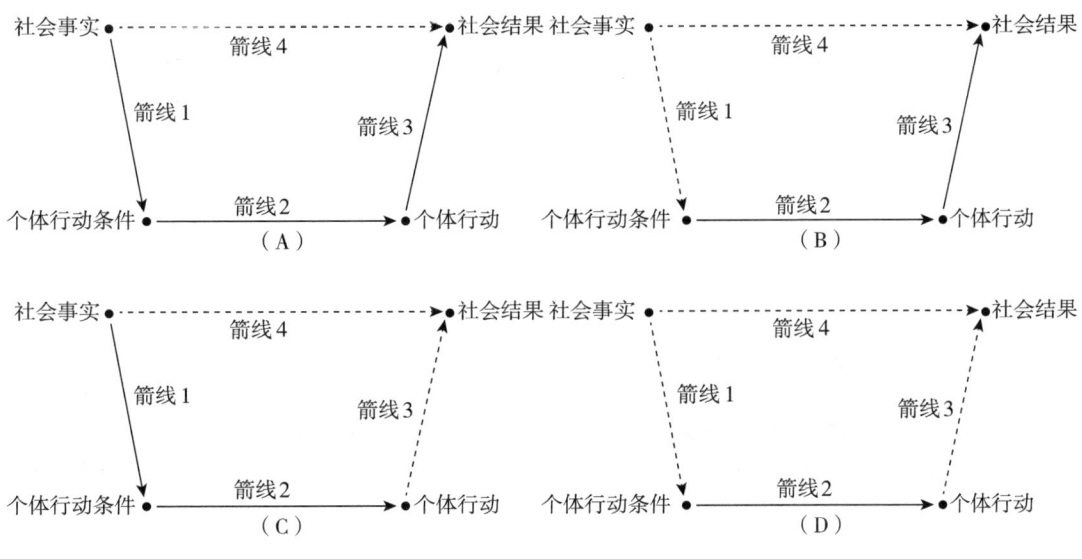

图 1-4　科尔曼图基本结构的变体

如果实线表示两变量的因果关系，而虚线表示两变量有相关关系但没有因果关系，则图 1-4 中的变体（A）反映了宏观层次的相关关系，变体（B）反映宏观事实的自变量与微观理论的自变量在分析上相关，变体（C）反映从微观层次到宏观层次的相关关系。在变体（D）中，箭线 1 和箭线 3 都是分析性的。在这些变体的结构图中，微观理论具有唯一的法则。

在图 1-4 中，每个关系仅由一个因变量和一个自变量组成，模型结构相对简单。在实际解释中，模型要复杂得多，也就是说，会出现基本结构的扩展模型。

三、基本结构的扩展

图 1-2 的科尔曼图反映了微观基础解释的基本结构，它是一个包含一个阶段和两个分析层次的有向图。所谓一个阶段是指图左侧的社会事实经过一些微观机制导致了图右侧的社会结果。而两个分析层次则是指一个宏观层次和一个微观层次。事实上，微观基础解释还存在多个阶段解释或多个分析层次的复合结构。

图 1-5 是两阶段解释结构的企业组织目标形成的科尔曼图。在图中，微观基础分析还允许左上角节点中宏观层次的组织目标以微观基础的方式进行解释。也就是说，组织目标既是解释物又是被解释物。当研究人员探讨组织目标是如何形成的以及为何同一行业的企业可能有不同的目标这两个问题时，组织目标作为被解释物。而当他们只关注不同组织目标对组织层次结果的影响时，组织目标则作为解释物。当然，他们

也有可能对研究这两个"阶段"感兴趣,即研究是什么塑造了组织目标及其采用,以及这些目标又如何产生结果。所有这些问题都可以通过微观基础分析来解决。

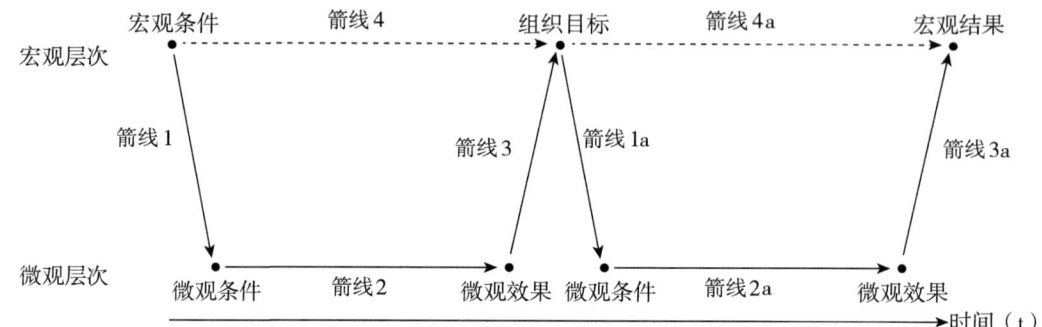

图 1-5 两阶段解释结构的企业组织目标形成的科尔曼图

资料来源:FOSS N J, LINDER S. Microfoundations: nature, debate, and promise [M]. Cambridge, UK: Cambridge University Press, 2019.

在解释社会现象时,分析层次除了涉及"宏观"和"微观"两个层次外,有时会遇到涉及三个层次的现象。比如,企业员工的工作态度、团队绩效与企业绩效之间的关系;又如,单个企业绩效水平、战略集团绩效水平与行业绩效之间的关系。这时,分析将涵盖三个层次,"宏观""中观""微观"。在科尔曼图中,添加中观层次或区分宏观层次会进一步导致"堆叠""浴缸"。比如,图 1-6 是一个反映企业社会责任影响社会组织目标形成的科尔曼图,该图具有三层分析结构。

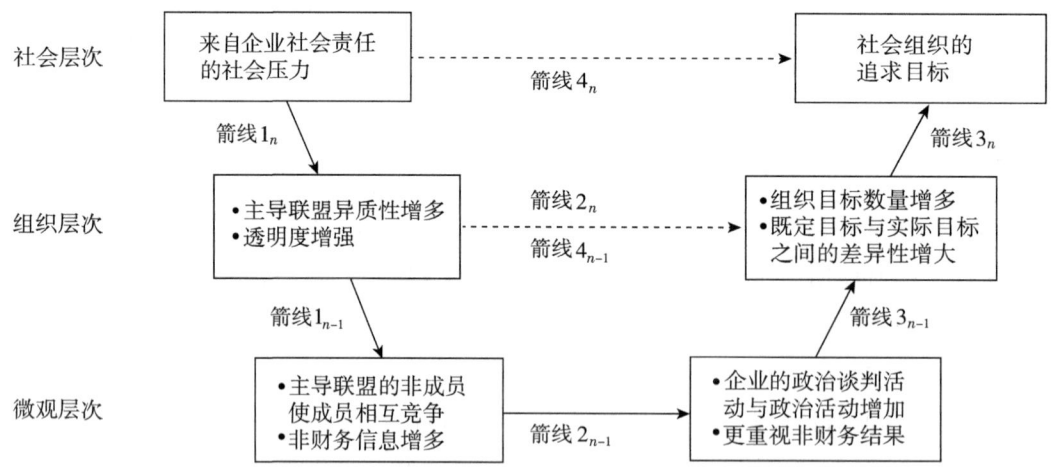

图 1-6 企业社会责任影响社会组织目标形成的科尔曼图

资料来源:FOSS N J, LINDER S. Microfoundations: nature, debate, and promise [M]. Cambridge, UK: Cambridge University Press, 2019.

通常，企业社会责任可以与三种现象联系起来：①拒绝股东在价值创造和分配方面凌驾于其他利益相关者之上；②组织需承担在不损害满足未来利益相关者需求能力的情况下满足当下利益相关者需求的压力；③越来越多的人期望组织在多个"底线"上披露他们的业绩，即满足不同利益相关者的需求，从而创造透明度，迫使组织更好地满足所有利益相关者的需求。[①]

企业社会责任日益增长的压力意味着可以成为企业主导联盟的部分成员的利益相关者群体的扩大。以前很难证明自己在企业决策中有发言权的利益相关者，需要在利益相关者之间达成的交易、优惠和债务交易中比以前更多地考虑到决策中的发言权。然而，由于所有利益相关者可能都有自己的偏好，进一步在为某一个利益相关者（或利益相关者群体）创造价值的同时可能不允许提高为其他利益相关者创造的价值，甚至想降低为这些利益相关者创造的价值。因此，当企业社会责任的压力越来越大，就增加了一种可能性，即企业主导联盟内的交易只是暂时的和脆弱的（箭线 1_n）。这有助于不属于主导联盟的利益相关者利用主导联盟内的这种脆弱性，使主导联盟的一部分成员与另一部分成员相互竞争（箭线 1_{n-1}），从而获取自己的利益。这表明企业中的政治谈判活动、竞选和拉选票活动总体上有所增加（箭线 2_{n-1}），而此类行为可能会影响组织制定的正式目标（official goals）以及这些既定目标（stated goals）与追求的实际目标（real goals）之间的重叠（箭线 3_{n-1}）。主导联盟内的利益越来越异质化，非主导联盟的利益相关者越来越有可能挑起主导联盟内的群体相互对抗，这意味着企业会倾向于实现更多（相互竞争的）组织目标，并且考虑到这些目标中可能存在的不相容性，公众支持的目标和实际追求的目标之间的差异增加了（这对企业的成员来说可能并不明显，因为这有利于就共同目标达成某种协议）。因此，作为主导联盟一部分的异质利益相关者可能更倾向于同意模棱两可的组织目标，从而有可能在表面上达成一致。由于拒绝股东至上，既定目标与实际目标之间的差异以及目标模糊性可能会增加，但若想通过更多数量的目标和较低优先级的财务目标，在目标形成过程中考虑更多利益相关者的利益，则应该减少成员与组织目标之间的目标不一致。[②]

此外，企业社会责任的当前压力可能会通过另一种途径影响企业制定的目标。在开展业务时，除了考虑经济因素外，还要考虑更长期的生态、社会和社会因素，从而

[①] FOSS N J, LINDER S. Microfoundations: nature, debate, and promise [M]. Cambrldge, UK: Cambridge University Press, 2019: 28-30.

[②] 同上。

确保在这三个方面满足利益相关者需求的长期可行性,这要求企业对当前行动的长期后果保持透明(箭线 1_n)。非财务指标通常被认为比财务指标更具有前瞻性。因此,企业社会责任带来压力意味着需要用比以前更多的非财务信息来补充财务信息。要生成此类信息,企业内部的管理人员和员工需要设计制度和措施,以捕捉其企业行为的非财务结果。这些努力不仅使人们更加关注个人行为的非财务结果,从而有可能使他们更多地参与到内部讨论和决策谈判中,而且还会耗费时间。由于时间是一种稀缺资源,许多组织成员可能更喜欢易于衡量的非财务结果,而难以衡量的结果可能会被搁置一旁(箭头 2_{n-1})。除了这种无意的偏见(偏差),组织的一些成员还可能会故意提出一些措施,因为他们认为这些措施有助于在内部谈判过程中增进自己的利益(箭头 2_{n-1})。有意和无意引入的偏见(偏差)都可能影响企业所采用目标的内容和性质(箭头 3_{n-1})。因此,它可能会影响组织目标之间的内容和优先次序。建议在制定目标的政治谈判过程中用可衡量的标准作为非中性语言。因为在谈判中,容易衡量的非财务结果的重要性日益增加,可衡量的结果允许设定相当精确的目标(例如,每年减少 2% 的二氧化碳排放量),这使得人们很容易认为企业社会责任减少了目标的模糊性。然而,整体影响将取决于报告效应的相对强度与先前讨论的拒绝股东至上的竞争效应。[1]

第四节 聚合与涌现

微观基础着眼于宏观层次的起源和本质,而宏观变量不直接导致其他宏观变量的变化,也就是说,某一宏观层次的结构与其他宏观层次的结构之间不可能存在直接的因果关系,因为在宏观层次上没有将它们联系起来的因果机制,宏观变量之间的联系总是由根植于个人行为和交互作用的微观基础来调节。[2]

在解释上,微观基础虽然有多种方式,但聚合是微观基础的必要条件,特别是在管理、组织理论和战略领域。[3] 换句话说,微观基础分析从根本上关系到个体层次的因

---

[1] FOSS N J, LINDER S. Microfoundations: nature, debate, and promise [M]. Cambridge: Cambridge University Press, 2019: 30 - 31.
[2] FOSS N J. Invited editorial: why micro-foundations for resource-based theory are needed and what they may look like [J]. Journal of Management, 2011, 37 (5): 1416, 1413 - 1428.
[3] BARNEY J, FELIN T. What are microfoundations? [J]. Academy of Management Perspectives, 2013, 27 (2): 145.

素如何聚合到集体层次。其中聚合（aggregation）指的是整体与部分的关系。通常在定义一个整体类后，再去分析这个整体类的组成结构。从而找出一些组成类，该整体类和组成类之间就形成了聚合关系。

根据德温尼（Devinney，2013）的观点，微观基础个体层次的因素聚合到集体层次的方式描述如图1-7所示。第一个层次代表个体理论，称为"I-层次理论"，它是关于个体行为的理论，而无须诉诸与更高分析层次有关的讨论。第二层次代表集体或组织的理论，称为"O-层次理论"，它是关于群体互动的理论，包括与联合或集体行动、惯例等方面有关的内容。第三层次代表战略企业层次上的理论，称为"S-层次理论"，它是关于企业竞争和战略行动和反应的理论。然而，它们只是用来表示分析层次，学者可以增加或减少他们选择的层次数量。[①]

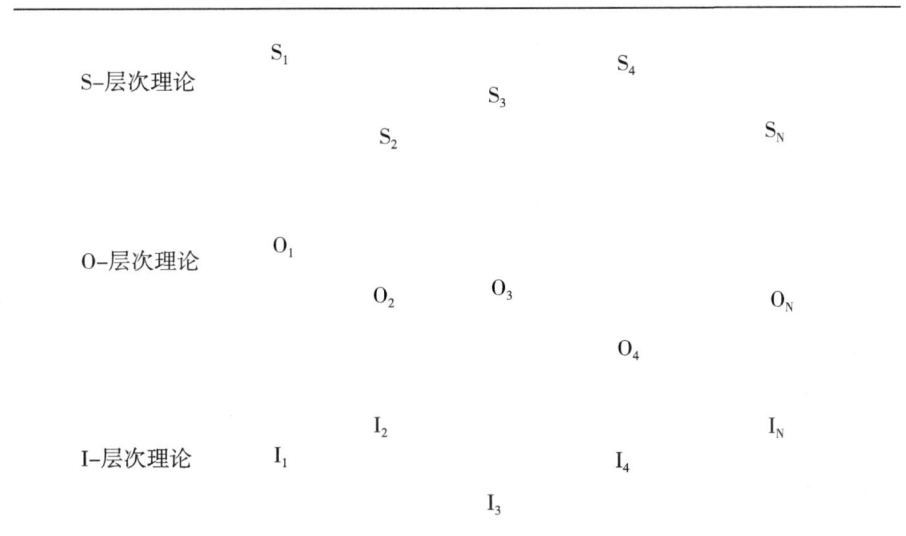

图1-7 I-层次理论与O-层次理论和S-层次理论

资料来源：DEVINNEY T M. Is microfoundational thinking critical to management thought and practice? [J]. Academy of Management Perspectives，2013，27（2）：82.

通过学术上的实证检验结果，我们可以得知，I-层次理论可能会强调决策的风险规避和偏向性（biased nature），而S-层次理论则可能会忽略这种偏向性，并假设企业是期望效用最大化者，以使企业可以有效地运作。类似地，S-层次理论总是在企业层次上讨论决策，但实际上，在大多数情况下，并不是企业在作决策，而是一个个体经理人或一群经理人在作决策。换言之，在很大程度上，经理人并不看重S-层次理论，而大多数

---

① DEVINNEY T M. Is microfoundational thinking critical to management thought and practice? [J]. Academy of Management Perspectives，2013，27（2）：82.

I-层次理论对企业来说并不重要。显然，只有在企业和个体影响层次紧密结合起来的情况下，才会出现 O-层次理论。那么，O-层次理论究竟是如何运作的？

其实，这个问题就关系到微观基础分析层次的聚合性和涌现性的问题。或许我们仍会对个体层次与集体层次的一些关系性问题感到有些疑惑。比如，个体管理者在认知上是有限的，会受到各种偏见的影响，且厌恶风险，而企业似乎并没有表现出受偏见的影响，并且在决策过程中也没有以同样的方式受到限制，这是为何？在知识管理领域，个体是否有可能比企业的整体更有知识？或者，企业拥有的知识是否可以大于其员工拥有的知识总和？这些问题本质都涉及理论和实证结果之间在同一层次和另一层次上缺乏一致性的问题，这意味着我们可能在业务和管理流程链中缺少了一个关键的因果联系。从实践的角度来看，如果无法在这些分析层次上将预测和理论统一起来，那么，对管理者来说，预测和理论所产生的规范性价值就非常有限。毕竟，管理者关心的是较低层次的行动和活动如何影响组织的绩效。[①]

费林和福斯（Felin and Foss，2009）认为，从个体到组织行为的飞跃忽略了一点，那就是行动和行为的是个体，而不是组织。[②] 正如巴纳德（Barnard，1938）所强调的那样，个体始终是组织的基本战略因素。换句话说，"组织"的行动、行为和结果实际上是相互作用的个体的代理，这些个体采取行动、行为并创造出整体涌现性的结果。[③] 因此，在解释上必须想方设法将个体层次与集体层次联系在一起。

为实现这一点，需要在分析的跨层次上建立桥梁。在这个意义上，巴尼（Barney）和费林的观点认为，微观基础关注的是如何进行聚合。图 1-8 显示了这种桥梁或聚合的样式化集（stylized set）。从该图上可看到，每一个更高层次的分析都是由低层次概念的功能聚合组成的，德温尼将它称为 A 理论或聚合理论。

德温尼（Devinney，2013）提出，聚合理论要注意各个层次中的多对多关系，从另一角度上说，更高层次的概念不能仅仅是一个更低层次概念的重新表述。比如，不能简单地有 $I_1 \rightarrow O_1$，更多的附加信息（additional information）必须有意义地添加到一个新出现的更高层次的概念中；同时，我们可以创建一个程式化的例子来揭示低层次和高层次概念之间的清晰关系，但并不能保证这一点会出现。完全可以想象，所谓的"多重实现"可能会出现，这意味着许多不同 I 的组合可能会导致相同的 O，而 O 的许

---

① DEVINNEY T M. Is microfoundational thinking critical to management thought and practice? [J]. Academy of Management Perspectives，2013，27（2）：82-83.

② FELIN T, FOSS N J. Organizational routines and capabilities: historical drift and a course-correction toward microfoundations [J]. Scandinavian Journal of Management，2009，25（2）：165.

③ BARNARD C I. The functions of the executive [M]. Oxford: Oxford University Press，1938：139.

多不同组合可能会导致相同的S。此外，德温尼还强调，微观基础不仅仅意味着聚合，聚合也不是唯一的基本要素。微观基础要求研究人员对构成管理系统研究的I-层次理论、O-层次理论和S-层次理论，以及将这些概念连接起来的聚合理论给予综合考虑，从而可以使用I-层次理论的概念来解释更高层次的O-层次理论和S-层次理论。[①]

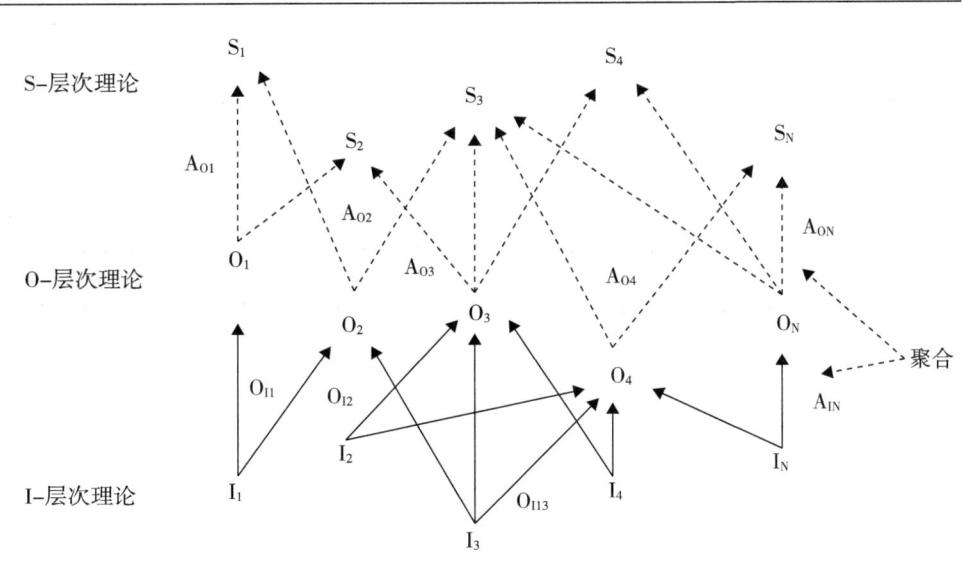

图1-8　微观基础的I-层次理论与O-层次理论和S-层次理论的联系
资料来源：DEVINNEY T M. Is microfoundational thinking critical to management thought and practice？[J]. Academy of Management Perspectives，2013，27（2）：83.

然而，需要提及的是，通过分析个体行为来认识集体整体，需要考虑到个体的特征。比如，如果个体目标和认知是相同或互补的，那么聚合是相当容易的。但如果个体的偏好是相互冲突的，也即说，在多人环境中，一个人的目标可能是另一个人的约束，这时的聚合情况是显得比较复杂的。这表明，个体与组织之间的部分与整体关系本质上并不总是严格可相加的，所以个体层次因素的聚合并不总是直截了当的。也就是说，随着个体在组织中的相互作用，可能会产生各种涌现（emergence）的集体因素，而这些因素无法有效地归结为个体。

这里的"涌现"，是针对系统科学来说的，指的是整体具有分解（还原）到部分就不存在的那类现象、特征、属性、行为等，或者高层次具有的还原到低层次就不存在的现象、特征、属性、行为等。其基本特征有二，一是非加和性，二是方向性。内容

---

① DEVINNEY T M. Is microfoundational thinking critical to management thought and practice？[J]. Academy of Management Perspectives，2013，27（2）：84.

上，涌现主要是强调从低层次到高层次、从部分到整体所发生的质变，即系统整体出现了部分所没有的新质或新量。通俗地说，整体不等于部分之和，这指的是涌现的非加和性。系统科学使用"涌现"一词是为了描述系统上下层次之间的或部分与整体之间的关联问题。人们在某一层次上观察到的非加和式现象、特征、属性、行为等，其根源首先来自下层的要素、关系、运动，是由下向上产生的。在下一层次观察不到但在上一层次可以观察它、把握它。这就是涌现的方向性。[①]

从特征上看，涌现概念与层次概念有不可分离的联系，涌现是表征层次之间的一种特殊因果关系。涌现通常涉及两个层次：一个是涌现发生的基础和平台，即相互作用的诸多部分所代表的低层次；另一个是涌现的结果，即可以观察到非加和性的高层次。谈论层次也必定涉及涌现，层次划分是涌现的产物，高层次是从低层次涌现出来的，涌现是层次对称破缺的结果。每个较高层次上的非加和特性都是它下面的层次之间涌现的聚合结果，但关键是跟它直接相邻的那个低层次，相邻而较低层次上所有事物之间相互作用涌现出相邻而较高层次上的非加和性，至于跟该层次相距较远的那些低层次的关系则是次要的，相距越远关系越小，甚至有些可以完全不予考虑。具体地，设系统有多个层次，从低到高顺序记作 $\cdots k-2, k-1, k, k+1, k+2 \cdots$，欲考察 k 层次上的系统特性，关注的焦点应放在 $k-1$ 层次上的事物，这些事物的相互作用是在 k 层次上看到的整体涌现性赖以产生的直接原因，而 $k-2$ 或更低层次往往关系不大，甚至没有关系。[②]

总体上，我们对"涌现"一词的使用，更直接地基于这样的观念，即构成个体及其社会互动的性质需要仔细说明。要认识到这种相互作用可能导致的集体结果不一定可以还原为组成个体。谢林（Schelling，1971）的种族隔离模型（model of segregation）说明了这一点。谢林展示了个体选择的影响，这些个体仅对自己同种族的人有轻微的偏好，就可能在宏观层次上引发出乎意料的全面种族隔离，[③] 这个模型指明了个体交互如何导致了令人惊奇的涌现性集体结果。当然，这种模型可以通过增加个体层次的异质性甚至影响动态来进一步复杂化。但是，更普遍的观点是，一旦个体交互涌现行为发展到宏观层次，便可能会导致惊人的宏观层次结果。没有任何一个主体希望进行全面的种族隔离，但是由于主体的相互作用，结果仍然是会出现

---

① 苗东升. 论涌现 [J]. 河池学院学报，2008，28 (1)：6-12.
② 同上.
③ SCHELLING T C. Dynamic models of segregation [J]. The Journal of Mathematical Sociology，1971，1 (2)：156.

的。实际上，在社会科学中，基于主体的模拟确实为研究复杂的社会聚合提供了一个很好的例子和机会。

第五节　微观基础与微观学科

与宏观学科中的微观基础相关的一个核心问题，是这些微观基础与微观学科（如组织行为学和组织心理学）的关系问题。微观基础与微观学科既有联系又有区别。借助科尔曼图可以清晰地看到它们之间的区别。在科尔曼图中（见图1-2），如果没有考虑到箭线3，微观基础就不复存在了。相比之下，微观学科主要集中在箭线2上，而在较小程度上集中在箭线1和3上。虽然箭线3反映了微观学科和微观基础之间可能存在冗余的感觉，但事实上，如果社会结果是在宏观环境下，并在企业层次或更高层次上运行，微观学科实际上很少考虑箭线3。借助科尔曼图，可以从四个维度对微观基础框架与微观文献进行比较。四个维度分别是：结果、特定语境、涌现和层次。这些维度之间存在着不同程度的重叠，但可以将它们分开考虑，以实现更细致的区分。

一、基于结果视角的关系

由于微观基础从根本上考虑了社会结果的异质性和竞争优势的差异，中心论题（central interest）的结果也处于较高的层次。这样的结果可能存在于战略业务单元、企业、市场、行业集群或竞争性群体层次。虽然他们在具体的层次上有所不同，但他们都共同关注个体层次上的结果。根据定义，微观基础的待解释事物是处在宏观层次（如图1-2的社会结果），微观基础意味着某事物是其他事物的基础，因此，图1-2在包含箭线2外，还同时至少包含箭线3，以符合微观基础的解释条件。相比之下，微观学科只关注微观层次的解释不是微观基础，因为它只涉及一个层次的分析：微观层次，即图1-2中的箭线2，它没有考虑箭线3在企业层次或更高层次和宏观背景下的运作。因此，微观学科研究最常见结果是个体结果，例如工作绩效、人员流动、满意度，以及不属于企业层次的小群体结果。

二、基于特定语境视角的关系

微观基础的一个支柱是语境因素的明确识别。语境是指为影响组织行为的发生和意义的情境机会和约束，以及变量之间的功能关系。语境可以作为一个主要影响因素，或与个体变量（如倾向）相互作用，从而影响组织行为。"语境"一词经常被用来将管理领域的社会事实付诸实施，它可以采取多种形式，如市场、经济环境或组织。另外，语境本身也可以是被嵌套的，其中团队或工作群体被嵌套在更高层次的语境中，如组织子单元、组织本身、竞争环境、行业和社会。因此，需要更加细致的具体性来描述"语境是什么"：语境包括谁，还包括哪些任务或环境因素，潜在的互动形式是什么，等等。[①] 图1-2通过箭线1说明了语境。在某种程度上，组织和市场的比较研究代表了箭线1型的研究，其中，语境的本质决定了来自个体不同类型的行为和激励结构，或者某些类型的个体自我选择进入特定的语境中。但是，在理解何种类型的社会互动机制会在哪些不同语境中运作时，则需要更多的具体说明。语境通常是微观学科研究的背景，而更高层次的语境（组织层次、市场、制度）通常是隐含或假设的。在大多数情况下，宏观语境对于微观研究来说是一个模糊的背景，通常可以去除或改变，而不会对理论或研究产生太大的实质性影响。语境很少成为微观研究的核心，但当被考虑时，语境或者集中在一个组织环境中，或者从个体观点来看，就是语境知觉。微观基础研究将宏观语境从背景转移到前景，这样做，为从新的角度审视微观话题提供了有意义的机会。迄今为止，微观基础研究的重点集中在箭线3型的解释上，对于箭线1型的解释和语境如何塑造个体行为、组织和市场结果的探讨将成为学者们的一个潜在研究方向。

三、基于涌现视角的关系

表面上，微观基础和微观学科似乎都集中关注涌现的作用（大致的概念为图1-2中的箭线3）。涌现有多种形式，但可以宽泛地描述为将较低层次的实体转换为新的、较高层次的实体的过程，是特定情境中的交互功能。微观基础关心的是，一个行动者与另一个行动者的交互作用以及影响这种交互作用的机制和情境是如何生产企业层次和集体的异质性的（图1-2箭线1-3）。这本质上是一个跨越宏观和微观之间的若干中间层次的问题。然而，微观基础的轨迹位于中间层次上，尤其是从行动者的认知、情感、特征、行为等方面涌现到更高层次的异质性。从现有研究来看，微观基础方法和微观多层分析采用类似但不相同的涌现运作化方式。类似点在于，都试图理解"自下而上"过程的性质，如图1-2中箭线3所示。它们的区别在于，微观基础更加重视

---

① JOHNS G. The essential impact of context on organizational behavior [J]. Academy of Management Review, 2006, 31 (2): 386-387.

发生在低层次和宏观层次之间"转换"的性质，而且实际上也更侧重于寻求从个体转向企业（或制度或市场，而不是侧重于中间层次，如团队）的"更大的"微观到宏观的飞跃。微观学科研究有助于人们理解这种微观到宏观的转变，但由于存在着一些重要的理论、方法、分析，甚至是情境上的差异，使得多层次微观研究无法直接推广到微观基础上。[①] 例如，在微观多层次研究中，更广阔的经济、市场或组织条件是不明确的，这就引发了关于这一研究如何应用于理解企业间异质性的问题。

四、基于层次视角的关系

"层次"一词指的是特定现象、结构或过程在本体论意义上所处的位置（不一定在组织层次结构中）。较低的层次嵌套在较高的层次中。中间层次的最高、最低、数量和性质是由特定组织决定的，也取决于学术研究的主题。像许多自然现象和社会现象一样，组织是按等级制度组织的。根据定义，微观基础涉及至少两个层次，其中一个必须是图1-2中的箭线3。相对而言，宏观重点关注企业层次的结果，而微观基础侧重于情境中的互动，因此，个体层次是一个明显的自然起点，它成为微观基础方法的最低层次。行为是微观研究领域的核心，因此个体层次是组织情境应用的初始条件。

第六节　微观与宏观

建立微观与宏观的联系来解释社会宏观层次的现象，以此作为个体行为的结果，这已成为社会学研究的一项核心任务。科尔曼图既可作为社会学解释的一般模型，也可作为反映微观与宏观关系的标准方式（见图1-9）。在图1-9中，节点A和D分别代表宏观条件和宏观结果。箭线4表示宏观条件与宏观结果之间的联系。宏观结果（D）和箭线4也代表了待解释事物。节点B表示微观条件，即个体行为理论假设中的独立变量。箭线1表示社会条件如何影响这些变量的假设，例如，网络、制度以及价格等社会条件可以被视为机会，或者反过来，可以被视为影响行为者选择可行替代方案的制约因素。社会条件同样塑造了与各种可行替代方案相关的动机，并塑造了行动者的信息。针对这种从宏观到微观关系的假设，我们可称箭线1所表示的含义为"桥

[①] KOZLOWSKI S W J, CHAO G T, GRAND J A, et al. Advancing multilevel research design: capturing the dynamics of emergence [J]. Organizational Research Methods, 2013, 16 (4): 583-585.

接假设"。节点 C 代表微观结果，即对个体行为的描述。关于个体行为的规律性或个体行为理论的假设以箭线 2 表示。因此，箭线 2 代表微观理论。最后，箭线 3 代表行动者行为如何产生宏观结果的假设，我们可称它为"转换规则"，作为微观与宏观关系假设的标记。从图 1-9 中可以明显看出，待解释事物是对宏观结果（D）或宏观规律（箭线 4）的描述，它来自对个体行为假设，即微观理论（箭线 2）、宏观条件（A）、桥接假设（箭线 1）和转换规则（箭线 3）的解释。

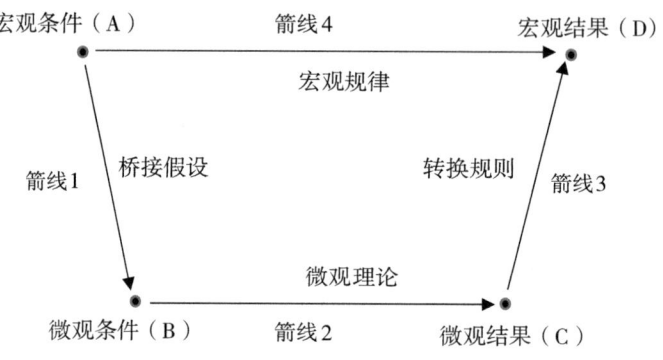

图 1-9　微观与宏观关系的科尔曼图

为了便于理解，科尔曼使用了一个称为"作为集体行为的逃避恐慌"的简化例子进行了阐述。想象一个拥挤的剧院，在那里发生了火灾，而且游客离开剧院的时间有限。节点 A 描述了在剧院中的这种情况。节点 B 代表了剧院中那些可用替代方案的假设，例如"猛冲"与"有序地走向出口"，以及对行动者选择其中一种方案的动机的假设。节点 C 表示行动者在行为选项之间做出的实际选择。节点 D 代表的宏观结果就是"恐慌"或"以有序的方式集体退出剧院"。然后箭线 1 代表桥接假设，在由节点 A 描述的宏观条件下，每个行动者陷入了一个类似囚徒困境的情况，以"冲向出口"作为主导策略。按照科尔曼的解释，箭线 2 代表了微观理论，具体来说是非合作博弈论意义上对个体行为的假设。因此，对于节点 C 所代表的微观结果，按目前所设定的假设条件，意味着每个行动者都将选择主导策略，并将冲向出口。箭线 3 被认为是一个转换规则，规定了宏观结果"恐慌"是从行为者的猛冲行为中产生的。因此，我们的假设共同暗示了宏观的结果"恐慌"，以及在一个拥挤的剧院中的火灾引起恐慌的宏观规律。

从科尔曼图来看，"微观—宏观联系"是模糊的。狭义上说，"微观—宏观联系"只指箭线 3。广义上说，"微观—宏观联系"指的是通过对个体行为（箭线 2）、宏观条件（A）、桥接假设（箭线 1）和转换规则（箭线 3）进行假设来解释宏观结果（D）或宏观规律（箭线 4）。我们在这使用的"微观—宏观联系"表示广义的意义。因此，我们避免了像"宏观—微观—宏观联系"这样烦琐的术语，并系统地将箭线3所表示的假设称为"转换规则"。

需要明确的是，微观行为的"宏观基础"（箭线1）和个体对微观层次行为的反应（箭线2）都是有价值的，但当理解宏观现象（即解释为什么我们可以观察到箭线4）时，如果不将微观与宏观联系起来进行分析（箭线3），那么，对宏观现象的理解仍然是零碎的。这是评估各种分析方法对实证微观基础研究的贡献的适用性时需要考虑的一个重要方面。换句话说，"转换规则"（箭线3）或者说将微观层次与宏观层次联系起来的方法（模型）非常重要，它是微观基础分析的关键。

我们曾提及从微观现象到宏观现象（个体层次到集体层次）的一般方式就是涌现。而涌现产生的途径通常有两个：一是组合方式（composition），即"在跨层向上的各个层次上出现的现象本质上是相同的"；二是编译（compilation），它描述了构成一个通用领域但在不同层次上出现的截然不同的现象。此外，为宏观现象建立微观基础意味着我们需要采用能够尽量避免微观层次运行机制不畅的方法。

在学界，联结微观与宏观关系的方法较多，其中，属于多层次分析的分层线性模型（hierarchical linear modelling，HLM）是一种非常流行的方法。该模型假设个体行为不仅受到个体自身特征的影响，也受到其所处环境（群体、层次）的影响，既能从整体上考虑同一层次上的数据变异，也能考虑不同层次间数据的变异。HLM的应用范围比较广泛，凡是具有嵌套和分层的数据均可使用该模型进行分析，因此，HLM是研究宏观与微观关系的有效工具，即涵盖箭线1和2。但由于模型中的因变量（感兴趣的现象）不位于最低的微观水平，对于用微观（较低层次）关系来解释宏观层次的结果，HLM并不是最合适的工具。

可以认为，将微观层次与宏观层面联系起来的最简单方法是在平均化的基础上对从前的数据进行聚合。① 由于互动和依赖性的存在及其类型的不一，这种简单的平均可能适用于某些微观层次的属性，但不适用于所有微观层次的属性。例如，如果组织内部的变异性不存在什么问题，那么简单的平均可能是可以接受的，但如果人们期望组织内部的共识被认为对理解宏观层次的现象很重要，那么就不能接受了。同样，平均化可能会导致某些见解或现象在企业内部普及不适当的错误结论。斯塔茨等人的研究表明，较大的团队通常可以更快地完成任务，但与增加员工相关的优势往往伴随着各种劣势，例如协调工作的负担增加。而协调成本因团队项目而异，这取决于任务和团队成员的相互依赖。

---

① 详细操作方法可参看马蒂厄和卢西亚诺撰写的文章《集体工作中的多层次涌现》，该文载于由汉弗莱和勒布雷顿编著并于2019年出版的《多层次理论、测量和分析手册》一书中。

但随着团队规模的增加，人们越来越低估完成项目所需的劳动时间以及流程成本，最终导致团队效率低下。[①] 此外，虽然平均很容易实现，但它也会给微观机制的运行带来麻烦。因此，通过简单平均的聚合对推进实证微基础研究没有太大的帮助。

多样性指数法是对简单聚合法进行了适度改进而形成的一种分析方法，它们解释了微观层次观测的分散性。然而，多样性指数仍然不能直接捕捉基于微观行为的微观—宏观效应。此外，基于多样性指数的微观基础分析可能会产生解释不够清楚的结果。因此，多样性指数法也是一种不够理想的分析方法。

相对而言，用于研究箭线 1 和 3 的大样本方法将注意力集中在两个层次的协变之间的联系上，同时避免产生相关性的危险（即合并个体和群体水平的相关性）。还应考虑到微观层次通常涉及战略性互动。其中，网络协同进化（networks co-evolution）、贝叶斯叙事（Bayesian narratives）、基于主体的模型（agent-based models）和混合方法研究（mixed methods research）等方法成为将微观层次与宏观层次联系起来的较为理想的分析方法。

网络协同进化是指两个或多个网络行为主体群体相互适应的过程，或个体和群体与环境相互作用的互惠式渐进性变化过程。网络协同进化涉及三个不同的组成部分：感知环境或关系的变化、处理信息或学习、其他耦合行动者一起行动或参与，它们必须共同存在于一个行动者中。这些行为要么是共同专业化的结果，要么是一个行动者被另一个行动者"殖民"的结果，两者都可能表现出进化变化和适应性行为。[②] 网络协同进化方法旨在促进我们对在宏观层次上诱导社会网络结构进化的潜在微观机制的理解。与要求观测独立性的标准回归技术不同，网络中的协同进化明确地解释了协变，特别是所谓的行动者协变量和二元协变量。前者是指某些个人（或个人群体）特征之间的协变量，例如，两个朋友的同事成为朋友；后者是指成对个体（或群体）特征之间的协变量，例如，销售部门成员和营销部门成员之间的协变量。然而，在判断该方法是否适合某个特定的微基础研究问题时，需要考虑某些假设：首先，研究的网络是完整网络，而不是个人（以自我为中心）的网络。也就是说，假设给定了一组个体（节点），并且（除了一些丢失的数据）这些节点之间的所有链接都是已知的。其次，假设未来状态的条件概率分布完全取决于当前状态，而不是之前的事件序列（马尔可

---

① STAATS B R, MILKMAN K L, FOX C R. The team scaling fallacy: underestimating the declining efficiency of larger teams [J]. Organizational Behavior and Human Decision Processes, 2012, 118 (2): 132-142.

② TODEVA E. Network co-evolution [M] //CLEGG S R, BAILEY J. International encyclopedia of organization studies. Thousand Oaks, US: Sage Publications, 2007: 1-6.

夫属性）。因此，第一个假设对分析数据的质量提出了严格的要求；第二个假设对于许多现实世界中组织内微观机制的研究来说提出了极大的挑战，其中历史和并行过程都是重要的考量因素。更为关键的是，它的重点通常是在微观层次上的预测，而不是在宏观层次上的预测，这需要一些概括性的概念来描绘网络中节点属性的分布。[1]

在分析社会学时，有人假设，我们可以探索驱动社会世界变化的人类行为（和忍耐）的因果机制的本质。当事件是可重复的，以至于可以进行统计推断时，实现这一目标的方法是很容易获得的。然而，在事件很少发生，并且缺乏已建立的因果归纳（causal generalizations）的情况下，因果推理会遇到较大的难题，为此，阿贝尔（Abell，2011）概述了一种适用于此类情况的替代因果推理方法，他称之为贝叶斯叙事。[2] 贝叶斯叙事的基本思想就是通过主观的反事实寻找因果证据，其含义相当于"如果没有发生这种情况，我就不会这样做"。这种方法旨在建立初步的因果联系，并提供一种在微观层次构建案例研究的方法。叙事是由行动（决策）驱动的叙事路径构建而成的，这些路径解释了"世界"沿着时间顺序从初始状态到最终状态的转变，并允许按并行路径发生变化。这种方法强调微观和宏观层次的活动与行为的基本信念和原因，有助于超越理性选择。通过叙事，可以使用贝叶斯方法评估每个因果联系的概率，并根据收集到的证据估计支持和反对联系的概率。[3]

基于主体的模型（agent-based models，ABM）是嵌入在社会结构（如社交网络、空间邻域或制度架构）中的异质性主体（如个人、企业或国家）之间的社会互动的计算机模拟。该方法使我们能够观察和分析聚合结果的涌现情况。通过操纵行为或交互模型参数，无论是在经验证据还是理论的指导下，都可以探索能够解释宏观系统行为的微观生成机制，即聚合数据的现有时间序列或特定的程式化事实。[4] 它不仅可以对现象提出预测性假设，还可以通过理论解释现象及其成因。ABM 的研究方式是设置和调整个体层次上的代理人（agent）的行为和互动模式，而后观察集体层次上的总体特征的改变。它允许我们在代理人处于不断的交锋和互动中，检验集体层次的结果。我们

---

[1] FOSS N J，LINDER S. Microfoundations：nature，debate，and promise [M]. Cambridge，UK：Cambridge University Press，2019：51-52.
[2] ABELL P. Singular mechanisms and Bayesian narratives [C] // DEMEULENAERE P. Analytical sociology and social mechanisms. Cambridge，UK：Cambridge University Press，2011：134.
[3] FOSS N J，LINDER S. Microfoundations：nature，debate，and promise [M]. Cambridge，UK：Cambridge University Press，2019：52.
[4] BIANCHI F，SQUAZZONI F. Agent-based models in sociology [J]. WIREs Computational Statistics，2015，7（4）：284.

能够直接观察到个体行为后果的跨层次改变，打通个体层次变量对集体层次变量影响的通道，不将研究局限于某个层次的分析上。

混合方法是定量和定性研究方法的组合，目的在于"系统地使用两种方法提供的贡献超越了单一方法可能产生的贡献"。通常，此类研究遵循顺序或并行（并发）方法。在并行方法的情况下，这种多层次混合方法研究可能意味着在微观层次上进行定量研究（如使用经典调查），在宏观层次上进行定性研究（如基于访谈数据）。利用这两项研究的结果，这样一个多层次混合方法项目将有助于得到正确的总体结论。相比之下，顺序多级混合方法研究可能首先依赖定量研究（如使用 HLM）来发现微观层次（如个人、群体、组织等）的特定案例（尤其包括一些"异常值"）。随后，可以使用定性方法更详细地研究这些具体案例及其特定特征和行为如何影响宏观层次，例如使用访谈和观察或行动研究进行深入的纵向案例研究。① 鉴于此类项目的连续性，第一阶段的结果可以为后续阶段提供信息。根据这种顺序推理，缪尔和鲁皮埃塔提出了序列定性比较分析（qualitative comparative analysis，QCA），这是一种结合 HLM 并以案例为导向的定性方法。QCA 使用布尔代数将条件组合与预定义结果进行比较，并显示出备选配置方案。QCA 通过开发强有力的推理来测试、改进和扩展组织配置的多层次理论，为连接宏观和微观调查提供了新的机会。②

在使用微观与宏观联系模型来解释宏观现象时，需要作几点说明。

第一，科尔曼图清楚地表明，这种解释集中于将宏观现象作为待解释事物与解释的一部分，试图强调宏观条件，而不是单纯的微观条件。

第二，在解释宏观结果或宏观规律时，理论上，解释的重点涉及桥接假设、微观层次的假设和转换规则。研究表明，对宏观现象的解释，使用微观层次的方法，比仅使用宏观假设提供的解释更为可取。正如维普勒（Wippler）和林登伯格（Lindenberg）的研究结论所说的那样，与宏观层次的规律性假设相比，对个体行为规律的假设较少受边界条件变化的影响，这些边界条件会影响到这些假设是否适用于特定的情境：人性是相对稳定的，即在相同条件下行为者所作出的行为相同，而宏观条件与宏观结果之间的关联则不那么稳定。③

---

① FOSS N J, LINDER S. Microfoundations: nature, debate, and promise [M]. Cambridge, UK: Cambridge University Press, 2019: 53.
② MEUER J, RUPIETTA C. Integrating QCA and HLM for multilevel research on organizational configurations [J]. Organizational Research Methods, 2016, 20 (2), 324-342.
③ ALEXANDER J C, GIESEN B, MUNCH R, et al. The micro-macro link [C]. Berkeley and Los Angeles, US: University of California Press, 1987: 138.

第三，现象解释应遵循简单模型的构建原则。模型构建面临着两个方面的权衡：一方面，简化假设，确保问题易于解决和在分析上有效，方便推导出可能引发的后果（包括那些可验证的后果），但为此要付出的代价或许是不现实的；另一方面，充分考虑关联因素和现实状况的假设，使对可能引发后果的推导变得更加困难。鉴于此点，我们可以从一个简单的模型出发，并作出明确化的假设。如果简化的假设出现了问题，那么便可以逐步引入一些涉及更多相关因素的假设，因为可能引发的后果很大程度上依赖于这些假设，而不是依赖于可靠的证据，或者由于经验证据不足而得不到好的结果。这个过程被称为"抽象递减法"（method of decreasing abstraction）。我们再以科尔曼所讲述的在拥挤的剧院里发生的火警为例。简单的理性选择模型将这种情境描述为囚徒困境，并暗示将恐慌作为宏观结果。考虑到恐慌有时是可以避免的，于是我们可以对模型进行改进。科尔曼设想了一个包含更多相关因素的模型，可称之为"复杂的假设"（complex assumptions），① 其中节点 A 也表示对剧院中促进或阻碍剧院中人员之间的沟通和协调等功能特征的假设。具有这种特征的可能是舞台上的行动者（演员），剧院里的每个人都可以看到他们，因此他们可以更容易地协调集体行为。在这种情况下，节点 B 代表的行为选择可能不仅包括"猛冲"和"有序地走向出口"，还包括以他人的行为为条件来决定自己行为的选择，或者用科尔曼的术语来说，就是"控制权的转移"（transfer of control）。这样一个模型的桥接假设将指定一些条件，使得"控制权的转移"成为除"猛冲"和"有序地走向出口"之外的一种可行且有吸引力的策略。更复杂的模型可以解释如何避免恐慌，同时还可以解释谁会比其他人更有可能产生"猛冲"的行为。例如，更复杂的模型可能意味着，高度可见的行动者（演员）比那些较少被他人观察到的行动者（演员）采取"猛冲"的可能性更小。足够的"复杂性"（complex）原则可以使用"抽象递减法"，这要求即使是最简单的模型假设也应该注重有足够多的关联因素，使要解释的现象可以被描述出来，而不会被假设消除掉。在集体行为的情况下，要求模型至少包含行动者之间在战略上存在相互依赖性的明确假设，这表明行动者能否到达出口不仅取决于其自身的行为，还取决于其他行动者的行为。②

第四，微观－宏观模型通常尝试使用相对简单的微观层次假设，同时尝试在宏观条件下结合更复杂的假设，并尽可能明确地规定转换规则。原因有如下三个方面。

---

① 这里的"复杂"指的是相关联的一组事物，并非繁杂、繁复或杂乱的意思。
② BUSKENS V，RAUB W，VAN ASSEN M. Micro-macro links and microfoundations in sociology [J]. The Journal of Mathematical Sociology，2011，35 (1-3): 6-7.

其一，微观—宏观模型旨在解释宏观结果，并在解释中纳入宏观条件，而不是解释个体行为。因此，允许宏观假设的复杂性似乎是合理的。其二，由于从微观假设以及桥接假设和转换规则中推导出宏观含义通常是一项艰巨的任务，因此，微观假设要简单，同时要注意模型问题的易解决性。其三，科尔曼认为，仔细规范转换规则是社会学的一项核心任务，因为社会学解释往往缺乏对转换规则的准确描述。所以与改进微观假设相比，在改进转换规则方面的投入将更有利于社会学理论的发展。[1]

第五，宏观结果通常是行动者之间相互依赖的结果，如博弈论意义上的相互依赖关系，即行动者行动的结果不仅依赖于自身的选择和可能的偶发事件，还取决于其他行动者的行动。而且，由于相互依赖，宏观结果常常是个体行为的非预期结果：结果也取决于其他人行为的结果，这一事实意味着行为者追求的意图不一定与行动者的行动结果相一致。[2]

第七节 微观基础范式的质疑与辩驳

微观基础范式对战略管理和组织理论等学科理论的发展产生了深刻的影响，但由于学者们战略领域微观基础的研究时间不长，刚处于起步阶段，有些人对微观基础范式不太了解，比较容易陷入误区。同时，也有一些宏观学者公开质疑或批评它。他们最初的批判性评论是，微观基础将传统的新古典经济学注入战略管理，这是一种明确的微观基础理论，但也是一种在战略管理和组织理论的兴趣问题方面解释力有限的理论。总的来说，对微观基础的误解和批评有四个方面：其一，微观基础只是将组织行为学（organizational behavior，OB）和其他微观学科引入战略管理领域；其二，微观基础只是借鉴其他学科领域的概念，将其应用于宏观层次；其三，微观基础否认结构和宏观因素的作用；其四，微观基础导致无限倒退（infinite regress），没有什么用处。针对这些质疑，主张微观基础范式的学者作出了积极的反应。2009年，微观基础支持者费林和持怀疑态度者斯彭德（Spender）进行了一场有趣的辩论。2013年，巴尼和费林对微观基础的批判进行了有益的辨析，在此基础上，费林、福斯和波

---

[1] COLEMAN J S. Introduction to mathematical sociology [M]. Glencoe, US: Free Press of Glencoe, 1964: 41.
[2] DEVINNEY T M. Is microfoundational thinking critical to management thought and practice? [J]. Academy of Management Perspectives, 2013, 27 (2): 81.

利哈特（Polyhart）于2015年进一步对微观基础的批评观点作出了最雄辩的解释。

一、是否把微观基础看作为心理学、人力资源或微观组织行为学

微观基础的怀疑者认为，微观基础是关于个体的，因此微观基础只是等同于更微观的学科，如心理学、人力资源或微观组织行为。也就是说，任何宏观概念或理论都应该还原为侧重于个体的解释：解释他们的特征、能力、知识、认知或行为。历史上，一些社会学家确实认为所有宏观理论和概念都应该还原为个体和个体层次的解释。这种方法基本上采用了集体的加和观点：组织和社会系统是其中包含的个体集合的函数。实践上，这意味着我们可以通过明确规定这些个体的确切性质（如个性、能力和技能等）来了解组织及其绩效，并以简单、加和的方式来研究组织和社会绩效。然而，微观基础并不仅仅是关乎个体的。将一切还原为个体的问题在于，忽略了他们之间的相互作用以及组织本身的语境。个体交互不是简单的相加，而是可以呈现出复杂的形式，并会产生令人意外的聚合和涌现结果，而这些结果很难根据组成部分的知识进行预测。因此，对个体而言，还原或试图还原一切，都只是"微观的"内容，但不属于微观基础范式。也就是说，微观基础的基础部分很重要，因为它强调需要具体理解独特的、相互作用的和集体的效应，这些效应不仅是加和的，而且是涌现的。因此，微观基础并不等同于关注个体。[①]

比如说，作为个体或心理学的微观基础方法在理解组织行为和绩效方面确实有一些优点，但它不属于完全的微观基础范式。我们知道，这种加和方法旨在使我们能够从个体视角来明确说明和理解组织，但不是假设个体行为的宏观原因，从而直接跳到诸如文化或结构等宏观因素上。在某些情况下，这种方法的作用虽然可能有限，但实际上可以帮助我们理解组织和集体现象的性质。例如，经济学中的社会选择、博弈论和机制设计等领域都具有加和性，它们为我们理解偏好如何聚合提供了强大的洞见。但是，这些模型并没有考虑到可能影响偏好、集体决策和聚合的交互和关系因素。[②]

二、是否用借来的概念构成微观基础

微观基础的怀疑者认为，管理和战略学科的应用性质，让人存有一种感觉，微观

[①] BARNEY J, FELIN T. What are microfoundations? [J]. The Academy of Management Perspectives, 2013, 27 (2): 141.

[②] 同上。

基础是将借用来的个体层次概念简单地应用于组织层次而构成的。诸如组织学习、认知和组织认同等概念直接借用了个体层次的前因和心理学的相关成果。它们不仅引用了这些成果，而且引用了相同的机制。他们的论点大体上是，因为个体通过重复、经验、联想和环境反馈来学习，所以组织也必须这样做。例如，组织学习具有与心理学相关的行为学习相同的机制（如重复、环境反馈等）。典型的论文写作模式是在心理学概念中引用少量引文，然后在组织层次上援引这个概念和相关的理论机制。[1]

对来自其他学科中的这些概念和机制，一些学者不仅存有质疑和争论，还认为其借用存有一些重要的问题，即当将这些借用的概念应用于组织的设置、管理或战略时，这些借用概念本身的性质（和相关的理论机制）是否需要改变。例如，在构成组织的个体中确实存在偏见，但更重要的问题是，偏见的概念如何适用于一个组织。值得注意的是，有些学者主张一般理论或普遍理论，在这些理论中，理论概念和机制在不同的层次和背景下是相同的。例如，建立在演化经济学基础上的有关"能力"的文献，明确地侧重于诸如环境选择和普适达尔文主义（universal Darwinism）等一般机制。虽然这种宏大的、普遍的理论很有趣，但也应看到，它也有必要明确规定特定行动者的性质，无论是个体的还是集体的，而不是假定这些普遍的理论很容易地适用于不同的个体、领域和学科。[2]

虽然微观基础理论构建可能会借鉴各种理论的输入，但这种理论建构在科尔曼浴缸中至少涉及两个层次的运动是固有的（图1-2的箭线3），因此需要的不仅仅是简单地借用一个微观理论并将其应用到更高的层次。尽管跨学科的概念借用在管理、组织理论和战略等更多的应用领域中是自然的事情，但在借用微观理论时，仍然需要对一些独特的理论作出仔细的解释。应该承认，借用和应用个体层次的概念在组织层次上会存在一些优点，比如说，这种借用使人们对组织层次的认知和学习有了深入的了解，但即使这些概念是从更为微观的学科借来的，如心理学，仅仅依靠借用行为本身并不构成一个微观基础。因此，人们需要有一个元理论，即概念本身需要在组织或其他社会环境的背景下的聚集和交互中进行改变或演变。

三、是否否认结构和宏观因素的作用

微观基础的怀疑者认为，微观基础否认结构和其他宏观因素，忽略了社会组织过

---

[1] BARNEY J, FELIN T. What are microfoundations? [J]. The Academy of Management Perspectives, 2013, 27 (2): 142.
[2] 同上。

程、历史制度、角色和文化意义以及社会其他结构的重要影响。他们进一步认为，微观基础是"微观渗透主义"，是对所有宏观因素的排斥。比如，对于能力的动因性理论（agentic theories of capability），他们认为应更多地强调偶然性和"情境因素"。① 面对这样的批评，微观基础的支持者及时回应，指出微观基础研究计划的主要目标是尝试解开集体和社会概念，并确定在宏观决定因素和宏观结果之间调节的微观层次机制。虽然微观基础研究的大部分重点内容是聚合和涌现，但它并不意味着否认宏观结构在解释中的相关性。也就是说，它认同组织的语境因素在解释中也起着核心作用，一些学者在对科尔曼图的讨论中也明确了这一观点。例如，福斯以助听器生产商奥迪康为例，强调了奥迪康从层级结构到更扁平、更基于市场的结构的转变如何致使创新性的增加，以及带来显著不同的聚合和组织结果。② 案例分析表明，组织结构在促成集体层次的结果中也发挥着不可忽视的作用。

此外，也有学者质疑，微观基础要求对个体以上任何更高层次的单元进行本体论排斥。但事实并非如此，在解释更高层次的分析时，倡导微观基础是一种方法论上的观点，即观察较低层次组成单元的力量。换句话说，微观基础研究计划的精确点在于系统地观察宏观的起源和本质："选择"和"互动"如何创造"结构"，结构中的个体行为以及个体在塑造结构演变过程中所起的作用。因此，微观基础研究计划的目标并不是将结构和宏观因素视为理所当然的，而是通过考虑个体选择和社会互动来解释它们的起源和演变。因此，微观基础实际上将因果箭头从"宏观—微观"或"宏观—宏观"分析转移到"微观—宏观"分析。

四、微观基础是否会导致无限倒退

由于微观基础要求从较低层次现象或行为主体的近因出发，发展对较高层次现象的解释，一些学者提出了关于较低层次应该如何定义的问题。与此相关的争论是，对微观基础范式的使用是否意味着对微观层次的解释会引发更多微观层次的解释，即无限倒退。也就是说，如果组织和社会分析需要通过观察较低的微观层次，即对个体和他们的互动进行还原，那么这种还原应该在哪里停止呢？

---

① BARNEY J, FELIN T. What are microfoundations? [J]. The Academy of Management Perspectives, 2013, 27 (2): 144.
② FOSS N J. Selective intervention and internal hybrids: interpreting and learning from the rise and decline of the Oticon spaghetti organization [J]. Organization Science, 2003, 14 (3): 331-349.

无限倒退对从社会学到心理学、生物学、化学和物理学等学科，都提出了一个学科层次结构的问题，那就是是否存在无限倒退或一些合理的停顿点和"基本层次"的分析。举例来说，我们可以通过企业首席执行官的能力因素来解释企业的业绩。那么，首席执行官的能力来自哪里？而对能力的解释可能进一步延伸到所受的教育、父母甚至基因方面。由于制度的嵌套性，即"对某物而言，一切都是微观的，但这些对另一物而言则是宏观的"，这样的推理是非常合理的。

但是，微观基础不一定需要极端的还原。首先，无论是在宏观层次还是微观层次，对黑箱非常遥远的原因进行科学解释通常是完全合理的。其次，对微观基础导致无限倒退的担忧与宏观组织学者熟悉的一个问题（也是争论的根源）有关：结构和主体之间的时间依赖性（主体受结构影响，可以用受结构影响的行为来解释）。事实上，即使是某种形式的"宏观基础"，也可以说面临着同样的"无限倒退"问题，因为组织系统的每个层次都嵌入或包含在更高层次的环境中。因此，如果产业结构（宏观）决定了企业的行为，并最终决定了企业的绩效，那么技术和全球贸易条件可能决定了作为宏观因素的产业结构；反过来，技术和全球贸易条件又可以被视为是由更为宏观的因素驱动的。因此，无限倒退问题绝不是微观基础所特有的。最后，通过观察社会学中微观基础的自然停止点（natural stopping），有可能避免这种回归。

科尔曼也认为，对社会学的这种还原存在所谓的自然停顿点。这种类型的停顿点包括诸如企业成立之类的间断事件。[①] 创始人做出的重大决策会给组织及其发展轨迹甚至业绩留下持久的烙印。因此，无限倒退问题可以部分地得到解决，因为社会分析存在自然的初始条件、断点和起点。随着我们把社会聚合（social aggregation）作为微观基础的核心问题，个体和相关决策为社会科学提供了一个"还原的自然停顿点"和"分析的适当起点"。也就是说，关于无限倒退的批评是可以理解的，事实上，这种批评困扰着每一门学科或每一种分析。微观基础强有力的论证形式确实可能被视为特别容易受到无限倒退批评的影响，在这种批评中，任何社会现象的解释都应该被还原到"最底层"的基础和个体的心理状态。在管理研究中，施耐德在组织行为研究中提出的"吸引—选择—磨合"模型（attraction-selection-attrition model）认为，组织是组成它们的个体的函数，该模型的观点与还原到最底层基础的观点较为

---

① COLEMAN J S. Foundations of social theory [M]. Cambridge, US: Harvard University Press, 1990: 1-5.

接近。然而，这些类型的解释确实为集体成果提供了有力的初步条件和解释。①

第八节 管理研究中微观基础的发展趋势

众所周知，资源基础理论有助于打开企业的黑箱，而微观基础范式有助于推动这一重要目的的实现，它可以揭示内部因素、过程以及个体行为和相互作用等作为企业异质性的来源。可以判断，微观基础运动将继续在管理研究中产生影响，并且不断壮大。当然，微观基础研究在将来的发展过程中仍会面临一些挑战，比如会有些歧义性问题需要澄清。

正如霍奇森（Hodgson，2012）所指出的那样，一贯强调需要建立基于个体行为和互动的微观基础的学者忽视了一些歧义性的问题。虽然霍奇森对微观基础范式主张的一些观点表示赞同，比如"组织由个体组成，不存在没有个体的组织""社会世界中没有可以想象的，仅在宏观层次上运作的因果机制""方法论个人主义与强调因果机制相结合，意味着战略管理应从根本上关心人为行为如何有意导致战略现象"等，但他同时表示，对企业层次（宏观）现象的解释必须以涉及社会关系和个人的解释机制为基础。他还强调，因果机制意味着我们也应该关心人类有意的行动和相互作用本身是如何引起的，也就是要解释个体行为和意图背后的原因。②

尽管如此，由于许多管理研究仍然以集体建构的具体化和诉诸宏观因果关系为特征，因此，微观基础研究的发展潜力非常巨大，发展空间非常广阔。关于微观基础未来的发展方向，主要体现在以下几个方面，它们也是管理研究中微观基础的发展趋势。

一、组织边界问题

首先，战略和组织理论中的一个核心问题是组织边界问题，更具体地说，是比较环境下的行为本质问题，例如市场和组织。历史上，研究组织边界一直是"微观分析"的工作，即试图对哪些交易将发生在企业内部以及哪些交易将发生在市场中做出具体预测。例如，不确定的、频繁的或涉及高度特定的投资或资产的交易很可能被整合到

---

① SCHNEIDER B. The people make the place[J]. Personnel Psychology, 1987, 40 (3): 437-453.
② HODGSON G M. The mirage of microfoundations[J]. Journal of Management Studies, 2012, 49 (8): 1390-1392.

企业内部。因此，研究组织边界的分析单位是交易。然而，这种方法虽然有效，却忽视了研究个人层次和互动因素在组织战略边界活动过程中所起作用的机会。例如，不同的个体可能对特定交易的性质有不同的看法和期望，因此交易的性质不一定是客观的。换句话说，在不确定的情况下，个人可能对什么可行，什么不可行有不同的意见和想法，这些因素在解释组织边界和新生创业时值得仔细关注。例如，科斯关注的是一个单独的企业家，他负责交易和签订劳动合同与资产合同。显然，下一步的研究将涉及与组织活动相关的集体和聚合过程。受益于微观基础的直觉，组织边界问题为未来的研究提供了一个重要领域。

二、能力、战略人力资本与竞争优势的起源

能力通常被视为存在于组织层次，甚至较高层次（如网络或联盟）。在学界，对可能构成或耗费组织能力的微观因素关注较少。因此，从微观基础的角度解开组织能力的黑箱是一个研究趋势。具体来说，就是探究群体行动者有哪些人，他们具有什么样的知识、技能、能力和其他特征（knowledge, skills, abilities, and other characteristics, KSAOs）。我们知道，竞争优势的起源可以追溯到一家企业的独特的信息或期望，在一个"要素市场"中，作为独特知识或信息的拥有者，企业关注的重点就是"企业是个体的集合"。然而，信息和知识不是由企业本身拥有的，而是由内部个体拥有的。或者，许多个体的联合性知识以某种方式聚合成一种企业层次的知识。虽然企业层次的理论化引出了许多核心性的见解，但也需要微观基础。人们认为，进一步了解组织能力和异质性应该是微观基础研究的问题，如怎样构建能力，如何将个体与组织相匹配，特定行动者在构建能力中的作用，以及其他与聚合有关的一般性问题。同时，存在与构筑能力有关的决策以及市场异质性涌现的相关问题也值得运用微观基础研究。[①] 此外，将人力资本与企业层次能力的产生、维持、衰退等联系起来是战略人力资本研究领域的一个值得关注的课题。

三、组织行为和决策

公共政策研究中一直在讨论大规模改善个人福利和集体决策方面的良策。同样，在企业或其他组织中，与微观基础相关的内容是研究个体层次上不同的倾向、偏见和

---

① FELIN T, FOSS N J, PLOYHART R E. The microfoundations movement in strategy and organization theory [J]. The Academy of Management Annals, 2015, 9 (1): 616.

启发式（heuristics）如何在集体、组织和战略语境中实例化，以及简单的管理干预措施如何约束或激活这些个体层次的因素。我们知道某些设计或组织形式（如多边形）与其他形式（如层次结构）相比，可以为组织决策提供有益的结果，人类和社会互动的架构是决定可能被观察到的聚合结果和集体能力的核心。近期在研究领域，学者们已经开始探索"选择架构"和信息表示是如何对决策质量产生重要影响的。例如，贝塞代什等人（Besedeš et al.，2014）展示了限制选择的选择架构如何通过减少信息过载来促进更好的决策。[①] 更多的研究确定了选择的呈现和界面方式、选择的顺序、默认值、激励和其他因素如何影响信息处理和决策质量，这是一个有前途的方向，微观基础研究可以增强我们对企业行为的理解，并使管理者能够以改进组织决策的方式构建其组织系统。这种类型的工作不应该简单地借鉴邻近学科的见解，而应该在更大规模的战略和组织环境中寻求确定决策是如何进行明确的区分和聚集的。[②]

四、集体行动与社会行动者的起源和性质

现存的宏观理论倾向于将各种形式（组织、关系、网络等）的社会性视为理所当然，而没有提供关于集体行动如何产生，以及集体行动和组织如何在超越单纯的个体聚合之外以新的形式出现的回答。其实，在哲学上，已有相当多的学者探讨了"集体意向性"与"人的能动性"等相关的主题，并对社会本体论进行了更广泛的研究。然而，这些研究对塑造宏观组织分析没有产生什么影响。[③] 这表明，组织或战略理论没有说明意图、信念、愿望和其他因素如何聚合成集体整体，以及集体意图如何拥有自己的生命力等有关基本问题。实际上，企业行为理论的早期研究已经强调了这个问题的重要性。因此，与价值相关的因素（信念、观点、信息等）如何在社会、组织和集体环境中聚合和涌现的问题值得被加强研究。[④]

五、内部控制的异质性

2001年，安然公司和世界通信公司财务欺诈丑闻爆发，令世人震惊，其中安然公

[①] BESEDEŠ T, DECK C, SARANGI S, et al. Reducing choice overload without reducing choices [J]. Review of Economics and Statistics, 2014, 97 (4): 793-802.
[②] FELIN T, FOSS N J, PLOYHART R E. The microfoundations movement in strategy and organization theory [J]. The Academy of Management Annals, 2015, 9 (1): 617.
[③] KING B G, FELIN T, WHETTEN D A. Finding the organization in organizational theory: a meta-theory of the organization as social actor [J]. Organization Science, 2010, 21 (1): 292.
[④] 同②。

司的欺诈导致其股东损失 740 亿美元，世界通信公司利用会计造假虚构将近 100 亿美元的利润，创下财务欺诈的世界纪录。2003 年，美国南方保健公司通过设计"契约调整"的收入备抵账户，欺诈虚构 25 亿美元利润。2005 年，美国国际集团深陷 17 亿美元的会计造假丑闻。2007 年，房地美为保持市场对其利润的预期，谎报收入 50 亿美元。2008 年，雷曼兄弟通过将贷款列为销售的方式，隐瞒 500 多亿美元的贷款。从 2008 年麦道夫骗局被揭露，到 2012 年摩根大通的"伦敦鲸"事件，再到 2016 年富国银行账户造假丑闻的曝光，美国大公司的欺诈丑闻频发。这些丑闻给公司、投资者以及美国经济带来了不可估量的损失和负面影响。[1] 这一连串欺诈丑闻折射出各企业"内部控制"的弊端。显然，加强内部控制是防范欺诈发生的重要手段。贝德福德等人（Bedford et al., 2016）的研究表明，企业可以通过多种方式组合个人控制实践，其中，一些组合方式比其他组合方式更有效。[2] 因此，企业内部控制存在显著的异质性，而且这种异质性与企业行为和绩效有关，但人们对这种异质性的微观基础知之甚少。也就是说，帮助解释组织选择组合 A 而不是组合 B 的个人控制工具和实践的微观基础是什么？组合 A 和 B 的效果有何不同？解释该领域的更多类似问题可以增强我们对企业内部控制实践的理解，从而帮助管理者合适地选择控制工具和实践组合，以实施有效的内部控制。

---

[1] 倪淑慧，胡海峰. 美国大公司欺诈丑闻为何接连不断 [J]. 投资研究，2020，39（1）：123.

[2] BEDFORD D S, MALMI T, SANDELIN M. Management control effectiveness and strategy: an empirical analysis of packages and systems [J]. Accounting, Organizations and Society, 2016, 51: 12-28.

第二章　竞争优势的概念及其理论发展脉络

战略管理理论是管理理论的重要组成部分，而竞争优势理论又是战略管理理论的核心。企业进行战略管理的目的就是寻求竞争优势，创造市场价值。如何获取和保持竞争优势一直是理论界和产业界普遍关注的问题，也是战略管理学研究的中心议题。因此，探求竞争优势的来源和企业获取持续竞争优势的逻辑，具有十分重要的意义。竞争优势理论不是僵化的，而是动态发展的，它经历了不同的发展阶段，因而具有不同的理论观点。

第一节　竞争优势的概念及其特征

竞争优势是一个在战略管理领域中显得十分重要的概念。虽然人们对竞争优势概念的界定存在着不同的视角，观点不一，但对竞争优势所具有的特性，他们所持有的看法基本上是一致的。

一、竞争优势的概念

竞争优势的概念是分析问题的逻辑起点，是战略管理领域的基石，它能够解释企业之间绩效差异的成因。竞争优势概念由经济学家张伯伦于1939年提出。安索夫（Ansoff）是首个定义竞争优势的学者，他认为竞争优势是由产品市场范围和增长向量所定义的，领域内拥有的独特机会的特征，旨在确定单个产品市场的特定属性，这些属性将赋予企业强大的竞争地位。从此之后，相继有大量的学者对竞争优势的概念给出了定义，但由于不同的定义都有着不同的含义，准确而清晰的定义又总是让人难以捉摸，这使管理实践者无法很好地理解和观察竞争优势，更不用说为自己的企业创建竞争优势了。

虽然定义竞争优势的文献数量很多，但通过仔细地梳理和归纳便可发现，所有学者对竞争优势的定义可分为两个流派（见表2-1）。第一个流派根据来源或决定因素来定义竞争优势，例如单个产品市场的特定属性、成本领先性、差异化、位置、技术、产品特征和一组特殊的企业资源和能力；第二个流派根据绩效来定义竞争优势，例如较强的相对盈利能力、高于平均水平的回报、收益－成本差距、卓越的财务业绩、经济利润、超过机会成本的正差异利润以及产品市场需求与边际成本之间的横截面差异。[①]

然而，这两种逻辑在"竞争优势的来源—竞争优势—优越绩效"概念框架的三段论推理中出现了同义重复的现象。三段论推理由如下的大前提、小前提和结论组成。

大前提：竞争优势导致卓越绩效。

小前提：流动障碍、市场地位、企业特有的资源和能力是竞争优势的来源。

结论：流动障碍、市场地位、企业特有的资源和能力是竞争优势的来源，而竞争优势继而会产生卓越绩效。

如果竞争优势的概念是根据其来源或决定因素来定义的，那么三段论推理的结论如下："流动障碍、市场地位、企业特有的资源和能力可以导致流动障碍、市场地位、企业特有的资源和能力，继而会产生卓越绩效。"很明显，在竞争优势的来源－竞争优势－卓越绩效的概念框架中，第一条因果路径出现了同义反复的现象。

另外，如果竞争优势的概念以相同的方式定义，或者以其是卓越绩效的一个子集的方式定义，那么三段论推理的结论如下："流动障碍、市场地位、企业特有的资源和能力可以产生竞争优势，而竞争优势继而会带来卓越绩效。"显然，概念框架中的第二条因果路径也出现同义反复现象。

表2-1 竞争优势定义代表及其类别

序号	学者	定义	类别
1	Ansoff（1965）	单个产品市场的特征或属性，这些特征或属性赋予企业强大的竞争优势	1
2	Hofer，Schendel（1978）	一个组织通过其资源部署模式发展相对于竞争对手的独特优势	1
3	Porter（1985）	竞争优势有两种基本类型：成本领先和差异化	1
4	Thomas（1986）	具有持续较高相对盈利能力的企业被认为更具竞争优势	2

---

① SIGALAS C，PEKKA ECONOMOU V. Revisiting the concept of competitive advantage：problems and fallacies arising from its conceptualization [J]. Journal of Strategy and Management，2013，6(1)：64－66.

续表

序号	学者	定义	类别
5	Schoemaker（1990）	竞争优势被定义为系统地创造高于平均水平的回报	2
6	Ghemawat（1991）	竞争优势是企业产品的收益与成本差额超过竞争对手产品的收益成本差额的程度	2
7	Winter（1995）	竞争优势通常被定义为卓越的财务业绩。超常回报、高准租金、价值创造和其他与营利相近的同义词可能会引发卓越财务业绩	2
8	Grant（1998）	当企业的利润率持续提高时，它就比竞争对手更具竞争优势	2
9	Besanko et al.（2000）	竞争优势被定义为企业相对于同行业一般竞争对手在经济利润上所拥有的优势	2
10	Saloner Shepard, Podolny.（2001）	绝大多数形式的竞争优势意味着一家企业所提供的服务或生产的产品较竞争对手提供的同类服务或生产的同类产品对客户更有价值，或者这家企业能够以较低的成本提供服务或生产产品	2
11	Powell（2002）	竞争优势是指位置、技术、产品特性等，它与卓越业绩（市场份额、利润、股价等）是两个完全不同的概念	1
12	Wiggins, Ruefli（2002）	竞争优势是指在其他条件相同的情况下，使企业相对于竞争对手更具优势的能力（或一组能力）或资源（或一组资源）	1
13	Foss, Knudsen（2003）	竞争优势是在平衡状态下保持的超出机会成本的严格正差异利润，其中相关的差异可能是行业间的，也可能是行业内的	2
14	Peteraf, Barney（2003）	竞争优势的表现是，它使企业能比处于同一产品市场的边际（收支相抵）竞争者创造更多的经济价值	2
15	Grahovac, Miller（2009）	竞争优势被定义为产品市场需求与边际成本之差的横截面差异	2

注：分类栏中的"1"表示根据来源或决定因素来定义竞争优势，"2"表示根据绩效来定义竞争优势。

竞争优势是什么？它是卓越绩效的一个来源或决定因素吗？换句话说，竞争优势是否等同于所谓的竞争优势来源，例如位置、技术和产品特性？同时，竞争优势是否等于任何形式的卓越绩效，如高于正常回报、相对较高的盈利能力、高于平均水平的回报、经济价值盈余和高于行业平均经济利润？此外，竞争优势是否意味着赢得比赛，即超越所有竞争对手，还是仅仅保持在比赛中的地位，即高于行业平均水平？

由于在"竞争优势的来源—竞争优势—卓越绩效"的概念框架中出现同义反复现象,应当要认识到,竞争优势既不应等同于其来源,也不应等同于卓越绩效,竞争优势的来源、竞争优势和卓越绩效是三个截然不同的概念。

另外,我们还可以看到,在文献中,有的竞争优势的定义显得比较模糊和抽象。比如,有的学者将竞争优势定义为"只选择那些明显可以取得胜利的竞争领域的哲学"。[①]

显然,由于缺乏对竞争优势的一致和精确的规定性定义,管理实践者在寻找获取企业竞争优势的路径上会感到很大的困惑。因此,在理论上建立一个清晰明确、避免歧义和同义反复的竞争优势定义,对于指导管理者和实践者从他们的企业资源、市场地位和企业特质中寻求竞争优势具有十分重要的现实意义。

为此,有的学者提出,对构建竞争优势的定义需要符合两条标准。第一,它具有概念上的稳健性,要包含竞争优势概念所有的潜在特征和细节;第二,它必须与绩效完全分离,不能包含绩效概念的任何潜在特征。由此可见,竞争优势的定义应该是概念上稳健的规定性定义,具有实践上的可操作性,可以成为竞争优势的衡量标准。[②]

对照这两条标准,巴尼(Barney,1991)特别指出,企业可以通过应对环境机遇,同时消除外部威胁,获得持续竞争优势。[③] 基于巴尼宽泛的规定性定义,纽伯特(Newbert)进一步提出了一个可操作性的定义。纽伯特认为,竞争优势是企业利用机会、化解威胁和降低成本的程度。需要提及的是,巴尼在其1991年的《资源和持续的竞争优势》一文中并未论及"降低成本"的内容。最有可能的推论是,成本的降低是竞争优势的一种潜在表达。事实上,纽伯特所讲的竞争优势的构建是一种竞争力的构建。因此,有必要通过将企业的竞争力与其行业的平均竞争力水平进行比较来定位与实现竞争优势。[④]

鉴于此点,西加拉斯(Sigalas et al.,2013)等人精心构思了一个约定性定义,他们指出竞争优势是开发市场机会和消除竞争威胁的高于行业平均水平的表现。我们可以看到,该定义包含了竞争优势概念的所有潜在特征,并将竞争优势与其来源和优越

[①] SOUTH S E. Competitive advantage: the cornerstone of strategic thinking [J]. Journal of Business Strategy, 1981, 1 (4): 15.
[②] SIGALAS C, PEKKA ECONOMOU V. Revisiting the concept of competitive advantage: problems and fallacies arising from its conceptualization [J]. Journal of Strategy and Management, 2013, 6 (1): 75-76.
[③] BARNEY J B. Firm resources and sustained competitive advantage [J]. Journal of Management, 1991, 17 (1): 99.
[④] 同②。

绩效概念完全分离,因此,西加拉斯等人的定义符合了构建竞争优势定义所需的两条标准。[①]从西加拉斯等人的定义来看,竞争优势是一种不可观察的结构,因此本质上是复杂的。由于竞争优势潜在的性质,它并不那么容易被识别。

顺便提及的是,学者在探讨竞争优势定义的同时,提出了持续竞争优势的概念。巴尼(Barney,1991)认为,持续竞争优势就是企业采取某些价值创造战略来获取长期收益,而该企业现有或潜在的竞争对手没有实施该战略或者即使采取这种战略也不能获得相同收益。巴尼对此作了几点说明:①竞争优势必须同时考虑现存的对手和潜在的竞争对手;②持续性不是一个"日历时间"概念,而是一个"逻辑时间"的概念,即竞争者复制、模仿与替代的容易程度;③竞争优势的持续性并不意味着它将永远地存在,只是意味着持有者将不会由于其他企业的快速复制而被竞争出局。巴尼根据其对可持续竞争优势的定义,进一步指出可持续竞争优势的源泉应该满足四个条件,即价值性、稀缺性、不可模仿性、不可替代性。同时,巴尼指出,企业在获得的资源具有了价值性和稀缺性时可获得竞争优势,但并不一定能持续,只有当企业的资源同时具有以上四个特征时才可获得持续竞争优势。[②]

二、竞争优势的特性

竞争优势具有如下特性。

首先,对内生性竞争能力的依赖性。竞争优势是一种较之于竞争者处于某种有利地位的形势,这种较之于竞争者的有利地位或称竞争优势的产生,固然与环境因素不无关系,但它主要是以企业的内生性竞争能力为基础的。所谓内生性竞争能力,是指源于企业内部组织与文化、机制、人力等要素的运作而产生的竞争能力。这种内生性竞争能力对企业价值的增长具有贡献,具有稀缺性,不可复制且难以替代。

其次,特定竞争优势价值的有限性。基于内生性竞争能力的竞争优势作为一个过程性的整体,其价值是不可估量的。但是,任何一项具体或特定优势的价值都是有限的,甚至是极其有限的。此外,基于内生性资源和能力的竞争优势在一定的环境条件下是难以模仿和替代的,但难以模仿和替代并不等于永远学习和替代不了。科学技术的迅速发展和人们消费口味的不断变化,将会使得企业现有的竞争优势在未来的环境

[①] SIGALAS C. Competitive advantage: the known unknown concept [J]. Management Decision, 2015, 53 (9): 2004-2016.
[②] BARNEY J. Firm resources and sustained competitive advantage [J]. Journal of Management, 1991, 17 (1): 99-120.

要求下贬值,甚至消失或转换。因此此时表现为优势的东西,彼时可能不再具有优势,甚至成为前进的绊脚石。比如,通用电气公司当年在晶体管制造上具有优势,但在半导体发明出来后随即快速贬值。

再次,构成竞争优势资源要素的无形性。如果企业的竞争优势建立在有形的资源上,而有形的资源是很容易被模仿和学习的,所以,建立在有形资源上的竞争优势是很短暂的。真正构成企业竞争优势的应是基于难以模仿的无形资源和能力。企业的长期竞争优势所依赖的资产必须是难以模仿的"战略资产",这些战略资产通常是非交易性的、难以替代的,是积累过程缓慢而又符合市场需求的资产。

最后,竞争优势的相对性。一方面,对显性竞争者有优势不一定对潜在的竞争者有优势;另一方面,对现在的竞争者有优势不一定对未来的竞争者有优势,一个企业的竞争优势是相对于一定时空条件和一定需求性质和特点来说的,此时此地显优势,在彼时彼地就不一定还显优势。

第二节　竞争优势的构成要素与类型

虽然学者对竞争优势构成要素的观点并不完全一致,但争论的程度并不高。其中,希尔(Hill)和琼斯(Jones)的四要素学说得到许多学者的认可。而对于竞争优势类型的划分,通常有二分法和三分法两种不同的观点。

一、竞争优势的构成要素

希尔等人认为,创建和保持竞争优势的要素有四个:卓越的效率、品质、创新和客户响应。[①]

其中,效率是指产出与投入的比例关系,即效率=产出/投入。投入是指基本的生产要素,如劳动力、土地、资本、管理和技术诀窍。产出是企业所生产的产品和提供的服务。企业效率越高,生产一份产出所需要的投入越少。对于许多企业来说,效率最重要的组成部分是雇员劳动生产率和资本生产率。假设其他条件不变,劳动生产率和资本生产率最高的企业通常具有最低的成本结构和成本优势。

---

① 希尔,琼斯,周长辉. 战略管理:中国版[M]. 7版. 孙忠,译. 北京:中国市场出版社,2007:71-76.

品质指的是产品属性。产品被认为是一系列属性的组合，实物产品的属性包括形态、特性、效用、持久性、可靠性、风格和产品的设计。如果顾客认为，相对于其他产品，一种产品的属性具有更大的价值，则该产品便具有卓越品质。卓越品质对于竞争优势的影响表现在两个方面。一方面，卓越品质可以增加产品价值，使企业有机会为自己的产品收取更高的价格。另一方面，卓越品质会带来更高的效率和更低的单位成本。比如，如果产品是可靠的，表明企业生产的次品率就会较低，其结果会导致更高的员工生产率和更低的单位成本。

创新是创造新产品和新流程的活动。创新主要有两种形式：产品创新和流程创新。其中，产品创新指的是设计出前所未有的或显著优质的产品，而流程创新则是指产品制造或送交到顾客手中方法的创新。产品创新创造价值的形式是创造新产品、提高现有产品的先进性、可靠性或实用性，这些都是顾客所期望的，因此能够加强企业的定价选择。流程创新可使企业有机会通过降低成本创造更多的价值。例如，丰田公司的精益生产方式有助于提高员工的生产率，从而为丰田公司创造低成本竞争优势。从长远来看，随着竞争激烈程度的增强，产品和流程的创新将成为竞争优势最重要的构成要素。

在快速变化的复杂环境中，企业要获得持续的竞争优势，就必须持续地对顾客进行监测并能快速有效地对顾客需求的变化作出响应。而企业的客户响应能力正是指企业对顾客变化及时响应，并通过快速有效的行动来满足顾客需求的能力。有效的客户响应可以降低或消除分销商与制造商体系中不必要的成本和费用，为顾客带来更大的利益，顾客将因此赋予该产品更高的价值。

效率、品质、创新和客户响应四个构成要素之间具有很高的关联性。比如，企业产品品质的提高同实现客户响应是一致的，同样，开发具有新性能的产品也是客户响应的一部分。换句话说，卓越的品质和创新是实现卓越的顾客响应的内在整体的一部分。此外，卓越的品质和创新有助于效率的提升。

需要特别指出的是，有人或许会疑问：资源和能力不是构成竞争优势的要素吗？当然，这是肯定的。但为何希尔等人不把它们列在其中呢？最有可能的是，在希尔等人看来，资源和能力是构成竞争优势的隐含要素，即把它们看作是前提条件。很明显，资源和能力是企业生存和发展的条件，如果没有它们，企业根本不能生存，更不用说构建竞争优势了。同时，我们应该清楚地看到，影响竞争优势的因素是有很多的，除了资源和能力、效率、品质、创新和客户响应等因素以外，还有其他一些因素，比如，企业文化、管理制度、特殊关系等，而希尔等人所指的四要素是影响竞争优势最直接的关键因素。

二、竞争优势的类型

学者对竞争优势的类型划分有不同的观点,代表性观点有波特(Porter)提出的二分法,以及格林沃德(Greenwald)和卡恩(Kahn)提出的三分法。

(一) 二分法

著名战略学家波特在其著作《竞争优势》中明确提到两种重要的竞争优势类型,分别是成本优势和差异化优势。

对于成本优势,波特指出,如果企业开展所有价值活动的累积成本低于竞争对手的成本,企业就拥有了成本优势。成本优势的战略价值取决于其持久性。如果企业的成本优势很难被竞争对手模仿,那么企业就有了持久性的竞争优势。如果企业为买方提供了可接受的价值,虽然消费者期望企业的价格低于其竞争对手,但企业具备的成本优势不至于被抵消,那么企业的成本优势也能带来出色的业绩。同时,波特还指出,企业取得成本优势可以通过两条途径:①控制成本驱动要素,企业能够在价值活动的重要成本驱动要素方面赢得竞争优势;②重新定义价值链,企业有能力采取更有效的多种方法来设计、生产、分销并销售产品。[1]

对于差异化优势(也可称为差异化战略),波特指出,企业若能为买方创造独一无二的产品或服务,就能和竞争对手区分开来,这就是差异化。差异化优势就是在满足顾客需求的全过程的某些环节中形成与竞争对手的差别,形成竞争上的优势。差异化实质上就是追求垄断性要素的一种方式,它可以赢得顾客的忠诚,并在面对替代品威胁时,能让企业所处的地位比其他竞争对手更为有利。[2] 同时,差异化有助于为买方创造独特的价值,如果买方理解的价值超越了差异化的成本,那么企业实施的差异化就能带来绝佳的绩效。差异化企业提升差异化优势有两种方式:提升现有价值的独特性或者按照有助于提升独特性的方式来重新安排价值链。[3]

(二) 三分法

格林沃德和卡恩提出,只存在供应、需求和规模经济三种真正的竞争优势。[4]

格林沃德和卡恩认为,供应的优势使得企业能够比竞争对手更便宜地生产和交付

---

[1] 波特. 竞争优势[M]. 陈丽芳,译. 北京:中信出版社,2014:78-80,121-122.
[2] 姜晨. 差异化战略的内涵及其构建特征[J]. 商业时代,2006(6):24.
[3] 同①。
[4] 格林沃德,卡恩. 企业战略博弈:揭开竞争优势的面纱[M]. 程炼,译. 北京:机械工业出版社,2007:6-7.

产品或服务，本质上还是享有成本优势。与供应密切相关的一个概念就是供应链管理，而供应链的概念是从扩大生产概念发展来的，它将企业的生产活动进行了前伸和后延。日本丰田公司的精益协作方式中就将供应商的活动视为生产活动的有机组成部分加以控制和协调。供应链管理的本质是满足顾客需求，把实现顾客价值作为链内各企业的共同目标，通过消除整个供应链上多余的任务与活动，减少供应链环节，降低企业交易成本、缩短订货周期，提供与竞争对手不同的差异化产品和服务，满足顾客需求，以提高顾客满意度，提升企业的竞争力，获取竞争优势。据有关资料统计，供应链管理的实施可以使企业总成本下降10%，按时交货率提高15%，生产周期缩短25%～35%，生产率增加10%以上，资产运营业绩提高15%～20%。①

需求优势主要指的是拥有足够多的顾客。有些企业拥有它们的竞争对手所没有的市场渠道。这种渠道并不是靠简单的产品差异化或树立品牌获得的，因为竞争对手也可以进行产品差异化和树立品牌。这些需求优势来源于因习惯和转换成本等因素而产生的顾客忠诚度。当今时代，谁能占有稀缺的顾客资源，谁就拥有更多的市场份额，也就能获得更大的生存和发展空间，就能在激烈的市场竞争之中立于不败之地。正如管理学大师德鲁克所言，衡量一个企业是否兴旺发达，只要回过头看看其身后的顾客队伍有多长就一清二楚了。因此，企业既要不断争取新顾客，开辟新市场，又要努力保持现有顾客，提高市场占有率。

规模经济也可称规模效益，即伴随着生产能力扩大而出现的生产批量的增大所带来的效益，是规模扩大使得单位成本下降和效益递增。如果固定成本在总成本中占有很大比重，平均成本就会随着产量的上升而下降，因此即便是使用同样的技术，在位企业也能够通过大规模经营而享有比竞争对手更低的成本优势。从战略上看，规模经济属于低成本战略的一种方式。举例来说，格兰仕是实施规模经济或超低成本战略的成功典范。从1995年以来，格兰仕微波炉多次在我国市场甚至全球市场达到产销量第一。

事实上，对于竞争优势类型，除了上述所说到的类型外，还存在其他一些类型，比如，先发优势（first mover advantage）、后发优势（latecomer advantage）、基于时间的优势（time-based advantage）、基于技术的优势（technology-based advantage）等。

---

① 陆奇岸. 基于供应链管理的企业竞争优势的战略思考[J]. 商业研究，2006（14）：67.

第三节 竞争优势理论的发展脉络

"竞争优势"一词在1980年之前的研究中没有被广泛使用。在这一时期,新古典经济学以经济效能逻辑为依据,认为经济效能是决定企业长期生存的一个选择性力量。其假设前提是:市场是完全竞争的,要素完全流动,而企业是一个理性主体,其首要目标就是要将稀缺的资源进行合理分配,并通过此方式实现利润的最大化。在完全竞争条件下,供给和需求曲线是给定的,价格与产出的均衡水平很容易确定。同时,企业是价格的接受者,其生产的产品是同质的,其获得的利润也只能是平均利润,而长期经济利润和租金均不会存在。因此,企业不会有什么竞争优势。但现实中,处于同一行业的企业之间仍然存在盈利差异,这是不争的事实。为此,需要对这一现象给出恰当的解释,也即需要解释"为什么有些企业能够相对于其他企业获得更好的业绩"这一问题。这正是企业竞争优势理论研究产生的背景。从竞争优势理论的发展脉络上看,其经历了企业竞争优势的外生论、内生论和综合论等发展过程。具体来说,表现为外生论、资源观、能力观、知识观和演化观等不同的范式。

一、竞争优势来源的外生论

外生论遵循新古典经济学的假设,将企业视为"黑箱",是一个"生产函数",即同质技术上的投入产出系统。为修正完全竞争模型假设的局限,强调市场结构的不完全性。具体上,外生论主要基于两个基本假设:①产业内的企业是同质的;②即使一个产业内存在异质性,这种异质性也将由于企业在实施其战略时利用那些具有高流动性的资源而寿命很短。企业竞争优势外生论包括新古典经济学的SCP范式和战略管理理论中波特的五力竞争模型。

(一)新古典经济学中的竞争优势外生论

SCP范式是20世纪60年代发展起来的理论,用于解释企业竞争优势的形成。根据演化的时间顺序,SCP范式有三种形式,分别为结构观、行为观和交互观(见图2-1)。

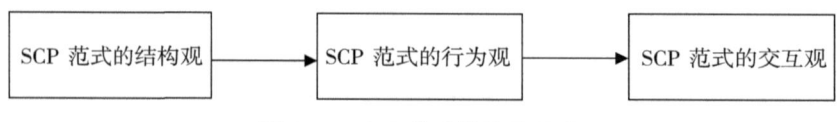

图 2-1　SCP 范式的演化形式

1. SCP 范式的结构观

美国哈佛大学教授梅森在 1938 年建立产业组织理论的研究机构。该机构以案例研究为突破口，对不同产业的市场结构、企业行为进行实证分析，重点阐述了市场结构对厂商行为和绩效的影响。梅森最先提出这样一个假设：市场的组织和结构（structure）决定企业的市场行为（conduct），企业的市场行为又决定经济效果（performance），简称 SCP 范式。1959 年，梅森的学生贝恩（Bain）出版了《产业组织》一书，这标志着产业组织学科体系系统化工作的完成。

SCP 范式也称为梅森-贝恩范式，该范式的机制基于"市场结构－（买卖双方的）行为－（市场）绩效"之间的因果关系（见图 2-2）。SCP 范式表现出一种机械的、相当静态的结构：在公共政策的调节下，市场结构、行为和绩效之间存在着密切的单向因果关系，即市场结构（或产业结构）决定企业行为，企业行为决定着企业绩效。从市场结构上看，企业、行为受市场结构的影响，市场被视为唯一的外生变量。这样，技术、规模经济和需求弹性都属于外生因素，它们取决于当时的技术环境和消费者的追求。这些因素确定了进入市场壁垒的水平，进而影响企业的数量和市场集中度。而市场集中度会构成企业的市场力量，继而影响企业行为。

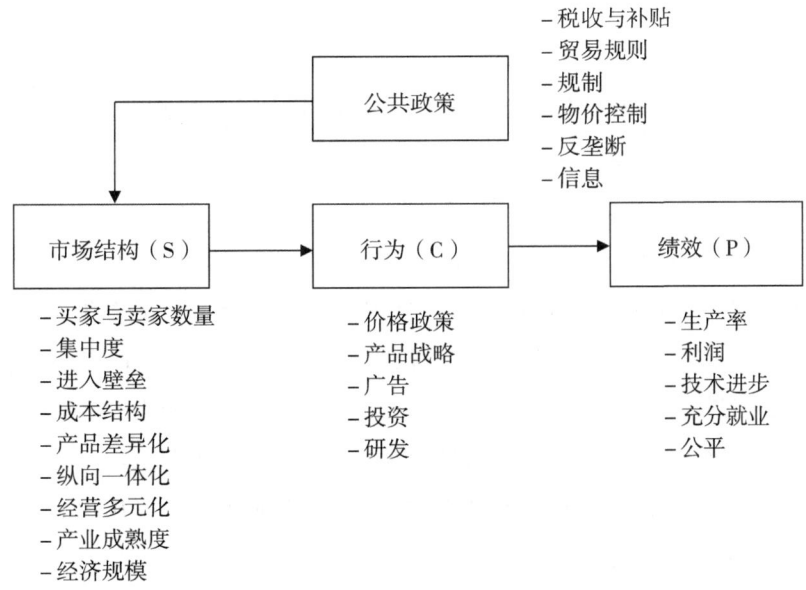

图 2-2 SCP 范式的结构观

2. SCP 范式的行为观

SCP 范式的行为观的行为导向观点起源于产业组织经济学学者的研究，他们将企业而非行业作为主要研究对象。企业被视为商业领域（entrepreneurial world）的核心，因为它被赋予了独特的身份和自由裁量权，这样，企业行为的目的就是改变企业经营的环境或预测其结构变化。企业不是被动地适应变化,而是创造变化。他们认为,SCP 范式中的市场结构、行为和绩效等并不是单向的因果关系,而是同等关联和互动的(见图 2-3)。

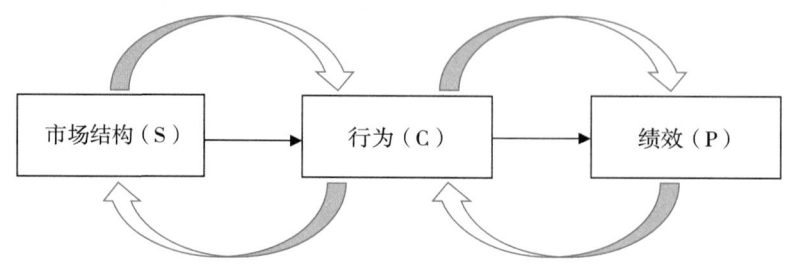

图 2-3　SCP 范式的行为观

随着产业组织实践的发展,哈佛学派的产业组织理论日益受到其他学派的质疑。首先,不仅企业的研发行为可以提升产业的技术水平,降低生产成本,增加产品的差异化程度,而且企业之间的相互勾结和排斥竞争的行为也能够不断提高市场的垄断程度。从长期来看,企业的策略行为的确可以影响市场结构,这表明市场结构可能是内生的。其次,芝加哥学派认为统计上的相关关系并不代表变量之间经济意义上的因果关系,所以通过市场集中度与利润率之间的相关关系来证明市场结构决定市场绩效是难以成立的,因为真正起决定作用的也许是市场绩效,而不是市场结构。在适者生存的竞争法则下,高效率的企业能够不断扩大市场占有率,并导致高集中度的市场出现。绩效也会反过来影响市场结构。[①]

此外,马丁(Martin,1988)的研究表明,市场结构和行为在某种程度上会受到潜在需求和技术的影响,市场结构会影响企业行为,但同时企业的策略行为也影响着市场结构,结构和行为相互作用决定着市场绩效。同时,销售的努力程度作为企业的行为也影响着市场的需求,市场绩效能够影响企业的技术和市场结构。一方面,市场绩效通过动态的累积效果和技术进步形成市场势力或者市场支配能力,从而影响到市场结构和行为。另一方面,营利性可以吸引更多的企业进入市场,能够不断地改变市场结构。[②]

因此,SCP 范式在市场结构、行为与绩效之间呈现出一种交互式的形态,它不是单向静态的,而是复杂动态的(见图 2-4)。

[①] 黄荣哲,何问陶,农丽娜.SCP 范式从产业组织理论到经济体制分析[J].经济体制改革,2009(5):72.

[②] MARTIN S. Industrial economics:economic analysis and public policy[M]. New York:MacMillan Publishing,1988:2-13.

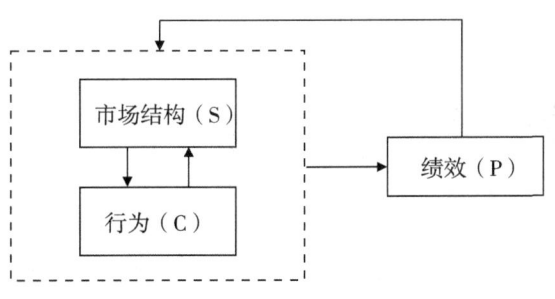

图 2-4 SCP 范式的交互观

(二) 战略管理学中的竞争优势外生论

20 世纪 80 年代，随着产业组织理论的发展，产业经济学中的有关理论和分析方法越来越多地被应用到了战略研究，从而形成了一个新的研究领域。其中，影响最为深刻的是哈佛商学院的波特提出的产业分析的一般模式。借助 SCP 范式，波特集中分析了企业所处行业与产品市场对企业竞争优势的影响，认为影响企业获得竞争优势的关键因素有两个：企业所处行业的获利能力和企业在行业中的相对地位。因此，企业要获得竞争优势，就必须选择有吸引力的行业，并在这一行业中争取好的地位。同时，波特认为，任何产业的竞争都体现为五种竞争力量综合作用的结果，并由此决定某产业获取超出资本成本的平均投资收益率的能力。决定产业盈利能力的五种竞争力量分别是：新进入者的威胁、替代者的威胁、现有竞争对手的竞争以及客户和供应商讨价还价的能力，这就是著名的波特五力竞争模型，或称为"钻石"竞争模型。波特提出，企业要获得竞争优势，可采取的基本战略包括：成本领先战略、差异化战略和市场集中战略。为了进一步探索企业的竞争优势的来源及其形成机制，波特引入了价值链这一核心概念，认为企业的竞争优势归根结底来源于特定产业结构下企业为顾客创造的价值，来源于企业在设计、生产、营销、交货等过程及辅助过程中所进行的价值活动。不同的价值活动集合决定着企业的相对成本地位，并且奠定了差异化的基础。

二、竞争优势来源的资源观

企业竞争优势的外生论将企业所处的市场结构、市场机会视为企业竞争优势的源泉，为解释企业如何制定战略和获取超额利润提供了分析依据和框架，但它难以解释同一行业中企业盈利率存在差异的根本原因。随着企业战略理论研究与实证分析的不断深入，人们对于外生论产生了质疑，认为它过分地强调了外部环境及企业在产业环境中的地位，忽略了竞争优势的企业内在来源。鲁梅尔特的实证研究发现，产业内企业间的利润率分散程度是产业间的 3~5 倍,表明产业组织内部比产业组织之间企业长期利润率的分散程度要大得多。同时,鲁梅尔特指出,最重要的超额利润源泉是企业具有的特殊性,而非产业内的相互关系。① 由此可以推断:企业表现为超额利润率的竞争优势并非来自外部市场力量,而应当是市场力量以外的、存在于企业自身的某种因素在起作用。从此,一些研究学者便将探索竞争优势的着眼点转移到了企业内部,这就是人们所说的竞争优势内生论,主要包括资源观、能力观和知识观等理论体系。

(一) 竞争优势的资源观

最早认识到企业资源重要性的学者是 20 世纪 30 年代的经济学家张伯伦和罗宾逊(Robinson)。张伯伦曾列举了几种重要的企业资源:技术、品牌、专利、商标等。彭罗斯(Penrose)在《企业成长理论》中首次提出了企业内生成长论的思想。她将企业看作由一系列具有不同用途的资源相联结形成的集合,从企业内生和知识积累的角度来关注企业的竞争优势。彭罗斯的理论为基于资源基础的竞争优势理论提供了开拓性思想。沃纳菲尔特(Wernerfelt)于 1984 年发表了《论企业资源》一文,正式提出了"企业资源观"(RBV),标志着资源基础理论的诞生。

资源观的代表人物有沃纳菲尔特、巴尼、温特、德姆塞茨(Demsetz)、迪雷克斯(Dierick)、库尔(Cool)、鲁梅尔特、格兰特、贝特罗夫(Peteraf)、蒙哥马利(Montogomery)和科利斯(Collis)等。他们的著作及理论观点如表 2-2 所示。资源观的前提假设就是资源在竞争企业中的异质性和不完全流动性。其核心观点是,企业是由一系列资源束组成的集合,企业的竞争优势来源于企业拥有的资源,尤其是异质性资源。外部的市场结构和市场机会对企业的竞争优势有一定的影响,但不是决定性因素。

表 2-2 资源观部分学者及其主要观点

时间	代表人物	相关著作	理论观点
1984 年	Wernerfelt	《论企业资源》	企业内部的组织能力、资源和知识的积累是解释企业获得超额收益、保持竞争优势的关键
1987 年	Rumelt	《企业战略理论》	企业间存在效率差异,绩优企业的超额利润源泉来自企业内的不确定的特殊资源以及由此形成的一种"隔离机制"

---

① TEECE D J. The competitive challenge: strategies for industrial innovation and renewal [C]. Cambridge, US: Ballinger, 1987: 137-158.

续表

时间	代表人物	相关著作	理论观点
1986—2001年	Barney	《战略要素市场：期望、运气和企业战略》《组织文化：是一种持续竞争优势的来源吗?》《战略理论和竞争的类型—种整合框架》	·企业是有差异的，企业资源具有非完全流动性，因此，只有当资源具备有价值、稀缺的、不可完全模仿和不可完全替代这四个特征时才能创造持续竞争优势 ·资源的不可完全模仿性的三个基本因素是：企业发展的历史因素（路径依赖性）、资源与竞争优势之间的因果模糊性、资源本身的社会复杂性
1987年	Winter	《知识和能力作为战略资产》	把知识和能力作为企业创造竞争优势的战略性资源
1988年	Demsetz	《企业理论的再思考》	企业竞争优势来源于自主研发所拥有的基础知识资源
1989年	Cool，Dierick	《资产集合和持续竞争优势》	企业持续竞争优势的产生依赖于企业内各种资产的整合效应
1991年	Rumelt，Schendel，Teece	《战略管理和经济学》	产业组织理论对于战略管理突破新古典企业理论的限制（完全竞争的市场模型，企业是同质的，企业间超额利润为零）并建立一种资源观的企业理论（企业是异质的，企业间存在效率差异）具有重要的作用
1993年	Peteraf	《竞争优势的奠基石：一种资源观》	竞争战略是静态战略资源的流量化形式，其与战略资源的四种特性相对应，存在四种竞争战略：异质性战略、不完全流动性战略、事前限制性战略、事后限制性战略，只有这四种竞争战略的组合才是获得持续竞争优势的充要条件
1995—1997年	Collis，Montogomery	《基于资源的竞争：90年代的战略》《企业战略：企业的资源与范围》	·企业资源价值的评估不能局限于企业自身，而应放在产业环境中并与竞争对手相比较才能判断出其优势与劣势 ·企业及其竞争优势是建立在企业所拥有的独特资源及特定的竞争环境中配置这些资源的独特方式的基础之上 ·企业的边界由其面临的环境机会及其所拥有的核心资源决定

资料来源：倪义芳，吴晓波. 论企业战略管理思想的演变[J]. 经济管理，2001（6）：6.

在资源观的发展过程中，分化出两种不同的学派：巴尼的资源观和贝特罗夫的资源观（见图 2-5）。巴尼认为，可持续竞争优势的源泉应满足四个条件：价值性、稀缺性、不完全模仿性、不可替代性。贝特罗夫也认为，可持续竞争优势的源泉应有四个条件，但内容与巴尼所说的完全不一样，具体包括：使租金产生的资源异质性、不可流动性、为确保成本低于租金而对竞争对手的事前限制、事后为维持租金对竞争的限制。相对而言，以巴尼为代表的学派遵循着战略管理的传统，从企业的层次展开研究，而以贝特罗夫为代表的学派，则更强调从市场的层次进行研究，即把企业放到市场中来分析其行为。

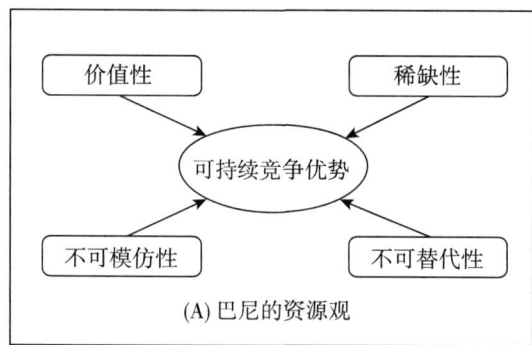 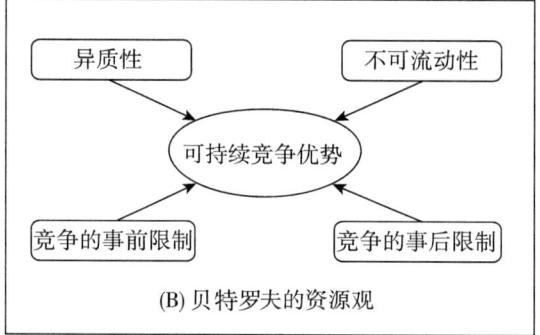

图 2-5　巴尼资源观与贝特罗夫资源观的比较

资源观不再把企业看成同质的个体以及单一的决策主体，也就不再把企业看成一个黑箱，它从资源的角度解释企业的持续竞争优势的来源，从企业内部寻找企业成长和持续竞争优势的成因，开创了新的研究领域。但是，它着重于从静态和均衡的角度研究可持续竞争优势的条件因素，而忽视了研究这些条件是如何对可持续竞争优势发挥作用的，即没能明确给出资源对竞争优势的作用机制。同时，它将生成可持续竞争优势的所有因素都归纳到一个包罗万象的资源概念，资源的概念因此无限扩大，这导致资源观出现模糊性甚至同义反复的现象。鉴于资源观存在的这些不足，基于能力基础的竞争优势理论应运而生，且发展成为解释企业获取竞争优势的重要理论。

（二）竞争优势的能力观

20 世纪 90 年代，由于资源观的局限性，竞争优势的能力观得到建立。从那时起，企业之间的竞争性质改变了：不再是产品竞争、资源竞争，而是能力获取与开发的竞争。巴登-富勒（Baden-Fuller）和斯托福德（Stopford）提出：寻求复兴的组织应该认识到，赢家往往能够通过部署新的技能和能力组合来克服他们的劣势。由于其开放性，以能力为基础的方法被认为比以资源为基础的方法更能解释企业的战略。[①] 根据能力观的演变特征,可将其分为核心能力观和动态能力观两个学派。

1. 竞争优势的核心能力观

1990 年,哈梅尔(Hamel)和普拉哈拉德(Prahalad)在《哈佛商业评论》上发表了《企业的核心能力》一文,该文开创了核心能力理论的先河。他们认为企业不仅仅生产产品,而且还创造、积累知识和技能,并将其内嵌于组织,企业的竞争外在地表现为产品的竞争,实质上是企业核心竞争力的竞争。为此,哈梅尔和普拉哈拉德成为核心能力理论的杰出代表。除此之外,斯多克(Stalk)、埃文斯(Evans)、舒尔曼(Shulman)、舒梅克(Schoemaker)、迈耶(Meyer)、阿特巴克(Utterback)等也是该理论的代表人物。他们的代表作及其主要观点如表 2-3 所示。

表 2-3 核心能力观部分学者及其主要观点

时间	代表人物	相关著作	理论观点
1990 年	Hamel, Prahalad	《企业的核心能力》	核心产品在核心能力和最终产品之间形成了有形的联系
1991 年	Hamel, Prahalad	《企业想象与探险式行销》	核心能力使组织能够预见尚不存在的市场
1992 年	Stalk, Evans, Shulman	《能力竞争:企业战略的新规则》	竞争成功取决于将企业的关键流程转化为持续为客户提供卓越价值的战略能力
1992 年	Schoemaker	《如何将战略愿景与核心能力联系起来》	核心竞争力是企业成功的决定性因素,企业核心竞争力越强,其经济回报越大
1993 年	Meyer, Utterback	《产品系列和核心能力动态》	从长远来看,需要将重点放在增强核心能力上,包括在新领域的识别、应用和综合的能力

核心能力理论的主要观点是:从长期来看,竞争优势将取决于企业能否以比对手更低的成本和更快的速度构建核心能力,这些核心能力将为企业催生出意想不到的产品。管理层有能力把整个企业的技术和生产技能整合成核心能力,使各项业务能够及时把握不断变化的机遇,这才是优势的真正所在。因此,企业要想获得和保持竞争优势,就必须在核心能力、核心产品和最终产品三个层次上参与竞争。其中,核心能力是企业竞争优势的源泉,最终产品是核心能力的市场表现,核心产品是核心能力的物质载体,也是联结核心能力与最终产品的根本途径。斯多克等人特别强调企业整体能力是一个企业能否取得竞争优势的关键。

[①] DAGNINO G B, CINICI M C. Research methods for strategic management [C]. London: Routledge, 2015: 29.

核心能力理论关注企业竞争优势的来源，并把其归结为企业的一组特殊性资源或能力集。然而，对这种特殊性资源或能力的来源并没有作出阐述。这显然在解释企业竞争优势问题上犯了同义反复的逻辑错误。同时，核心能力理论认为，企业的特殊资源或能力是给定的，其研究的重点在于对给定资源或能力的利用。由于过分依赖均衡分析，核心能力理论具有较强的静态性，缺乏对资源或能力产生过程的分析，是一种静态环境分析下的能力理论。因此，在动态复杂竞争的环境中，核心能力很难保证企业获得持续竞争优势。

2. 竞争优势的动态能力观

美国经济学家蒂斯和皮萨诺（Pisano）于1994年将"动态"的观点引入企业能力的研究，并正式提出动态能力这一新概念。接着蒂斯等人把演化经济学的企业模型和企业资源理论结合起来，通过组织过程、位置和发展路径等三个关键要素来构建"动态能力"战略的分析框架。他们认为，企业竞争优势来源于在企业内部运行的、由过程和位置所决定的高绩效的惯例，并强调了"路径依赖"（path dependency）的重要性。同时，他们还认为，组织过程的内容（惯例）及其发展竞争优势的机会，在任何时点上都明显地由企业所拥有的资产（内部的和市场的）以及由企业所采用（继承）的演进路径所塑造。动态能力包括学习能力、解决问题的能力，特别是发现新问题、解决新问题的能力，是企业积累相关新知识技能的能力。[①] 表2-4反映了动态能力观部分学者及其主要观点。

表2-4 动态能力观部分学者及其主要观点

时间	代表学者	相关著作	理论观点
1994年	Teece, Pisano	《企业动态能力：导论》	竞争优势来源于"动态能力"。"动态"指的是环境的变化特征，而"能力"则强调战略管理在适应、整合和重新配置内部和外部组织技能、资源和职能能力方面的关键作用，以适应不断变化的环境
1997年	Teece, Pisano, Shuen	《动态能力与战略管理》	动态能力框架是对在快速技术变革环境中经营的企业创造和获取财富来源的一种分析方法。识别新机会并有效组织起来捕捉这些机会通常比制定战略更为重要

---

① TEECE D J, PISANO G, SHUEN A. Dynamic capabilities and strategic management[J]. Strategic Management Journal, 1997, 18 (7): 509-533.

续表

时间	代表学者	相关著作	理论观点
1999年	Zollo, Winter	《从组织惯例到动态能力》	动态能力是由经验积累、知识表达和知识编码三种机制共同演化的结果
2000年	Eisenhardt, Martin	《动态能力:它们是什么?》	动态能力是一组特定且可识别的过程,如产品开发、战略决策和联盟。它们既不模糊也不重复。动态能力在细节上具有特殊性,在出现时依赖于路径,但它们在企业中具有显著的共性
2003年	Blyler, Coff	《动态能力、社会资本和租金分配:分割馅饼的纽带》	社会资本对于作为动态能力核心资源的获取、整合和释放至关重要,但行动者也可以利用社会资本获取个人利益
2003年	Zott	《动态能力与行业内差异企业绩效的出现:来自模拟研究的洞察》	时间、成本和学习效应使得具有相似动态能力的企业之间出现很大的绩效差异。即使企业之间的初始差异很小,企业绩效在行业内也会产生显著的差异,特别是当时间、成本和学习的影响相结合时
2003年	Winter	《理解动态能力》	普通或"零级别"能力定义为允许企业在短期内"维持生命"的能力,可以将动态能力定义为扩展、修改或创造普通能力的能力。企业是否创建更高级别的能力取决于投资相对于解决特定问题的成本和收益

动态能力理论将重点放在企业用以积累影响学习与研究进程的概率和方向的机制上,该理论秉承了熊彼特(Schumpeter)的创造性毁灭的思想,认为企业只有通过其动态能力的不断创新,才能获得可持续竞争优势。动态能力理论吸收了核心能力理论的许多观点,所以动态能力在特征上与核心能力有相似之处,如企业的动态能力也具有价值性、独特性等特征。但动态能力理论是改变企业能力的能力,从本质上分析,与企业核心能力存在着区别。同时,企业动态能力是一种开拓性的能力,它将焦点放在创新的开拓性动力上,强调以开拓性动力克服能力中的惯性。它更加关注企业的动态效率,而将静止效率放在次要的地位。开拓性动力通过促进创新和创造新的规则与能力为企业的竞争优势提供了长期基础。在不确定的环境中,动态能力崇尚建立开拓性学习能力。开拓性学习能力并不是为了特定的生产目的,而是为了在长时间内向企业提供新的战略观念而进行的侧重于变革的学习。开拓性学习显示了对路径的较少依赖,且相对要复杂得多,也显示了以试错法为基础和以建立新能力、新规则为特征的研究过程。①

---

① 霍春辉. 动态复杂环境下企业可持续竞争优势研究[D]. 沈阳:辽宁大学,2006:22.

动态能力理论为理解企业潜在的竞争优势提供了框架，不仅为通过企业的资源或能力的性质来理解潜在的竞争优势提供了框架，而且也为通过潜在的企业计划、战略和流程为实现企业资源和能力的重构提供了框架。研究发现，动态能力有助于企业：发现新的业务机会和策略；进入新的市场领域；完成成功的并购，学习新技能；克服惯性；利用其他资源；进行新的创新项目以刺激战略变革；促使研发部门新技术的商业化成功运作。[①] 动态能力理论已被广泛应用于各种情形，如联盟管理的效果、认知效果、知识创造、知识转移、产品和业务流程的开发等。但是，对于动态能力概念、构成及其作用存在很多不一致的认识，众说纷纭。因此，动态能力理论仍有待于继续完善和发展。

（三）竞争优势的知识观

在新古典经济学理论中，企业职员个体间通常是没有分别的，也不具有特别的知识。企业被视为克服人类有限理性的信息处理机器。对于管理和研究这部机器的人们来说，人的主体性是作为噪声而被小心排除在研究范围之外的。然而，随着对企业的资源和能力的研究的深入，学界认识到企业为了动态地应对变化的环境，不能仅仅被视为有效处理信息的机器，而应当被视为创造信息和知识的实体。由此，从管理经济学的角度关注和研究知识，成为理论热点之一，关于企业成长和竞争优势的知识观逐渐成为主流。[②]

可以认为，竞争优势的知识观来源于企业资源观的延伸。20 世纪 90 年代中期，知识被普遍视为最重要的资源，成为企业获取可持续竞争优势的资源之一。从现有的学术成果来看，知识观可划分为两个学派。其中一个学派主张知识本质上是指知识保护，可称为知识保护学派，主要代表人物有格兰特、里伯斯金（Liebeskind）等；另一个学派主张知识的创造性和动态性，可称为知识创造学派，主要代表人物有野中郁次郎（Nonaka Ikujiro）、远山亮子（Toyama Ryouko）和永田晃也（Nagata Akiya）等。表 2-5 反映了知识观部分学者及其主要观点。

知识保护学派以经济理论为基础，假设可持续竞争优势来自知识和利用知识从效率中产生租金的能力。企业之所以存在，就是为了不断地创造知识。他们认为知识的创造是一项个人活动，企业的主要作用是应用现有知识，并为模仿和替代设置障碍。可以说，这种方法基本上是基于静态的知识观，没有考虑到社会互动的作用。

[①] 祝志明，杨乃家，SARLANDIE DE LA ROBERTIE C，等. 动态能力理论：源起、评述与研究展望 [J]. 科学学与科学技术管理，2008（9）：129.

[②] 肖延高. 基于竞争优势的企业知识产权能力研究 [D]. 成都：电子科技大学，2009：29.

相对而言，知识创造学派可以归因于野中关于知识创造的研究，认为知识创造是一个动态且相互依存的过程，在这个过程中，知识是通过个人之间以及个人与环境之间的社会互动来被创造和被再创造的。① 同时，企业被描述为一个规划和认知系统，体现了组织为开发新知识、新能力和独特能力所做的努力。在这些能力中，综合能力具有相关性。企业的综合能力是管理竞争与合作、整合与解体、创造力与效率等相互矛盾的力量的能力。"综合"一词可以描述为"论题与其对立面的辩证结合"，从而产生知识创造的过程。② 因此，野中等人声称，组织不是仅仅解决问题，而是创造和定义问题，生成和应用新知识，以解决问题，然后通过解决问题的行动进一步生成新知识。③

表 2-5 知识观部分学者及其主要观点

时间	代表人物	相关著作	理论观点
1992 年	Kogu, Zander	《企业知识、组合能力和技术复制》	企业比市场做得更好的是组织内个人和群体的知识共享和转移，知识是由个人掌握的，但也体现在成员在社会共同体（即团体、组织或网络）中合作的规律中
1993 年	Drucker	《后资本主义社会》	知识是最重要的资源
1994 年	Nonaka	《组织知识创造的动态理论》	组织知识是通过隐性知识和显性知识之间的持续对话创造的。组织在调动个人所拥有的隐性知识方面发挥着关键作用，并通过社会化、组合、外化和内化为创造"知识螺旋"（spiral of knowledge）提供了平台
1996 年	Grant	《迈向基于知识的企业理论》	企业被概念化为一个整合知识的机构，知识被视为存在于个人内部，组织的主要作用是知识应用而不是知识创造
1996 年	Liebeskind	《知识、战略和企业理论》	企业具有特殊的制度能力，使其能够比市场契约更有效地保护知识免受剥夺和模仿，正是这些广义的制度能力使企业能够产生和保护独特的资源和能力，这些资源和能力是企业战略理论的核心

---

① DAGNINO G B, CINICI M C. Research methods for strategic management [C]. London: Routledge, 2016: 33.
② NONAKA I, TOYAMA R. A firm as a dialectical being: towards a dynamic theory of a firm [J]. Industrial and Corporate Change, 2002, 11 (5): 999.
③ NONAKA I, TOYAMA R, NAGATA A. A firm as a knowledge-creating entity: a new perspective on the theory of the firm [J]. Industrial and Corporate Change, 2000, 9 (1): 3.

续表

时间	代表人物	相关著作	理论观点
2000年	Nonaka, Toyama, Nagata	《作为知识创造实体的企业：企业理论新视角》	基于知识的企业观将企业视为知识创造实体，并认为知识以及创造和利用这些知识的能力是企业可持续竞争优势的最重要来源。知识和技能为企业提供了竞争优势，因为正是通过这些知识和技能，企业才能更有效地创新产品或改进现有产品（流程、服务）。企业存在的理由是不断创造知识
2002年	Nonaka, Toyama	《作为辩证存在的企业：走向企业的动态理论》	当今，企业面临着许多矛盾，比如，效率与创造力、开发与探索等，企业综合这些矛盾的能力是理解企业为什么能够比市场更有效地生产知识的关键，企业可以通过其综合能力创造出超越现有前沿平衡点（balancing point）的新知识和能力
2007年	Felin, Hesterly	《知识观、嵌套异质性与新价值创造：关于知识轨迹的哲学思考》	基于知识的理论研究要从个人而不是集体层次开始，以理解新的价值创造，个人层次的知识为许多基于集体主义知识的工作提供了重要的替代解释
2009年	Reus, Ranft, Lamont, et al.	《知识投资的解释性系统观》	组织被视为开放的、知识依赖的解释系统，知识需求是知识投资的触发因素，知识投资带来价值创造的程度与知识需求的匹配程度呈正相关

在知识经济时代，随着竞争的加剧、市场的全球化、消费者变得成熟与日新月异的技术创新，商场变成一种高水平的竞技场。知识既是一种稀缺性资源，又是唯一的能随时间积累的资源，人们普遍认为知识资本比土地、劳动力和物质资本更重要。因此，基于知识视角获取竞争优势必将越来越受到企业界和学术界的关注。但是，我们也应该看到，与其他资源一样，知识也会变得陈旧过时，尤其在数字经济时代。原因在于知识具有一个不易被改变的特性，即刚性，知识的这种特性往往会使企业习惯于固定的思维方式，过度依赖已有的经验，这对企业探索新知识和解决问题的新方案造成不良的影响，会制约企业创造力的发挥。因此，企业需要克服知识刚性，不断突破过往成功的经验，积极探求新知识，努力开拓新领域，不断提升创新能力，以提高企业的竞争优势。

三、竞争优势来源的演化观

竞争优势来源的演化观植根于经济演化观。对于经济演化理论,阿尔钦(Alchian)被视为学术的先行者,他在 1950 年发表了他的经典论文《不确定性、演化和经济理论》。阿尔钦在他的文章中提出,一个经济系统的特征是由于不完全可预测性和环境复杂性而产生的普遍不确定性。他认为利润最大化原则只有当它(事后)被认为是企业在其竞争环境中能够实现的最佳结果时,才有意义。阿尔钦提出,不确定性助长了变化,创新是演化变化的来源。因此,企业生存虽然取决于利润,但利润不是故意选择的结果,而是幸运的决策或成功适应的结果。[①]

纳尔逊(Nelson)和温特对经济演化理论的形成作出了积极的贡献。他们于 1982 年出版了《经济变迁的演化理论》,该专著的发表标志着演化理论已经系统化地形成。"演化"指的是什么?纳尔逊和温特认为,"演化"的较广含义包括对长期和渐进变化过程的关注。在目前的现实中可以观察到的规则性,不是被解释成对静态问题的解决办法,而是被解释成可以理解的动态过程从已知的或者似乎有理论依据地猜测到的过去情况所产生的结果,而且还被解释成一个阶段的特点,从那个阶段,一种很不相同的未来将靠那些同样的动态过程而出现。[②]

纳尔逊和温特提出,自然选择促进了新规则的发展,而旧规则则被抛弃。因此,企业必须适应才能生存。他们关注的焦点是:①组织惯例;②令人满意的行为;③搜索的概念;④行业选择和选择性均衡。他们认为,惯例是企业的特征和差异化。一方面,活动程序化是组织保护的最重要形式,因此,惯例具有随时间演变的组织记忆的功能。另一方面,在涉及组织内部冲突和动机问题时,特定的惯例可以被视为一种休战或协议的形式。企业是一个知道如何生产的组织,这种知识是由过去经验产生的结果,并由作为企业能力基础的技能的惯例体现出来。

根据演化理论,企业战略管理演化过程的实质就是"变异—选择—保留"。其中,变异涉及企业通过搜索过程可能追求的战略范围的变化。选择涉及选择过程对战略变化的节奏和方向的影响以及受其影响的方式。保留强调了企业在所有形式(例如能力,团队或团队互动)中适当利用和开发知识的可能性,这些知识是由企业或由企业环境产生的,或与企业的合作伙伴共同产生。

---

① ALCHIAN A A. Uncertainty, evolution and economic theory [J]. Journal of Political Economy, 1950, 58 (3): 211-222.
② 纳尔逊,温特. 经济变迁的演化理论 [M]. 胡世凯,译. 北京:商务印书馆,1997:14.

总的来说，企业战略管理的演化观来源于将经济演化理论引用到企业管理当中，以演化的思想来研究企业组织发展和行为变化规律。对企业竞争优势演化理论的分析，可以通过多个视角去进行研究，比如，惯例、搜寻、创新、技术变迁、制度环境、竞争等，这些因素既包含企业的内部因素，也包含企业的外部因素。学术上，已有相当多的学者从其中的一些角度去探讨企业竞争优势的来源。就企业成长过程而言，演化观与能力、学习和惯例等相关概念是联系在一起的。也就是说，演化观不是基于行业地位或企业的资源、能力和知识，而是基于惯例、创新和学习过程来确定竞争优势的来源。可以认为，企业竞争优势的演化观是战略管理研究的一个新领域，但鉴于演化理论的动态性和流程导向的特性，演化观已逐渐在战略领域中脱颖而出，并将在解释企业竞争优势来源的理论研究或实践应用中显示出其强大的生命力。

四、各种竞争优势来源观的比较

无论是外生论、资源观、能力观，还是知识观或演化观，寻求的基本目标都是一致的，即都是为了研究企业绩效的驱动因素。在这五种范式中，前四种范式存在一些共同之处：第一，它们在本质上以新古典经济学为基础，从战略角度对这些研究进行重新解释；第二，它们强调竞争优势的可持续性和长期竞争性租金的产生或保护；第三，它们更多地关注战略内容和战略制定，而不是战略实施；第四，从方法论的角度来看，它们呈现出一种同义反复的现象，因为结构、资源、能力和知识不仅是竞争优势的主要来源，也是管理者努力保持的竞争优势之所在。因此，结构、资源、能力和知识是企业战略的源泉和结果。

相比外生论、资源观、能力观和知识观，演化观更具开放性和渗透性（permeable）。这里的渗透性指的是问题的可解决性，因此，演化观是一种确定性较低的范式。实际上，概括它的有机理性（organic rationality）比前四种范式下的更强大的理性类型要弱得多，更具包容性。因此，从方法论和认识论的角度来看，演化观具有共同演化的潜力，可以适应战略管理中不同视角的传统研究。因此，它发挥了强大的整合和交叉融合方法的作用，因为它推动了概念和认知的演化以及演化得到了增强。

此外，竞争优势五种来源观在发展形态、形成竞争优势的源泉、市场类别以及租金类型等方面均有所不同，具体情况参见表 2-6。

表 2-6　各种竞争优势来源观之特征的比较

序号	理论范式		形态	竞争优势之源	市场类别	租金类别
	基本范式	学派				
1	外生论	结构、行为、交互	静态	市场位势	产品	张伯伦租金
2	资源观	巴尼、贝特罗夫	静态	资源的异质性	要素	李嘉图租金
3	能力观	核心能力	静态	资源的整合能力	要素	李嘉图租金
		动态能力	动态	整合资源能力的动态性与适应性	要素	张伯伦租金
4	知识观	知识保护	静态	知识的保护、应用与整合	知识	李嘉图租金
		知识创造	动态	创造的新知识	知识	熊彼特租金
5	演化观	—	流程动态	惯例、学习与创新	能力与知识的选择力	熊彼特租金

资料来源：DAGNINO G B，CINICI M C. Research methods for strategic management [M]. London：Routledge，2016：40. 有修改。

第三章　基于资源竞争优势之微观基础

竞争优势的资源观是战略管理领域的经典理论，得到了学界的普遍认可。但资源从何而来？这是人们最为关心的问题。长期以来，人们为了找到最佳的答案而坚持不懈地努力着。对于这个问题，他们从不同的视角去探究，相比之下，微观基础是一个全新的视角，它将成为人们寻找资源的最可靠的途径。

第一节　资源概述

无论是对学者、政府官员、企业家，还是对普通老百姓来说，"资源"这个术语都常常挂在嘴边。一个社会，如果资源匮乏，其经济发展速度可想而知。一个企业，如果缺乏资源，不用说发展，就连维持也难以为继。不过，战略管理中所说的资源，并不一定是自然资源。

一、资源的概念

战略管理文献中使用的"资源"一词的含义很重要，这是企业资源观的核心概念。学者对企业资源的概念的界定不一，且资源基础理论学派众多，这种不统一妨碍了学者之间的交流，影响了资源论的传播和进一步发展。因此，统一企业对于资源的概念便非常有必要。

较早使用"资源"这一术语的著作可以追溯到彭罗斯。彭罗斯（Penrose，1959）认为，企业是生产性资源的集合，资源的用途及其使用时间由管理决策确定。[①] 虽然彭罗斯没有给出明确的定义，但很明显，她认为资源的古典经济观点是土地、劳动力、

[①] PENROSE E T. The theory of the growth of the firm [M]. Oxford：Oxford University Press，1959：24.

资本和信息。沃纳菲尔特（Wernerfelt，1984）认为，资源可以被认为是给企业带来优势或劣势的任何东西。具体来说，资源就是企业的有形资产和无形资产。[①] 比如，品牌名称、企业内部的技术知识、员工的个人技能、交易合同、机器、有效的流程、资金等。巴尼认为，资源是指企业所控制的用来制定和实施各种战略从而使其实现效率和效益的所有资产、组织流程、企业属性、信息、知识等。

格兰特（Grant，1991）将资源视为投入生产过程中的一切东西，它们是基本的分析单位，包括资本设备、员工个人技能、专利、品牌名称、金融资本等。[②] 格兰特的资源定义与彭罗斯的观点完全相反。彭罗斯（Penrose，1959）指出：严格地说，生产过程中的"投入"本身不是资源，而是资源所能提供的服务。她还进一步阐述了资源和服务之间的区别，并表示"服务"这个词暗含着"一种功能，一种活动"，而资源则包含了"一组潜在的服务"。[③]

阿米特和舒梅克（Amit and Schoemaker，1993）将资源定义为由企业拥有或控制的现有要素的存量。包括可交易的专有技术（例如，专利和授权）、财务或者物质资产（例如，产权、工厂和设备）、人力资本等。[④] 企业资源通过与其他一系列广泛的资产和结合机制的作用，例如，技术、管理信息系统、激励机制、管理者和员工之间的信任等，可以转化成最终产品或者服务。南达将资源定义为"固定的企业特定投入的生产要素"。[⑤] 蒂斯等人（Teece, et al.，1997）将资源定义为"难以模仿的企业特定资产"。[⑥] 奥利芙（Olive，1997）认为企业内部稀缺的生产流程、商誉、专利、专有技术以及客户、社区乃至政府这样的制度参与者形成的制度资本都是资源的体现。[⑦]

国内也有学者对企业资源的概念作了界定。项保华（2003）认为，资源一般指的

---

① WERNERFELT B. A resource-based view of the firm[J]. Strategic Management Journal，1984，5（2）：172.
② GRANT R M. The resource-based theory of competitive advantage：implications for strategy formulation[J]. California Management Review，1991，33（3）：118.
③ PENROSE E T. The theory of the growth of the firm[M]. Oxford：Oxford University Press，1959：25.
④ AMIT R，SCHOEMAKER P J H. Strategic assets and organizational rent[J]. Strategic Management Journal，1993，14（1）：35.
⑤ MOINGEON B，EDMONDSON A. Organizational learning and competitive advantage[M]. Thousand Oaks，US：SAGE Publications，1996：103-104.
⑥ TEECE D J，PISANC G，SHUEN A. Dynamic capabilities and strategic management[J]. Strategic Management Journal，1997，18（7）：516.
⑦ OLIVE C. Sustained competitive advantage：combining institutional and resource-based views[J]. Strategic Management Journal，1997，18（9）：697-713.

是那些能够由管理者所完全掌控的外显、静态、有形、被动的"使役对象"。[①] 罗友花和李明生（2010）认为，资源是指能够给特定主体带来力量或弱点的任何东西，包括有形的和无形的东西。它有三层含义。其一，资源的功效性都是针对特定主体而言的，否则资源就没有任何价值或意义。这里所说的"主体"可以是一个国家或地区，也可以是一个组织或企业，还可以是"一群相互关联的企业、供应商、关联产业和专门化的制度和协会"即"集群"。其二，资源是一把双刃剑，它既能给特定的主体带来优势，也可能对其形成劣势。那种认为资源只能定义为对主体有利的东西的观点是不现实的，也是不理想的。其三，资源的表现形式多种多样，概括起来有两种：有形资源和无形资源。其中，有形资源主要是指机器设备、原材料、能源、资金、劳动力等，是看得见摸得着的"硬件"；无形资源包括技巧、知识、关系、文化、声誉以及能力，属于看不见摸不着、不具有实物和几何形态的"软件"。[②]

综合学者们的定义，本研究认为，资源是指企业为了实现特定目的需要而拥有或控制的有形资产和无形资产。它包含有两层含义：一是，它们有资格获得法律保护，企业可以对其行使财产权利，可以看作是企业的财产或为组织的控制之下；二是，它们可以不受企业员工影响而独立运作，并作为生产过程中的要素进行干预。

二、资源的分类

巴尼将所有企业资源分为三类：实物资本、人力资本和组织资本资源。格兰特列出了六类企业资源：财务、物质、人力、技术、声誉和组织。这些分类方法难以找到可持续竞争优势的关键问题。因为企业资源创造和维持可持续竞争优势的关键问题是基于资源产生租金的能力。而租金产生的经济来源则是基于预期租金与资源获得实际租金之间的差，但主要来源还取决于稀缺性。

由于稀缺性与对一组被创建的组合要素或资源进行识别的难易度有关：如果一组捆绑的要素能够很容易被识别，那就会增加模仿或找到替代品的能力，同时会降低其产生租金的机会。因此，更有用的分类将是关注这一稀缺问题的分类。鉴于稀缺性与识别之间的联系性，布莱克（Black）和博尔（Boal）将企业资源分为两类：内聚资源（contained resources）和系统资源（system resources）。内聚资源由可被识别的简单资源要素网络构成，可以对这种网络进行估价。网络指的是要素的配置以及要素之间的

---

① 项保华. 企业资源与能力辨析 [J]. 企业管理，2003（2）：79.
② 罗友花，李明生. 资源概念与分类研究：兼与罗辉道、项保华先生商榷 [J]. 科研管理，2010，31（1）：28.

关系，它反映了企业的特定资源。布莱克和博尔认为，简单网络的特征是要素较少且大多数要素都是直接发生关联。①因此，"简单"意味着网络有明确的界限，它可以识别内聚资源，而内聚资源一旦被识别，人们就可以对网络资源进行货币价值估算，这时，资产存量和资产流动就可以在资源层次或在要素层次上进行交易。另外，如果一个要素是不可交易的，那么不可交易的要素必须具有可交易的替代品，或者将其分解为组成部分，并可使人们对资源作出市值估算。如果不可交易的要素没有可交易的替代品，且不能被分解成可交易的组成部分，那么尽管嵌入的网络看起来很简单，但是嵌套的非可交易要素便意味着该网络是复杂的。

系统资源由企业资源要素的复杂网络创建。复杂网络是由嵌套系统资源、内聚资源和其他资源要素组成的多要素之间存在许多直接和间接联系的网络。"复杂"表明网络没有确定的边界，这将使货币价值评估变得不可信。一般来说，系统资源是社会创造的。作为社会创造之物，它被赋予了社会结构的隐含创造和重建。相比之下，内聚资源更类似于离散的构件。实际上，社会创造的特征使得人们对系统资源复杂网络的识别变得困难。也就是说，完整的集合甚至大量的要素既不便利也不容易识别，这将给人们在货币估算方面造成困难。这也意味着可交易的要素较少，同时，要素或资源的替代品也较少。

国内学者罗辉道和项保华（2005）以及罗友花和李明生（2010）分别提出对资源的分类框架。其中，罗辉道和项保华提出了二维分类标准，即从企业资源本身、企业资源和竞争优势的关系这两个方面来构建企业资源分类框架。②从企业资源本身出发来划分资源也就是对战略资源论研究中的自变量进行分类。广义资源可划分为狭义资源与能力，而狭义资源又可划分为有形资源与无形资源（见图3-1）。有形资源是企业的固定资产以及其他以有价证券形式存在的财富资源，例如，厂房、设备、土地、其他资本货物和债券、债权、银行存款等。无形资源包括知识产权，例如，商标和专利，也包括品牌和企业声望、企业网络和数据库等。

能力是将企业的各种资源组合起来完成一定任务的能力。能力可以描述为不可见资产（invisible asset）或中间货物。本质上，能力包含着个人的技能或群体的技能，也包括将企业狭义资源进行整合的组织路径和相互作用。能力与狭义资源的最大区别在于其产权性，狭义资源有明晰的产权，可以成为交易的对象，而能力一般没有明晰

---

① BLACK J A, BOAL K B. Strategic resources: traits, configurations and paths to sustainable competitive advantage [J]. Strategic Management Journal, 1994, 15 (52): 136.
② 罗辉道，项保华. 资源概念与分类研究 [J]. 科研管理, 2005, 26 (4): 103.

的产权，很少成为交易的对象。狭义资源中有形资源的价值不是永久的，会随着使用而消失，而尽管能力在短期内的作用也是有限的，但是它们的价值不会随着使用而降低，反而会因为经验的积累而得到提升，所以长期来看，能力是无限的。图 3-1 中的横线表示能力是由资源构成的，多种资源组合起来完成一定任务的能力就是企业能力，能力最有可能给企业带来竞争优势。

分类	广义资源		
	狭义资源		能力
	有形资源	无形资源	
一般资源	↑↓	↑↓	↓→
战略资源	↓	↓	↓→

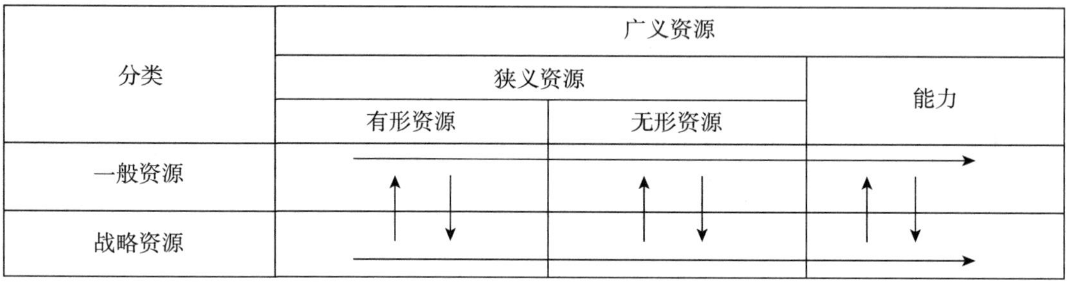

图 3-1 企业资源分类示意图

资料来源：罗辉道，项保华. 资源概念与分类研究 [J]. 科研管理，2010，26（4）：103.

根据企业资源与企业竞争优势的关系，可以将企业资源分为一般资源和战略资源。一般资源是企业的普通的资源，可以是有形的资源，也可以是无形的资源，还可以是企业的能力。但这些资源与能力因为容易模仿、可以在市场上很方便地买到等原因，不能给企业带来竞争优势，所以只能具有一般的价值，不能给企业带来超额利润，因而叫作一般资源。战略资源是能够给企业带来竞争优势的资源。

罗友花和李明生提出了三维分类标准，即表象性标准、功效性标准和约束性标准。其中，在资源的表象性标准中，最常见的分类是将资源划分为有形资源与无形资源。有形资源与无形资源的含义与罗辉道和项保华所阐述的内容基本一致。其次是资源的占有性与非占有性，包括拥有所有权的内部资源与不拥有所有权的外部资源，通常拥有所有权的内部资源具有异质性和不完全流动性的特征。此外是资源的单一性和结构性。单一性资源（individual resource）主要是针对资源的数量和种类而言的，强调某一个或某一种资源的价值和作用，其影响力取决于资源的数量或规模。结构性资源（combination resources）则关注资源与资源之间的关系，强调资源的互补性，认为由互补资源组合而成的系统具有特质性，即具有"不完全流动性"特征，它是持久租金的来源和竞争优势的基础，换句话说，结构性资源中的每一项资源的价值是在与其他资源的关联性运用中得到体现并使其贡献得到放大的。因此，结构性资源往往比单一性资源更能给资源拥有者带来竞争优势。同时要注重资源的组合方式，包括空间结构和时间结构，线性结构和非线性结构。其中，线性结构中资源之间存在一对一关系，非线性结构中的资源之间则存在一对多或多对多关系；在资源的功效性标准中，资源被区分为一般性资源和特殊性资源或战略性资源。所谓一般资源是指对特定主体来说只具有一般价值的资源，或者说资源对特定主体的影响程度比较小。特殊资源则是指对特定主体影响程度比较大，并且能够带来较高附加值的资源。简单地说，能够带来竞争优势的资源是特殊资源，否则就属于一般资源；在资源的约束性标准中，由于资源的约束性条件很多，要根据不同的情况进行分析。比如，从资源的功能或作用这个角度来进行分析，主要有行业特征、生命周期、国际视野等测量指标。处于创业阶段的组织与发展成熟阶段的组织对资源的价值判断也是不同的。因此，对研发型组织来说是一般资源，对生产型组织来说可能是特殊资源。在创业阶段是至关重要的资源，到了发展成熟阶段就可能是一般的资源。罗友花和李明生（2010）认为，关于资源的分类必须同时考虑三大标准的共同作用，即资源的表象性标准、资源的功效性标准和资源的约束性标准，只有这样才能正确地分析和判断资源的价值。[①]

三、企业资源的特征

企业资源拥有如下一些基本特征。

（一）企业资源内涵的扩展性

随着社会经济的发展与科学技术的进步，越来越多的新要素被纳入资源的范畴，在传统的人力、财力、物力等资源的基础上，时间、技术、管理、信息、品牌、市场等要素被人们逐一划入资源范畴。在这些资源中，无形资源的价值变得越来越大。

（二）企业资源的动态性与系统性

随着企业的运营，资源的数量和质量处于不断变化的动态过程中。而且企业所拥有或控制的各种资源是一个有机的整体，各种资源相互联系、相互影响，共同支撑着企业的运营。因此，企业必须打破孤立的、僵化的资源观念，以动态的、系统的观念分析和开发利用资源，实现资源的动态优化。[②]

---

① 罗友花，李明生. 资源概念与分类研究：兼与罗辉道、项保华先生商榷[J]. 科研管理，2010，31（1）：29-30.
② 何海燕，杨万荣，纪新华，等. 战略管理[M]. 北京：北京理工大学出版社，2009：79.

（三）企业资源的柔性

资源柔性通常被定义为资源可用于更大范围的替代用途的程度。[1]桑切斯（Sanchez，1997）认为，资源的基本柔性可以通过资源潜在用途的三个方面来表征。第一，当资源可以应用于更大范围的替代用途时，资源柔性更大。本质上，当一种资源可用于开发、制造、分销或营销一系列不同的产品时，资源柔性就会增加。第二，当资源从一种用途转换到另一种用途的成本和难度较低时，资源柔性更大。第三，当资源转换到替代资源使用所需的时间较短时，资源柔性就会更大。另外，当从一种产品转换到另一种产品所需的时间减少时，生产系统的柔性就会增加。这些特征是资源的固有属性。[2]汉森（Hansen，2004）等人指出，企业资源与有效部署资源的能力要联系起来，企业如何利用其资源，这一能力至少与企业拥有的资源本身同等重要。这种观点特别重要，原因在于在当今的商业环境中，产品、市场和竞争边界处于不断变化的状态。因此，企业要在竞争激烈、技术不断变化的环境中进行有效的竞争，就需要拥有资源柔性方面的优势。[3]

（四）企业资源的冗余性

赛尔特和马奇（Cyert and March，1956）提出，资源的冗余（resource redundancy）也称资源的松弛（resource slack），即过剩资源的集合，它可以帮助企业适应意外的波动。[4]布儒瓦（Bourgeois，1981）认为，资源冗余是指组织可以随意使用的过剩资源缓冲。或者，指企业拥有的资源超过了维持一定产出水平所需的最低限度。[5]资源冗余可表现为不同的形式，比如员工过剩、生产能力闲置、管辖权重叠、职位描述宽泛、对错误的容忍度、平行的沟通渠道或闲置信息，以及企业放弃机会等。冗余在组织中具有一些积极的作用。比如，提供了一个备用资源缓冲，可以作为工作流程的缓冲器，防止流程中断；允许企业通过缓冲其技术核心来适应环境的重大变化；促进创造性行为，允许实验和产品创新；以高薪诱使企业成员留在组织内；组织文化的一部分有助

---

[1] ADOMAKO S, FRIMPONG K, AMANKWAH-AMOAH J, et al. Strategic decision speed and international performance: the roles of competitive intensity, resource flexibility, and structural organicity [J]. Management International Review, 2021, 61 (1): 35-36.

[2] SANCHEZ R. Preparing for an uncertain future: managing organizations for strategic flexibility [J]. International Studies of Management & Organization, 1997, 27 (2): 73-74.

[3] HANSEN M H, PERRY L T, REESE C S. A bayesian operationalization of the resource-based view [J]. Strategic Management Journal, 2004, 25 (13): 1280.

[4] CYERT R M, MARCH J G. Organizational factors in the theory of oligopoly [J]. The Quarterly Journal of Economics, 1956, 70 (1): 52.

[5] BOURGEOIS L J. On the measurement of organizational slack [J]. Academy of Management Review, 1981, 6 (1): 30.

于提升组织应对不可预见挑战的能力。管理者的传统做法是限制冗余,尽可能地适应环境条件,并最大限度地提高效率。交易成本经济学家认为冗余等同于资源浪费,代理理论家认为冗余是行为者追求自身利益而不是为组织利益行事的机会。[①]

(五) 企业资源边界的模糊性

传统企业必然是有边界的。因为企业的优势在于专业化、规模化的经济活动,或在于企业内部交易成本要大大低于社会交易成本。但随着信息技术的发展、互联网平台的搭建和竞争的加剧,企业边界必然是对内以自身技术为核心紧密结合,对外通过各种联盟、合同等多种形式,松散结合而形成开放式边界,越来越多的虚拟组织、战略联盟、网络化组织等组织方式大量出现,导致了企业间日益复杂的网络结构和制度安排。这使得企业与环境之间的边界趋于模糊,企业资源也日益呈现这种态势,边缘性资源正在变得越来越重要。[②]

第二节 资源与企业竞争优势

资源观的一个基本观点就是,资源是形成企业竞争优势的重要来源。但资源是如何形成企业竞争优势的?这是一个机理性的问题。资源之所以能够形成竞争优势,是因为它们之间存在内在的逻辑关系。

一、异质性资源与企业竞争优势

资源基础观(RBV)首先提出了两个基本假设。其一,资源和能力在企业之间不均匀地分布,而且这些差异可以持续存在。表明企业拥有的资源具有异质性。其二,资源和能力是不完全流动的(即资源是黏性的)。显然,不同类型的资源对企业具有不同的竞争效应,并不是所有的企业资源都具有持续竞争优势。某项资源要成为企业持续竞争优势的来源,必须具有四个属性:价值性(valuable)、稀缺性(rare)、不可完全模仿性(imperfectly imitable)和组织性(organization),被称为VRIO框架。

首先,企业持续竞争优势来源必须是有价值的,它使企业能够利于实施一个利用

---

① STABER U, SYDOW J. Organizational adaptive capacity: a structuration perspective [J]. Journal of Management Inquiry, 2002, 11 (4): 416.
② 何海燕,杨万荣,纪新华,等. 战略管理 [M]. 北京:北京理工大学出版社,2009:80.

环境机会或减少威胁的策略,即资源的价值表现在能有助于企业构建和实施可提升效率的战略。使用了有价值的资源会比没有使用这种有价值资源更能降低企业的净成本或增加企业的净收入,提升客户的支付意愿,增加企业创造的经济价值。

其次,企业持续竞争优势来源一定是稀缺的。许多其他企业当前或潜在的竞争对手并不能同时拥有该稀缺资源。如果某种的资源在被一个企业拥有的同时,很多其他企业同样也能够拥有,那么这样的资源就不是稀缺的,每家企业均有能力以同样的方式开发这种资源,实施同样的战略,结果便是没有一家企业能够取得竞争优势。资源稀缺性的产生,可能是由于战略要素市场的物质稀缺性,或竞争对手由于企业的特定资源组合而无法察觉其价值。

再次,企业持续竞争优势来源必须是不可完全模仿的。一种不可完全模仿的资源是竞争对手无法直接复制的资源。换句话说,没有这种资源的竞争对手在获取或开发它时会面临"成本劣势"。资源的不可完全模仿性来自三点:①积累资源取决于独特的历史条件(基于历史或路径依赖);②资源具有社会复杂性;③资源与企业的卓越绩效之间是因果模糊的。而产生因果模糊性的原因是多方面的,比如,资源和能力被看作组织特征或无形资产,管理者无法评估在资源和能力中是哪种单独或组合资源实际创造了持续竞争优势,资源和能力具有交互关联性和资产规模效率等特性。

最后,企业持续竞争优势来源必须有组织流程。有价值、稀缺但又不可能完全模仿的资源只有在被企业有组织地利用的时候,才能成为持续竞争优势的来源。这是因为战略资源和能力既不能自己成为持续竞争优势的来源,也不能孤立地产生持续的竞争优势。在组织内,有许多要素影响到企业能否充分地开发资源和能力的竞争潜力,这些组织要素包括报告结构、明确的管理控制体系和薪酬政策等。

巴尼于2002年提出的不可完全模仿性,包含了他于1991年提到的难以模仿性和难以替代性。[1] 首先,既有价值又稀缺的资源和能力将使企业获得竞争优势;其次,符合上一标准的资源和能力,如果同时是难以模仿的和难以替代的,则将产生持续的竞争优势。因此,稀缺性和价值性均是竞争优势必需的,但不是竞争优势的充分条件,而难以模仿性和难以替代性是持续竞争优势必不可少的,但不是充分条件。[2] 图3-2为资源特征与竞争优势的关系。

---

[1] BARNEY J B. Strategic management: from informed conversation to academic discipline [J]. Academy of Management Perspectives, 2002, 16 (2): 53-57.
[2] BARNEY J B. Firm resources and sustained competitive advantage [J]. Journal of Management, 1991, 17 (1): 102-103.

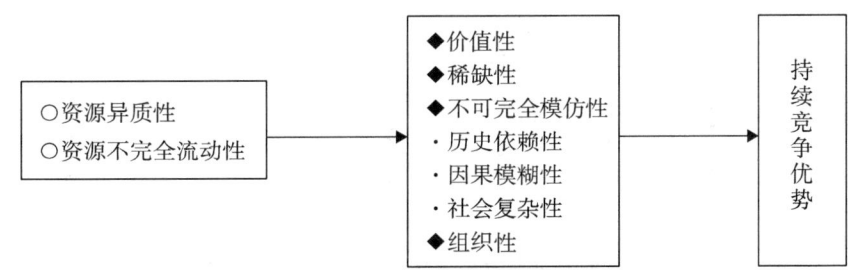

图 3-2　资源特征与竞争优势的关系

资料来源：BARNEY J B，CLARK D N. Resource-based theory：creating and sustaining competitive advantage [M]. Oxford：Oxford University Press，2007：69.

从战略角度来看，RBV 认为，企业应该明确与其战略相关的资源和能力，因为这些资源和能力是有价值的、稀缺的、难以模仿的和难以替代的。这些资源和能力将使企业能够实施战略以创造可持续竞争优势。上述资源有时被称为关键资源，也被称为战略性资源，它们能帮助企业以更高的效率（更经济地）和更好的效果（更好地满足客户需求）参与市场活动。

在 RBV 中，资源的高效利用可以创造出更大的经济价值（竞争优势），表明企业能够以相同的成本产生更大的感知利得（perceived benefits）（差异化产品），或以较低的成本（低成本）产生相同的利得。因此，在 RBV 中，企业可以通过提供差异化产品或通过相对于竞争对手获得低成本地位来参与产品市场的竞争，显然，其竞争优势来源于关键资源产生的高效率。所以 RBV 本质上是一个基于效率的理论。[①] 竞争优势需要具有价值性和稀缺性的资源，而资源可能是有价值的，但不是稀缺的。在这种情况下，所有在产品市场上竞争的企业都会获得相关的资源，实施共同战略，从而没有哪家企业可以获得竞争优势。如果资源是稀缺的，但不是有价值的，这意味着持有这样资源的企业将无法比竞争对手能更有效率和有效果地用它来创造经济价值。对企业来说，这种资源的机会成本可能过高，以至于抵消了产生的大部分感知利得。因此，尽管这种资源稀缺，企业却并不能创造出竞争优势。

RBV 将竞争优势（即创造比竞争对手更大的价值）视为价值性和稀缺性关键资源的租金。如果使用了这种资源而没有创造竞争优势，RBV 就无法应用。RBV 学者认为，优质资源（有价值性和稀缺性的资源）创造的租金可能是暂时的或短期的，因为稀缺性不一定是长期存在的。例如，新技术可能是企业的稀缺资源，但如果这

---

① PETERAF M A，BARNEY J B. Unraveling the resource-based tangle [J]. Managerial and Decision Economics，2003，24（4）：312.

种技术很容易被模仿,它就不再是一种稀缺资源。如果企业严格保密,该稀缺性就可能是一个长期的现象。同时,如果有价值性和稀缺性的资源是可取代的,竞争优势的可持续也是不可能的。因此,要形成可持续性竞争优势要求资源具有不可完全模仿性和不可替代性。企业资源特征与竞争优势的对应关系(VRIO框架)可见表3-1。

表3-1 企业资源特征与竞争优势的对应关系(VRIO框架)

是否有价值	是否稀缺	是否不可完全模仿	是否被组织利用	对竞争优势的影响(绩效)
否	—	—	否 ↕ 是	竞争劣势(低于正常)
是	否	—		竞争均势(正常)
是	是	否		暂时竞争优势(高于正常)
是	是	是		持续竞争优势(高于正常)

资料来源:BARNEY J B, CLARK D N. Resource-based theory: creating and sustaining competitive advantage [M]. Oxford: Oxford University Press, 2007: 70.

如果某项资源有价值并且是稀缺的,但不是难以模仿的,则开发该资源会帮助企业创造出暂时的竞争优势。通常,使用这类资源的企业可获得先发优势,因为该企业可以率先开发利用某特定资源。然而,当其竞争对手发现了这种竞争优势,就可以通过直接复制或替代的办法,在不必付出高昂代价的情况下,便从外界获得或开发实施该战略所需的资源。这样,其先发竞争优势会随着其他企业对资源的模仿很快被随之而来的竞争耗散掉。但是,从企业获得竞争优势到该竞争优势被竞争耗散掉(被模仿)这一期间,先发企业可以获得超常收益。因此,这类资源和能力可被看作组织的一种强项和独特能力。

如果某项资源是有价值的、稀缺的且是不可完全模仿的,则开发该资源会创造出持续的竞争优势。此时,竞争对手在尝试直接模仿成功企业的这些资源时,在成本上处于明显的不利地位,而且也不存在可模仿这些资源的替代品。即使对手能模仿并开发出这些资源,这样做的成本也非常高。因此,这种有价值的、稀缺的且是不可完全模仿的资源能够成为企业的组织强项和具备可持续竞争优势的独特能力。

二、资源租金、隔离机制与企业竞争优势

(一)稀缺性资源的李嘉图租金

大多数的经济模型都假设,如果某种要素的价格上升,将会有更多的该要素被生产出来,供给将会增加,供给方将仅获得正常的经济利润。但同时,对于稀缺性生产

要素，经济学家隐晦地假设它的供给是无弹性的，正如土地的总供给是相对固定的一样，即使在高需求和高价格的情况下，土地的供给也不可能显著地提高。这种供给量固定且不随价格变化而变动的生产要素是完全无弹性的。在这种情境下，那些拥有高质量且无弹性供给能力的生产要素的所有者就可能获得经济租金，这种租金称为李嘉图租金。同样，由于稀缺性资源的供给是无弹性的，因而，它的拥有者也可获得李嘉图租金（见图 3-3）。

图 3-3 中的（A）图，表示某产品的市场供给和需求情况，当供需均衡时，产品的市场价格为 p。现在有两个不同类型的企业，分别为企业 1（B 图）和企业 2（C 图），它们均遵循利润最大化原则，即通过生产边际成本等于边际收益时的产量（q）的产品来实现。假设企业 2 拥有的资源是稀缺的和有价值的，而企业 1 拥有的资源不是稀缺的。根据李嘉图的观点，具有优质资源企业的平均成本低于其他企业的平均成本，对照（B）图和（C）图，企业 2 的平均成本比企业 1 的平均成本低线段 ab 的大小，因此，在行业产品市场的价格同为 p 时，企业 2 比企业 1 多获得经济利润为矩形 $abce$ 的面积，这就是企业 2 以稀缺资源租金形式获得的超常利润，即李嘉图租金。

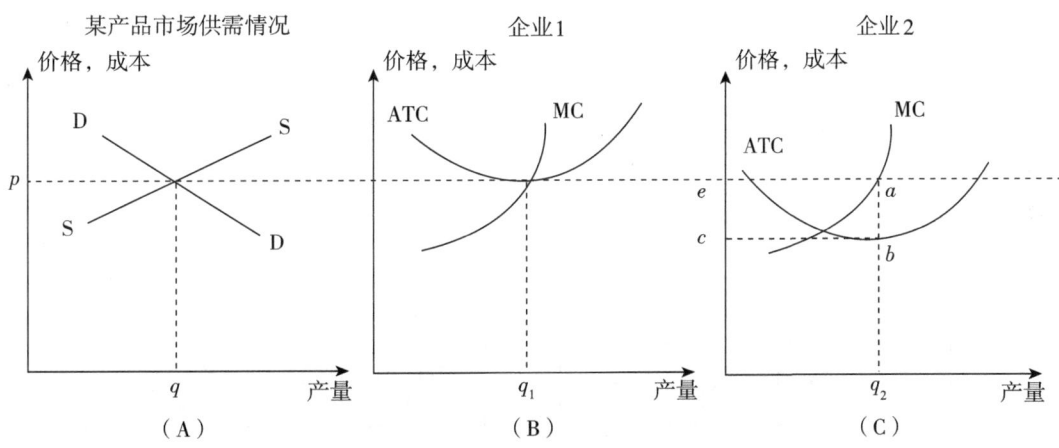

图 3-3　由于资源稀缺程度不同而产生李嘉图租金的机理示意图

资料来源：BARNEY J B, CLARK D N. Resource-based theory: creating and sustaining competitive advantage [M]. Oxford: Oxford University Press, 2007: 9.

该模型与产品市场中的竞争行为一致，企业是价格接受者，生产价格等于边际成本。高效企业的高收益不能归因于人为的产出或市场力量的限制，它们也不依赖于绝对意义上的特有性或稀缺性。理论上，一些有同样效率的生产者也可以获得租金，只要他们与其他生产者之间存在效率差异，特别是，由于优质资源的供应有限，高效企业在资源不能自由扩张或被其他企业模仿的情况下就能维持这种竞争优势。

（二）隔离机制与企业竞争优势

"隔离机制"（isolating mechanisms）一词最初由进化遗传学家杜布赞斯基（Dobzhansky）于1937年提出。隔离机制是一种避免物种间杂交的繁殖特征的集合，用于通过阻止物种间基因流动来保持物种的完整性。1984年，鲁梅尔特将该概念引入战略管理领域，用以解释对异质性资源的保护机制，隔离机制就是保护企业不被模仿并保证其租金来源（rents stream）的一种机制，这包括对稀缺资源的所有权以及由于迟滞、信息不对称以及冲突所带来的准权利（quasi-rights）。雷帕克等人（Lepak et al.，2007）认为，隔离机制是某种知识、物质或法律障碍，可以阻止竞争对手对那些能够创造价值的新任务、新产品或新服务的复制。[①]

隔离机制的主要功能在于允许资源所有者攫取价值，保护自己的异质性资源或能力不被竞争对手盗用或模仿，使企业租金不断持续，限制在个别企业中出现事后租金平衡的现象，并使企业保持长期的竞争优势。其实，保持长期的竞争优势，指的就是企业产生资源租金（超常利润）的能力。保持长期竞争优势的问题不仅在于如何分配当前的超常利润，还在于如何能长期保持超常利润的能力（被理解为战略资源租金），隔离机制可以产生这种能力。

图3-4阐明了隔离机制与企业持续竞争优势的传导关系。由于企业的异质性资源可以产生李嘉图租金，在隔离机制的保护下，企业可以凭借异质性资源持续获得经济租金，攫取经济价值，由此获得持续竞争优势。

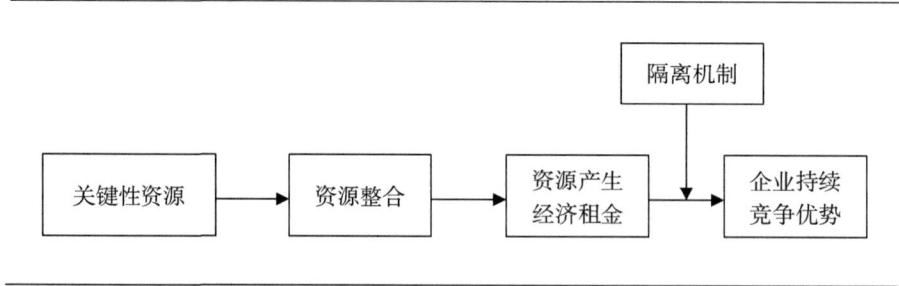

图3-4　隔离机制与企业持续竞争优势的传导关系

隔离机制的类别多种多样，常见的有因果模糊性（causal ambiguity）、率先行动者优势（first-mover advantage）、特定的历史条件（unique historical conditions）、时间

---

① LEPAK D P, SMITH K G, TAYLOR M S. Value creation and value capture: a multilevel perspective[J]. Academy of Management Review, 2007, 32（1）: 188.

压缩不经济性（time compression diseconomies）、社会复杂性（social complexity）和反应速度（reaction speed）等（见表3-2）。

表3-2 常见的隔离机制类别及其含义

序号	机制类别	含义
1	因果模糊性	竞争企业可能无法模仿另一家企业的资源和能力，因为他们不了解这些资源与竞争优势的关系
2	率先行动者优势	厂商一旦获得竞争优势，就不断扩大其相对于竞争对手和潜在进入者的竞争优势
3	特定的历史条件	允许企业以低成本获取或开发资源，没有这些资源的新竞争对手将不得不支付更高的价格以获得这些资源
4	时间压缩不经济性	能以相对容易或廉价的方式模仿资源，但模仿过程是耗时的
5	社会复杂性	社会因素超出了企业有系统地控制和影响的能力，导致企业的资源难以模仿
6	反应速度	一种实施战略调整以对竞争环境变化作出反应的能力

因果模糊性是关于企业资源与竞争优势之间关系的模糊性。因果模糊性的核心问题就是模糊哪些要素带来了高绩效，并阻碍了模仿和要素的转移。从资源投入获得竞争优势这一价值创造的过程中，资源的功能模糊性和相关模糊性在资源配置中相互作用整合影响，导致了资源与竞争优势之间的因果关系模糊不清，即因果模糊性。产生因果模糊性的来源主要有三个：第一，资源和能力是那些想当然的组织特性或无形资产，如高管人员的团队合作、组织文化、与供应商和客户的关系等；第二，管理人员无法识别企业的哪些资源或能力确确实实创造了竞争优势；第三，资源和能力表现为个体、团体和技术等彼此间的关系构成的复杂网络，即迪雷克斯和库尔所描述的资产存量间的相互连续性和资源积累效率。一旦关于竞争优势来源的信息在人群、区域和企业流程间扩散了，这些竞争优势的来源就变得易于识别和模仿了。[①]

率先行动者优势指的是现有企业相对于后进入者所拥有的优势。早在1934年，斯塔克尔伯格（Stackelberg）就证实，率先行动者能够比跟随者获得更大的市场份

---

① BARNEY J B, CLARK D N. Resource-based theory: creating and sustaining competitive advantage [M]. Oxford: Oxford University Press, 2007: 64.

额和更高的利润。① 研究表明，率先行动者还可以获得多方面的优势。比如，能够抢占各种类型的资源。这些包括地理空间（如主要物理位置）、技术空间（如专利）或客户感知空间中的优势地位。同时，率先行动者可以通过扩大产品线来封锁产品空间，从而提高和捍卫自己的地位。尤其是，率先行动者能够塑造客户的成本结构，使顾客获得转换成本的益处。首先，顾客的感知空间可能向有利于先驱者初始位置的方式演变。其次，随着顾客对先驱者产品的经验积累，他们可能会产生转换成本。当顾客必须作出第一次采用选择时，已经存在于市场中的企业会受益，因为后来的企业必须说服消费者进行转换。最后，"网络外部性"可能使率先行动者的产品成为行业标准。对客户来说，他们在使用标准产品时可以享受较低的成本或更大的收益，从而与最大的外部用户群兼容。值得注意的是，优势资源并不存在于率先行动者的内部，而是存在于顾客的层次，他们的偏好已经被塑造成喜欢率先行动者的产品。② 此外，在供应方面，也有一些类似的因素有助于早期进入市场的率先行动者取得优势，最显著的是沉没成本、规模经济和通过实践学习获得的成本效率。还有可能的战略效应，这意味着企业发现在许多企业已经活跃的市场中获得市场份额更加困难。③ 通常，率先行动者优势包括生产者与消费者学习曲线、网络的外部性、商誉与企业形象、购买者的转换与搜寻成本等。④

特定的历史条件作为一种隔离机制发挥着重要的作用。一方面，企业以低成本方式获取资源的能力往往依赖于企业在适当的时间和适当的地点抓住了历史机遇。对于竞争对手而言，要重新创造这种机遇的历史条件是昂贵甚至是十分困难的。另一方面，历史依赖性对于提高对手模仿企业资源和能力的成本很重要，因为企业的这些卓越属性需要经过较长时期的积累才能发展起来。历史不可能快速被复制出来，这也意味着对于竞争对手而言，要短期内成功复制企业这些具有优越属性的资源和能力是困难的或是需要很高成本的。特定的历史条件对企业获取竞争优势有积极的作用。一方面，某特定企业可能是产业内第一个对某机会加以识别并开发的企业，因而具有率先行动

---

① BIJWAARD G E, JANSSEN M C W, MAASLAND E. Early mover advantages: an empirical analysis of European mobile phone markets [J]. Telecommunications Policy, 2008, 32 (3-4): 246.
② LIEBERMAN M B, MONTGOMERY D B. First-movers (dis) advantages: retrospective and link with the resource-based view [J]. Strategic Management Journal, 1998, 19: 1113.
③ BIJWAARD G E, JANSSEN M C W, MAASLAND E. Early mover advantages: an empirical analysis of European mobile phone markets [J]. Telecommunications Policy, 2008, 32 (3-4): 247.
④ 马君, 陈锟, 朱南. 基于企业持续竞争优势的隔离机制研究 [J]. 华东经济管理, 2005, 19 (1): 65.

者优势；另一方面，在事物发展过程中，若早期事件对后续事件有重要影响，则路径的依赖性效能使企业基于早期获取和发展的资源获得当前的竞争优势。

在时间压缩不经济性方面，迪雷克斯和库尔（Dierickxt and Cool，1989）认为，鉴于市场的不完全，对于一些难以在市场上购买到而又作用于战略的某些资源，企业应进行积累。因此，战略实施需要考虑资源库存的积累方式。很明显，企业获取竞争优势需要技术和产品开发作为支撑。而时间压缩不经济概念在新产品开发中十分重要，因为有限理性和有限的认知能力表明了信息寻找和决策均是不完全的，也均需要时间。新产品开发是一项复杂而有风险的任务。当研发团队开发新产品时，他们需要探索、采纳、吸收和学习使用新的工具和方法，这表明新产品开发是一个信息处理和学习过程。其实，企业开发新产品和技术的速度本质上取决于其内部资源积累速度。支持市场领先地位（privileged market）的战略项目需要向产品市场承诺和配置有价值且稀缺的企业资源。这些特定的资源不能在战略要素市场上即时购买。相反，它们必须通过一系列投资，随着时间由企业内部积累。研究表明，研究与开发（research and development，R&D）的时间压缩的回报呈递减趋势。时间压缩不经济的存在意味着：在特定的时间间隔内保持给定的研发费用率，会比将时间间隔缩短为一半而同时维持双倍的研发费用率产生更多的R&D专有技能。[①] 舍勒（Scherer，1967）认为，通过将支出率提高到足以维持规模经济的水平来节省时间，总开发成本会增加，原因在于三种时间压缩收益递减。首先，当采取项目并发方式来缩短开发时间时，如果没有先前步骤的知识而采取更多的行动，则出现代价高昂错误的可能性会提高。其次，研发经常涉及可行解决方案的重大不确定性。通过同时运行技术方法，可以缩短成功解决方案的时间，但这会增加项目成本，因为将会运行更多可能最终被证明是不必要的方法。最后，通过为每个任务分配更多的研发人员和投入，可以压缩开发时间，但在收益递减原则的作用下，随着时间的压缩，总成本将以不断上升的速度增长。[②] 迪雷克斯和库尔（1989）认为，因为时间压缩不经济，经常引入新的竞争行动会增加开发成本。具体来说，随着企业压缩开发新的竞争行动的时间，他们的成本呈指数级增长。格雷夫斯（Graves，1989）对关于研发项目的完成时间与开发成本两者关系的学术文献进行了回顾，他发现，项目持续时间减少1%（在最短时间的130%以下的范围内）将导致成本

---

① DIERICKX I，COOL K. Asset stock accumulation and sustainability of competitive advantage[J]. Management Science，1989，35（12）：1507.
② SCHERER F M. Research and development resource allocation under rivalry[J]. The Quarterly Journal of Economics，1967，81（3）：360-361.

增加 0.3% 到 2.0%。当时间压缩水平接近最小值时，相同的加速将导致成本增加 1.2% 到 2.0%。格雷夫斯得出结论是：开发成本随着开发时间的绝对递减，以递增的速度增长；随着开发时间的比例递减，以恒定或递增的速度增加。[①]

社会复杂性是指企业文化、企业在客户和供应商中树立的声誉以及和其他企业合作中的诚信这些复杂的企业社会关系。具有社会复杂性的资源可能是些非常复杂的社会现象，以至于超出了企业系统化管理与作用的能力范围。有很多企业资源表现出很强的社会复杂性，比如，企业管理层之间的人际关系、企业文化等。这些社会关系的复杂性会随着时间而变化，或许会因不可靠而使企业失去竞争优势。然而，这种复杂的社会关系变化的延期特征，意味着基于这些关系资源和能力的企业竞争优势就可以免遭竞争对手在短期内模仿和复制。

反应速度是一种实施战略调整以对竞争环境变化作出反应的能力。那些能够对市场变化快速作出反应的企业能够获得先发优势进而较早树立起市场主导地位，并能够获得优质的市场情报信息、有价值的资源和成本优势，而这些都能够形成企业竞争优势。通过反应速度获取竞争优势有多种渠道，可以来自默契性的管理技能和经验，也可以来自企业对市场变化的主要特征在差别性上的关注。形成快速反应能力的管理技能和程序上的经验通常是许许多多经理人员在工作中发展起来的，这种技能和能力植根于团队技能和企业文化中，他们具有类似于原因模糊性和低移动性的特点。高绩效企业和竞争者之间反应速度的差异会产生企业利润差异，进而维持高绩效企业的竞争优势，因此反应速度是企业的另一种基于竞争的有效隔离机制。

第三节　资源搜索的微观基础

对资源微观基础的探讨，我们的视角并不是如何从微观基础上制造"资源"，而是假设"资源"已经存在，我们应该如何寻找这些资源？这是我们从微观基础上研究资源来源的前提条件。

一、企业获取资源的途径

企业资源观（RBV）认为，企业拥有的异质性资源是企业获取竞争优势的关键。

---

① GRAVES S B. The time-cost tradeoff in research and development: a review [J]. Engineering Costs and Production Economics, 1989, 16 (1): 8-9.

异质性资源来自企业现有的禀赋，企业应该专注于已经拥有的东西，因为有价值的资源不容易从市场上获取。巴尼（Barney，1986）提出，企业很难以低于其价值的价格购买物品。因为要素市场具有拍卖的功能，卖方和竞争对手的利益都是实现这一目标的障碍。也就是说，许多潜在的买家会货比三家，而卖家之间也相互竞争，从而导致要素的剩余价值在很大程度上无法被获得。巴尼认为，在完全竞争的战略要素市场中，实施一项战略所需的资源成本将近似等于该战略实施后的贴现现值。[①]

虽然有人认为，企业具有事前禀赋，这些禀赋可能是企业特定的历史条件、路径依赖和过去的经验造成的结果，也可能嵌入在管理者过去的技能和才能中，但企业内部拥有的资源毕竟是很有限的，企业的生存与发展必须依赖于外部的资源。正如资源依赖理论所主张的那样，一个组织既没有能力也不能自给自足地生产和控制其成长、维持或生存所需的所有资源和服务，它必须依靠周围的环境来实现这些目标。因此，企业会产生一个外部依赖，并受这些资源的可用性和访问难易程度的限制。

李普曼和鲁梅尔特（Lippman and Rumelt，2003）认为，虽然要素市场可能相对有效，但仍有"大量的未定价资源和资源组合"可供企业使用。[②] 因此，有些学者仍然希望通过各种形式的外部搜索以某种方式获得资源的可能性，他们为寻找新资源或互补资源以及资源的新用途、新技术付出了艰辛的努力。

巴尼从战略要素市场的概念出发探讨了企业获取资源的方法。巴尼的战略要素市场概念强调了一种可能性，即企业对资源价值的"预期"不同，而那些拥有更高预期的企业可能会以低于其使用价值的价格获得资源。因为巴尼（1986）认为当不同的企业对战略的未来价值有不同的期望时，一些制定战略的企业往往有可能获得实施产品市场战略所需的资源，然后从实施该战略中获得高于正常的回报。[③]

同时，基于能力的方法也试图解决资源的来源问题。赫尔法特等人（Helfat et al.，2007）提出，企业的动态能力能够有目的地创建、扩展或修改其资源基础。[④]

此外，还有部分学者提出从其他一些途径来搜索或获取资源。李普曼和鲁梅尔特提出了一个搜索模型，并在模型中指出，那些"检测成本较低"的企业可以循环访问

---

① BARNEY J B. Strategic factor markets: expectations, luck, and business strategy [J]. Management Science, 1986, 32 (10): 1233, 1238.
② LIPPMAN S A, RUMELT R P. A bargaining perspective on resource advantage [J]. Strategic Management Journal, 2003, 24 (11): 1085.
③ 同①。
④ HELFAT C E, FINKELSTEIN S, MITCHELL W, et al. Dynamic capabilities: understanding strategic change in organizations [M]. Hoboken, US: John Wiley & Sons, 2007: 4.

并评估更多的资源，从而更快地识别出有价值的资源。该方法强调搜索资源的速度。[①] 马卡多克和巴尼（Makadok and Barney，2001）认为，企业可以通过"战略性信息获取"发现新资源，即企业收集信息和"研究新资源的价值"的能力。他们的主要观点是，在信息处理和信息获取方面的投资使得一些企业能够对潜在新资源的价值产生更准确的预期，从而获得其他企业无法获得的廉价资源。[②] 加韦蒂和梅农（Gavetti and Menon，2016）基于环境表征的视角探讨资源来源，他们认为，"对环境的卓越表征"可能有助于企业寻找资源，这种"战略性表征观"已直接应用于资源基础观，这表明具有更好环境表征的企业将加速对有价值资源的发现。[③]

这些学者从不同的视角研究企业获取资源的途径，在学术上为探讨企业资源来源作出了积极的贡献。然而，他们提出的获取资源的方法主要是基于扫描的搜索，在战略背景下，这些资源搜索的形式效率较低，计算较为复杂。特别是，它们并没有很好地描述经济行为体实际上是如何寻找和创造价值的。因此，这些搜索资源的方法在实践上具有很强的限制性。[④]

针对这些传统搜索方法的不足，费林等人（Felin et al.，2020）提出了一种新颖的搜索方法，该方法基于生物模型，通过它，企业能够以独特的方式有效地寻找和获取外部资源。特别要指出的是，费林等人的搜索方法属于微观基础方法，其基本思想如下。首先，假设环境是一个巨大的资源库，这是企业获取资源的条件。其次，提出资源搜索所需的条件。这包括人的逆向信念的建立，对问题的表述并将问题转化为理论。最后，通过搜索机制的运行，最终获得企业所需的资源。[⑤] 图3-5反映了企业获取资源的科尔曼图。

[①] LIPPMAN S A, RUMELT R P. A bargaining perspective on resource advantage [J]. Strategic Management Journal, 2003, 24 (11): 1069-1086.

[②] MAKADOK R, BARNEY J B. Strategic factor market intelligence: an application of information economics to strategy formulation and competitor intelligence [J]. Management Science, 2001, 47 (12): 1621-1638.

[③] GAVETTI G, MENON A. Evolution cum agency: toward a model of strategic foresight [J]. Strategy Science, 2016, 1 (3): 207-233.

[④] FELIN T, KAUFFMAN S A, ZENGER T R. Microfoundations of resources: a theory [R]. Amsterdam, NL: Elsevier, 2020: 1-25.

[⑤] 同上。

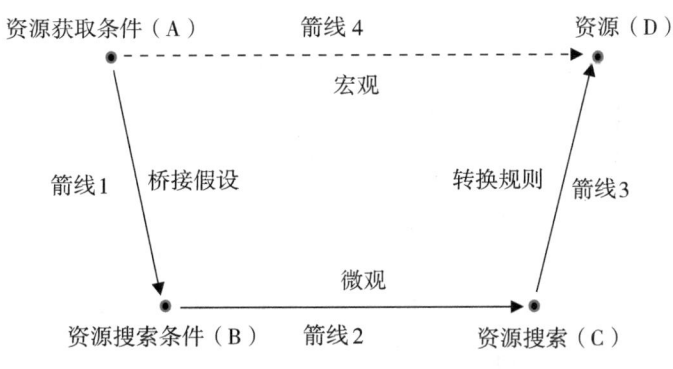

图 3-5　资源获取的科尔曼图

二、资源搜索条件：逆向信念、问题表述与价值理论

（一）逆向信念的出现

"信念"（beliefs）通常被定义为接受一个命题是正确的。但由于有些信念处于无法直接观察到的隐藏状态，所以信念在一定程度上是不确定的。信念不仅仅是实现目标的工具，它本身也可能成为目标。特别是，人们往往更喜欢持有积极的信念，并持有高确定性的信念。信念可以激发行动，使理想的结果更有可能实现。例如，积极的期望可能会提高动机和自我效能感，使个人更加严格地行动以实现理想的目标。在其他条件相同的情况下，相信自己会赢得竞争资源的人更有可能这样做，因为他们的信念会增加他们争夺这些资源的动力。[①] 由于不确定性的存在，不同的个体对未来的看法和信念必然会存在着差异。

所谓"逆向信念"（contrarian beliefs），其意为相反的信念，即个体具有与他人不一样的独特的信念。在经济活动中，有些人的信念与他人的信念有共同或相似之处。比如，当市场需求增加时，企业应适当提高出售产品的价格。当原材料的供应量将要降低时，企业应适当加大当前的原材料采购量。对于企业来说，拥有共同的信念虽然很重要，但企业想要脱颖而出，获得突破性发展，仅仅靠共同信念是远远不够的。也就是说，管理者在信念上不要随波逐流，人云亦云，而应该有所突破与创新。

在寻找资源价值方面，信念至关重要，因为它直接影响我们要寻找的东西、我们要看到的东西以及我们愿意为之努力的目标。我们会寻找证据来证实我们的信念，甚

---

① BROMBERG-MARTIN E S, SHAROT T. The value of beliefs [J]. Neuron, 2020, 106 (4): 561-564.

至不惜牺牲看似客观的数据和现实（因为这些数据和现实可能会推翻这些信念）。当然，这种"否认现实"也是各种偏见和市场扭曲的本质。例如，信念是确认偏见的核心，即人类"以偏向于现有信念、期望或现有假设的方式寻找或解释证据"的过程。[①] 因此，在高度不确定的环境中，逆向信念在其他人看来往往是某种形式的验证性偏见和扭曲（confirmation bias and distortion），甚至是完全的妄想，并且似乎与既定的数据和证据背道而驰。因此，具有突破性和逆向信念的人将会面临来自其他人的反对，很难得到他人的关心或支持。显然，逆向信念是脆弱的，它们很容易被别人抛弃。然而，不理会那些看似客观的数据，并寻找确凿的证据来支持逆向信念，也是一种可以产生全新见解和理解的强大机制。[②]

比如，现代科学方法之父伽利略（Galileo）是哥白尼学说的支持者，他大力宣讲日心说，出版了《论运动》《星辰使者》《关于太阳黑子的信》《尝试者》《关于托勒密和哥白尼两大世界体系的对话》等多部专著以拥护哥白尼学说。为此受到主张地心说的罗马教廷的迫害。罗马教廷为了控告伽利略，收集了大量的资料来证明他是个异端分子，并于1633年以"反对教皇，宣扬邪学"的罪名判处伽利略终身监禁。300多年后，1979年11月10日，罗马教皇在公开集会上宣布：1633年对伽利略的宣判是不公正的。伽利略的科学发现不仅在物理学史上，而且在整个科学史中都占有极其重要的地位。爱因斯坦曾这样评价：伽利略的发现，以及他所用的科学推理方法，是人类思想史上最伟大的成就之一，而且标志着物理学真正的开端![③] 在这个例子中，伽利略的方法具有确认偏见和妄想信念的所有特征：他遵从选择性感知，无视现有的看似合理的数据和理论，并以有偏见的方式搜索和解释信息。但最初逆向的和看似牵强的信念催生了最终的理论、观察和重要的实验，这些实验证明了日心说是对现实本质的全新理解。

对企业来说，逆向信念同样会引发对新颖性的搜索和识别，包括以前从未见过的资源或资源用途。比如，两位年轻人切斯基（Chesky）、杰比亚（Gebbia）于2008年8月成立了Airbnb（爱彼迎），其主要业务是充当房东与房客之间的中介，即从房东那里租赁房屋并向房客出租。他们成立Airbnb的初衷是为了提供一种新的差旅住宿方式，房东能赚钱，房客能省钱。但从当时人们的风俗来看，这是不合逻辑的，

[①] NICKERSON R S. Confirmation bias: a ubiquitous phenomenon in many guises [J]. Review of General Psychology, 1998, 2 (2): 175.
[②] FELIN T, GAMBARDELLA A, Zenger T R. Value lab: a tool for entrepreneurial strategy [J]. Management and Business Review, 2021, 1 (2): 68-71.
[③] 吴定初，黄萍. 伽利略：自然科学之父 [M]. 成都：巴蜀书社，2012：前言1-2.

因为当时的房东不愿意将自己的房间租给陌生城市的陌生人，而房客到了一个陌生的地方也不愿意住进陌生人的家里。因而在创业初期，Airbnb 困难重重。切斯基在创业前曾向他妈妈提及自己的这个创业想法，对方的第一反应是"你疯了吗？"。当时的行业专家和风险投资家也对该公司极不看好。在创立之初，切斯基曾联系 7 家知名风投公司，希望以 150 万美元的估值进行融资，试图筹集 15 万美元的投资，即以 15 万美元的价格卖出 Airbnb 10％的股权，但均遭到了这些风投公司的拒绝。他们辩称，这种类型的房屋租赁永远无法与传统的酒店竞争，而且市场很小。此外，当时对潜在客户的客观调查还提供了强有力的证据，表明人们确实不愿意向陌生人或从陌生人那里租房。也就是说，专家意见和证据表明他们的信念是扭曲的和妄想的。但从经营情况来看，从 2009 年开始，Airbnb 的用户呈几何级增长，到 2015 年，公司估值高达 250 亿美元。[①]

（二）将逆向信念转化为问题表述

寻找资源、实现价值创造被看作制定和解决问题的一种形式，而这些问题及其潜在的解决方案只有在逆向信念下才能显现出来，或者说，逆向信念需要转化为一个清晰、简单、框架良好的问题来解决。在这个过程中，我们要识别和解决他人以前未发现的新问题，或者以新的方式解决常见的问题。因为逆向信念只有在有助于揭示市场理性预期无法解决或预见到的价值时，它才是有用的。同时，逆向信念只有在人们找出阻碍实现信念的真实障碍时才能实现。这意味着识别一些以前未被识别或未满足的客户需求或愿望，或者找到一些成本较低的途径来更有效地满足已经很好满足的需求。[②]

其实，从信念到核心问题的转变不仅仅是简单地把逆向信念重申为一个问题，从逆向信念转移到对问题进行明确阐述过程的有效方法是：确定阻碍这些逆向信念实现的主要障碍。比如，2019 年，随着美国的制裁，华为面临无芯可用的局面，手机生产因此受到严重的制约。这时，假若把华为手机生产的信念表述成这样一个问题："华为如何才能生产出数量更多、质量更好的手机？"显然，这个问题表述不如转化为"如何才能确保芯片的供给？"在面对制裁的背景下，对华为的芯片问题，人们提出了各种各样的解决方案。有人建议举国之力加紧研发，有的建议提高生产供应链自主化，有的提出绕过芯片发展云手机的想法。针对这个问题，华为创始人兼总裁任正非认为，芯

---

① 许稍稍. 颠覆传统商业，为什么是 Airbnb？[J]. 中外管理，2015 (11)：62-63.
② FELIN T，GAMBARDELLA A，ZENGER T R. Value lab：a tool for entrepreneurial strategy [J]. Management and Business Review，2021，1 (2)：8.

片要依赖全球化来解决。这种新颖的问题表述方式让任正非看到了别人看不到的解决方案和资产的价值。

应该可以看到，问题表述可能不止一个，但核心问题通常只有一个，就是说，问题包括核心问题和子问题。阐明核心问题可以使我们能够确定和阐明需要解决的子问题。而思考这些子问题的一个简单方法是，把它们想象成阻碍我们核心问题的较小障碍来解决，从而实现我们的信念。因此，信念、核心问题和子问题需要以连贯的方式联系在一起。比如，Airbnb创始人的逆向信念认为，人们会愿意将房屋出租给陌生人，房客愿意从陌生人那里租来房屋，全球范围内巨大的空置房屋可以得到更有效的利用。虽然风险投资家最初极为怀疑这种商业模式，但是创始人们积极思考了阻碍他们实现信念的问题和障碍。网站和点对点共享模型是一个明显的解决方案。然而，在客户向陌生人租房过程中，需要解决一些其他子问题或障碍。其中包括：如何在陌生人之间提供安全的付款方式，以及如何在买家和卖家之间建立声誉和信任。这些子问题定义了某种因果过程，即产生可预见价值的设想路径。①

有了具体的子问题，Airbnb可以搜索整个环境，以确定现有的解决方案。比如，为了解决买家和卖家之间的信任问题，Airbnb的每位用户都有一个详细的个人资料页面，其中包含照片、个人及家庭背景等有效信息；房东还可以要求房客在预订房源之前提供有效身份证件，房东也必须同样提供其身份证件；Airbnb还提供在线视频聊天工具，可让房东和房客在提交预订或确认预订之前进行沟通；此外，房客和房东在每次退房之后，可以公开发布对彼此的评论，作为以后其他房东和房客的参考。分享经济是商业和社交的结合，需方和供方之间的共同性或相似性是影响供需双方建立信任的另一个重要因素，在Airbnb平台上也接入了社交网络，用户可以将Facebook账号导入，可以查看用户的社交网络。

（三）形成可指导资源搜索的价值理论

理论是对世界的表征，它可以指导战略家从哪里看、观察什么、突出什么和不突出什么。成功的价值理论通常建立在对其他可能现实的独特见解的逆向信念和清晰的问题表述之上。如果说赋予竞争优势的资源是那些有价值的、稀缺的、难以模仿的资源，那么可以说有用的理论就是那些引导经济行为者发现或开发这些资源的理论。管理者和企业家持有的经济学上的价值理论被各种问题所激发，为识别以前未见过的价

---

① FELIN T, GAMBARDELLA A, ZENGER T R. Value lab: a tool for entrepreneurial strategy [J]. Management and Business Review, 2021, 1 (2): 10.

值来源提供了基本的工具。它们揭示了常见对象和新组合的新的可能用途和功能。①

价值创造的理论可能发生在许多方面。比如，阐明要解决的问题，对价值创造和捕获的理论化方向提供了至关重要的指导。同时，任何业务计划都充满着不确定性，一个组织在最终确定决策之前对广泛的理论进行明确、稳健的测试和实验的能力本质上是有限的。因此，为了确保理论能够解决真正的问题，组织必须依靠广泛而仔细的问题表述，将其作为组织开发价值理论的前奏。②

企业在寻找资源时，拥有新颖的价值理论是非常有用的，因为它们揭示了其他企业目前看不到的资源使用和资源价值。在战略要素市场，当资源以低于其使用价值的价格被获得时，它们就会产生价值。因此，如果经济行为者以传统的理论作为指导，那么争夺资源会使资源的价格被抬高，以反映传统理论揭示的使用价值。然而，企业将新理论应用于资源搜索时所发现的新用途的价值可能会超过所支付的价格，从而能够获得可用于创造价值的资源。诚然，其他企业也可能会观察到这个新的理论，它一旦被其他企业用于搜索，其他企业也就认识到该理论所揭示的使用价值。但当它们随后为确保这些资源而做出努力时，可能会面对一个资源价格已经被抬高的战略要素市场。因此，只有理论的原始拥有者，而不是跟随者，才能获得有价值的资源。③

比如说，Airbnb 的成功在于创始人拥有新颖的价值理论。该理论的新颖观点可描述为：如果 Airbnb 能够构建一个这样的系统，即将闲置民宿容量的提供商与具有该容量的搜索者有效匹配，提供一个安全支付的系统，以及一个通过信息和筛选手段以促进与增强提供商和搜索者之间信任的系统，便可以推出一项强大的新服务内容，为客户提供安全可靠的住宿，所有这些都具有地方特色，并且资本成本极低。在新颖价值理论的指引下，Airbnb 获得了大量的客户资源，企业为此取得了迅猛的发展。

三、资源搜索：搜索图像、问题表述与资源产生

"搜索图像"（search image）是一个与"扩展适应"（exaptation）相类似的概念，这两个概念均来自进化生物学。扩展适应被定义为"特征获得其最初没有适应或选择的功能的过程"。扩展适应在寻找资源新功能上很有帮助。首先，企业能够借助扩展适

---

① NICKERSON J, ARGYRESA N. Strategizing before strategic decision making [J]. Strategy Science, 2018, 3 (4): 596 – 597.
② NICKERSON J, ARGYRESA N. Strategizing before strategic decision making [J]. Strategy Science, 2018, 3 (4): 597.
③ FELIN T, KAUFFMAN S A, ZENGER T R. Microfoundations of resources: a theory [R]. Amsterdam, NL: Elsevier, 2020: 15 – 16.

应在搜索环境中发现遥远的和优越的机会。其次,扩展适应与意外发现有关。偶然性通过揭示隐藏在其中的一些不可预见的可能性和联系来作用于现有实体,因为它们暴露于新的环境中。换句话说,偶然性揭示了潜在的扩展适应。最后,扩展适应能够从现有工件中发现潜在功能及其潜在价值。显然,提取这种潜在价值比为新功能创建新工件更便宜,因为创建过程本身成本很高。[①]

"搜索图像"一词由廷贝亨(Tinbergen)于1960年创造,生态学家用它来探讨捕食者寻找隐藏猎物的觅食行为。生态学家认为,动物在任何给定的时间都应该只搜索一种隐藏的食物类型,而忽略同样隐藏、有益和丰富的其他食物类型,这种行为模式被称为"搜索图像"。[②] 在最简单的层次上,搜索图像可以被定义为生物体在搜索时脑海中出现的图像,也就是生物体正在寻找的东西。

相对而言,扩展适应关注的是给定资源下寻找资源新用途的一种工具,而搜索图像的重点是一种搜索类型,其中搜索新用途的资源尚未被行为者搜索所知。换句话说,对搜索图像来说,已知资源不是搜索的起点,相反,搜索图像关注的是作为搜索过程本身结果的资源。搜索图像提供了一种特定于企业的搜索机制,使企业能够在某种意义上"破解"看似有效的要素市场,搜索并找到其他人不知道的新资源。

生物学已经证实,生物体在搜索时感知或"接受"环境的方式具有高度的物种特异性。生物体对其所处环境的感知不能被有意地视为某种形式的图像或整体的环境表征或地图。相反,任何特定的生物体感知和意识到的东西都是高度特定的。比如,人类看不见的,动物能看见。我们人类的"可见光"仅仅是光波中的十万分之一,即可见光波长范围是400~780nm之间。昆虫、鱼、爬行动物及鸟类普遍在紫外线波段拥有色觉。蜜蜂在紫外线波段拥有出色的色觉,但在红外线波段的色觉能力较弱。[③] 这种视觉上的异质性也适用于生物体感知的物体。例如,有些种类的青蛙看不到或"识别"它们的猎物(比如蝗虫),即使它就在它们面前,除非它移动。因此,青蛙的感知器官是与某种运动相协调的。这种物种特异性意味着,鉴于生物体之间的巨大异质性,不可能建立通用的感知和搜索模型。

研究表明,选择性注意与搜索图像有关。[④] 生物体具有的"搜索图像"可以将它们

---

① ANDRIANI P, ALI A, MASTROGIORGIO M. Measuring exaptation and its impact on innovation, search, and problem solving [J]. Organization Science, 2017, 28 (2): 320-321.
② DUKAS R, KAMIL A C. Limited attention: the constraint underlying search image [J]. Behavioral Ecology, 2001, 12 (2): 192.
③ 王恒哲. 人类看不见的,动物能看见 [N]. 文摘报, 2014-12-13 (3).
④ 同②。

的意识导向其所处环境中的特定线索、刺激和物体。搜索图像可以反映一个生物体在寻找什么决定了它在其环境中看到什么、意识到什么和识别什么。比如,你丢了一把钥匙,你脑海中就会有一把"钥匙"的搜索图像,它可以帮助你扫描周围的环境来找到钥匙。当搜索钥匙时,你不必拿起你周围的每个东西,逐一检查并判断是不是钥匙。这种逐项、穷举式的搜索将过于耗时且成本高昂。相反,搜索图像使搜索具有高度的针对性,从根本上可以简化搜索过程。其实,当你知道搜索物品的属性时,搜索便可进一步简化。钥匙的基本特征是:材料是金属,体积较小,形状扁平;通常放置在桌面上、抽屉里,很少放在衣柜里,放置的位置高度一般不高于1米。了解这些特征有助于寻找,比如,可以使用强大的磁铁来帮助寻找。

当搜索的东西不一定是一个特定的物品,而是某一个需求或功能时,搜索图像会产生新鲜感。生物学家乌克斯库尔(Uexküll,2010)很好地描述了搜索图像概念的这种面向功能的扩展:"我们不会四处寻找一把特定的椅子,而是寻找任何类型的座椅,也就是说,寻找一种可以与某个功能相联系的东西。"[①] 在这里,人们渴望得到的东西被寻找解决问题的方法取代了。这种以功能为导向的搜索图像概念的强大之处在于,它在环境中开辟了大量可能性,包括高度新颖的可能性。它提供了一种机制,通过这种机制,企业可以识别所谓的"相邻可能",即一种看到以前不明显的本地机会和资源使用的方式。虽然资源用途本身并不明显,即使对那些本身可能拥有资源的人也是如此,但功能性搜索使我们能够识别环境中的新资源用途。与功能相关的搜索图像提供了一种机制,通过这种机制,潜在资源变得可见。[②]

阿基米德(Archimedes)为国王鉴定王冠并发现浮力定律的故事可以说明如何通过寻找"功能"来获得"新资源"。相传叙拉古的国王让金匠替他做了一顶纯金的王冠,做好后,王冠尽管与先前的金子一样重,但国王还是怀疑金匠掺假了,把黄金换成了银。于是,国王命令阿基米德鉴定王冠是不是纯金的,但是不允许破坏王冠。这似乎是件不可能的事情。阿基米德知道黄金的密度比银大,关键问题是如何测量不规则形状物体的体积,他利用这一知识构建了他所寻找的"功能"。如果他能以某种方式测量这个不规则物体的体积,那么体积就能揭示是否发生过以银换金的情况。带着这个搜索图像,一天晚上他躺在浴缸里,很快意识到水的排水量可以用来测量不规则物

---

① UEXKÜLL J V. A Foray into the worlds of animals and humans[M]. Minneapolis, US: University of Minnesota Press, 2010: 118.
② FELIN T, KAUFFMAN S A, ZENGER T. Resource origins and search[J]. Strategic Management Journal, 2021, 44(6): 1514-1533.

体的体积和密度。阿基米德以前可能洗澡很多次，但他之前并没有意识到这种新的资源利用。揭开这个新资源面纱的是一个新的搜索功能。①

明确定义搜索图像的功能需求可以看作是源自某个问题。同样，虽然问题很可能是在生物环境中出于必要而形成的，比如，在草原上的野兔会受到空中飞鹰的袭击而寻找庇护所，但在战略环境中，管理者和企业可以以有意的方式参与这一活动。也就是说，如果我们认识到搜索是由搜索图像驱动的，那么刻意塑造这些搜索图像就是至关重要的。问题表述恰恰提供了这种类型的机制，在这种机制中，限定性问题突出显示了一个搜索图像，该图像能够以潜在资源新用途的形式看到可行的解决方案。包括经济行为者在内的人类，往往以功能固定的方式看待周围环境。但对功能需求的前瞻性说明和问题的表述使经济行为者能够绕过这种功能固定性，并观察环境中的潜在价值。②

以苹果公司开发个人计算机时如何发现有价值的资源为例。在20世纪70年代末，苹果公司试图制造一款日常使用的个人计算机，当时计算机主要用于科学、工业和大规模办公环境。那时候，个人计算机只是一种爱好，需要在电子和软件工程方面拥有深厚的技术专长。乔布斯（Jobs）相信计算机可以成为主流的大众消费产品。但目前实现这一信念的问题或障碍是，现存的计算机对于普通消费者来说太难使用了。因此，苹果的问题表述是，如果计算机可以变得更易于被使用，那么个人计算机就可以成为大众市场产品。乔布斯认为，计算机不应该一直是专家或学者的专用工具，简单、优雅、平易近人的设计可以让它们变得个性化。显然，苹果的搜索图像是针对所需的功能，而不是针对特定技术的搜索图像。正是考虑到这个问题的表述和特定的搜索图像，乔布斯和他的团队访问施乐帕克研究中心（Xerox PARC）时，他们正在寻找非常具体的东西——包括图形用户界面、位图、鼠标等方面的技术，所有这些技术成为苹果公司对特定功能需求的搜索，或是对特定问题解决方案的搜索。尽管许多观察家以前看到过这些非常相似的技术，但乔布斯认识到的"使用价值"远远超过了其他人所能认识到的，正是明确的问题表述和特定的搜索图像使乔布斯和他的工程师们认识到了潜在的资源和价值。

需要指出的是，费林等人（Felin et al.，2021）提出的对资源的搜索方法，具有线

---

① BINGHAM A，SPRADLIN D. The open innovation marketplace：creating value in the challenge driven enterprise [M]. London：Pearson，2011：82-83.
② FELIN T，KAUFFMAN S，ZENGER T. Resource origins and search [J]. Strategic Management Journal，2021，44（6）：1514-1533.

性化和简单化的特点，说明了搜索图像的逻辑如何能够识别资源中的潜在价值。但在策略方面，并非所有的搜索图像和问题的形式都是简单的，解决方案都是由单一的资源提供的。相反，企业可能会从事许多复杂形式的搜索，其中资产和资源的整体捆绑、架构和相互依存关系至关重要。许多问题是复杂的，并且由许多子问题组成。问题表述通常涉及将更大的问题分解为子问题，这样，解决了子问题就被认为可以解决较大的问题。由此产生的搜索图像可能是多方面的，由几个相关的子问题组成。这一现实只会加强明确特定搜索图像的重要性，以指导对解决子问题层次结构的潜在多种资源的搜索。[①] 例如，星巴克公司的问题表述主要是创造有价值的客户体验。此外，还涉及几个相关的子问题，包括产品采购、商店形式、商品组合、商店所有权（特许经营与全资拥有）、激励和控制、客户教育和纵向一体化等。这样，资源搜索就变成了一套运作，在脑海中需要同时考虑到几个不同但相关的搜索图像。

---

① FELIN T，KAUFFMAN S，ZENGER T. Resource origins and search [J]. Strategic Management Journal，2021，44 (6)：13.

第四章　基于人力资本竞争优势之微观基础

企业的核心能力是以人力资本为资源基础的，人力资本的特征是企业核心竞争力特征的基础，人力资本的内涵是核心竞争力体系构成要素的源泉。人力资本具有多重特征，它们成为企业竞争优势的重要影响因素。从微观基础上看，在涌现赋能机制的作用下，个体 KSAOs 被转换与放大，最终形成组织人力资本资源。

第一节　人力资本概述

掌握人力资本的涵义、分类及其特征，不仅是深入探讨以人力资本为手段获取企业竞争优势的前提，还是研究人力资本资源来源的基础，本节就人力资本这些基本内容进行阐述与分析，以正确把握人力资本的含义及其本质特征。

一、人力资本的概念

人力资本理论于 1960 年被正式提出，经济学家舒尔茨（Schultz）和贝克尔（Becker）被认为是人力资本理论的创始人和奠基人，他们先后荣获诺贝尔经济学奖。该理论的出现被西方经济学界视为 20 世纪经济理论的重大发展，美国经济学家鲍曼（Bowman）称其为"经济史上的革命"。舒尔茨指出：人的知识、能力、健康等人力资本的提高对经济增长的贡献远比物质、劳动力数量的增加重要得多。根据舒尔茨的观点，人力资本是通过对人力资源投资而体现在劳动者身上的，是由知识、技能和体力构成的资本。它的核心是智力，智力包括知识、见识、技能、创造力和创新力等。贝克尔指出：人力资本是通过人力投资形成的资本。用于增加人的资源、影响未来的货币和消费能力的投资为人力资本投资。因此，根据贝克尔的观点，人力资本是指人们在教育、健康、移民等方面的投资所形成的资本。

舒尔茨的人力资本定义强调了人力资本的内容,而贝克尔的人力资本定义强调了人力资本的投资性。综合分析,人力资本是指特定行为主体为增加未来效用或实现价值增值,通过有意识的投资活动而获得的,是具有异质性和边际收益递增性的、依附于人身上的知识、技术、信息、健康、道德、信誉和社会关系的总和。表4-1列举了人力资本的代表性定义。

表 4-1 人力资本的代表性定义

提出者	定义	分析层次	学科渊源
Lev, Schwartz (1971)	人力资本是体现在个人身上的一种收入来源(表现为他的蛮力和他的自然技能和后天技能)	个体	经济学
Schultz (1981)	把人类所有的能力都看作是天生的或后天习得的。后天人口素质的属性是有价值的,可以通过适当的投资加以增强,这些属性将被视为人力资本	社会	经济学
Gröjer, Johanson (1996)	一个人拥有的知识和能力可能在未来转化为商品和服务,以生产有用的物品。这些商品和服务的总价值可以被视为一个人在经济意义上的价值,也就是他的人力资本	个体	经济学
Huselid, Jackson, Schuler (1997)	员工的集体知识、技能和能力	企业	战略性人力资源管理
Hitt, Biermant, Shimizu, et al. (2001)	高层管理者的人力资本属性(包括教育、经验和技能)影响企业业绩	企业	战略
Becker (2002)	人力资本是指个人的知识、信息、思想、技能和健康	个体	经济学
Youndt, Snell (2004)	人力资本只是指员工个人的知识、技能和专长	个体	战略性人力资源管理
Kor, Leblebici (2005)	企业的战略性人力资源,如具有专业知识和专业技能的专业人员	企业	战略
Somaya, Williamson, Lorinkova (2008)	广义地定义为企业雇员的累积知识、技能、才能和诀窍	企业	战略/基于知识观
Coff, Kryscynski (2011)	个体的知识、技能和能力的存量	个体	战略/微观基础
Crook, Todd, Combs, et al. (2011)	人力资本这个术语是指人们所拥有的知识、技能和能力	企业/个体	战略

续表

提出者	定义	分析层次	学科渊源
Ployhart，Moliterno (2011)	从个体的知识、技能、能力和其他特征（KSAOs）的涌现而产生的一种单元资源	单元	心理学/战略
Wright，McMahan (2011)	在单元层次上，人力资本可以指个体人力资本的总积累，可以以一种为单元创造价值的方式组合在一起	单元	战略性人力资源管理

二、人力资本的分类

企业人力资本依附于企业员工身上，但因为不同人力资本投入过程和产出效果的不同，不同员工拥有的人力资本便有质和量上的区别，因此人力资本是可以分类的。企业可以通过对人力资本的分类，明确不同类型人力资本的特征，便于对不同类型的人力资本进行有针对性的管理。随着人力资本理论研究的不断发展和深入，以及研究目的和研究对象的不同，不同学者对人力资本的划分方法也多种多样（表4-2）。

表4-2 不同学者对人力资本的划分方法

序号	学者	划分依据	划分类型
1	Lucas (1987)	劳动	体力型人力资本、技能型人力资本
2	Becker (1992)	知识专用性	一般价值人力资本、特定人力资本
3	周其仁 (1996)	能力	工人人力资本、管理人力资本、企业家人力资本
4	周坤 (1997)	价值量	初级人力资本、高级人力资本
5	Johns (1998)	工作时间	行业人力资本、企业特有人力资本
6	李忠民 (1999)	能力	一般型人力资本、技能型人力资本、管理型人力资本、企业家型人力资本
7	李建民 (1999)	形成方式	教育资本、技术与知识资本、健康资本、迁移与流动资本
8	丁栋虹 (1999)	边际收益	同质型人力资本、异质型人力资本
9	方竹兰 (2001)	知识和能力	低级人力资本、中级人力资本、高级人力资本
10	方竹兰 (2001)	社会活动	经济型人力资本、政治型人力资本、文化型人力资本
11	方竹兰 (2001)	载体	个体人力资本、群体人力资本
12	胡静林 (2001)	层次	普通型人力资本、专业型人力资本、企业家型人力资本
13	高闯，邵剑兵 (2001)	专业知识	一般人力资本、特殊人力资本（划分为：技能型人力资本、管理型人力资本、专家型人力资本）

续表

序号	学者	划分依据	划分类型
14	郭玉林（2002）	价值可观察、可度量性	显性人力资本、隐性人力资本
15	郑兴山，唐元虎（2003）	作用	一般性人力资本（包括一般型人力资本、技能型人力资本、管理型人力资本）、企业家人力资本
16	郑兴山，唐元虎（2003）	投入、产出观	静态人力资本、动态人力资本
17	秦兴方（2003）	知识和能力	普通劳动者人力资本、技术人员人力资本、管理者或企业家人力资本
18	吴能全，冯巨章（2003）	企业和个人	通用性的非专有性人力资本、行业专用性的非专有性人力资本、企业专用性的非专有性人力资本、通用性的专有性人力资本、行业专用性的专有性人力资本和企业专用性的专有性人力资本
19	叶蜀君，温俊艳（2004）	劳动职能	管理型人力资本、技术型人力资本
20	夏光，张胜波，黄颖（2008）	稀缺性	一般人力资本、行业人力资本、特殊人力资本
21	刘铁明，袁建昌（2008）	知识和能力	普通型人力资本、管理型人力资本、技术型人力资本、企业家人力资本

资料来源：刘铁明，袁建昌. 企业人力资本分类研究[J]. 税务与经济，2008（3）：42-46.

在这些分类中，有的分类比较简单，即采用二分法进行分类。比如，卢卡斯基于劳动视角将人力资本分为体力型人力资本和技能型人力资本，贝克尔基于知识专用性的视角将人力资本分为一般价值人力资本和特定人力资本，周坤基于价值量视角将人力资本分为初级人力资本和高级人力资本，约翰斯基于工作时间视角将人力资本分为行业人力资本和企业特有人力资本，等等。有的分类则显得比较详细，比如，吴能全和冯巨章（2003）从企业和个人两个角度出发进行人力资本分类。他们认为，对企业而言，人力资本有专有于企业（专有性）和非专有于企业（非专有性）两个维度，对个人而言，人力资本有通用性、行业（职业）专用性和企业专用性三个维度，这样，从性质上就把人力资本分为六类：通用性的非专有性人力资本、行业专用性的非专有性人力资本、企业专用性的非专有性人力资本、通用性的专有性人力资本、行业专用性的专有性人力资本和企业专用性的专有性人力资本。[①] 其他学者多将人

---

① 吴能全，冯巨章. 企业人力资本治理[J]. 上海经济研究，2003（6）：20-29.

力资本划分为三种或四种类型。其中，刘铁明和袁建昌与秦兴方的分类方法基本一致，其区别在于秦兴方把管理者或企业家并在同一种类型，而刘铁明和袁建昌则将管理者与企业家分开，划分为不同的类型。

在企业家与管理者之间，尽管存在重叠部分，但毕竟是有较大区别的。法国经济学家萨伊（Say）创造了"entrepreneur"（企业家）这个词。他认为企业家把经济资源从生产力较低的领域转移到生产力较高、收益较大的领域。企业家有激情，有创新意识，具有冒险精神，不满足于确定的现实，一心想创造和实现令人兴奋的新东西，而管理者更关心的是"把事情做完"。因此，管理是更机械、更线性、更量化的方式，受流程和控制驱动，有着定义明确的任务和可以测评的结果。管理靠的是规划、组织、落实和控制。[①] 因此，我们认为刘铁明和袁建昌对人力资本的分类对企业加强人力资源管理，并充分利用人力资源为企业创造竞争优势更有帮助。

刘铁明和袁建昌（2008）对人力资本的划分如下。①普通型人力资本，是指企业中普通员工拥有的人力资本。普通员工向企业提供了一般的知识和能力，这种一般知识和能力通过基础教育、一般培训或简单的经验积累就可以获得，容易被大众掌握，所以稀缺度低。②管理型人力资本，是指企业中基层和中层专业管理人员拥有的人力资本。专业管理人员向企业提供了专业的管理知识和组织、指导、协调能力，这种知识和能力往往需要通过正规的高等教育、专业培训和长期的管理实践才能获得。③技术型人力资本，是指企业中科技人员拥有的人力资本。科技人员向企业提供了专业技术知识和技术创新能力，这种知识和能力也需要通过正规的高等教育、专业训练和长期的技术实践才能获得。④企业家人力资本，是指企业中高层经营者拥有的人力资本。高层经营者向企业提供了综合性的经营管理知识和资源配置能力，这种知识和能力是在一定正规教育和培训的基础上，主要靠经营者后天长期大量的经营实践和感悟而获得。[②]

三、人力资本的特征

（一）人力资本的产权特征

作为一种产权形态，人力资本产权具有与物质资本产权相似但又特殊的一般属性。一是排他性。人力资本产权主体对其所拥有的人力资本具有对外排斥性或垄断性，即当一个主体拥有人力资本后，就排斥了其他主体对人力资本的拥有和使用。二是可分

---

① 菲斯克. 企业家、领导者和管理者有何不同 [J]. 中国电力企业管理，2017（3）：82-83.
② 刘铁明，袁建昌. 企业人力资本分类研究 [J]. 税务与经济，2008（3）：42-46.

解性。人力资本产权的各项权能具有可以分属于不同主体的性质。即人力资本的所有权、占有权、使用权和支配权可以分解开来，分属于不同的主体。三是可交易性，即人力资本产权可以在不同主体之间转移和流动。四是收益性，即人力资本产权主体可以凭借其拥有的人力资本产权获取经济收益或追求效用最大化。

（二）人力资本的价值特征

一方面，人力资本具有增值性。物质资本会随着不断使用而消耗，如固定资本的自然磨损，效率和收益是递减的。而人力资本则不然，通过人力资本投资形成初始人力资本后，在生产活动中使用时，经过经验的积累和对已有知识的运用熟练程度的提高，人力资本效率和收益是递增的。据美国经济学家测算，1900—1957 年，美国物质资本投资增加 4.5 倍，利润增加了 3.5 倍；而人力资本投资增加 3.5 倍，利润却增加了 17.55 倍，约是人力资本投资的 5 倍。[①] 经济学家卢卡斯认为，人力资本收益的递增可以使劳动者的收入增加，这是因为随着人力资本的收益递增，家庭内的生育成本会上升，导致家庭对儿童"质"的要求增加和对"量"的要求下降，人力投资持续进行，人力资本存量不断增加。而资本和其他生产要素的收益都发生递增，可以使其他劳动者的收入增加，从而提高整个经济的效益。人力资本因此成为推进经济增长的发动机。另一方面，人力资本具有可变性。人力资本的价值量永远处于变动之中，其可变性表现为它可以迅速升值，也可以迅速贬值，甚至瞬时变得荡然无存。人力资本的可变性在受三方面因素的影响：一是自身自然条件，如年龄、健康等状况；二是外部环境的变化；三是所有者的主观努力程度。随着教育投入、培训费用、健康支出的增加和不断"干中学"，人力资本不断增加。但是，如果不能够经常运用、学习和更新知识和技能，人力资本就会贬值，包括由于学习或使用知识和技能的中断而造成的贬值，或由于不经常更新知识和技能而造成的贬值。

（三）人力资本投资的特征

物质资本的形成本身就是投资的产物，而人力资本也必须由一定的费用投资转化而来，这种投资，在货币形态上可以表现为教育支出、培训支出、健康支出、迁移费用支出等。任何人的能力都不可能完全靠先天获得，要形成、培育能力，就必须接受教育、培训，也必须投入一定的时间、货币。人力资本投资具有物质资本投资的一般特征，包括以下几点。①营利性。人力资本投资理论假定人们的经济行为符合理性原则，投资的目的就是获取利润，需要对人力资本投资的投入成本和未来

[①] 景跃军，王胜今. 21 世纪中国：可持续发展面临的人口困境与对策[J]. 人口学刊，2001（1）：3 – 7.

收益进行分析权衡，并作出正确的决策。②风险性。人力资本投资与其他物质资本投资一样具有风险性。比如，企业对职工进行特殊培训和专业性教育之后，往往面临着职工跳槽的风险。③投资收益的多重性。人力资本的投资收益不仅仅指货币收益，还包括心理收益和社会收益等。人力资本所有者从事人力资本投资，也许不是为了获取更多的货币收益，而是为了谋求某个职位，或者满足个人的虚荣心。

（四）人力资本的组织特征

人力资本的组织特征主要表现在人力资本对组织的依赖性上。在现代经济条件下，人力资本产权主体通常需要加入特定的组织，从而与其他人力资本产权主体或物质资本产权主体分工协作。否则，人力资本的价值增值便不能实现。人力资本的组织特征有以下几点。首先，人力资本与物质资本具有相互依赖性。配第的名言"土地是财富之母，劳动是财富之父"，形象地揭示了人力资本与物质资本在财富创造中相辅相成的作用。离开了人力资本，物质资本就难以保值、增值和扩张。同样，离开了物质资本，人力资本就丧失了"用武之地"，甚至可能丧失赖以谋生的"饭碗"。因此，二者只有有机地结合在一起，才能产生"协同增值"的双赢格局。其次，人力资本有专用性。威廉姆森（Williamson）将资产专用性分为三类：地理区位专用性、物质资本专用性和人力资本专用性。一个具有某种专用性人力资本投资的人若退出企业，不仅会给企业带来损失，还会给自己造成损失，因为这种企业专有的人力资本在企业外部得不到充分评价，难以进入市场交易。因此，人力资本的专用性在客观上构成了人力资本产权主体退出企业的障碍。最后，人力资本有异质性。物质资本的同质性，决定了物质资本在现代信用条件下能够迅速集聚，实现"1+1＞2"的效果。但人力资本的异质性，决定了每个人的个性、健康、知识等人力资本都是有差异的，这使得多个人力资本的简单叠加不仅不会取得"1+1＞2"的效果，而且还可能产生"搭便车""内耗"等问题，导致整体效率的损失。因此，当多个人力资本聚集在一起时，相互之间的协调就显得十分必要，即每个拥有人力资本的劳动者，必须同时知道什么时候和以什么方式与其他的劳动者交流信息。人力资本的异质性，决定了企业内协调的重要性，而同质人力资本的专用性构成了人力资本产权主体退出企业的障碍。①

（五）人力资本的其他特征

1. 人力资本具有时效性

人力资本与物质资本不同，它具有一维性。即人力资本的形成、使用都具有时间

---

① 姚树荣，张耀奇. 人力资本涵义与特征论析[J]. 上海经济研究，2001（2）：54-57.

上的限制。这是由其生物基础决定的，人作为生物有机体，有其自身的生命周期特点。首先，人力资本的形成并非完全与生俱来，体能要靠后天的营养，智能要靠接受教育和培训，知识要经过一定时期的积累。其次，在生命历程的不同时期，已经形成的人力资本结构会有变化。例如，25～50 岁，是人的生命力、记忆力、理解力、想象力、创造力等各种能力处于最佳水平的时期。60 岁之后，虽然人的体能明显下降，但丰富的经验、阅历又是一大笔财富。人自身时间的有限性，人力资本如果能及时有效地被利用，就可以产生收益，发挥效用，否则，就会随着人自身时间的流逝而丧失。

2. 人力资本具有能动性

人力资本是经济发展过程中最具能动性的因素。一方面，物质资本、货币资本价值量的实现和创造必须通过人力资本进行操作；另一方面，人力资本可以创造出超出自身价值量的经济效益。美国当代管理学家杜拉克说，人是我们最大的资产，企业或事业唯一的真正资产是人，管理就是充分开发人力资源。另外，人力资本不像物质资本那样容易受到破坏而被损毁。在一个较长的历史时期内，尤其是经历了战争、较大自然灾害等事件之后，人力资本的遗传性要优于物质资本。正如美国著名企业家艾尔费雷德所说，把我的资产拿走吧，但把我企业的人才留给我，五年后，我将使拿走的一切失而复得。IBM 创始人沃森（Watson）也曾说过，你可以烧掉我的厂房，但只要留下我的那些人，我就可以重建国际商用机器公司。

四、人力资本与人力资源和人力资产的比较

人力资本与人力资源和人力资产三者之间是有显著区别的。[①]

首先，人力资本与人力资源的区别。人力资源是一种资源的形式，强调具有体能、智能和技能的人的资源性，这种资源性是可以得到不断进化、再生和流动的，它是一种宏观概括性的概念，很难体现人员的素质差异。而人力资本是一种资本形式，是一种生产要素，强调人的体能、智能和技能的资本性，追求价值的最大化、支配和推动其他形式的资本发展，它体现在人身上的技能和生产知识的存量，直接反映人员素质。虽然人被称作人力资本的所有者，是人力资本的载体，但人力资本不是指人本身，而是指一个人具有的知识、技术、创新能力和管理方法等的存量。并不是所有人力资源都具有人力资本，潜在的人力资源所蕴含的知识、技能等都只是属于人力资源的价值，

---

① 夏光. 人力资源、人力资本与人力资产的比较研究 [J]. 中国人力资源开发，2008（1）：11－13，18.

并不具有资本的性质，只有参加劳动、与企业形成产权关系，并能够带来剩余价值的人力资源才是真正的人力资本。

其次，人力资本与人力资产的区别。人力资产表现为企业对人力资源使用权的拥有，企业为提高人力资产的价值必然对人力资源进行投资，这种投资包括招聘成本、培训成本等方面，它属于企业的一种长期资产，列入资产负债表的资产方，需分期摊入各期的成本费用，因此，它反映着人力资源价值的占用形态。而人力资本则是人力资源对其自身所有权的拥有，表现为企业对人力资源投资所形成的凝结在劳动者身上的潜在价值总量。这种潜在价值总量具有未来性，涉及人力资源价值的确定，在一定时期内，人力资本所有者可以参与企业净利的分配。当人力资本进入企业时，就像物力资本所有者对企业投资那样，被单独列在资产负债表的所有者权益中，所以，人力资本反映了人力资源的价值形态。

最后，人力资产与人力资源的区别。对组织来说，人力资源是一种有价值的资源，因而能够构成组织的一项资产。由此可知，人力资产并不是员工自己的资产，而是企业内的一项资产，具体表现为企业拥有人力资源的法定使用权，在特定时期内依据劳动合同，可以对企业内的人力资源实施控制，而企业中的人力资源则应服从企业的管理与安排。但是，由于人力资源的自有性、能动性和共享性，企业并不能拥有人力资源的全部产权，只能通过与个人的协议取得个体人力资源的部分使用权。

表4-3具体反映了人力资本、人力资源和人力资产在内涵、外延、性质、侧重点、研究角度和作用等方面的区别。

表4-3 人力资本、人力资源和人力资产的区别

比较项目	人力资源	人力资本	人力资产
内涵	具有创造社会财富能力的劳动者的总和，即能够作为生产性要素投入社会经济活动的劳动人口	人力资源在进入企业后，投入到企业的，能够为企业现在或未来带来收益的，存在于人体之中的知识、技术、创新概念和管理方法等综合的价值存量	一个会计主体因过去的交易、约定或事项所拥有的在特定时间内使用人力资源的法定权利
外延	现实的人力资源和潜在的人力资源	一般人力资本和高级人力资本	未接受追加人力资源投资的简单劳动者和接受了一定追加人力资源投资，拥有一定人力资本存量的复杂劳动者
性质	生产性生产要素	资本性资源	法定权利

续表

比较项目	人力资源	人力资本	人力资产
侧重点	体力与智力正常，有劳动能力的人	人力资源的产权关系，并且要强调在人力资源使用过程中产生增值	企业在特定时期对人力资源使用权的拥有
研究角度	管理学	经济学	会计学
作用	提供原生的劳动力	创造新的价值	人力资源会计计量，为企业提供信息

资料来源：夏光. 人力资源、人力资本与人力资产的比较研究 [J]. 中国人力资源开发，2008 (1)：11-13，18.

尽管人力资本与人力资源和人力资产之间有着显著的区别，但它们之间也存在必然的联系。潜在的人力资源被企业聘用后，企业就能够在一段时间内，一定程度上享有人力资源的控制权和支配权，并从中获得人力资源提供的有价值的服务，从而明确了人力资源的产权关系。劳动者作为企业的人力资产与物质资产相结合参与企业价值的创造，从而实现从人力资源向人力资本转化。

五、人力资本形成理论的研究现状

人力资本理论是在新古典主义研究项目的框架内创立的，具有深厚的方法论基础。人力资本的形成和发展是西方国家社会科学思想和社会经济生活演变的结果。从方法论上看，形成人力资本可归纳为三种方法："人的生产能力"方法、"个人资本"方法和"职业培训"方法。

(一)"人的生产能力"方法

英国古典政治经济学家最早对人的生产能力及其在经济发展中的作用进行了定量和定性评价的基础研究。配第、斯密和李嘉图是这方面研究的杰出代表，他们认为人力资本的形成在于人的生产能力。

在经济学形成史上，英国古典政治经济学创始人配第是第一个提出人力资本价值的人。1676年，配第出版了他的代表著作《政治算术》，在著作中，配第把"技艺"看作一种特别的、在土地、物的资本和劳动之外的第四个生产要素，他是第一个明确地将人视为资产并试图估算其经济价值的人。配第分析了农民、海员、士兵和其他人力资本价值，并给出了每个人的资本价值的计算方法。他对比了海员和农民，认为由于海员所受到的训练，在货币价值比值上，"一个海员实际上等于三个农民"。配第用同样的方法测算，人力资本等于土地资源所带来的利润的20倍。配第认为，使人的劳动生产能力出现差异的是人所受过的教育和训练等因素。

在配第人力资本思想相关研究的基础上,"现代经济学之父"斯密,又进一步地提出了人力资本投资的思想。斯密在 1776 年出版的《国富论》中对人力资本以及教育意义做了深刻的阐述。斯密认识到人的能力主要是后天实践和开发的结果,人们在天赋能力上的差别其实并不大,不同职业的人们在壮年期表现出来的能力不同,并不是天赋的原因,主要是后天通过分工形成的习惯、风俗及教育的结果。不仅如此,斯密在谈到资本划分特别是固定资本的作用时,明确地把人们通过受教育而获得的生产技能归入资本,从而在实际上提出了人力资本的概念。①

李嘉图继承并发展了斯密的劳动价值学说,坚持商品价值量决定于劳动时间的原理,并把人的劳动分为直接劳动和间接劳动,直接劳动是指直接投在生产过程中的劳动,它创造商品价值;间接劳动则是指间接投在所需生产资料上的物化劳动,它不创造价值,只是把原有价值转移到商品中去。他曾明确指出机器和自然物不能创造价值,只有人的劳动才是价值唯一源泉。②

马克思(Marx)强调,一个人不断增长的体力、智力和创造力可以被视为"社会的主要生产者",是"真正的财富",而其他物质资源是"社会生产的短暂时刻"。特别是,人的能力的增长可以被视为基本资本的生产。这是因为基本资本被认为是人力。因此,著名古典经济学家的著作为人力资本理论奠定了方法论基础。所有经济学家的经典研究都是基于这一点,以及人力技术劳动是资本主义生产的主要动力。这种人力努力创造的价值大于投资。这种人为的努力创造了比投资更大的价值。关于人类知识、经验和专业技能支出的投资性质的认识是物质生产过程,而获得人类能力的经验和有效能力将是方法论基础。这一思想在古典经济学著作中已成为古典经济学理论关于人力劳动在资本主义生产中的作用的基本思想,被认为是"不证自明的真理"。③

(二)"个人资本"方法

"个人资本"(personal capital)的概念是由马歇尔引入科学流通中的,他认为这个概念比人力资本更好。托马尔(Tomer,2003)认为,个人资本是一种人力资本,因为它与个人的能力有关。然而,个人资本不同于标准的人力资本,因为所涉及的人力能

---

① 张凤林. 人力资本理论及其应用研究 [M]. 北京:商务印书馆,2006:6 - 7.
② 谭永生. 人力资本与经济增长:基于中国数据的实证研究 [M]. 北京:中国财政经济出版社,2007:34.
③ NAVRUZ-ZODA B N, SHOMIEV G U. The different approaches of human capital formation [J]. International Journal of Innovative Technologies in Economy,2017,5 (11):7.

力不是学术教育或通常类型的与工作相关的培训开发。个人资本能力与认知智力或智力知识也有本质上的区别。个人资本与个人的基本个性特征有关，反映了个人的心理、身体和精神功能的特质。同时，它反映了一个人的内部生化平衡、身体状况、心理状态及生活目标。一个人的个人资本存量，一部分源自遗传，一部分是他所遇到的塑造生命的事件的结果，还有一部分是他以非智力的方式努力实现成熟和成长的结果。它有一部分是有意制造的，个人资本特性与一个人的工作或消费能力有关，因为它们是一个人为胜任工作任务或能够享受消费品而投资的更具体的能力（标准人力资本和消费资本）的基础。此外，某些个人资本特性是发展成功的组织关系（社会和组织资本）的先决条件。个人资本能力扩大了一个人取得成就的可能性。[①]

个人资本的一个重要组成部分就是情商。情商是指个体监控自己及他人的情绪和情感，并识别、利用这些信息指导自己的思想和行为的能力。这些能力包括激励自己、面对挫折保持坚韧、控制冲动、延迟满足、调节情绪、保持同理心和坚信希望的能力。托马尔（Tomer，2001）认为，情商与管理情绪和社会关系的能力，是遗传的产物，也是童年、青春期甚至成年期所学到的情感教训的产物。情商严重不足的人患各种心理疾病和卷入暴力冲突的风险更大。另外，有理由相信情绪智力高的人可能在经济上取得成功。[②]

（三）"职业培训"方法

19 世纪 40 年代，德国经济学家李斯特（List）首次提出了"物质资本"与"精神资本"的概念，强调教育、科技对于经济发展的促进作用，并通过两个家长、两种投资的模型将这一思想形象地表述出来。20 世纪初，哈佛大学教授鲁尔（Rouhl）率先计算了职业教育对美国国民收入的影响。在这个过程中，首次使用了"生产的替代存储""时间运行""物品收入""成本优势"等概念，这些概念被广泛用作现代人力资本的概念。[③] 1924 年，苏联经济学家斯特鲁米林（Strumilin）在其发表的《国民教育的经济意义》一文中率先提出了教育投资收益率的计算公式，他用劳动简化计算法算出，进行一年的初等教育培训后的工人的效率比一直在工厂工作的工人的效率高 1.6 倍，他是最早用数量计算方式来阐述教育经济意义的经济学家。美国哈佛大学教授沃尔什（Wolsh）对高等教育的经济价值很感兴趣，沃尔什的教育经济学不仅是那个时代的创新，而且对

---

① TOMER J F. Personal capital and emotional intelligence: an increasingly important intangible source of economic growth [J]. Eastern Economic Journal，2003，29 (3)：456.
② TOMER J F. Addictions are not rational: a socio-economic model of addictive behavior [J]. The Journal of Socio-Economics，2001，30 (3)：251.
③ NAVRUZ-ZODA B N，SHOMIEV G U. The different approaches of human capital formation [J]. International Journal of Innovative Technologies in Economy，2017，5 (11)：9.

未来研究具有现实意义。1935年,沃尔什发表了《人力资本观》一文,将个人教育费用和未来收入相比较来计算教育的经济效益,用教育费用效益的分析方式来计算高中和大学教育在经济上是否有利的问题。1960年,美国芝加哥大学教授舒尔茨在美国经济学会发表了著名演说《人力资本投资:一个经济的观点》,首次提出"人力资本投资"这一概念,并建议把对儿童和成年人的教育,改进他们的健康和营养从而提高劳动质量和劳动者收入的过程看作资本积累的过程。1962年,舒尔茨出版了《教育经济价值》一书,阐述了人力投资的成本及教育经济效益的核算,从而完整地创立了人力资本理论。[1]

1964年,贝克尔出版了《人力资本》,该书为职业培训的经济分析奠定了基础。贝克尔提出,"人力资本"是体现在人身上、能够产生收入的资源。与实物资本相比,人力资本资源可以通过投资来增加。与其他形式的人力资本投资相比,职业教育和培训的收益更明显地具有"经济性":它们主要包括在劳动力市场交易的生产技能。也许正是由于这个原因,人力资本的概念在理论和实践上最常被应用于职业培训。

技能可划分为一般技能、特定技能和可转移技能。其中,一般技能是在不同的企业中具有生产价值的技能。比如,阅读、打字等均属于一般技能。熟悉特定的工作环境和同事群体,了解企业特有生产流程的特征,都是特定技能。只有当工人受雇于特定企业时,特定技能才有价值。贝克尔认为,将一般技能与特定技能区别开来很重要,因为它影响到技能市场的性质,而技能市场的性质又决定了谁能从培训投资中获益。对一般技能而言,有许多潜在雇主和熟练劳动力的市场具有竞争性,技术工人得到的工资等于其边际产量,因此获得了全部培训回报。而对特定技能而言,其只有一个潜在雇主,由于这种技能在外部劳动力市场上没有价值,雇主不必付给专门技术工人与其边际产量相等的工资。贝克尔认为,工资应低于边际产量而高于外部市场工资,这样,工人和企业就能分享特定培训的好处。对可转让技能而言,熟练劳动力市场是不完全竞争市场。在这种情况下,技能在多个企业中都是有价值的,企业之间会有雇佣工人的竞争,但竞争不够激烈,工资被推高到边际产量。不完全竞争可能出于多种原因:首先,技能本身可能只对少数企业有价值,也许是因为它们与专业技术的使用有关,或者与少数企业生产的产品有关。其次,即使技能在许多企业中具有潜在价值,劳动力市场中的摩擦——流动成本和信息滞后或不对称,也可能使企业有能力将工资定在竞争水平以下。[2]

---

[1] 赵曦.人力资本理论与反贫困问题研究[J].改革与战略,1997(4):9-13.
[2] STEVENS M. Human capital theory and UK vocational training policy[J]. Oxford Review of Economic Policy, 1999, 15(1): 19.

可转让培训不同于一般培训和特殊培训，因为它可以更广泛地分享利益，相对份额取决于熟练劳动力市场的竞争程度。在某种程度上，如果培训使工人的工资高于他本来可以获得的收入，工人就会受益。但是，任何有正概率以低于其边际产量的工资雇佣工人的企业（这种情况只会发生在技术劳动力市场不是完全竞争的情况下）都可能从培训中获得正的预期收益。

第二节 人力资本与企业竞争优势

人力资本是一种战略性资源，它可以形成隔离机制，使企业成为异质型企业。同时，人力资本的专用性和"干中学"可以为企业降低成本并创造价值。这些因素都能为企业带来竞争优势。

一、人力资本是企业竞争优势之源

人力资本是一种战略性资源，它具有价值性、稀缺性、难以模仿性和难以替代性等特性，因而成为持续竞争优势之源。

首先，人力资本是有价值的。按照马克思的劳动价值论，价值是凝结在商品中的人类劳动。人力资本在形成过程中，必须花费一定的投资，即社会必要劳动时间，因此，人力资本具有价值。另外，根据边际效用价值论，价值是人们对物品效用的主观判断，效用是价值的源泉。内在于人体内的脑力和体力，可以通过人的劳动为其所在的企业组织提供劳务，因此人力资本具有为企业组织带来经济效益服务的潜力。由此可见，无论在哪种理论中人力资本都具有价值。事实上，人力资本的本质就是人所拥有的知识和技能，是一种具有经济价值的生产能力，在与物质资本结合后，能够创造出价值，为人力资本所有者带来经济收益。现实中，它的价值性可以体现在通过有效的人力资本管理活动降低企业成本或增加企业收益。例如，成功地识别、吸引和挑选出优秀的员工，使其胜任工作，必然会提高工作效率；对员工进行培训可以降低废品率，提高产品合格率；开展有效的绩效评价体系能为员工报酬设计提供科学的依据，从而提高员工的工作满意度等。

其次，人力资本是稀缺的。人力资本稀缺性的表现是多方面的。第一，时间是稀缺的。一方面，人力资本的获得不仅需要投入大量有形的物质资源，更为重要的是时间的投入。舒尔茨和贝克尔都曾探讨过时间影响人力资本形成的问题，他们认为，随着经济的发展和收入的提高，人们对闲暇的需求不断增长，时间价值随之不断提高，致使时间成本不仅成为人力资本的主要部分，而且还有不断增大的趋势，因此，在作人力资本投资决策时必须考虑时间因素。另一方面，无论在何等优越的条件下，一个人所获得的人力资本及其维持的时间终究是有限的。第二，制度是稀缺的。人力资本投资是在一定的制度环境下进行的，教育和培训制度、收入分配制度、医疗保健制度、劳动流动和迁移制度等都对人力资本的形成产生重大的影响。然而，制度的供给和创新受到多种制度因素的影响，如知识存量、技术、历史传统、意识形态、制度供给的收益与成本等。因而，影响人力资本形成的相关制度是一种稀缺性资源。第三，人力资本的供需关系是非均衡的。因为，人力资本特性分布是非均质的，技能呈现一种正态分布，所以，一般而言，在其他条件一定的情况下，人力资本水平越高，其拥有者的人数也就越少。其实，人力资本不仅包括了才干、知识和技能，而且还包括了时间、健康和寿命，所以，人力资本供应相对于对它的无限需求而言是非常不足的，因而是稀缺的。

再次，人力资本是难以模仿的。一种资源能够被模仿，必须做到两点：第一，能准确地确认竞争优势的来源；第二，能准确地复制人力资源集合的相关因素和这些资源作用的环境。但由于特定的历史条件、因果关系模糊及社会复杂性等因素的存在，使得人力资本具有明显的难以模仿性。人力资本的形成是一个连续、系统、长期的工程，每个组织都在独特的发展历史中形成独特的文化，并在推进业务发展的同时产生自己的日常行为规范，这些日常行为规范在企业系统的运行中往往表现为惯例。一个企业要想模仿竞争对手的人力资本及惯例系统，不仅要模仿其现有的人力资本政策，而且还要复制其发展的历史环境，这是一件非常困难的事情。

阿尔钦和德姆塞茨（Alchian and Demsetz，1972）认为，企业是一种团队市场，团队生产是这样一种生产：不同类型的资源被使用，且产品不是每个合作资源的可分离结果之和。为此，难以计算出团队中每个参加者的边际产出，不能确认来自团队生产的竞争优势来源，这就是因果关系的模糊性。[①]

人力资本的社会复杂性是指在企业内部，人力资本管理系统与企业外部环境之间的嵌入性。表现为两个方面：一方面，企业内部的背景性人力资本与社会环境可能形

---

① ALCHIAN A，DEMSETZ H. Production，information costs，and economic organization [J]. American Economic Review，1972，62 (5)：779-780.

成一种模糊的网络关系。[①] 如销售代表与客户之间的关系，企业家与社会网络之间的关系。这样一种人力资本管理系统嵌入社会环境中形成的复杂社会关系网络，构成了企业的竞争优势，而竞争对手要构建这种关系并不容易。例如，人力资本管理系统与企业生产系统整合在一起就可以发挥出更大的竞争优势。又如，制造业的高竞争力，是源自劳动者的高生产性，还是源自生产方式的简单高效，这是很难确定的。当人力资本系统与社会环境和企业内部管理系统形成了一种嵌入关系时，人力资本管理系统就成为企业竞争优势的来源。

最后，人力资本是难以替代的。人力资本所具有的层次性、可变性、环境适应性、难以测度性及投资不可逆性决定了人力资本具有难以替代性。层次性是指人的能力大小不同。可变性表现为两个方面：一方面，人力资本随着教育培训费用和保健费用的增加而增加；另一方面，如果不经常运用、学习和更新知识，人力资本就会发生贬值。环境适应性表明人力资本能迅速反映和适应环境变化，可随着技术产品或市场改变而变换其资源价值，促使组织产生更有效的应对环境变化的战略，并且能迅速有效地执行新战略。难以测度性是指人力资本的隐蔽性，即难以直接观察到一个主体人所拥有的人力资本的数量和质量。投资不可逆性是指人力资本投资的不可撤回性。正是由于这些特性的存在，学者普遍认为，从长期来看，没有一种资源能够完全替代人力资本形成的持续竞争优势。

或许有人会有疑问：竞争者把竞争对手的部分员工或整个团队雇佣过来不就可以达到模仿或替代的目的了吗？该问题涉及人力资本的流动性问题。其实，人力资本并非一些人所认为的那样具有高度的流动性或完全流动性，而是不完全流动的。因为，从一种雇佣状态向另一状态流动存在许多阻碍因素。首先是搜寻成本。即由于劳动力市场上信息不对称而导致的成本，它既包括搜寻工作活动本身所花费的直接成本，也包括等待下一次工作机会所支付的机会成本。其次是工作成功的不确定性增加。即在加入一家新的企业之前，雇员不能确定自己的技能在新企业的有用性。再次是社会成本，即离开已有的社会关系网络的心理成本。此外，人力资本对组织具有黏性，它的有效性不仅取决于独特的历史环境、与其他团队的相互关系，还取决于它与物质资源及组织资本资源的匹配关系，这又在一定程度上增加了其流动的难度。

[①] 背景性人力资本是指专用性人力资本。

二、"干中学"、人力资本与竞争优势

(一)"干中学"、学习曲线的概念及其含义

早在20世纪30年代,美国经济学家赖特(Wright)就对"干中学"进行了开创性的研究。在对美国飞机制造业进行大量观察和深入分析的基础上,赖特发现:装配第4架飞机所需的直接劳动量是装配第2架飞机所需直接劳动量的80%,装配第8架飞机的直接劳动量是第4架的80%,依此类推。如果用L表示装配飞机所需的直接劳动量,N表示装配飞机的序数,则$L_{2N}=L_N \cdot 80\%$。这表明,随着每一次产品生产经验的倍增,劳动力成本下降到前期水平的80%,即劳动力成本在原有的基础上下降了20%。如果从学习的角度看,该研究结果表示:在双倍产量之间,装配飞机的学习比率是80%。这种随着生产经验增加而企业生产成本下降的现象称为"干中学"。[①]

如果用横轴表示累积单位产量,纵轴表示每单位所需的直接劳动量(人工时),则它们的关系是一条从左上向右下倾斜的曲线。该曲线称为学习曲线,表明生产的边际成本随着经验(产量)的累积而下降的关系。

传统的学习曲线公式可表示为:

$$C(X) = \alpha X^{-k}$$

其中,$C(X)$表示企业在获得了X单位产品生产经验以后的单位可变成本;α表示初始成本;X表示经验(累积产量);k表示不变弹性的学习参数,即学习曲线的斜率或进步比率,表明经验增加而导致劳动力成本减少的程度关系。

典型的学习曲线有这样的特点:开始时刻,曲线下降速度较快,然后逐渐减弱,表明学习速度呈现"前期学习快,后期学习速度递减"的特点。从图4-1可知,熟练程度随时间推移而有所提高,但当其到达一定程度后,增速趋于0[图4-1(A)]。如果将累积产量及劳动量作双倍乘积后再分别对其取对数,从图形上看,它们之间就变成一条向下倾斜的直线关系[图4-1(B)],这说明下降的比率是一个常数。

自赖特开创对"干中学"的研究后,不同的学者从不同的行业进行了这方面的实证研究,并且证明在其研究的行业中也存在同样的学习曲线。[②] 然而,当初,学习进步

[①] HIRSCHMANN W B. Profit from the learning curve [J]. Harvard Business Review, 1964, 42(1): 125-126.
[②] 国外学者曾从不同的行业对学习曲线进行了研究,他们证明除飞机制造业外,还有相当多的行业都具有学习曲线的特征。比如,汽车装配、化学加工、住房建设、机器设备生产、金属制品、石化精细产品、制药、半导体等行业。

率被假定为一个常数,但随着深入的研究和实际的考察,人们发现学习曲线的参数估计并不稳定。因为,学习效果除了要受到累积经验这一因素影响,还要受其他一些因素的影响,如管理技术水平,产品设计、生产设备的先进程度,原材料的供应状况,专业化分工,信息反馈效果,操作者个人的学习动机与责任心等。

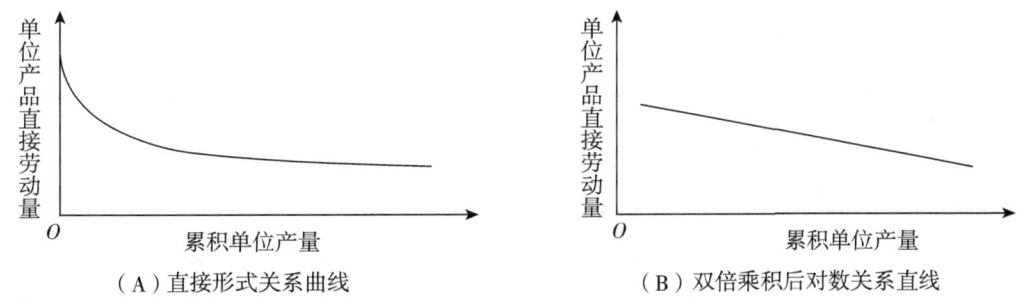

图 4-1　累积单位产量与劳动量(人工时)的关系

资料来源:HIRSCHMANN W. Profit from the learning curve [J]. Harvard Business Review, 1964,42 (1):125-126.

(二)"干中学"对人力资本形成的影响

对于人力资本形成的问题,虽然已有相当多的学者对其进行了研究,但仍然有些问题值得讨论。

马克思曾在《资本论》中探讨过提高劳动力价值因素的问题,他说,"这种教育费……对于普通劳动力来说是微乎其微的""要改变一般的人的本性,使它获得一定劳动的技能和技巧,成为发达的和专门的劳动力,就要通过一定的教育或训练,而这就得花费或多或少的商品和等价物。劳动力的教育费随着劳动力性质的复杂程度而不同。……包括在生产劳动力年耗费的价值总和中"。[①] 马克思在这里所说的是人力资本的劳动力因素,希望通过"改变人的本性"以及"一定的教育或训练"等途径来提高劳动力价值,但是,这些因素的作用在当时并不显得很突出。

舒尔茨认为,人力资本的形成是投资的结果,这些投资活动包括:①医疗保健,包括为提高寿命、力量和耐力、精力和活力等方面的支出;②在职培训,指由企业组织的、为在职职工举办的学习项目,如旧式学徒制;③不是由企业组织的、无特定对象的学习项目,如农业技术推广活动;④正规教育中的初等、中等和高等教育;⑤个人或家庭移居以寻找新的就业机会。然而,由于舒尔茨侧重于对教育的研究,在他的理

---

① 马克思. 资本论(第一卷)[M]. 北京:人民出版社,1975:195.

论框架内做研究的其他学者，也都集中在对前四种途径的研究上。①

有的学者认为，舒尔茨及一些相关学者的研究是不够全面的。因为，他们没有关注到"干中学"这一个重要的因素。从舒尔茨的人力资本形成理论来看，人力资本只涉及直接货币资本投资形式，却忽视了人力资本的间接投资形式。舒尔茨认为，人的知识、技术、能力、健康是资本的一种形态。但我们知道，知识、技术、能力不仅可以通过具有投资性质的教育和培训等获得，也可以通过不具有直接投资性质的自学或通过长期生产实践获得，这种生产实践活动即为"干中学"。舒尔茨以及其他一些学者在研究人力资本形成时忽视了"干中学"这个途径的原因，可能是因为"干中学"一般都会涉及个体以外的社会场域，而这恰恰是经济学视线以外的东西。但是，如果忽略掉"干中学"这条途径，人们对现实中的一些经济现象的解释力就会受到限制。例如，在我国，很多乡镇企业家，虽然缺乏物质资本及教育等资源，但他们都具有非凡的企业家才能。很显然，"干中学"的社会场域（例如，有一个可以提供信任、可以运用非市场原则处理经济合作和冲突问题、可以承担转嫁风险的企业等）以及"干中学"对乡镇企业家人力资本的形成和积累具有重要的作用。

马克思的劳动价值论告诉我们，劳动是价值的源泉。"干中学"是一种劳动，在劳动中要消耗人的体力和脑力，并且要花费一定的时间，所以，"干中学"可以形成人力资本。人力资本是劳动力的商品化，"干中学"花费的劳动时间凝结到劳动力商品上，就成为了人力资本价值的一部分。显然，人力资本这部分价值是投资的结果，但它不是直接的货币投资，而是以时间和精力进行的间接投资。

舒尔茨在探讨人力资本形成的理论时，从宏观上研究了人力资本投资与经济增长的关系问题，这时，他用投资来表示人力资本，从方法上看是可以的。因为这时的人力资本量即为投资量。然而，从微观上来考察个体人力资本时，若也用投资量来表示人力资本量，这或许是不妥的。因为，这时的投资是直接投资，即是人一生中为了获取知识、技术、能力而进行的教育、培训等形式的投资，但应该知道，直接投资所获得的知识多属于显性知识，其份额仅占企业知识中很少的一部分（约10%），而通过"干中学"等形式所获得的隐性知识占了较大的部分（约90%）。虽然，这些隐性知识是通过间接投资获取的，但应该包含在投资里。显然，用直接投资量表示人力资本，必定大大低估了人力资本的价值量。因而，要正确地反映人力资本的价值量，必须包括"干中学"这部分的间接投资。

---

① 折晓叶，陈婴婴. 资本怎样运作：对"改制"中资本能动性的社会学分析 [J]. 中国社会科学，2004（4）：147-160，208-209.

"干中学"对人力资本形成的投资形式具体包括以下几方面。①职工个人对"干中学"的投资。比如，学徒向师傅支付的学费。这种投资方式虽然包含实物投资，但更多的是时间和精力的投入。此外，个人为了适应环境，需要搜集与工作相关的信息而进行投资。②企业对"干中学"的投资，指的是企业为员工提供"干中学"的学习条件而进行的投资，比如，企业为个体使用而提供的生产设备、实验设备等。

"干中学"在形成人力资本时，是以一种边干边学的方式实现的，当中，企业的制度环境、企业员工的个人情况、企业所在行业的市场结构以及企业的组织结构与学习氛围都是重要的影响因素。[1]

"干中学"的制度环境包括宏观制度环境和微观的制度安排。从宏观制度环境角度而言，在一个以市场为资源配置基本手段的制度下，人们通过"干中学"累积知识、技能的创新行为就得到了制度的支持和鼓励，也就为企业人力资本的形成创造了条件。微观的制度安排，主要包括企业的组织制度和收入制度，它对企业人力资本形成"干中学"的影响更为直接。如果一个企业坚持让职位晋升、报酬收入与人力资本存量相匹配的企业制度，企业人力资本"干中学"的热情一定会异常高涨，企业人力资本形成的速度也会随之加快。

一般来说，企业职员在"干中学"之前就已经形成了一定的人力资本存量。当他们在工作中碰到实际问题需要解决时，会尽可能运用已有的知识和经验，同时，还会理解并吸收在工作中学到的新知识、新技术。因此，个人在工作中的努力与悟性直接关系到"干中学"的成效，努力与悟性程度高，"干中学"的效率就高。可以认为，"干中学"的学习效果与个人努力及悟性程度呈正相关关系。

企业所在行业的市场结构不同，对"干中学"及人力资本形成的影响效果是不一样的。一般来说，如果企业所处的市场竞争程度大，则企业面临的压力就大。反之，市场竞争程度小，企业的压力就小。当市场竞争比较激烈时，企业为了生存和发展，必须想方设法提高产品质量和服务质量、降低产品价格，在这个过程中，员工学习的机会就更多，为此，掌握的知识和技能就更多，"干中学"以及人力资本形成的速度就更快。具体来看，垄断市场、寡头市场、垄断竞争市场、完全竞争市场的竞争程度是依次递增的，因此，企业在这些市场结构中的"干中学"及人力资本形成的速度也是依次递增的。

企业的产品结构、人事结构以及组织学习的氛围等因素也会影响"干中学"，继而

---

[1] 张士海，蔡根女. 企业人力资本形成的模型化研究[J]. 华中农业大学学报（社会科学版），2003（4）：68-72.

影响人力资本的形成。一般来说，如果产品结构复杂，则要求员工具备更多的产品知识和生产技能，要求经营者具备更高的运作市场的经营能力，从而促进"干中学"。因此，如果人事结构比较完善，优秀人才较多，组织学习的气氛比较浓厚，则会更有利于"干中学"以及人力资本的形成。

（三）"干中学"与竞争优势

阿罗（Arrow）于1962年发表的《干中学的经济含义》一文指出：任意给定厂商的生产力是全行业累积总投资的递增函数，随着投资和生产的进行，新知识将被发现，并由此形成递增收益。[①] 对于"干中学"很重要的行业来说，如飞机制造、汽车制造、金属制品、医药等行业，边际成本随着生产规模的扩大而下降。

通常，第一个进入该行业的厂商比其他厂商具有决定性的优势。因为，该厂商已掌握了相关的知识，其成本将低于潜在对手的成本，这样，它可以通过削价来抢走对手的生意，从而战胜对手，所以，潜在对手往往不愿意进入"干中学"对成本有显著影响的行业。同样，一些企业如果能够找到一种可以从"干中学"获得显著效益的产品，它们所获得的利润将会有相对的保障。

美国经济学家斯蒂格利茨（Stiglitz）在其《经济学》一书中提出：在"干中学"较为重要的情况下，厂商的生产将超过边际收益与当前的边际成本相等这点上。因为现在生产得更多，具有额外的效益，它能够降低将来的成本，而厂商生产多少额外产品取决于学习曲线的倾斜程度。[②] 但经济学理论也同时告诉我们：无论市场是处于完全竞争还是非完全竞争状态，厂商为追求最大利润，其产量将决定于边际收益与边际成本相等这点上。可是，在"干中学"机制的影响下，厂商的产量决策却违背了这一规则，这正说明了"干中学"为企业创造竞争优势所起到的作用。

20世纪70年代，波士顿咨询公司提倡的通过赢得高市场份额便可获得竞争优势的战略，其依据就是那些有较高市场份额的企业，会由于累积产量增加和"干中学"机制发挥作用，使企业最终获得低成本和高利润。

大量的理论研究和实证检验分析表明，"干中学"可以为企业创立竞争优势，途径主要有两个：一是通过降低成本，获取成本优势；二是形成进入壁垒，防止竞争者进入。[③]

---

① ARROW K J. The economic implications of learning by doing [J]. The Review of Economic Studies, 1962, 29 (3): 166-170.
② 斯蒂格利茨. 经济学（上册）[M]. 2版. 北京：中国人民大学出版社，2000：408.
③ AMIT R. Cost leadership strategy and experience curves [J]. Strategic Management Journal, 1986, 7 (3): 281-292.

然而，有些学者在经过研究后，却得出了与此不一致的结论：在实践中，企业往往没有能够实现这种预期的学习收益。① 这表明人们理解学习曲线在帮助企业获得竞争优势中的作用还存在着局限性。后来，在学者们的共同努力下，终于发现了导致这一现象的原因：企业通过"干中学"获得的知识收益存在"外溢效应"，即知识向竞争企业扩散。② 由于"外溢效应"的存在，企业通过经验累积创造的价值就可能被缺乏经验的竞争者无偿占用。如果知识向外部扩散的速度足够快，甚至可将企业任何潜在的竞争优势侵蚀掉。

但研究人员同时发现，尽管存在"外溢效应"，只要企业对在"干中学"中学到的知识保有私有产权，"干中学"不仅仍然可以为企业获得成本优势，而且还能够形成较高的市场进入壁垒。③ 因此，企业不仅要注重产量累积经验的学习，而且还要注重提高对经验、知识学习的管理水平，这一点尤为重要。因为，研究结果表明，当学习效果不是仅来自累积产量这个单一因素而是多个要素的组合时，那么，即使在同一行业内的各个厂商的累积产量是相同的，但由于他们对"干中学"的知识管理水平不同，学习效率也是不一样的。④ 显然，学习效率高的企业对其获取竞争优势更为有利。

在实践应用上，企业只要具备了较高的对经验知识的管理水平，即使让渡部分市场份额，仍可获得成本优势，从而在竞争中战胜对手。例如，在1989—1999年的美国汽车业里，克莱斯勒所拥有的市场份额是最低的，但由于其比较成本也是最低的，最终成为获利最高的厂商。相反，通用虽然所拥有的市场份额是最高的，但因其比较成本也是最高的，最后所获得的利润却是最低的。丰田主动地把降低成本的技术诀窍教给美国的零部件供应商，在使供应商获得成本好处的同时，自己也获得了成本方面的好处。⑤ 克莱斯勒和丰田之所以能在竞争中获得竞争优势，就在于他们拥有较高的对经验知识的管理能力。

---

① ALBERTS W W. The experience curve doctrine reconsidered [J]. Journal of Marketing, 1989, 53 (3): 36-49.
② IRWIN D A, KLENOW P J. Learning-by-doing spill-overs in the semiconductor industry [J]. Journal of Political Economy, 1994, 102 (6): 1200-1227.
③ HATCH N W, DYER J H. Human capital and learning as a source of sustainable competitive advantage [J]. Strategic Management Journal, 2004, 25 (12): 1155-1178.
④ HATCH N W, MOWERY D C. Process innovation and learning by doing in semiconductor manufacturing [J]. Management Science, 1998, 44 (11): 1461-1477.
⑤ DYER J H, HATCH N W. Using supplier networks to learn faster [J]. MIT Sloan Management Review, 2004, 45 (3): 57-63.

(四) 专用性人力资本与竞争优势

专用性人力资本是一种非常宝贵的稀缺资源，对形成企业的竞争优势有特别的作用。在对待"企业为何存在"以及企业竞争优势来源的问题上，研究契约理论的经济学家是从"机会主义"的角度来进行阐释的。他们认为，通过企业内部有管理的协调替代市场协调，为此可以防止机会主义的产生，并从这个意义上说明企业竞争优势的来源。然而，霍奇森（Hodgson，1998）认为，他们显然忽略了企业竞争优势的人力资本维度。[①] 事实上，由于人的能力是隐含的、独特的、不可测量的，不是所有的能力都可以用契约的形式表示，特别是那些与应对不确定情况时的判断力相关的能力。因此，"企业为何存在"的答案是：不是由于人的机会主义导致的高昂的交易成本，而是由于企业家才能和管理才能的完全市场不存在，人们才会建立企业，才会形成企业的竞争优势。巴尼（Barney，1995）经过实证研究后指出，企业利润的增长直接取决于企业对人力资本的运作，特别是有独特价值的异质人力资本是企业竞争优势的源泉。[②] 的确，在当今的市场，企业间的竞争异常激烈，市场竞争的加剧迫使企业努力降低成本、提高产品质量、增加灵活性以满足客户要求。而改进产品质量、改善客户服务以及提高工作效率的知识就是与企业的时间、地点、流程、人际关系相关联的专用知识。就现代竞争而言，分散化知识和专用性人力资本具有重要意义。

按照威廉姆森的解释，专用性特指一种资产仅仅适合于某种用途，如果该资产被转为他用，其价值就会大大贬值。人力资本的专用性是指雇员在某企业工作的过程中通过学习和经验积累形成了一些特殊知识，这些特殊知识仅仅适用于该企业的特定环境，一旦拥有这些人力资本的雇员被解雇，其拥有的特定知识就会贬值，这对企业和雇员双方都是损失。[③]

人力资本可分为通用性人力资本和专用性人力资本。通用性人力资本所掌握的知识为显性知识，这些知识可通过学校教育、企业培训等方式获得；而专用性人力资本所掌握的知识为隐性知识，主要通过"干中学"、文化熏陶、组织学习的方式获得。专用性人力资本可分为团队型人力资本和个人型人力资本。前者是一种蕴藏于团队（正式或非正式）成员之间的隐性信息和默示知识，其主要体现在一个团队中特有的价值共识、合作

[①] HODGSON G M. Competence and contract in the theory of the firm [J]. Journal of Economic Behavior and Organization, 1998, 35 (2): 179.

[②] BARNEY J B. Looking inside for competitive advantage [J]. Academy of Management Perspectives, 1995, 9 (4): 49-61.

[③] 周业安. 人力资本、不确定性与高新技术企业的治理 [J]. 中国工业经济, 2002 (10): 56-63.

精神、环境氛围、集体声誉以及与此相关的信息渠道和信息符号等。从现有的理论来看，对个人型人力资本的研究主要集中在以下三类：企业家专用性人力资本、专业技术人员专用性人力资本及一般员工专用性人力资本。有人认为，企业家的能力在相当程度上是一种"悟性"，甚至是一种"天赋"，且难以通过知识的积累来培养，但它的形成并不完全与教育、培训以及"干中学"无关；在企业里，无论是设备使用，技术上的革新，还是在产品及服务技术上的进步或是生产组织和管理方法的改进，都有很强的专用性。研究表明，专业技术人员的创新能力与其所受的教育程度、在岗培训机会以及在"干中学"的努力程度呈正相关关系，对于一般员工的专用性人力资本来说，处在第一线的员工因拥有某些操作经验和技术诀窍具有不可替代的专用性。[①] 例如，他们能够根据机器设备的声音或气味上的轻微变化察觉到问题，并马上诊断出问题的来源。

由于企业专用性资本可以成为一种隔离机制，而企业专用性资本既包括专用性物质资本，也包括专用性人力资本，因此，具有异质性的人力资本能成为一种隔离机制，能为企业创造竞争优势。

第三节 人力资本资源形成的微观基础

人力资本资源（human capital resource，HCR）作为企业持续竞争优势的源泉，不同于物质资源和技术资源。物质资源和技术资源的嵌入体是企业，而人力资本资源的嵌入体是员工。组织（单元）人力资本资源形成的微观基础是，个体拥有的 KSAOs，经涌现赋能机制的作用，被转换与放大，最终形成组织（单元）人力资本资源。图 4-2 是组织（单元）人力资本资源形成的科尔曼图，反映了人力资本资源形成的微观基础。

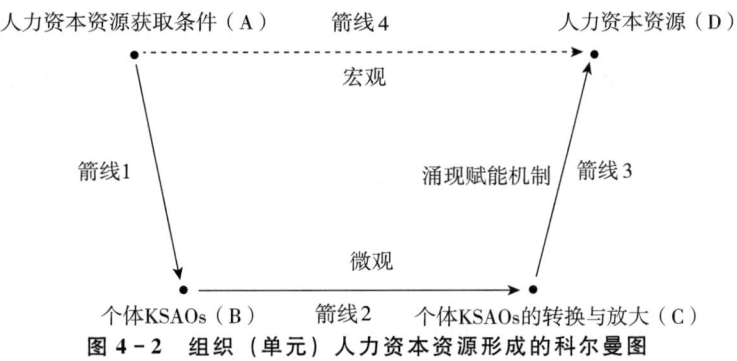

图 4-2 组织（单元）人力资本资源形成的科尔曼图

---

① 牛德生. 论人力资本的专用性与企业制度 [J]. 学术月刊, 2005 (8): 27-33.

一、人力资本资源的演化

(一) KSAOs 与人力资本资源的概念

坎皮恩等人（Campion et al., 2011）将胜任力（competencies）定义为 KSAOs，使用行为来描述或说明由于胜任力而在工作中可观察到的行为。[①]

人力资本资源概念产生于战略人力资源管理理论的发展，来源于人力资本研究与人力资源研究的整合。由于人力资源概念无法将人的价值属性直接表征出来，管理学者将人力资本概念纳入企业研究。而为了区别于社会与经济组织中的人力资本概念，普利哈特和莫尔特诺（Ployhart and Moliterno，2011）提出了人力资本资源概念。他们将人力资本资源概念定义为由个体的知识、技能、基本能力和其他特征的涌现而产生的企业单元层（unit-level）的资源。[②]

(二) 人力资本资源的演化路径

从斯密将个体"获得的和有用的能力"认定为"收入或利润"来源开始，人们普遍认识到，个人拥有的技能、知识和经验可以用于组织和个体利益。在这一基础上，从心理学到经济学等学科领域的学者们都建立了人力资本结构。在人力资源、组织行为学和工业/组织心理学等管理研究领域的微观学者，他们通常对个体层次的现象感兴趣，很详细地研究了员工的 KSAOs 是如何与个体层次的结果联系在一起的。另外，一般对企业层次现象感兴趣的宏观组织理论家和战略学者，研究了组织层次的总体经验、教育和技能是如何被利用来实现可持续发展的竞争优势的。

随着经济学、战略、人力资源和心理学等不同学科的研究聚焦于"人力资本资源如何形成并影响组织单元层次的绩效"这一问题，各学科提出的假设和分析的层次各不相同，这给人们理解人力资本资源的本质造成了障碍，同时，也制约了人力资本资源理论的发展。

比如说，大多数先前的研究有三个不同的假设。第一个假设来自人力资本理论（human capital theory，HCT），该理论认为人力资本资源体现在劳动者的教育、经验、

[①] CAMPION M A, FINK A A, RUGGEBERG B J, et al. Doing competencies well: best practices in competency modeling [J]. Personnel Psychology, 2011, 64 (1): 239.

[②] PlOYHART R E, MOLITERNO T P. Emergence of the human capital resource: a multilevel model [J]. Academy of Management Review, 2011, 36 (1): 127.

知识等方面；第二个假设将 HCT 与基于资源的理论（resource-based theory，RBT）相结合，以区分通用性和专用性人力资本资源；第三个假设结合了经济学和 RBT，以描述通用性人力资本资源的有效要素市场。因此，通用性人力资本资源预计不会产生竞争优势，资源的价值将反映在其购置成本中。而专用性人力资本资源有望产生竞争优势，因为没有要素市场，企业将保留价值。这些假设似乎是合理的，但由于 HCT 的概念与 RBT 的概念并没有完全一致（这在很大程度上是因为它们解释的问题不同，它们是在不同的层次上，基于不同的假设提出的），因此，HCT 与 RBT 的配对不够稳定。[①]

尼伯格等人（Nyberg et al.，2012）在一篇文献中指出，研究人员在研究人力资本资源的概念化和运作化方面经常存在差异。具体来讲，在如何概念化层次（企业、群体、个人）、内容（技能、教育、健康）、理论框架（资源、KSAOs）以及与人力资本资源的结果（如创造价值）的关系方面存在着广泛的差异。[②] 在每一项研究中，每个概念化可能都是合理的，但各项研究的不一致阻碍了围绕人力资本资源构建更广泛与更全面的科学理论。主要的混乱是由个体层次的人力资本资源理论的不完整和可能在应用上存在的不准确而引起的。

总的来说，人力资本资源是什么，在什么层次上存在，以及它们所涉及的单元层次的结果是什么，人们对这些问题缺乏共识，这为整合各个学科的观点造成了障碍，从而阻碍了人力资本资源研究的系统性推进。为了整合不同学术传统的多样化成果，将宏观研究与微观研究联系起来已显得很有必要。

图 4-3 是普利哈特等人提出并描述的人力资本资源演化路径。从中可看到，人力资本资源起源于个体差异，并沿着 KSAOs、人力资本、人力资本资源和战略性人力资本资源的轨迹演进。通过对人力资本资源演化路径的分析，可清楚地了解到各演化环节之间的关系，以及人力资本资源在微观和宏观层次上所发挥的作用。

（1）从个体差异到 KSAOs。个体差异，也称个别差异、个性差异，是指"个体在认知、情感、意志等心理活动过程中表现出来的相对稳定而又不同于他人的心理、生理特点"。它表现在"质"和"量"两个方面，其中，"质"的差异指心理、生理特点的不同及行为方式上的不同，而"量"的差异则指发展速度的快慢和发展水平的高低。[③] 个体差异性表明人们之间是异质的，个体之间在知识、技能与能力上是存在差异的。

---

① PLOYHART R E. Strategic organizational behavior（STROBE）：the missing voice in the strategic human capital conversation [J]. Academy of Management Review，2015，29（3）：346.
② NYBERG A J, MOLITERNO T P, LEPAK D P, et al. Resource-based perspectives on unit-level human capital：a review and integration [J]. Journal of Management，2012，40（1）：316-346.
③ 朱智贤. 心理学大词典 [M]. 北京：北京师范大学出版社，1989：233.

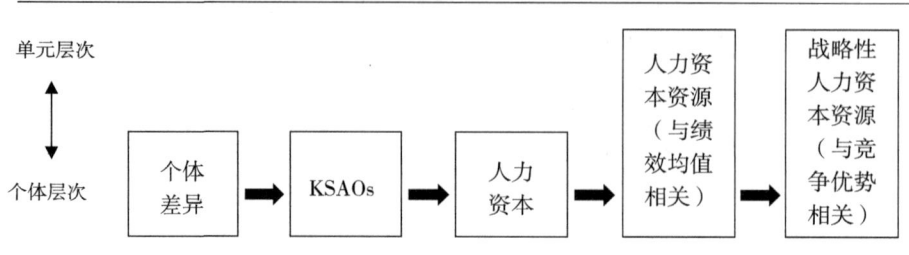

图 4-3 人力资本资源演化路径

资料来源：PLOYHART R E, NYBERG A J, REILLY G, et al. Human capital is dead; long live human capital resources! [J]. Journal of Management, 2014, 40 (2): 371-398.

比如，个体差异可以反映在基本能力、个性、兴趣和自我概念等方面。其中，基本能力可以被描述为个体所做的事情，而不仅仅是个体拥有的某种属性；个性是指行为的一致性；兴趣代表对特定情况或环境的情感反应的一致模式；自我概念代表关于个体的信念，这些信念抑制或促进了在各种情况下能力、个性和兴趣的表达。个体差异都表现在与工作组织直接相关的行为和选择上。基本能力体现在完成工作任务和解决问题上；个性可描述在工作环境中明显且通常很重要的行为模式；兴趣影响职业和工作的选择以及个人对工作生活的反应；自我概念影响个体愿意承担的挑战和风险的种类，以及个体在组织中发展或失败的方式。[①] 也就是说，基本能力、个性、兴趣和自我概念各具特征，具体内容参见表 4-4。

表 4-4 个体差异各维度呈现的主要特征

	内容	结果
基本能力	信息处理能力（认知能力）或身体运动和控制能力（身体能力）	信息操作、问题解决、任务完成、对象操作
个性	一贯的行为模式	和睦相处，领先一步
兴趣	爱好的反应	吸引力和依恋
自我概念	对自己的信念	对有效性的认知，风险承担

资料来源：SCHMITT N. The Oxford handbook of personnel assessment and selection [C]. Oxford: Oxford University Press, 2012: 32.

KSAOs 来自个体的差异，然而，并不是所有的个体差异都是 KSAOs。比如，态度、满意度、动机、情感和相关的特征都不是 KSAOs，因为它们是高度可变的、情境

---

① SCHMITT N. The Oxford handbook of personnel assessment and selection [C]. Oxford: Oxford University Press, 2012: 31-32.

更具体的和情境诱导的。KSAOs起源于心理层面（相对于情境），其在一个有意义的时间框架内是相对稳定的。具体而言，知识是执行任务所必需的陈述性或程序性信息，以及开发技能的基础（知识可能适用于许多工作或者仅适用于单一工作）；技能是个体的执行特定任务的能力和精通程度，可以根据经验进行改进；能力是适用于一系列与工作有关的任务的更持久的实力；其他特征是指影响个体在各种任务中表现的人格特质和相关的倾向属性。每个人都有多个KSAOs，但是KSAOs的结构是分层的，例如广义的KSAOs（例如，一般的心智能力；人格的五因素模型）包含更具体的KSAOs（例如，语言和定量能力；自律、责任）。

（2）从KSAOs到人力资本。普利哈特（Ployhart et al.，2014）等人认为，人力资本是与实现经济成果相关的个体KSAOs，它是个体固有的，而不是自然人本身。[①] 而KSAOs是通过员工在就业前对教育的投资获得的，并通过专业培训在工作场所得到进一步发展。[②] 由于资本是一种能产生收入流的财富储备，KSAOs可能会也可能不会产生经济成果。根据贝克尔（Becker，1965）的观点，人力资本产生的效应有物质效应和文化效应，这里的物质效应也就是所谓的经济效应。[③] 为此，普利哈特等人（2014）提出，可以用一个类似的边界将属于人力资本的KSAOs与其他KSAOs区分开来，其他KSAOs是有价值的，但不是为了经济目的。因此，人力资本是那些与实现经济成果相关的个体的KSAOs的一个子集。[④]

（3）从人力资本到人力资本资源。人力资本和人力资本资源这两个术语容易造成混淆，并经常被不恰当地交替使用，因此需要正确地区分它们。普利哈特等人（2014）认为，将人力资本与人力资本资源区分开来的边界条件是，人力资本资源必须能够用于与特定单元相关的目的。这意味着人力资本资源作为特定单元的特征存在，并有助于实现特定单元的目的。技能是不是人力资本资源的问题取决于单元资源的属性。例如，一个人将印地语作为第二语言的技能将构成一个特定单元的人力资本资源，该单元的语言翻译工作与该单元的绩效有关。相比之下，如果同一个人在一个不同的单元工作，其中说印地语的能力与该单元的绩效无关，那么印地语言技能就不会成为该单

---

① PLOYHART R E, NYBERG A J, REILLY G, et al. Human capital is dead; Long live human capital resources![J]. Journal of Management, 2014, 40 (2): 376-377.
② WRIGHT P, COFF R, MOLITERNO T P. Strategic human capital: crossing the great divide [J]. Journal of Management, 2014, 40 (2): 363.
③ BECKER G S. Human capital: theoretical and empirical analysis, with special reference to education [M]. New York: Columbia University Press, 1965: 12.
④ 同①。

元的人力资本资源。因此，人力资本资源的定义突出了特定单元目标的可达性（accessibility）和相关性，以作为人力资本资源的关键边界条件。可达性的意思是，该单元必须能够使用个体或单元层次的能力，并将其视为人力资本资源。例如，水管工的合同可能会将职位的范围限制在管道工作中，从而导致员工的木工技能无法发挥作用。但是，这并不意味着该单元的所有人员都可以理解甚至认可该单元的管理人员定义的竞争优势。例如，一家企业可能会认为其薪酬体系是其竞争优势，而实际上这个体系所赋予的集体隐性知识才是竞争优势。因此，使用可达性这个术语并不与社会复杂性相冲突。这并不一定表示管理者知道什么是竞争优势或如何利用竞争优势，而是表示竞争优势可以或被应用来影响相关的单元结果。[1] 事实上，若结合人力资产的概念，便可比较容易地区分人力资本和人力资本资源。具体来说，人力资本是人力资产用于为员工或企业创造收益时表现出的价值属性，而人力资本资源则特指人力资产用于为企业创造收益时表现出的企业价值及资源属性。因此，人力资产在被企业用于创造价值、实现单元层任务目标时，便质变为企业的人力资本资源。也就是说，人力资本资源的嵌入体虽是员工，但拥有者只能是企业，因为只有企业才能将人力资产的资源和价值属性同时表征出来。[2]

（4）从人力资本资源到战略人力资本资源。相对于一般性的人力资本资源，战略人力资本资源的不同之处在于战略人力资本资源具有战略属性。当人力资本资源仅仅是企业边界范围内的一种资源形态时，这样的人力资本资源是静态的和惰性的。人力资本资源对于企业的价值贡献，取决于其是否以及如何被用于企业特定战略竞争的目标。因此，当为实现这种针对性目标而投入企业可控的人力资源时，这种人力资本资源即为战略人力资本资源。图4-3中所示的人力资本资源与绩效均值相关，是指企业能够利用人力资本资源创造利润并获取收益，但绩效水平不一定高于市场平均收益率。[3] 而战略人力资本资源与竞争优势相关，则是指战略人力资本资源的使用能给组织或单元带来竞争优势。

二、人力资本资源的组合

个体内部存在不同类型的KSAOs，各种类型的KSAOs反映在个体内部以及个

---

[1] PLOYHART R E, NYBERG A J, REILLY G, et al. Human capital is dead: Long live human capital resources! [J]. Journal of Management, 2014, 40（2）：377-378.
[2] 田立法. 企业人力资本资源前沿研究述评与展望——基于分层面视角 [J]. 外国经济与管理, 2014, 36（8）：34.
[3] PLOYHART R E, HALE D, Jr. The fascinating psychological microfoundations of strategy and competitive advantage [J]. Annual Review of organizational psychology and organizational behavior, 2014, 1：150-151.

体之间互动和协调的多种人力资本资源当中。与单一的人力资本资源相比,人力资本资源的组合可能更有价值、更稀缺、更不可模仿,从而更有可能产生可持续的价值。资源之间的这种协同作用会增强产生竞争优势的能力。坎贝尔等人(Campbell et al.,2012)的研究结果表明,如果通用性人力资本资源与互补性资产相结合,那么它们就能够产生竞争优势。[1]

在企业的个体、群体及组织层次,人力资本资源表现为不同形态,但无论哪个层次的人力资本资源,其形成的基础均是员工的KSAOs。从另一个角度上看,人力资本资源存在于不同的层次上,包括个体层次和单元层次。对应地,人力资本资源的组合指的是在分层次上的组合,其组织方式包括层次内组合和层次间组合。

层次内组合是指同一层次不同类型的KSAOs以互补或因果方式组合为人力资产,进而通过任务目标实现人力资本资源形态的蜕变;层次间组合是指低层次的KSAOs以合成或组成方式阶跃为高层次的KSAOs,然后高层次的不同类型KSAOs再以因果或互补方式组合为人力资产,进而通过任务目标实现人力资本资源形态的蜕变。个体层次人力资本资源的形成源自个体员工KSAOs的低阶组合。群体或组织层次人力资本资源的形成同时源自个体员工KSAOs的低阶组合和高阶组合。

(一) 人力资本资源的层次内组合

在个体层次,人力资本资源的层次内组合是指员工个体的稳定特征通过影响可变信息(因果式)或员工个体的认知型KSAOs与非认知型KSAOs以交互的方式(交互式)形成人力资产。在群体层次,人力资本资源的层次内组合是指员工群体的同质性KSAOs通过影响异质性KSAOs(因果式)而形成人力资产。在组织层次,人力资本资源的层次内组合是指通用性KSAOs通过影响专用性KSAOs(因果式)而形成人力资产。人力资产是员工创造价值的基础,体现了人力资本资源形成之前企业内员工KSAOs的积聚量。人力资产越丰富,企业的KSAOs积聚量就越大,形成人力资本资源的潜质也越强。[2]

微观理论认为,个体拥有多个KSAOs,这些KSAOs是相互关联的,并以各种方式结合起来,以达到不同的目的,结合方式取决于任务需求。大多数任务的完成需要多个互补的KSAOs。互补主要有两种类型。首先,KSAOs可能是交互式关联的,例

---

[1] CAMPBELL B A, COFF R, KRYSCYNSKI D. Rethinking sustained competitive advantage from human capital [J]. Academy of Management Review,2012,37 (3):376-395.
[2] 田立法. 企业人力资本资源前沿研究述评与展望:基于分层面视角 [J]. 外国经济与管理,2014,36 (8):36.

如，责任感（conscientiousness）和宜人性（agreeableness）相互互动来影响绩效。KSAOs之间的交互产生的协同作用大于任何一个组成部分。其次，KSAOs可能与因果关系有关，例如，高度稳定的KSAOs（如认知能力）会影响到更可塑的KSAOs（如工作知识）的开发。一个KSAOs的发展取决于另一个KSAOs的层次。因此，KSAOs通过一个关系网连接起来，正是这种组合可以产生绩效。[①]

相应地，人力资本资源可以以交互式互补或因果式互补组合在一起。其中，交互式互补是人力资本资源增加其他人力资本资源价值的过程（见图4-4左边部分）。当两种或两种以上的人力资本资源相结合时，就会产生交互式互补，其结果与两种人力资本资源独立使用的绩效结果不同。单元层人力资本资源之间的相互作用，甚至可能使通用性资源成为竞争优势的来源。例如，通常，一家企业的销售部门聘请一名营销专业人员和一名技术工程人员负责销售业务，会比聘用两名营销专业人员或两名技术工程人员负责销售业务获得的销售绩效更高，因为营销专业人员和技术工程人员能产生专业技术上的互补性，他们二人的组合既能很好地回答客户提出的营销问题，也能很好地回答客户提出的产品技术问题。相反，仅有两名营销专业人员或仅有两名技术工程人员则难以很好地同时回答客户提出的营销问题和产品技术问题。

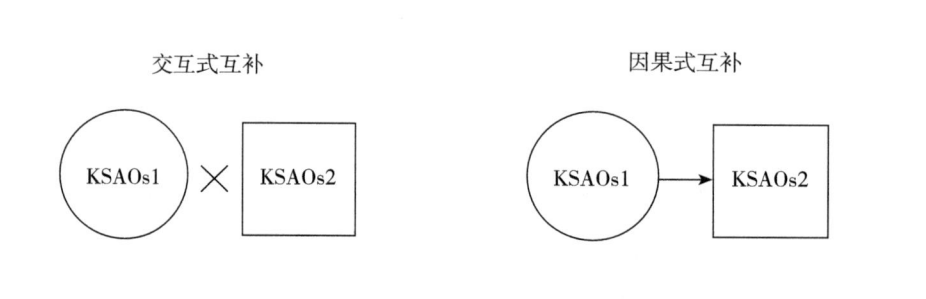

图4-4 人力资本资源的层次内组合方式

注：不同的图形代表不同类型的资源。

资料来源：PLOYHART R E, NYBERG A J, REILLY G, et al. Human capital is dead; long live human capital resources! [J]. Journal of Management, 2014, 40 (2): 371-398.

---

① PLOYHART R E, NYBERG A J, REILLY G, et al. Human capital is dead; Long live human capital resources! [J]. Journal of Management, 2014, 40 (2): 383-384.

因果式互补表示人力资本资源有助于开发或获得另一种人力资本资源的过程（见图 4-4 右边部分）。这种关系也可以是互惠的，使得资源组合随着时间的推移而螺旋式上升或下降。迪雷克斯和库尔（Dierickx and Cool, 1989）将这种类型的组合称为"资产互联性"（interconnectedness of asset），它服务于资源积累。资产互联性反映了现有资产的累积增量可能不仅取决于该资产的水平，还取决于其他资产的水平。例如，如果新产品和流程的开发源于客户的要求或建议，那么对于没有广泛服务网络的企业来说，开发技术诀窍可能会更加困难。在这里，建立一种资产的难度与这种资产的初始水平无关，而是与作为其互补的另一种资产的较低初始水平有关。[①]

因此，基于交互式或因果式互补的人力资本资源比独立的资源具有更大的机会来提高业绩和产生竞争优势。互补意味着通过资源相互关系进行组合，这有助于将资源与流动性、可模仿性或可转移性隔离开来。此外，资源之间的联系越多，组合就越不可能出现相应的战略要素市场。无论人力资本资源是通用的还是专用的，情况都是如此。互补组合中基于人力资本资源的竞争优势的来源不是资源的类型，而是资源之间的相互关系。[②]

（二）人力资本资源的层次间组合

人力资本资源不仅可以在层次内组合，也可以在层次间组合，以形成不同类型的集体性人力资本资源组合。低层次 KSAOs 向高层次 KSAOs 的组合包括：个体层次 KSAOs 向群体层次 KSAOs 的高阶组合；群体层次 KSAOs 向组织（单元）层次 KSAOs 的高阶组合。这种从个体层次到群体层次再到组织层次的组合表现为两种方式，即合成（composition）或编译（compilation）（见图 4-5）。在群体层次，合成是指群体成员中的个体拥有的类型相同的个体层次的 KSAOs 聚合成群体层次的同质性 KSAOs；编译是指群体成员中的个体拥有的类型不同的个体层次的 KSAOs 聚合成群体层次的异质性 KSAOs。在组织层次，合成是指所有群体的同质性与异质性 KSAOs 析出通用性 KSAOs，然后发生交互性集聚；编译是指所有群体的同质性与异质性 KSAOs 析出专用性 KSAOs，然后发生协同性聚合。[③]

[①] DIERICKX I, COOL K. Asset stock accumulation and sustainability of competitive advantage [J]. Management Science, 1989, 35 (12): 1508.
[②] PLOYHART R E, NYBERG A, REILLY G, et al. Human capital is dead; Long live human capital resources! [J]. Journal of Management, 2014, 40 (2): 385.
[③] 田立法. 企业人力资本资源前沿研究述评与展望：基于分层面视角 [J]. 外国经济与管理, 2014, 36 (8): 36-37.

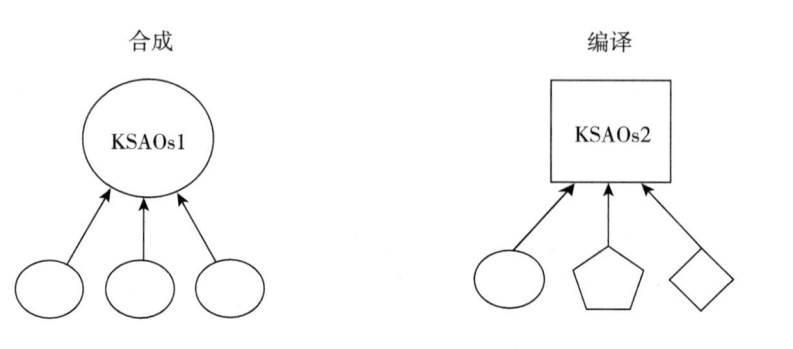

图 4-5　人力资本资源的层次间组合方式

注：(1) 不同的图形代表不同类型的资源；(2) 向上箭头表示跨组织层次。

资料来源：PLOYHART R E, NYBERG A J, REILLY G, et al. Human capital is dead; long live human capital resources![J]. Journal of Management, 2014, 40 (2): 371-398.

(三) 人力资本资源的混合组合

混合组合是指员工 KSAOs 同时发生层次内和层次间组合，通常先发生层次间合成或组成过程，后发生层次内交互式或因果式互补过程（见图 4-6）。

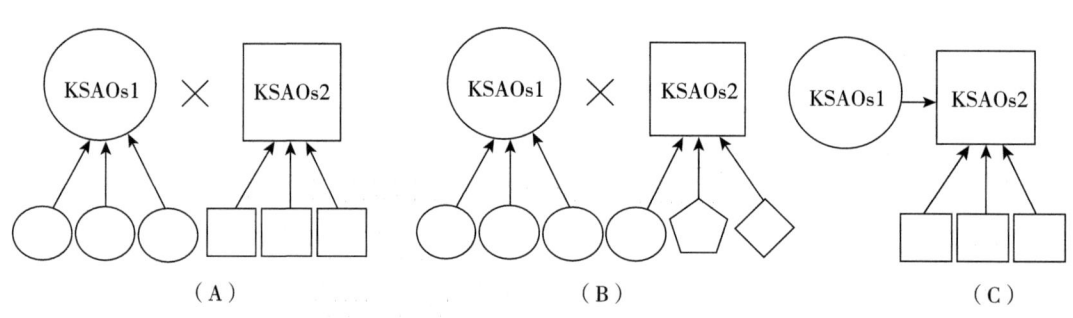

图 4-6　人力资本资源的混合组合方式

注：(1) 不同的图形代表不同类型的资源；(2) 向上箭头表示跨组织层次。

资料来源：PLOYHART R E, NYBERG A J, REILLY G, et al. Human capital is dead; long live human capital resources![J]. Journal of Management, 2014, 40 (2): 371-398.

在图 4-6 中，图 (A) 说明员工 KSAOs 先发生低层次向高层次合成，后发生高层次内交互式互补。即两种不同类型的人力资本资源之间互动互补，每种资源都基于合成涌现过程 (composition emergence processes)。比如说，某大学要组建一支由本校学生组成的团队代表学校参加国际营销策划比赛。因内容主要涉及经济与管理方面，所以学校可采用这样的方式组建团队——从经济学院和管理学院各抽调若干名学生组成参赛团队。

图4-6中，图（B）说明员工KSAOs先发生低层次向高层次合成和编译，后发生高层次内交互式互补。即两种人力资本资源之间相互补充，前者基于合成，后者基于编译。比如，刚才说到学校组队参赛的事情，学校也可采用这样的方式组队，即从管理学院选用若干名学生，另外，从其他学院选用若干名学生，然后组成一支参赛团队。

图4-6中，图（C）说明员工KSAOs先发生低层次向高层次合成，后发生跨层因果式互补过程。比如，直线经理个体KSAOs影响群体KSAOs的价值创造效果。当然，还可能先发生合成与编译过程，后发生因果式互补过程。比如，组织通用性KSAOs影响组织专用性KSAOs的价值创造效果。

图4-7是人力资本资源的分层次组合模型，反映了组织（单元）个体员工的KSAOs组合（单元）成群体与组织KSAOs以及通过交互式或因果式互补形成个体、群体与组织（单元）人力资本及人力资本资源的过程。

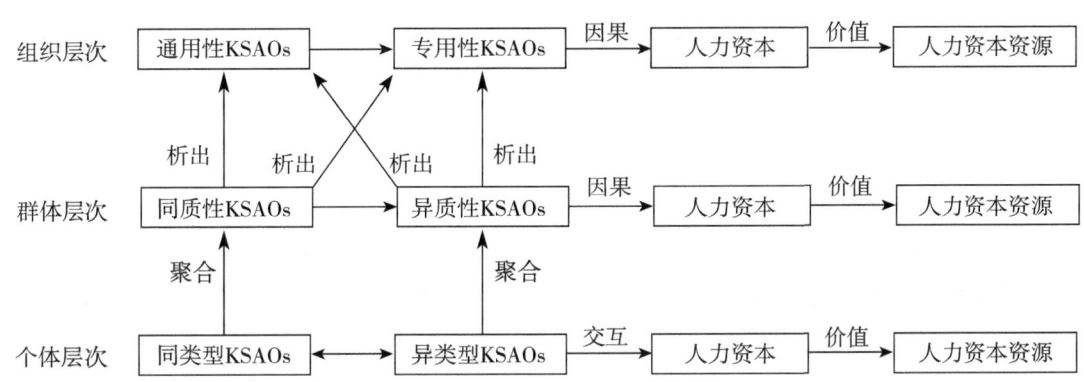

图4-7 人力资本资源的分层次组合模型

资料来源：田立法. 企业人力资本资源前沿研究述评与展望：基于分层面视角［J］. 外国经济与管理，2014，36（8）：36-37. 有修改。

在图4-7中，人力资本资源的分层次组合模型清晰地说明了个体员工掌握的原始态KSAOs如何同层转化成人力资产及人力资本资源，又如何跨层转化成高阶KSAOs、人力资产及人力资本资源。对于每一名个体员工，假设其掌握的KSAOs都可分为同类型和不同（异）类型两类。同类型KSAOs表征员工间的共性，不同类型KSAOs表征员工间的差异性。共性KSAOs以合成方式形成高阶群体层次的同质性KSAOs；差异性KSAOs以组成方式形成高阶群体层次的异质性KSAOs。同质性KSAOs与异质性KSAOs进一步在组织层次析出通用性KSAOs和专用性KSAOs。在个体、群体与组织层次，不同类型的KSAOs首先通过交互式或因果式互补形成具备潜在价值的人力资本，进而通过为企业创造价值、完成任务而蜕变为企业的分层次人力资本资源。[1]

三、人力资本资源的涌现

组合理论虽然让我们了解了组织个体 KSAOs 在层次内及层次间组合成人力资本的方式，但无法让我们理解个体 KSAOs 是如何转换、放大和质变为人力资本资源的。其实，组织内个体 KSAOs 蜕变为单元人力资本资源是一种涌现现象。

涌现是一种极其普遍的现象，"涌现"一词在社会科学中经常被涉及。科兹洛夫斯基和克莱因（Kozlowski and Klein，2000）提出了涌现的一般概念：当一种现象起源于个体的认知、情感、行为或其他特征，通过它们之间的互动放大，并表现为一种更高层次的集体现象时，这种现象就是涌现的。[2] 这一定义强调，虽然涌现涉及向更高层次结构的转移，但发生这种情况的机制涉及个体因素。特别是，涌现现象从个体特征开始，通过个体的行动和相互作用演变为更高层次的现象。因此，揭示涌现现象的潜在机制和过程涉及对个体行为和变化的重要关注。

人力资本资源来源于个体 KSAOs 的涌现，而所谓的"人力资本资源涌现"（human capital resource emergence，HCRE）指的就是驱动个体层次的员工 KSAOs 的转换和放大，以形成单元层次人力资本资源的过程。[3] 普利哈特和莫尔特诺（Ployhart and Moliterno，2011）提出了人力资本资源涌现的多层次模型（见图 4-8），并阐述了个体 KSAOs 涌现为单元人力资本资源过程的机理。其主要内容包括个体 KSAOs 的转换与放大、涌现赋能因素与状态等。

（一）个体 KSAOs 的特征

要了解人力资本资源的涌现现象，首先应该了解个体 KSAOs 的基本特征。基于认知的角度，可将 KSAOs 分为认知性的 KSAOs 与非认知性的 KSAOs。认知性的 KSAOs 表示认识到一个人"能做什么"，其基本特征维度有：一般认知能力、知识、技能和经验。通常，具有更广泛的认知能力的人学得更快，从经验中获得更多益处，并且能更快更深入地获取知识。而非认知性的 KSAOs 则表示一个人"将做什么"，其

---

[1] 田立法. 企业人力资本资源前沿研究述评与展望：基于分层面视角[J]. 外国经济与管理，2014，36（8）：37-38.
[2] KOZLOWSKI S W J, KLEIN K J. Multilevel theory, research and methods in organizations: foundations, extensions, and new directions [C]. San Francisco: Jossey-Bass, 2000: 55.
[3] PLOYHART R E, MOLITERNO T P. Emergence of the human capital resource: a multilevel model [J]. Academy of Management Review, 2011, 36 (1): 128.

基本特征维度有个性、价值观和兴趣。这些特征包括了对不同教育专业和专业职业的责任心（conscientiousness）和偏好。

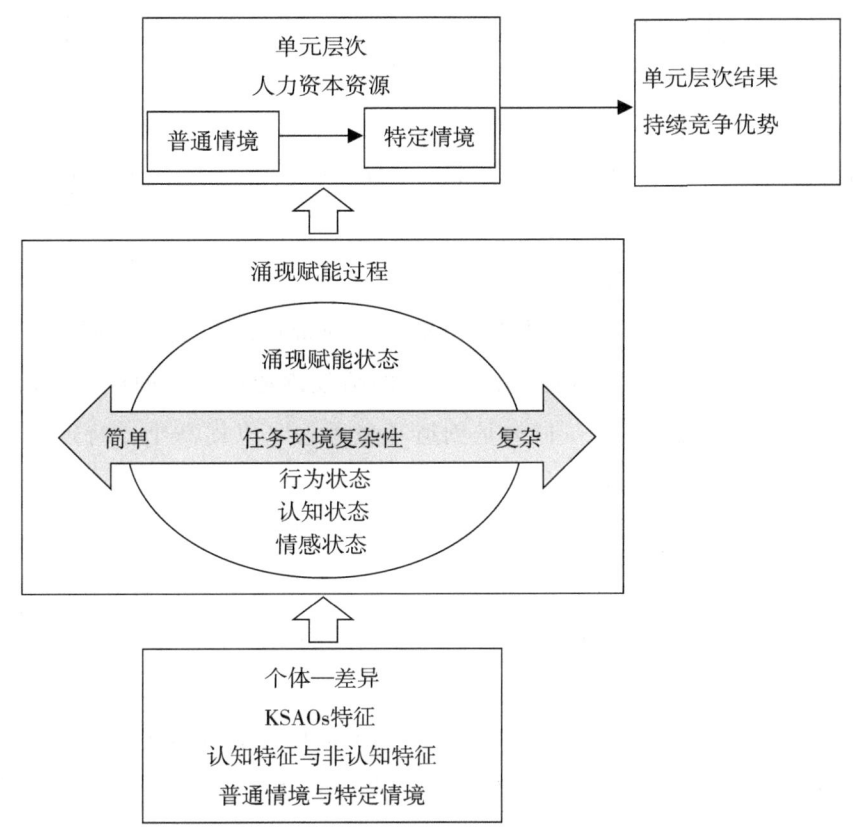

图 4-8 人力资本资源涌现的多层次模型

资料来源：PLOYHART R E，MOLITERNO T P. Emergence of the human capital resource：a multilevel model [J]. Academy of Management Review，2011，36（1）：127-150.

另外，基于情境的角度，可将 KSAOs 分为普通型情境 KSAOs 和特定型情境 KSAOs。通常认知能力、人格、价值观和兴趣都是普通型情境的 KSAOs，因为它们相对稳定，能够在不同的时间和情境中持续存在。因此，它们成为许多不同任务和企业绩效的决定因素。当技能与广泛的领域（如社交技能）联系在一起时，技能可能是普通型情境的，而当技能与狭窄的领域（如驾驭企业职权细微差别的技能）联系在一起时，技能可能是特定型情境的。知识和经验也可以是普通型情境的（如会计准则的知识）或特定型情境的（如了解客户特定的会计情况）。[①]

---

① PLOYHART R E，MOLITERNO T P. Emergence of the human capital resource：a multilevel model [J]. Academy of Management Review，2011，36（1）：133.

(二) 个体 KSAOs 的转换与放大

人力资本资源涌现过程被描述为将个体 KSAOs 转换和放大为有价值的单元层次人力资本资源。这里说到的个体 KSAOs 转换，主要是指通过知识转换和从单元成员互动中学习而发生的个体 KSAOs 储备的变化。也就是说，通过与单元成员的合作和互动，个体 KSAOs 在涌现过程中发生了转变。对个体 KSAOs 的转变可能涉及单元成员持有的 KSAOs 总存量的增加，以及 KSAOs 的性质随时间的推移而出现趋同或趋异（收敛或偏离）的情况。转换的内容可以指同事专用知识的开发，涉及精简和行动顺序、共享心智模式和交互记忆。此外，转换也可以从包括单元所在的外部环境中学习。①

个体 KSAOs 放大指的是从个体 KSAOs 获得的价值的放大，表明一个整体单元产生的绩效比单元内各个体 KSAOs 单独产生的绩效累加更大，即产生所谓的协同效应。这方面与互补的概念有关，指的是创造环境因素，以提高个体特定储备 KSAOs 所产生的绩效或价值。可能存在以动机和认知为导向的机制，允许在人力资本资源涌现过程中产生放大（互补效应）。动机导向机制是指情境因素鼓励单元成员付出额外努力的情况，而认知导向机制则是指情境因素允许单元成员将其有限的认知能力的大部分分配给单元任务。这两种机制都可以提高给定水平的 KSAOs 的绩效。①

个体 KSAOs 的转换和放大代表了提高单元中 KSAOs 初始存量获得的总体价值的情境影响。转换指从单元成员那里获得知识，即增加单元成员的初始 KSAOs，可以直接提高与任务相关活动的效率和有效性。而放大指通过获取互补性要素，以提高给定 KSAOs 存量的绩效。正是从这些转换和放大方面获得的有价值的绩效改进，使 KSAOs 的初始存量成为了有价值的单元层次人力资本资源。①

(三) 涌现赋能过程

个体层次员工的 KSAOs 是如何被转换和放大为单元层次的人力资本资源的？根据普利哈特和莫尔特诺模型，个体 KSAOs 从低层次蜕变成高层次的人力资本资源需要经过涌现赋能过程（emergence enabling process），它是个体的 KSAOs 转化为有价值的单元层次人力资源的手段。

1. 涌现赋能因素及其作用

人力资本资源的涌现赋能过程受到单元任务和社会环境的相互关系影响，单元层

---

① ECKARDT R, JIANG K F. Human capital resource emergence: theoretical and methodological clarifications and a path forward [C]//NYBERG A J, MOLITERNO T P. Handbook of Research on Strategic Human Capital Resources. Northampton, UK: Edward Elgar Publishing, 2019: 79-80.

次有价值的人力资本资源并不总是来自个体人力资本的单纯雇用和组合。相反，人力资本资源涌现赋能发生的程度取决于任务的性质以及特定的行为、认知和情感状态。这些影响因素被称为涌现赋能因素（emergence enabling factors），具体包括任务复杂性（task complexity）、行为状态、认知状态和情感状态等。其中，行为状态、认知状态和情感状态属于涌现赋能状态（emergence enabling states）的分类形态。不同的涌现赋能因素均对人力资本资源涌现的转换或放大产生直接的影响（见表4-5），它们之间的互动关系我们后续将作进一步的探讨。

表4-5 涌现赋能因素及其对人力资本资源涌现的影响

涌现赋能因素	涌现赋能子因素	对人力资本资源涌现的影响
任务复杂性	工作流结构	强调行为、认知和情感支持状态的转换和放大效应
行为状态	协调	转换和放大
	沟通	转换
	规范	转换
认知状态	单元氛围	转换和放大
	单元记忆	转换和放大
	单元学习	转换
情感状态	凝聚性	转换和放大
	信任环境	转换和放大
	积极的态度	转换和放大

资料来源：ECKARDT R, JIANG K F. Human capital resource emergence: theoretical and methodological clarifications and a path forward[C]//NYBERG A J, MOLITERNO T P. Handbook of Research on Strategic Human Capital Resources. Northampton, UK: Edward Elgar Publishing, 2019: 79-80.

2. 任务复杂性

在文献上，任务复杂性有各种不同的定义，但主要观点有三种：结构主义观点、资源需求观点和交互观点。在结构主义观点中，任务复杂性是从任务的结构中理解的。例如，它可以定义为组成任务的元素数量以及这些元素之间的关系的函数。一个复杂的任务可能有许多任务元素，并且任务元素彼此互连；在资源需求观点中，任务复杂性被定义为人类信息处理中的资源需求或其他类似概念，如认知需求、生理和心理需求、认知努力、所需的人类信息处理资源和短期记忆需求；在交互观点中，任务复杂性被定义为任务和任务执行者特征（例如，特殊需求、先验知识和经验）之间相互作用的产物。在总结前人成果的基础上，刘鹏和李志忠（2012）对任务复杂性概念提出了一个语词定义（nominal definition），即"任务复杂性是影响任务执行的任何内在任务特征的集合"。在该定义中,"集合"意味着任务复杂性是由其他任务特征组成的综合的、多维的、全局的特征。"任何"一词指出该定义采用了广义的含义。"内在"一词意味着任务复杂性不取决于任务执行者和环境。刘鹏和李志忠指出,判断特定任务特征是否属于任务复杂性的基本标准是它是否影响任务的执行。在判断任务特征是不是任务复杂性促成因素时,资源需求观点非常有帮助。如果任务特征对任务执行者施加了特定的资源需求(例如,认知和身体需求、所需的知识和技能),那么我们就认为它会影响任务的执行。[①]

普利哈特和莫尔特诺(Ployhart and Moliterno, 2011)认为,任务复杂性会影响员工的行为、认知和情感涌现赋能状态的本质。任务复杂性表征有四个维度:时间节奏、任务环境的动态、成员联系的强度和工作流程结构。其中,时间节奏反映了单元成员执行各种任务时的时间步调。异步节奏意味着单元成员在不同的时间点完成任务,而同步节奏则意味着单元成员必须协调他们的行为来执行任务。任务环境的动态可以反映任务环境的活力。静态环境意味着任务是稳定且相对不变的,而动态环境则是高度流动的,并且以变化和不确定性为特征。任务环境的动态会影响到组织资源创建和重新配置中的流程。对于成员联系的强度,弱联系意味着单元成员之间不需要相互了解或相互沟通,而强联系则意味着单元成员具有详细而丰富的交互,并掌握彼此的复杂信息和知识。[②]

在任务复杂性表征维度中,一个最为关键的维度就是工作流结构,它表明了个体之间工作流动的方式。一个单元的工作流结构有四种基本形式,分别是汇集式(pooled)、顺序式(sequential)、互惠式(reciprocal)和密集式(intensive),它们与时间节奏、任务环境的动态和成员联系的强度保持一致。最简单的任务环境是那些涉及汇集式工作流结构(pooled workflow structures)的环境。在这些环境中,个体单独完成他们的任务,个体之间的工作流节奏是异步的,很少涉及与单元其他成员的互动或协调。这些环境往往活力不够,并且个体之间社会联系较弱。比如,学生参加一场考试,学生只要在考试时认真作答即可。顺序式工作流结构(sequential workflow structures)涉及工作任务在个体之间以单向连续方式移动的情况,反映单元成员之间的单向联系。比如,流水生产线上的在制品有多道加工工序,每道工序是有顺序的,并且每道工序均有一个工人负责,那么,分别负责上道和下道工序的两个工人之间的关系即为顺序式工作流结构。互惠式工作流结构(reciprocal workflow structures)也

---

① LIU P, LI Z Z. Task complexity: a review and conceptualization framework [J]. International Journal of Industrial Ergonomics, 2012, 42 (6): 553 – 568.
② PLOYHART R E, MOLITERNO T P. Emergence of the human capital resource: a multilevel model [J]. Academy of Management Review, 2011, 36 (1): 135 – 136.

是按顺序构建的，但是输入和输出的流程可以向前或向后。由于工作流是双向的，因此任务环境更加动态，员工之间可以建立更强的联系。比如，两位学者合作撰写一部专著，他们就书稿进行讨论交流，这就是典型的互惠式工作流结构。对于顺序式工作流结构和互惠式工作流结构，由于涉及单元中个体之间有更多的互动和相互依赖，因此它们通常需要更多的协调和更强的社会联系。同时，这些工作流结构的活力通常会更充足，因为个体之间的相互依赖会产生更多的不确定性和可变性。最后，密集式工作流结构（intensive workflow structures）是基于团队的，代表了最复杂的任务环境。在这种工作流结构中，个体协同工作，以同步和多方向的方式完成任务。这种任务环境需要个体之间大量的协调、协作和依赖。因此，基于团队的工作流结构具有巨大的动态性，需要个体之间建立强大的社会联系。比如，我国航天科技集团神舟飞船研制团队对新一代载人飞船的研制，就需要团队成员的密切协调与合作。

普利哈特和莫尔特诺认为，任务复杂性的四个维度将直接影响单元层次人力资本资源涌现的潜力。具体而言，当工作流结构导致任务复杂性增加时，单元内的互动和相互依存度会更高，这有助于促进个体之间共享和传递 KSAOs，并强调协调和联系方面的重要性，反过来又会影响人力资本资源涌现的转换和放大。但仅仅存在导致任务变得高度复杂的工作流结构并不意味着存在这种涌现。也就是说，转换和放大方面不会作为使用特定任务工作流结构的单元的功能而自动发生。更确切地说，单元人力资本资源涌现的程度取决于适当的行为、认知和情感赋能状态等因素。①

3. 涌现赋能状态

单元的涌现赋能状态有三种：行为、认知和情感。这些状态共同建立、促进和支持人力资本资源涌现的社会环境，它们会影响单元成员的行为、思考和感觉。在许多方面，这些社会环境因素是人力资本资源涌现过程的"引擎"。

（1）行为状态

行为过程与影响单元成员行为的因素有关。这可能涉及多个因素，但在很大程度上受协调、沟通和行为规范因素的影响。协调与单元成员互动和合作以完成重点任务的方式有关。它涉及将个体分配到特定任务活动相关的决策和流程。由于这些决策可以通过将单元成员的 KSAOs 与任务适当匹配和部署来产生互补效应，因此协调可以对 HCRE 的放大方面产生影响。不过，协调也会影响 HCRE 的转换方面。特别是，协调

---

① ECKARDT R，JIANG K F. Human capital resource emergence: theoretical and methodological clarifications and a path forward [C]//NYBERG A J，MOLITERNO T P. Handbook of Research on Strategic Human Capital Resources. Northampton，UK: Edward Elgar Publishing，2019: 81.

决策可能会影响特定单元成员一起完成任务的频率,这对员工之间的知识传播有着重要影响。沟通是指单元成员交流信息和想法的频率和开放性。它可以帮助促进单元成员之间的行动协调,从而增强行为赋能状态的这一维度。沟通也有助于单元内个体之间的知识共享和转移。虽然这显然与易于在个体之间转移的显性知识有关,但也有助于促进面向隐性知识的传递。行为规范反映了单元成员的行为在多大程度上受到明确设定的目标的引导,它指规范和纠正与目标不一致的行动的偏差,并涉及事后任务反思。随着时间的推移,这种规范可以成为个体学习和提高的重要方式。规范过程可以帮助将个体的注意力吸引到突出情境的因素上,并以提高效率或质量的方式重新引导行动。因此,行为规范方法的使用可以帮助转换单元内的个体 KSAOs。此外,它有助于促进单元成员之间的开放式沟通和协调,从而通过其对其他行为赋能维度的影响,间接地对单元层次的人力资本资源涌现产生积极影响。[①]

此外,行为过程也会受到任务复杂性的影响。普利哈特和莫尔特诺(Ployhart and Moliterno,2011)认为,任务复杂性决定了单元成员如何协调、沟通和规范他们的行为。在任务复杂度较低的情况下,单元成员只需要最少量的协调就可以有效地执行,而且几乎不需要使成员行为同步。沟通可能是异步发生的,成员关系是弱的,而任务环境的静态性几乎不需要成员来适应彼此的行为。但是,即使在这样的低任务复杂性水平上,人力资本资源的涌现也可能会发生,因为仅仅作为单元成员就会接触到类似的经历、社会化活动、培训和非正式互动。而在任务复杂度较高的情况下,单元任务的有效完成需要更高层次的单元成员的行为同步和协调。随着任务复杂性的增加,任务环境的动态性要求成员之间进行详细的双向沟通。此外,成员之间是紧密相连的,必须仔细监测和适应彼此行为的变化。在最高层次的任务复杂性环境中,如果单元成员不能有效地进行协调、沟通或行为规范,那么有价值的人力资本资源就无法从个体 KSAOs 中涌现出来。[②]

(2)认知状态

单元层次的认知状态与共享的认知结构和认知取向有关,与人力资本资源涌现有关的认知状态有三种:单元气氛、单元记忆和单元学习。其中,单元气氛(unit-climate)反映了成员对该单元的领导力、目标、期望以及价值和回报的共同看法。共享规范的发展要求单元中的个体获得与信息交流和适当互动方式有关的知识,这可以被认为是单元特

---

① ECKARDT R, JIANG K F. Human capital resource emergence: theoretical and methodological clarifications and a path forward [C] //NYBERG A J, MOLITERNO T P. Handbook of Research on Strategic Human Capital Resources. Northampton, UK: Edward Elgar Publishing, 2019: 82.
② PLOYHART R E, MOLITERNO T P. Emergence of the human capital resource: a multilevel model [J]. Academy of Management Review, 2011, 36 (1): 138.

定知识的积累，因此会影响单元中个体的 KSAOs。为此，单元气氛可以通过转换方面影响人力资本资源涌现。然而，单元气氛的更显著的影响可能与其提高绩效的能力有关，而这种能力可以从给定水平的 KSAOs 获得。具体来说，与单元气氛相关的共同规范提供了心理模式或脚本，以一种更自动的方式指导思维过程和行动。这释放了个体有限的认知和注意力资源，使其能够专注于任务，反过来，这可以提高 KSAOs 的利用率，从而对绩效产生积极的影响。通过这种方式，单元气氛也可以通过对从给定的 KSAOs 储备中获得的绩效/价值产生放大效应，从而促成单元层次人力资本资源的涌现。① 研究表明，不同类型的气氛（例如，服务的气氛，多样性的气氛）不仅影响单元层次的结果，而且会作为规范在成员的 KSAOs 之间建立同质性。随着任务复杂性的增加，单元气氛变得尤为重要。同时，单元任务的复杂性也有助于增强氛围的感知能力，因为成员之间的相互作用越多，就会有更多的机会进行交流，从而实现共享。②

单元记忆（unit-memory）描述了单元成员掌握的程序性知识和陈述性知识，这些知识是他们有效合作所必需的。单元记忆有两种形式：心智模式和交互记忆。其中，心智模式是指单元成员在与任务有关的陈述性（即知识）和程序性（即诀窍）知识方面形成的相当多的共通之处。例如，成员彼此之间有深刻的了解和工作过程的单元心智模式，当单元成员一起工作时，他们各自对彼此的认识和任务变得更加相似，这种相似性导致了一种单元层次现象的涌现。单元记忆的另一种形式是交互记忆，它是基于单元中其他成员所拥有的知识禀赋而发展起来的元知识，即谁知道什么。当单元中的个体开发这种元知识时，它可以对单元成员的 KSAOs 进行更好的协调和集成。在一定程度上，单元存在交互记忆或心智模式，它们也创建了一种单元特定的知识形式。也就是说，单元的交互记忆或心智模式天生就与单元的特定成员和正在执行的任务相关联。此外，这种特定于同事的共享理解可以潜在地改善给定单元中 KSAOs 的使用和部署，从而也可能会提高单元 KSAOs 储备的价值或绩效。因此，单元记忆可以通过转换和放大的方式影响人力资本资源涌现。③

单元学习（unit-learning）表示该单元获取、吸收及传递信息和知识的能力。当成员在单元任务环境中频繁互动时，隐性知识的传递是最有可能的。人力资本资源涌现

---

① ECKARDT R, JIANG K F. Human capital resource emergence: theoretical and methodological clarifications and a path forward [C]//NYBERG A J, MOLITERNO T P. Handbook of Research on Strategic Human Capital Resources. Northampton, UK: Edward Elgar Publishing, 2019: 83-84.
② PLOYHART R E, MOLITERNO T P. Emergence of the human capital resource: a multilevel model [J]. Academy of Management Review, 2011, 36 (1): 139.
③ 同①。

的最大机会将发生在互惠式和密集式工作流结构中,因为成员交互的互惠性需要并促进了转移知识和信息所必需的社会资本。[①] 这种更大的交互强度有助于通过单元更快更广泛地进行知识和信息传递。此外,随着成员关系的强度和密度的增加,一个成员所获得的知识会迅速在单元内传播。这样,单元学习便通过转换维度影响了人力资本资源涌现。

(3) 情感状态

情感状态是指可以影响个体在特定单元工作时如何"感受"的因素,它是将单元成员联系在一起的情感"纽带"。单元的凝聚力、信任和情绪导向是一种情感过程,使单元任务环境对知识共享和传播具有开放和支持的作用。凝聚力是单元成员相互吸引和相互承诺的程度。个体在有凝聚力的环境中感受到的享受和承诺可能会激励个体在与任务相关的活动中付出更多的努力。当任务环境变得复杂时,凝聚力变得更为关键,因为成员必须同步活动,响应环境中不可预知的变化,并在彼此之间来回循环工作。因此,成员之间对彼此更好的承诺,会增加纽带的数量和力量。[②] 从某种意义上说,这可以产生放大的影响,即额外的努力可以使给定的知识禀赋产生更大的绩效。

信任环境描述了个体对脆弱性具有高度意愿的环境。这种意愿往往源于对环境中其他个体的意图或行为的积极预期或信心。信任有助于促进单元内个体之间的知识共享和传播,从而促成人力资本资源的涌现。信任在传递隐性知识方面尤其重要,因为信息源传播者在试图传递他们不完全清楚的知识时可能会感到信任的脆弱性,接收者可能会质疑信息源是否符合他们的最佳利益,是否有宝贵的见解可传达。信任环境也有可能以放大的方式实现 HCRE。[③] 具体来说,可信任的环境可能会减少担忧或焦虑的感觉,这会让个体将有限的注意力和认知能力投入手头的工作中。反过来,这种增加的关注度会提高个体利用其 KSAOs 并从中获取价值的能力。[④]

情绪是指单元成员暂时或持续的感受和心境,一般表现为正向或负向的情绪取向。处于更积极情绪的个体会试图与其他人进行更多的交流和互动,从而加强信息和知识的传播。当成员处于积极情绪中时,单元也可能更有创造力和创新精神。当任务复杂

---

① ADLER P S, KWON S W. Social capital: prospects for a new concept [J]. Academy of Management Review, 2002, 27 (1): 29.
② KOZLOWSKI S W J, ILGEN D R. Enhancing the effectiveness of work groups and teams [J]. Psychological Science in the Public Interest, 2006, 7 (3): 88.
③ ECKARDT R, JIANG K F. Human capital resource emergence: theoretical and methodological clarifications and a path forward [C]//NYBERG A J, MOLITERNO T P. Handbook of Research on Strategic Human Capital Resources. Northampton, UK: Edward Elgar Publishing, 2019: 84.
④ CROCKE A, ECKARDT R. A multilevel investigation of individual-and unit-level human capital complementarities [J]. Journal of Management, 2013, 40 (2): 512-514.

度较高时,单元需要更密切的成员间的互动,显然,积极情绪有助于推动和促进成员间的交流,鼓励成员加强知识的共享和转移。因此,积极情绪导向不仅有助于增加单元成员的 KSAOs 储备,也有助于对特定水平的 KSAOs 所获得的绩效产生放大效应。①

四、涌现的案例分析

假设组织(单元)中有 A、B、C 三个群体,它们各自由个体 KSAOs 涌现而成。这三个群体之间,既包含有同质的 KSAOs,也包含有异质的 KSAOs。随着时间的流动,在特定任务环境复杂性的背景以及涌现赋能状态互动交流的作用下,三个群体的 KSAOs 由组织(单元)层次情境特征塑造和放大,并涌现为组织(单元)层次的人力资本资源。涌现的形式可能是合成的,即聚合或共享,也可能是汇编的,即发散或模式化。合成形式表现为群体人力资本资源先析出普适性 KSAOs,后合成组织(单元)层次的普适性 KSAOs;汇编形式表现为群体人力资本资源先析出专用性 KSAOs,后组成组织(单元)层次的专用性 KSAOs。群体 KSAOs 涌现为组织(单元)人力资本资源的过程如图 4-9 所示。

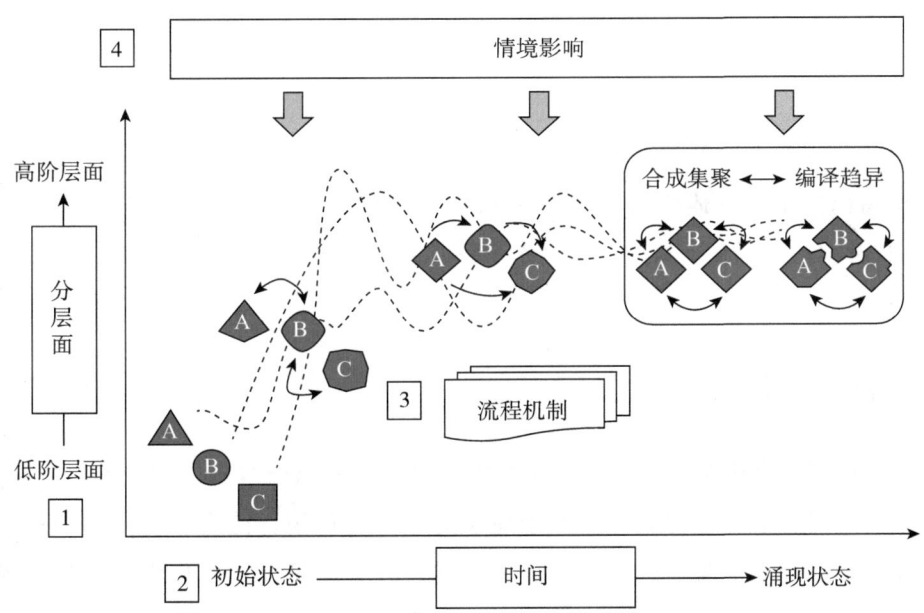

图 4-9 群体 KSAOs 涌现为组织(单元)人力资本资源的过程

资料来源:KOZLOWSKI S W J,BELL B S. Work groups and teams in organizations [M] // SCHMITT N, et al. Handbook of psychology: industrial and organizational psychology. Hoboken, US: John Wiley & Sons, 2013: 412-469.

---

① PlOYHART R E, MOLITERNO T P. Emergence of the human capital resource: a multilevel model [J]. Academy of Management Review, 2011, 36 (1): 140.

第五章　基于企业能力竞争优势之微观基础

能力是人们最常见和最熟悉的个体心理品质。它具有多个维度，在不同的学科，其内涵和外延有所不同，是一个在学术研究领域争议颇多，在实际应用领域很难界定和测量的概念。然而，就像资源要素一样，能力是形成企业竞争优势的一个重要因素，这种观点已得到了普遍的认可，它产生的价值和作用必将越来越大。

第一节　能力概述

最早涉及"能力"概念的经济学著作当属古典经济学时期斯密的《国富论》。斯密在书中指出，不同个体初始的资质是相近的，相互间能力之所以会有高有低，实质上是因为个体所处的分工与专业化水平不同。[①] 能力有层级之分，并具有多个本质特征。

一、能力的概念

能力在战略管理中是一个最基本的术语，因而常常被提及。但能力的概念是什么？虽然有很多学者都给出了定义，但至今尚没有统一的认识。能力可从不同的视角给出定义，比如，心理学、哲学、社会学、管理学、教育学等。从管理学的角度，尤其从战略管理角度，学者们对能力的概念提出了相当多的说法，但一直没有达成一致的观点，这对战略管理理论的研究与发展造成了一定的制约。

其实，汉语中的"能力"一词，在英文中有多个词语与之对应，其中最常见的就是"competence"和"capability"。《牛津英语词典》（第二版，1989年）将"competence"

---

① 胡慧源，王京安. 经济学中的"能力"概念及其反思[J]. 现代经济探讨，2013（2）：84.

定义为"充足的供应，足够的量"和"足够的资格；有充分处理某一问题的能力（capacity）"。它将"capability"定义为"各种意义上的能力素质""广义的力量或能力（ability），无论是身体上的还是精神上的；容纳能力（capacity）""未开发的天赋或所有物；能够转换或转为使用的物质或其他条件"。而"capable"又被定义为"能够或适合接受并受其影响；开放的、易受影响的"和"具有实现某些特定目的或进行某些特定活动所需的能力（capacity）、力量或适配性"。而《韦氏大词典》（百科全书版，1997年）将"competence"定义为"能胜任的状态；各种能力（ability）"。并将"capability"定义为"能够做某事的状态或特征；容纳能力（capacity）""面向某种特定用途或发展形式的易受影响的特性"。

"competence"和"capability"这两个单词看起来很相似，许多作者会将其互换使用。比如，哈梅尔在讨论核心能力（core competence）的概念时，就将"competence"与"capability"进行了互换使用。[①] 但如果仔细研究文献，就会发现其含义仍然存在细微差别。

（一）"competence"的概念

"competence"源于法语单词"compétence"，这个单词的意思是能力，胜任。20世纪中叶，随着战略研究的兴起，"competence"一词成为最基本也最重要的术语。1980年，麦克莱兰和博亚特兹将"competence"定义为"一种在工作中与高效业绩有因果关系的知识、动机、特质、自我形象、社会角色和技能的类属体（generic body）。[②] 接着，学者们结合自己的研究领域相继对"competence"给出了定义（见表5-1）。

通过对学者们给出的"competence"定义进行仔细分析，就会发现有些词语频繁出现，比如，技能、知识、活动、惯例、资产，因此，可以把它们作为"competence"定义的限定词。"competence"的本义是"资格充足或有充分的能力处理问题"。从本质上看，技能是企业特有的，而资格属于资源定义的范围。显然，资格充足将给予企业充分处理主题的能力，也就是说，企业特定资源的充分使用将有助于企业充分地处理这一主题。而主题所包含的内容应是多方面的，除了竞争环境中的竞争优势外，也可以是社会创新问题等。同时，活动和惯例之类的术语不能作为限

---

① HAMEL G, HEENE A. Competence-based competition [C]. Hoboken, US: John Wiley & Sons, 1994: 12.
② MCCLELLAND D C, BOYATZIS R E. Opportunities for counselors from the competency assessment movement [J]. The Personnel and Guidance Journal, 1980, 58 (5): 369.

定词，因为谈论活动或惯例的充分性是无意义的，所以，在"competence"的定义中不能使用这些术语。

表 5-1 部分学者对"competence"的定义

序号	学者	定义	强调内容
1	McClelland，Boyatzis（1980）	一种在工作中与高效业绩有因果关系的知识、动机、特质、自我形象、社会角色和技能的类属体（generic body）	具有知识、动机、特质、自我形象、社会角色和技能的特征
2	McLagan（1989）	一个知识和技能领域，在生产特定领域具有经济效应	知识和技能
3	Hall（1992）	员工和其他利益相关者的专门知识和集体能力	组织和利益相关者的知识
4	L. M. Spencer，S. M. Spencer（1993）	在特定情况或工作中评估时有效且具有出色表现的个人特征；它包括知识、技能、自我概念、性状和动机	个人特征
5	Dubois（1993）	在各种情况下有效地完成职责或任务所必需的知识、技能和态度的集合	知识、技能和态度
6	Chiesa，Barbeschi（1994）	知识、技能和技术的独特组合，引领一系列有利可图的创新	在能力的范围内创新，获得能力的工具是知识和技能
7	Sanchez，Heene，Thomas（1996）	以一种帮助企业实现其目标的方式来维持资产协调配置的能力	配置资产
8	Foss（1996）	一种典型的特殊知识资本，允许其持有者以某些方式执行活动，特别是解决问题，并且通常比其他方式更有效地执行这些活动	知识
9	Sanchez，Heene（1997）	一个组织的能力，以支持协调部署资源的方式帮助组织实现目标	资源配置
10	Bogner，Thomas，McGee（1999）	与竞争对手相比，能使客户获得更大的满足，或比竞争对手有更低的成本，或使顾客满意与低成本两者间产生有利组合的技能、认知特征，能直接或间接地导致企业持续的竞争优势	技能、认知特征、竞争优势
11	Jung（2004）	指在某项工作中成功执行的能力、技能、知识、态度和经验	能力、技能、知识、态度和经验
12	国际标准化组织（2012）	应用知识和技能以实现预期结果的能力	知识、技能

"competence"应该仅意味着由有形资产和无形资产组成的企业特定资源,这些企业的特定资源结合在一起形成企业能力。当我们引入资源组合的概念时,便进入流程领域,而流程是从企业特定资源中结合和提取工作以实现特定目标的手段。因此,当一个以上可充分利用的企业特定资源通过各种不同的结合机制以及正式和非正式的组织流程联结在一起时,便形成了能力。例如,一个由多名技术专家和设计师组成的研发团队,该团队不仅人员配备足够,而且成员组成在知识结构上合理,他们结合在一起,具备充足的研发知识,在组织环境和惯例的支持下,经过适当的管理,可开发任何微型化产品,这就表明研发团队有微型化产品的开发能力(competence)。因此,"competence"可定义为企业特定资源的组合,每种资源都处于充分状态,这些资源通过各种相关的组织流程、惯例和绑定机制黏合在一起,以实现特定的组织目标。这样,"competence"相当于汉语中的"胜任力",表示知道或能够做事的知识、技能、态度。[①]

(二)"capability"的概念

1984年,蒂斯在其《动态能力与战略管理》一文中提及"capability"的概念,并提出"capability"是指企业能够支持其当前竞争行动,应对市场变化和保持增长的资源的种类和数量。在蒂斯研究的基础上,学者们也纷纷对"capability"给出了定义(见表5-2)。

表5-2 部分学者对"capability"的定义

序号	学者	定义	强调内容
1	Teece(1984)	企业能够支持其当前竞争行动,应对市场变化和保持增长的资源的种类和数量	拥有资源
2	Michael et al.(1989)	企业独特的资源定位	资源
3	Grant(1991)	用一组资源执行某些任务或活动的能力	资源
4	Stalk et al.(1992)	一组战略理解的业务流程	业务流程
5	Amit et al.(1993)	企业使用组织流程部署资源(通常结合使用)以实现期望目标的能力	资源与流程
6	Treacy, Wiersema(1993)	三种价值类型之一:卓越运营、客户亲密或产品领导力	运营、客户或产品
7	Henderson, Cockburn(1994)	部署企业资源和开发新资源的组织能力	资源

---

① RAY S, RAMAKRISHNAN K. Resources, competences and capabilities conundrum: a back-to-basics call [J]. Decision, 2006, 33(2): 15.

续表

序号	学者	定义	强调内容
8	George, Day (1994)	一组复杂的技能和集体学习, 通过组织过程, 确保对功能活动进行良好的协调	技能、学习、流程
9	David, Collis (1994)	将组织能力定义为决定企业将投入物质转化为产出的社会复杂程序	程序
10	Robert, Grant (1996)	组织能力被定义为企业重复执行生产任务的能力,该任务直接或间接地与企业的创造价值能力相关,而创造价值通过影响投入产出率而获得	行动绩效
11	Dosi, Giovanni, Teece (1998)	企业组织、管理、协调或治理一系列活动的能力	活动
12	Sidney, Winter (2000)	组织能力是一个高层次的惯例(或惯例集),连同其实施的输入流,赋予组织管理一组决策选项,用于产生特定类型的重要输出	例行程序
13	Hitt, Ireland, Hoskisson (2001)	企业整合和部署其资源以实现预期目标的能力	整合和部署其资源
14	Helfat, Peteraf (2003)	执行一组协调的任务,利用组织资源实现特定最终结果的组织能力	协调、成果
15	Besanko et al. (2004)	与竞争对手相比,企业做得特别好的活动	活动
16	Helfat et al. (2007)	执行特定任务或活动的能力	任务、活动
17	Helfat, Winter (2011)	以可靠且产生最少不满意的方式执行特定活动的能力	活动
18	Teece (2012)	能够有效地执行企业当前活动的能力	活动

资料来源:作者整理。

学者们对 "capability" 的定义主要有两个方面。一是将 "capability" 解释为 "capacity",即容纳能力、生产能力。比如,有学者将 "capability" 定义为 "用一组资源执行某些任务或活动的能力(capacity)"。① 二是将 "capability" 解释为协调,由惯例、默认知识和组织记忆的混合组成。近年来,学者将能力划分为运营能力和动态能力。运营能力包括在执行诸如制造等活动时所涉及的所有惯例,而动态能力是构建、集成和重新配置运营能力的能力。温特认为 "capability" 应被定义为常规性惯例(normal routines)或 "支持变化的活动",前者是零级能力,后者是一级动态能力。

---

① GRANT R M. The resource-based theory of competitive advantage: implications for strategy formulation [J]. California Management Review, 1991, 33 (3): 119.

将"capability"区分为运营能力和动态能力引出了层级的概念,由于动态能力被认为具有更高的组织价值,因此,有些学者支持这种解释。比如,萨沃里(Savory,2006)在定义双循环和三循环学习的概念时便采用了这样的方式。[①] 贾维丹(Javidan,1998)也提到了层级概念,他认为"capability"比"competence"具有更低的组织价值和复杂性。[②] 永奎斯特(Ljungquist,2008)认为这两个论点基本上都缺乏依据,因为研究者是使用定义表达来构造层次结构的。为此,永奎斯特借助最通用的特征(系统和惯例)来定义"capability",而不管这些特征是否属于运营或动态。永奎斯特认为,系统概念在许多企业的创业中发挥着关键的作用,例如构建核心能力,惯例也是组织活动和流程的关键。这些关键的功能表明,"capability"和核心能力之间存在着联系。[③]

学者在定义"capability"时,相对频繁地使用的术语是能力、资源、资产、活动、惯例、流程和竞争优势(见表5-2)。正如我们已经看到的,这些术语在"competence"的定义中也同样被频繁地使用。因此,就很难区分"competence"和"capability"。

其实,"capability"的本义是事物能够或适合接受的性质,或事物能够被影响的性质,而决定事物能够被影响的要素包括:具备必要的能力或力量,或能够适应某种特定目的或活动。这意味着它是能够被转换或转向使用的东西。"competence"(胜任力),即必要的资格所需的充足性已经具备,这种"competence"(胜任力)可以受到影响、被转换或被使用以达成目标。可见,"competence"是"capability"的必要条件。因此,当一个以上的 competence 通过广泛的结合机制和正式或非正式的组织过程联系在一起时,就形成了 capability。而组织不同职能领域(如研发、设计、营销和制造)"competence"的复杂组合可能会形成产品开发能力(capability)。为此,可将"capability"定义为一组适当的能力(competence)的复杂组合,通过各种相关的组织流程(organizational processes)、惯例和联系机制(bonding mechanisms)黏合在一起,以实现特定的组织目标。

(三)"capability"与"competence"的比较

1. 区别

"competence"主要用于表示"胜任"和"资格",解释为"经证实的应用知识和

[①] SAVORY C. Translating knowledge to build technological competence [J]. Management Decision, 2006, 44 (8): 1052-1054.

[②] JAVIDAN M. Core competence: what does it mean in practice? [J]. Long Range Planning, 1998, 31 (1): 62.

[③] LJUNGQUIST U. Specification of core competence and associated components: a proposed model and a case illustration [J]. European Business Review, 2008, 20 (1): 73-75.

技能的本领"，即表明某人能胜任某项工作，有资格应用某种知识和技能。而"capability"主要用于表示"能力、才干，有能力，权能"，解释为"组织、体系或过程生产产品并使其满足要求的本领"。事实上，"capability"与"competence"区别的核心在于："capability"直接涉及转换，即从技术（等）转换到生产过程，并从生产转换到产品；"competence"涉及先前已经改变并被雇佣或以其他方式被引入以帮助后续流程。总的来说，"competence"给人一种"充实"的感觉，充满了处理手头问题的能力（capacity）。而"capability"则给人一种积极的感觉，即还有一些空间可以用来实现任何目标。

2. 联系

（1）包含关系

"competence"与"capability"既有区别，又有联系。雷和拉马克里希南认为，联系的一方面就是它们有包含关系。具体来说，"competence"是"capability"的组成要素（见图5-1）。资源1与资源2的组合，经过1阶流程后，形成competence 1，以实现自身的目标1；competence 1与competence 2的组合，经过2阶流程后，形成简单capability 1，实现目标5；简单capability 1与简单capability 2的组合，经过3阶流程后，构成复杂capability，实现目标7。[①]

（2）转化关系

"competence"与"capability"联系的另一方面就是转化关系，即"competence"要向"capability"方向发展。

"competence"的定义是拥有满足当前需求的技能、知识和能力。它涉及当前状态，表示在熟悉环境和熟悉任务的条件下，完成具体的任务。"competence"被认为是人在某个特定时间如何理解任务及其环境，其结果在于使用某一层次的能力去完成一项特定的任务，因此，通常被看作是帮助人们工作的工具。[②]

"capability"是一种整合的知识技能和个人品质，能够有效和适当地应对各种各样的、熟悉的与不熟悉的情况。它意味着能有效地管理当前未知或新出现的环境和新的问题，侧重于开发和适应性地满足未来需求的能力。[③] 因此，凯恩斯（Cairns，2000）

---

① RAY S, RAMAKRISHNAN K. Resources, competences and capabilities conundrum: a back-to-basics call [J]. Decision, 2006, 33 (2): 15-18.

② SANDBERG J. Understanding human competence at work: an interpretive approach [J]. Academy of Management Journal, 2000, 43 (1): 9.

③ DAVIS L, HASE S. Developing capable employees: the work activity briefing [J]. Journal of Workplace Learning, 1999, 11 (8): 298-299.

将"capability"定义为将全面的人类素质、知识、技能和个人素质的综合，有效和适当地应用于各种熟悉和不熟悉的情况。[1] "capability"的结果集中于可变性（changeability）、可改善性（improvability）和响应性（responsiveness）。另外，"capability"强调对持续适应性和持续学习的需要，而知道如何学习则被认为是能力的重要组成部分。"capability"的概念包括寻求环境、复杂性、时间、连续学习、灵活性和适应性的新动力。[2]

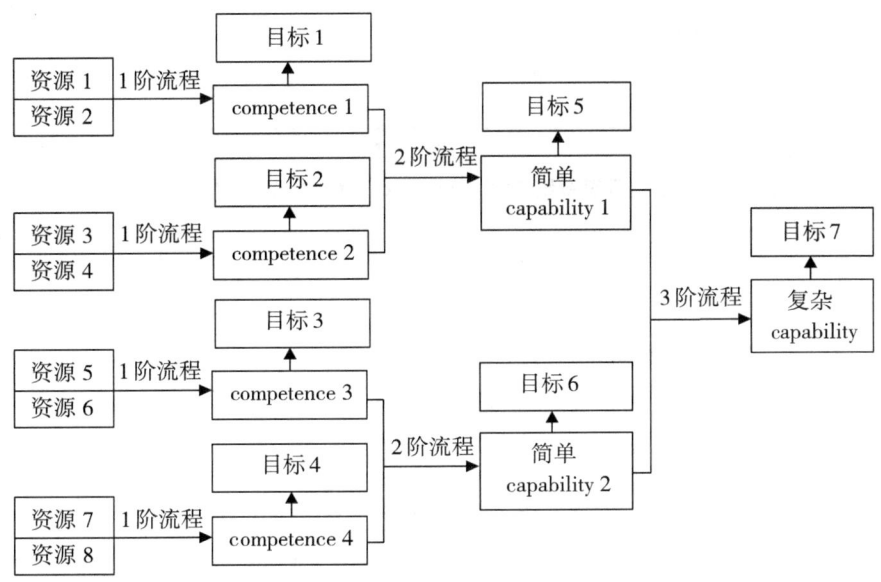

图 5-1 资源、"competence"与"capability"关系示意图

资料来源：RAY S, RAMAKRISHNAN K. Resources, competences and capabilities conundrum: a back-to-basics call [J]. Decision, 2006, 33 (2): 1-24.

"capability"不排除"competence"的表达，但"capability"也不被视为更高水平的"competence"。"capability"与分析、评价和综合推理非常紧密地结合在一起，它还涉及适应变化，产生新知识和不断改进绩效。虽然胜任力（competence）可用于处理直观的问题，但我们需要的不仅仅是利用胜任力（competence）来设定我们追求卓越的愿望，我们更需要能力（capability）来应对未来的复杂问题。因此，"competence"要向"capability"方向转变（见图 5-2）。

---

[1] CAIRNS L. The process/outcome approach to becoming a capable organization [R]. Sydney: Australian Capability Network Conference, 2000: 2.
[2] PHELPS R, HASE S, ELLIS A. Competency, capability, complexity and computers: exploring a new model for conceptualising end-user computer education [J]. British Journal of Educational Technology, 2005, 36 (1): 69.

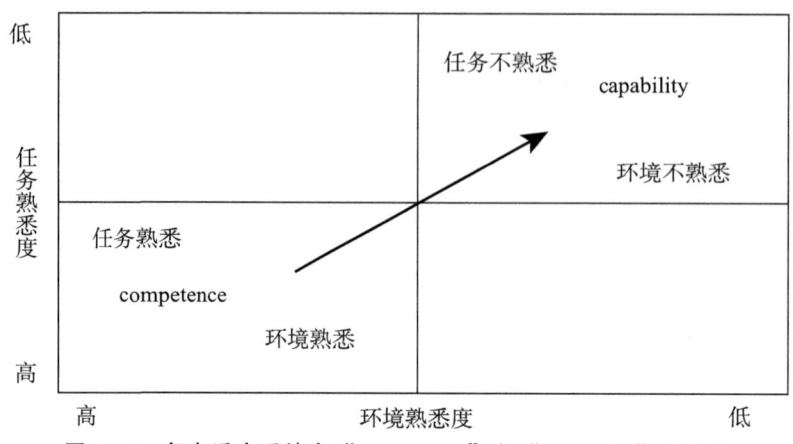

图 5-2 复杂适应系统中"competence"和"capability"的关系

二、能力层级

早在 1982 年，纳尔逊和温特（Nelson and Winter，1982）就把企业的惯例分为三类：企业在任何给定的时间内凭借拥有的设备和其他生产要素所进行的活动，设备和生产要素的逐期增长，修改操作特性和程序。[①] 这些惯例成为支撑能力的基础。科利斯认（Collis，1994）为这些惯例与能力层级相关联，并将能力划分为：静态能力、动态能力和创造力。[②] 近些年，学者将能力分为两大类：普通能力和动态能力。其中，普通能力是一级能力，包括标准制造或分销以及货物和服务物流等活动，这些活动是企业在短期内需要进行竞争和保持业务的关键活动，其作用在于可以保持企业现状，支持企业的竞争力，但不会使企业发生任何变化。[③] 动态能力为二级（高级）能力，是寻求和形成快速改变商业环境的更高层次的能力，包括市场分析、新产品开发、研发、审计和基准业务、策略开发，以及任何改变企业现状的活动，它们能为企业提供有意识创建、扩展和修改其资源以及日常工作的基础。[④]

大多数学者认为，普通能力比动态能力的层级低，这一观点基本达成了共识，但

[①] NELSON R R, WINTER S G. An evolutionary theory of economic change [M]. Cambridge: Belknap Press, 1982: 15.

[②] COLLIS D. Research note: how valuable are organizational capabilities? [J]. Strategic Management Journal, 1994, 15 (51): 145.

[③] KLEINSCHMIDT E J, DE BRENTANI U, SALOMO S. Performance of global new product development programs: a resource-based view [J]. Journal of Product Innovation Management, 2007, 24 (5): 421.

[④] HELFAT C E, FINKELSTEIN S, MITCHELL W, et al. Dynamic capabilities: understanding strategic change in organizations [M]. Hoboken, US: Wiley-Blackwell, 2007: 117.

学者们对于动态能力的观点却比较混乱。一方面，动态能力是直接负责企业的产出（绩效），还是通过普通能力间接负责产出，这是混乱的。另一方面，动态能力是否属于科利斯所定义的二级能力或三级能力，这也存在混乱。例如，潘等人（Pan et al.，2007）将普通能力定义为非战略能力，而动态能力则被定义为战略能力。[①] 德内维奇和克里库伊纳斯（Drnevich and Kriauciunas，2011）将普通能力定义为效率的变化和当前业务活动的效果。[②] 与科利斯层级结构相比，潘等人所说的普通能力与一级能力相一致（基本功能活动），其动态能力与二级能力相一致（动态性改进）。然而，德内维奇和克里库伊纳斯的普通能力与科利斯的二级能力保持一致，因为它们涉及新产品开发和提高效率，这是变革过程，而其动态能力与科利斯的三级能力相一致，因为它们涉及新的做法，这是一个创造性的过程。

类似地，埃洛宁等人和普罗托戈鲁等人将普通能力定义为营销或技术能力。其中营销能力侧重于产品和服务开发、定价和市场信息管理，技术能力侧重于提高研发和制造流程的效率。这些活动涉及变革过程，因此符合科利斯的二级能力。普罗托戈鲁等人（Protogerou et al.，2012）将动态能力定义为协调、学习和战略竞争对策。[③] 然而，根据科利斯的观点，学习和战略竞争对策可以被认为是一种创造性的能力，协调活动涉及改进当前活动以提高效率。其实，这些混乱已渗透到学者对普通能力和动态能力的实证研究当中。

在前人研究的基础上，海恩等人（Hine et al.，2014）提出了新的能力层级分析架构（见图 5-3）。该框架包含三个层级的能力和四个内部维度，这些能力和维度体现了能力和战略管理相关讨论中的重点。三个层级的能力分别为：普通能力、动态职能能力和动态学习能力，分别定义为一阶能力、二阶能力和三阶能力。同时把资源或惯例定义为零阶能力。四个内部维度分别是：主要资源、惯例模式、学习任务重点和战略意图。这些维度中的每一个都包括一个连续体，而这些连续体的上层的能力是动态学习能力，而下层的能力是普通能力。动态职能能力夹在中间，就像普通能力一样，它们是动态学习能力的结果，但与普通能力不同，它们的重点是变化。[④]

[①] PAN S，TAN B，HUANG J，et al. The development paths of non-strategic capabilities [J]. European Management Journal，2007，25（5）：344.
[②] DRNEVICH P，KRIAUCIUNAS A. Clarifying the conditions and limits of the contributions of ordinary and dynamic capabilities to relative firm performance [J]. Strategic Management Journal，2011，32（3）：257.
[③] PROTOGEROU A，CALOGHIROU Y，LIOUKAS S. Dynamic capabilities and their indirect impact on firm performance [J]. Industrial and Corporate Change，2012，21（3）：619.
[④] HINE D，PARKER R，PREGELJ L，et al. Deconstructing and reconstructing the capability hierarchy [J]. Industrial and Corporate Change，2014，23（5）：1307-1308.

支撑能力的主要资源可以用普通到高度专业化的连续统一体来衡量。一方面，资源在其应用和可用性方面可能是普遍的，例如标准台式计算机、铲子或会计日记账分录。另一方面是高度专业化的资源，它们为企业提供有目的地创建、扩展和修改其资源和常规基础的能力。

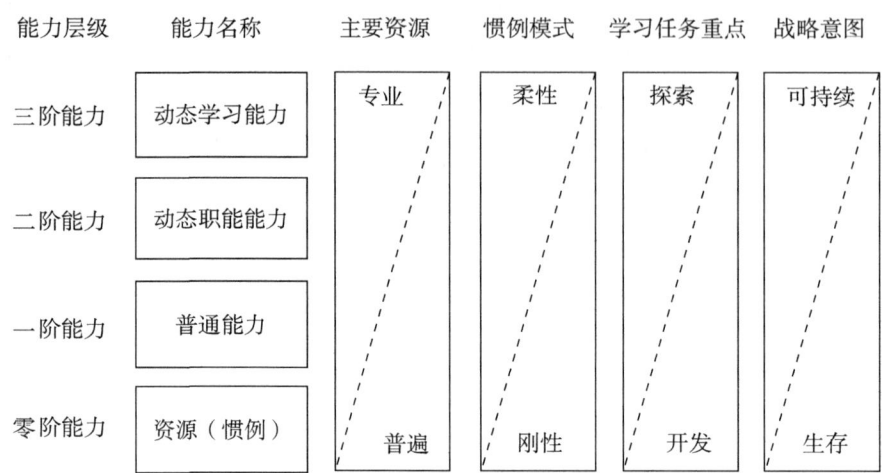

图 5-3　能力层级分析架构

资料来源：HINE D, PARKER R, PREGELJ L, et al. Deconstructing and reconstructing the capability hierarchy [J]. Industrial and Corporate Change, 2014, 23 (5): 1299-1325.

纳尔逊和温特（Nelson and Winter, 1982）将惯例定义为"企业的正常和可预测的行为模式"。[①] 它们可以是技术惯例，例如生产线的维护人员，或投资和广告等政策。模式是指行为发生的频率和重复率，或企业引发了一个惯例，并在研究中受到很多关注。高刚性（high rigidity）行为在手册和指南中更容易被编纂和捕获，如处方类书籍、标准操作程序和工作手册。这表明它们更加稳定、可重复、较少默许。记录指令的流程将整合行为。相反，高柔性（high flexibility）行为不容易被编码，因为它不是以可预测的方式不断重复的。它包括战略制定、突发性创新、发明和把企业带到未开发的利基（niches）市场，以及相关的活动，是一种间歇性发生的新行为，甚至很少在大多数企业出现。没有说明书或标准操作程序来策划，属于突发性创新，并在新的和未开发的利基市场中竞争。灵活的企业可以作试验，尝试新的流程和活动，并进行变化。然后，企业可以选择提供最大业绩结果和最有可能实现竞争优势的业务。企业创造性地通过更高阶的动态学习能力来改变他们的流程。因此，高度柔性的惯例，也意味着

---

① NELSON R, WINTER S. An evolutionary theory of economic change [M]. Cambridge, US: Belknap Press, 1982: 14.

动态学习能力。在连续体的另一端是高度刚性的惯例，则表示普通能力。

学习任务的重点就是探索或开发。探索性学习活动与变化、扫描、创造力、突破和重新整合相关联，而开发性学习活动与选择、适应、常规化和结构相关。[1] 探索常被认为是创新：企业寻求新的替代方案来应对未来的挑战并创造新的机会。开发被看作一致性：企业擅长于他们当前的业务。探索性学习与动态能力相关联，而开发性学习与普通能力相关联。探索性学习对于如何增加新的市场准入或创新所需的资源、程序和能力有更广泛或深入的了解。虽然它不太可能立即获得回报，但是能够更好地适应所有企业流程的变化。开发性学习在使用和进一步完善现有资源、惯例和能力方面有帮助。

哈梅尔和普拉哈拉德（Hamel and Prahalad，1989）强调了战略意图的重要性，将其视为对赢得特定关键竞争对手的一种迷恋。他们将战略意图定义为获胜的本质，推动企业创造和维持一致的动机来克服资源的限制。[2] 汉密尔顿等人（Hamilton et al., 1998）重点关注资源与战略意图之间的联系，并指出，成功实施战略意图的关键问题是企业内部的所有人都必须有"对企业挑战的责任感"。[3] 蒂斯（Teece，2012）提出，创业（管理）资本主义包括校准机会和诊断威胁，根据政策或行动计划指导和重新分配资源，并可能重塑组织结构和管理制度，以便创造和应对技术机会（technological opportunities）和竞争威胁。[4] 鉴于高阶动态能力是长期重点关注与改变资源和惯例，长期以来，学者们一致认为，战略意图和可持续性取决于动态能力。长期可持续性的战略重点是动态学习能力。那么，那些不能或不愿意更新自己的资源和能力的企业，就必须依靠他们目前的能力去参与竞争了。由于短期主义和许多企业面临的现实，这种日常工作活动得到了非能力性活动和普通能力的支持。虽然普通能力可能随着时间的推移变得具有突发性，但它们的持续使用导致了自然的改进，这种变化是特别的和无意的。[5] 因此，短期战略的重点是维持生存，是普通能力的目标。同时，动态职能能力位于连续体的中间，表明企业有意跟上竞争对手，但没有长期可持续发展的重点。

海恩等人的能力层级架构，除了包含三个层级的能力和四个内部维度外，还包含

---

[1] LAVIE D, STETTNER U, TUSHMAN M. Exploration and exploitation within and across organizations [J]. Academy of Management Annals, 2010, 4 (1): 112.
[2] HAMEL G, PRAHALAD C K. Strategic intent [J]. Harvard Business Review, 1989, 67 (7): 64.
[3] HAMILTON R D, ESKIN D, MICHAELS M P. Assessing competitors: the gap between strategic intent and core capability [J]. Long Range Planning, 1998, 31 (3): 406.
[4] TEECE D J. Dynamic capabilities: routines versus entrepreneurial action [J]. Journal of Management Studies, 2012, 49 (8): 1398.
[5] RAY S, RAMAKRISHNAN K. Resources, competences and capabilities conundrum: a back-to-basics call [J]. Decision, 2006, 33 (2): 17.

外部维度。外部维度是外部竞争环境中的速度或动力水平,它决定了动态学习能力、动态职能能力或普通能力以及竞争力建构的需要和程度。

三、能力的基本特征

能力具有各种不同的特征,把握好这些基本特征,对于我们深入研究能力的科学发挥与有效实现显得十分必要。

第一,全面性。人的能力并非孤立存在,而是多种素质和多种能力整合的结果,即使表面看来比较单一的能力也是如此。也就是说,人们通常所说的能力不只是指某一方面的能力,而是指人的全面能力或综合能力。从能力的一般内容结构看,能力主要包括:潜能、体力、智力、情感力、意志力、精神力量、实践能力(含专业技能)、德力。潜能指主体通过自然遗传、文化继承、社会实践获得的力量或能量;体力指人在生理上的健全程度;智力指人的知识水平和智慧程度;情感力指人的情感力量;意志力指人的心理素质表现出来的一种力量;精神力量指人的理论思维能力和思想观念的力量;实践能力指人的基本技术与掌握生产流程的熟练程度;德力指主体对社会行为准则或规范的认识、理解和领悟并借以遵循、外化的能力。[①]

第二,动态性。动态性指人所获得或具备的能力不是永恒不变的,而是不断发展变化的;它包括纵向发展,即同一种能力的能级变化,也包括横向发展,即不同能力的能质变化等。能力的动态性表明,人如果不断加强学习与实践,能力就会得到提升;相反,如果不坚持学习,思想就会僵化、老化,能力就有可能下降。古人云"业精于勤,荒于嬉",素质的提升、能力的增长都是建立在勤奋学习的基础上的。

第三,显现性。人的素质是能力的内在基础,是人内在本质的力量,而人的能力则是人内在素质的外在表现、实现和确证,是人内在本质力量的外在体现。因此,能力是主体素质在实践基础上的外化。这指的是能力可以通过实践凝结在作用物上,如"人化自然""人化环境"等,人们正是根据已经外化的能力对其进行评价和测度。

第四,融合性。融合性指的是完成某项特定的任务目标,需要多种能力和各种情境因素的融合。任何事情的处理都需要能力,能力是人们完成任务的基本条件,但不是唯一条件,如态度、性格特点、客观环境、人际关系等都会影响任务的完成。人们在评价他人能力时,往往从完成了某项任务的角度来谈及,因为当你完成某项任务时,

---

① 吴晓义,杜晓颖. 能力概念的多维透视[J]. 吉林工程技术师范学院学报,2006,22(4):2.

往往需要许多能力有机地组合在一起，如画家的工作就需要其具备色彩鉴别能力、观察能力、想象能力。

第五，激发性。一般来说，在需要的推动下，人的能力会在一定程度上表现出来。但在某些特定环境和条件下，人的能力可能被激发。比如，俄国戏剧家斯坦尼斯拉夫斯基（Stanislavski）在排练一场话剧时，女主角因故不能演出。他实在找不到人，只好叫他的姐姐来演这个角色。可他的姐姐以前只是干些服装设计之类的工作，从未演过主角，缺乏信心，不免手忙脚乱，排练时演得一团糟。斯坦尼斯拉夫斯基朝她大发了一通脾气说：这场戏是全戏的关键，如果女主角演得还是这么差劲，整个戏就不能再往下排了！这时全场寂然，受了屈辱的姐姐久久没有说话。突然，她抬起头来，坚定地说：排练！一改过去的自卑、羞涩、拘谨，演得非常自信、从容、自得。后来，斯坦尼斯拉夫斯基用"一个突然发现的天才"为题记述了这件事，他说：从此，我们有了一个新的大艺术家……试想，如果不是斯坦尼斯拉夫斯基大发雷霆，他的姐姐这样一位戏剧表演家就会被埋没。"水激石则鸣，人激志则宏"，人的潜能是可以被激发出来的。

四、核心能力理论的研究现状

企业能力理论的思想萌芽可追溯到斯密的分工理论、马歇尔的企业内部成长论和彭罗斯的企业成长理论。自20世纪80年代以来，企业能力理论的研究范围较广，核心能力的形成是研究的重点之一。从以往的研究来看，核心能力的形成理论可归纳为三大流派：资源基础观、核心能力论和动态能力论。由于资源基础观我们之前已经作了探讨，而动态能力论将在后面讨论，因此，这里重点讲述核心能力形成的理论研究现状。在讲述核心能力形成的理论之前，我们先要了解"核心能力"这个概念。

（一）核心能力的概念

核心能力与独特能力是与能力相关联的一组概念，它们在战略管理领域中占有极其重要的地位。其中，核心能力的概念是美国著名战略学家普拉哈拉德和哈梅尔于1990年在《哈佛商业评论》上发表《企业的核心能力》一文时首次提出的。从此，学者们围绕企业核心能力和竞争战略的影响展开研究，企业核心能力的培育也引起了企业家的高度重视。但什么是核心能力，如何对它给出定义，对此，学者们众说纷纭，莫衷一是（见表5-3）。比如，有学者认为核心能力是积累性学识，也有学者认为它是企业特定技能、核心技术能力、知识集合、一种资产等。有的学者甚至把核心能力等同于独特能力。

总体上，关于对企业核心能力概念的定义，存在两种分歧较大的观点：一种观点认为，企业核心能力是企业内部对价值创造贡献最大的关键能力或特殊资源；另一种观点认为，企业核心能力是能为企业带来持久竞争优势的能力组合。二者都认为独特能力是企业竞争优势之源，但前者注重企业能力体系中个别关键的部分，故可称为"核力观"，后者强调能力体系的有机结合，故可称为"合力观"。持"核力观"的研究者之间也有不同的认识，有的学者把核心能力归结为核心技术、知识体系，还有的研究者把核心能力归结为智力资产或特殊资产。[①]

在界定核心能力的概念前，首先要区别能力与能力结果两个概念。它们之间的最大区别在于：能力可以直接管理，而能力结果则不能。例如，"按时交货的声誉"是一种能力结果而不是能力，原因在于声誉是人们对一组特定的能力组合进行战略性管理而获得的结果。同样，"低成本生产"往往被认为是一种能力，事实上，它是一种能力结果。

表 5-3　部分学者对核心能力的定义

序号	学者	定义	强调内容
1	Prahalad, Hamel (1990)	组织中的积累性学识，特别是关于协调不同的生产技能和有机结合多种技术流派的学识	组织范围的学习
2	Teece (1990)	提高企业在特定经营中的竞争能力和优势基础的一组相异的技能、互补性资产和惯例	技能、互补性资产和惯例
3	Collis (1991)	不可逆转资产的向量，企业沿着该向量的方向发展将拥有独一无二的优势	具有不可逆转的资产
4	Leonard-Barton (1992)	企业内部的知识集合，包括员工的知识和技能、技术系统、管理系统和价值规范四个方面，主要发挥协调各种生产技能和整合不同技术的作用	知识集合
5	Bogner, Thomas (1994)	企业特定的技能和认知特征，旨在实现（与竞争对手相比）最高客户满意度	企业特定技能
6	Henderson, Cockburn (1994)	元件能力（资源、知识技能、技术系统）及构架能力（合成能力、管理系统、价值标准、无形资产）的组合	能力构成
7	Gallon (1995)	一个组织竞争能力因素的协同体，反映在职能部门的基础能力、SBU 的关键能力和企业层次的和谐能力	核心技术能力

---

① 高可为，陶雷. 企业核心能力：诠释及再诠释 [J]. 江汉论坛，2006 (1)：52.

续表

序号	学者	定义	强调内容
8	Lei et al. (1996)	作为一组问题的定义和解决问题的方法,促进形成企业独特性与战略性增长的多种选择方案	认知技能
9	Sanchez, Heene (1997)	核心能力通常是"集体学习"过程的结果,并体现在商业活动和过程中	集体学习
10	Klein (1998)	一组技能集合,可以用一个技能网络来表示核心能力	技术网络
11	Thomas, Pollock (1999)	一个知识库或一套技能,它们足以广泛应用于各种环境中,对消费者产生明确的利益,而且其他企业难以复制	知识和技能
12	Hafeez et al. (2002)	核心能力是独特的能力,通常能够跨越多个产品或市场而发挥作用	独特能力
13	Gupta et al. (2009)	核心能力是沟通、参与和对跨越组织边界工作的深刻承诺	沟通、参与、承诺

谈到核心能力的定义,有一个不能回避的问题就是"什么是核心?"。对一个企业来说,企业的核心问题是完成企业的目标与任务。显然,任何一个企业均有业务目标,它们是能够创造顾客价值的具体且独特的目标。这些业务目标将最终实现利润、盈利能力、股东价值或任务授权等总体目标。[①] 通常,企业中有各类业务目标和总体目标,这些目标纵横交错、相互影响形成目标体系。这些目标的实现完全取决于企业拥有的各种能力。可以认为,"核心"是将能力与目标联系起来的网络的特征或涌现性(emergent property),而核心能力就是实现业务目标体系的核心的、重要的能力。哈梅尔和普拉哈拉德(Hamel and Prahalad,1994)认为,核心能力必须能够通过其与业务目标的联系(即与其他能力相比,具有更多的与目标的支持联系),对创造顾客价值作出非常大的贡献。[②] 因此,我们将企业核心能力的定义界定为"一种能够实现企业业务目标体系的核心的、重要的能力,是企业价值生成活动的核心。"

图 5-4 说明了核心能力与来源、成果、业务目标、顾客价值和总体目标的关系。

---

① EDEN C, ACKERMANN F. Competences, distinctive competences, and core competences [J]. Research in Competence-Based Management, 2010, 5 (5): 3-6.
② HAMEL G, PRAHALAD C K. Competing for the future [M]. Boston: Harvard Business School Press, 1994: 76.

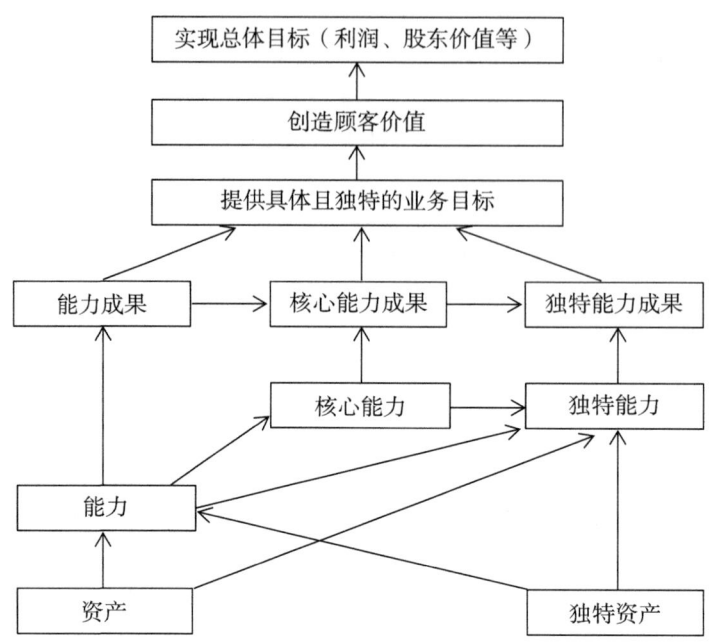

图 5-4 核心能力、独特能力与目标之间的关系

资料来源：EDEN C，ACKERMANN F. Strategic management of stakeholders: theory and practice [J]. Long Range Planning，2010，44（3）：179-196.

（二）核心能力的形成

王宏起和武建龙（2007）对国内外学者关于企业核心能力形成的研究进行了详细而深入的回顾。[①] 他们从九个视角：企业资源基础论、知识创造与积累、组织学习、企业家人力资本、个人能力转化、企业创新、价值创造、系统整合和亚核心能力，并从主要观点、优点和缺点三个方面进行归纳总结（见表 5-4）。

表 5-4 企业核心能力形成理论观点总结与比较

序号	研究视角	主要观点	优点	缺点
1	企业资源基础论	①有效利用稀缺资源；②无形资产驱动有形资产；③战略性外购	突出了资源在企业运作中的基础性作用，核心能力的形成凸显了企业优势与特色	资源概念比较笼统，对企业后续经营缺乏考虑，核心能力形成缺乏动态性
2	知识创造与积累	①"知识旋转"；②"刺激-反应"机制；③企业知识的法治环境	强调核心能力的知识本质，可以应用知识管理理论进行研究，逻辑性比较强	与企业经营活动脱节，在企业管理中不便于交流，且操作性也不强

---

① 王宏起，武建龙. 企业核心能力形成机理研究综述 [J]. 软科学，2007，21（1）：125-127.

续表

序号	研究视角	主要观点	优点	缺点
3	组织学习	①组织学习过程；②高水平的元学习；③"干中学"	把企业看作学习型组织，企业核心能力的形成具有动态性	企业经营活动考虑较少，且在探索核心能力形成根源时陷入了"学习能力—学习中的学习能力"的循环中
4	企业家人力资本	①企业家精神；②企业家人力资本边际贡献递增；③知识的创造者	突出了企业家人力资本在企业战略管理中的主导作用	企业核心能力的形成过程具有偶然性，理论观点不明确
5	个人能力转化	①把个人能力转化为组织能力；②企业核心能力和个人核心能力的和谐发展	明确了企业能力的基础，与企业经营活动结合紧密，在实践中便于操作	更多地考虑了企业能力存量，核心能力形成的动态性和稳定性较差
6	企业创新	①全面质量管理和业务流程重组；②技术创新；③基于动态知识的企业创新体系	企业核心能力形成过程不易模仿，动态性强	视角过于宽泛，不易沟通和操作
7	价值创造	①有效地创造顾客价值；②价值链差异化管理	突出了企业价值创造的本质，并考虑了企业的经营活动	接受市场选择，核心能力形成的能动性差
8	系统整合	①企业基本能力子系统的自组织；②企业整合能力的演化；③所有利益相关者的系统作用	体现了核心能力形成过程的系统性	没有突出影响企业核心能力形成的主导因素，难以发挥理论的指导作用
9	亚核心能力	基于亚核心能力形成企业核心能力	扩展了核心能力理论的研究和应用范围	核心能力的外在表现考虑较多，而内部机理分析不够深入

资料来源：王宏起，武建龙．企业核心能力形成机理研究综述［J］．软科学，2007，21(1)：128。

王宏起和武建龙认为，作为企业核心能力理论体系的基本问题，对企业核心能力形成机理进行科学合理的揭示是一项系统性的研究工作，总体来说应当满足5个方面的要求：①研究基点明确，重点突出；②企业核心能力的形成过程具有能动性、动态性和不可模仿性；③企业核心能力的形成过程与企业经营活动紧密结合；④形成的企业核心能力承接并拓展了企业的优势与特色，且成为企业进一步发展的主导因素；⑤理论观点明确，便于交流，在企业战略管理中具有普遍适用性。从表5-4的理论观点总结与比较也可以看出，各类观点都有其积极的意义，但没有一个理论观点完全符合这5个方面的要求，所以企业核心能力如何形成的问题有待进一步研究与探讨。

第二节　企业能力与企业竞争优势

企业能力是一组独立的能力，它们使企业能够最有效率和最有效果地展开工作并长期维持自身的经济能力。通常，企业能力可分为不同的类别，比如一般能力、独特能力、核心能力、组织能力、社会能力、技术能力、市场开发能力和管理能力等，而且每一种能力也可以细分。其中，企业的核心能力和独特能力对形成企业竞争优势会产生直接的影响。为此，本节探讨这两种能力为企业创造竞争优势的逻辑机制。

一、核心能力与企业竞争优势

（一）核心能力的构成要素

在学界，由于学者对核心能力概念持有不同的看法，因此，有关核心能力构成要素的观点也多种多样。迈耶和阿特巴克强调了技术的特殊作用，并认为研发能力、生产和制造能力以及营销能力一样重要；伦纳德-巴顿强调知识的重要性，并将核心能力视为一个复杂的知识体系，包括员工技能和学习、企业的技术系统、管理体系和价值体系。哈梅尔和普拉哈拉德区分了市场准入能力、整合相关能力和功能相关能力；博格纳和托马斯认为，核心能力包括三个基本组成部分：共享价值体系、规程和惯例、对交互的默认；[①] 霍尔认为，企业的职能、文化、定位、调整能力有机地整合在一起，构成核心能力，并决定它的竞争力；[②] 福勒等人（Fowler et al., 2000）认为存在三种类型的能力：技术能力、市场控制力和整合能力；王永贵在实证研究中对核心能力的分类也采用了与福勒等相同的分类方法。[③]

邓修权等人（2003）对核心能力的构成要素进行了调查分析，调查对象是中国期刊全文数据库中从1994年到2002年4月与核心能力主题相关并最具代表性的222篇文献。调查结果发现，我国学者所提出或提到的核心能力构成要素大致可归纳为31种，

[①] HAMEL G, HEENE A. Competence-based competition [C]. Hoboken, US: John Wiley & Sons, 1994: 111-113.
[②] HAMEL G, PRAHALAD C K. Competing for the future [M]. Boston: Harvard Business School Press, 1994.
[③] FOWLER S W, KING W A, MARSH S J, et al. Beyond products: new strategic imperatives for developing competencies in dynamic environments [J]. Journal of Engineering and Technology Management, 2000, 17 (3-4): 357-358.

并可分为资源类和能力类两大类,它们具有一种层次性的关系;技术能力、协调运用资源能力、研究和开发能力、企业文化、知识、不断创新的能力、响应能力、营销能力、前线执行能力、转化能力、决策能力、管理系统、组织结构、组织(界面)管理能力、人员共15种要素具有较高的被认同程度。[①] 其中,技术要素的被认同程度最高。我国学者认为,技术能力和营销能力应成为核心能力的重要组成要素,虽然其他一些能力要素对形成核心能力也很重要,但若将这些要素融合在一起,它们会产生一个合力,可将它称为整合能力。也就是说,我国学者认为,福勒等人提出的核心能力包括技术能力、营销能力和整合能力的分类方法是合适的。

(二) 核心能力形成竞争优势的逻辑

按福勒等人的思路,核心能力包括技术能力、营销能力和整合能力三个组成部分。而这些组成内容均对形成企业竞争优势产生积极的影响,其逻辑关系见图5-5。

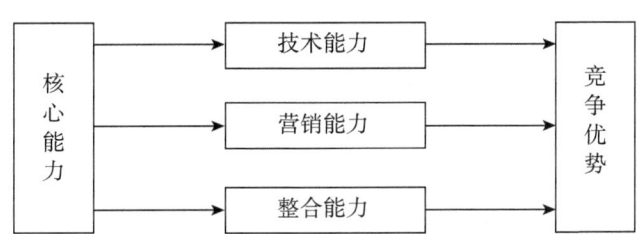

图5-5 核心能力形成企业竞争优势机理的示意图

1. 技术能力对竞争优势的影响

技术能力指的是开发和设计新产品和流程的能力,并包括以特有的方式积累对物质世界的知识,将这些知识转化为设计和指令,以产生预期的结果的过程。因此,拥有技术能力的企业不仅掌握技术,而且有能力部署和扩大核心能力的影响,并结合不同的技术流有效地在企业之间配置技术资源。具体来说,技术能力是一组包括实践和理论知识、方法、程序、经验、物理装置和设备的知识。技术能力代表企业的卓越性和异质性技术资产,这些资产与产品技术、设计技术、工艺技术和信息技术密切相关。此外,技术能力需要对科学原理以及产生的新知识有深刻的理解,但又不同于科学,因为其通常隐含在经验和技能中。[②]

根据技术能力理论,技术具有专有性、技术发展路径依赖性、技术累积性及技

---

① 邓修权,吴旸,上官春霞,等. 核心能力构成要素的调查分析:基于中国期刊全文数据库[J]. 科研管理,2003 (2):109-111.
② AFUAH A. Mapping technological capabilities into product markets and competitive advantage: the case of cholesterol drugs[J]. Strategic Management Journal,2002,23 (2):171-172.

的缄默性等特点,决定了技术不能够及时和无成本地被任何一个企业所获取。同时,技术是不能够自动生成的,技术能力需要通过学习过程来提高,而学习是一个需要资金和明确目标的行为。

此外,技术能力可帮助企业识别和应用外部新知识去促进持续开发,这可能提高绩效。卓越的技术能力通常可使企业能够为客户提供新产品或服务,从而对客户的购买或非购买行为(例如积极的口碑)产生决定性的影响。因此,技术能力成为企业的竞争优势和获取技术性竞争市场绩效的重要来源。

2. 营销能力对竞争优势的影响

戴(Day,1994)认为,营销能力是企业综合运用知识、技术和资源以满足市场需求,并赢得产品和服务的整合过程和能力,按照营销过程的不同可分为由外而内、由内而外、内外结合三种能力,分别指的是企业在市场判断、顾客关系培养、渠道控制和技术控制等方面的能力。[①]

布鲁尼和维罗纳(Bruni and Verona,2009)认为营销能力是企业为了适应市场和技术的变化,创造、运用和整合市场知识与营销资源的能力,并将其划分为管理信念、人力资本和社会资本三个维度。[②] 方和邹(Fang and Zou,2009)将营销能力界定为企业在应对市场变化时创造和传递顾客价值的跨职能业务流程的反应速度和效率。产品开发管理、客户关系管理和供应链管理流程是营销能力的关键构成要素。[③]

营销能力有几个重要因素,如营销研究能力、管理渠道和客户关系的能力、预测能力、检测和响应主要竞争对手的战略和行为,以及客户知识储备和对其进行访问的能力,它们主要由输入资产、渠道资产、客户资产和市场知识资产作为支持。企业如果拥有这些能力,就可以预判市场发展的动态,并据此提供优质的产品和服务,占领市场。因此,具有更强营销能力的企业总能满足客户不断变化的需求。为此,戴认为,异质性营销能力对于企业获取竞争优势具有不可或缺的作用,这种能力不仅对于创造和传递客户价值有特别贡献,而且能够加速企业适应外部环境,令竞争优势更难以被竞争对手所复制或在组织之间转移。总的来说,具有卓越营销能力的企业更有可能创

---

① DAY G S. The capabilities of market-driven organizations [J]. Journal of Marketing,1994,58(4):37-38.
② BRUNI D S, VERONA G. Dynamic marketing capabilities in science-based firms: an exploratory investigation of the pharmaceutical industry [J]. British Journal of Management,2009,20 (s1): S101-S102.
③ FANG E E ZOU S M. Antecedents and consequences of marketing dynamic capabilities in international joint ventures [J]. Journal of International Business Studies,2009,40 (5):742-743.

造和提供优质产品来满足客户的需求并吸引和留住目标客户,最终有利于提高企业的绩效。

3. 整合能力对竞争优势的影响

整合能力指的是将现有知识和未开发的技术潜力进行重组以产生新应用的能力。根据科古特和赞德(Kogut and Zander,1992)的理论,整合能力还包括合成和应用现有知识和获得的新知识的能力。[①]

沃尔伯达和波尔将整合能力分为三类组织机制:系统能力(system capabilities)、协调能力(coordination capabilities)和社会化能力(socialisation capabilities)。系统能力是指通过确定导向、政策、程序和手册等制度,有效整合显性知识的能力,它反映了企业中正式制度的普及程度。其主要优点是消除了在子单位和员工之间进一步沟通和协调的步骤。它们提供用于处理常规情况的方法,在这种常规情况下,参与者的行为是可预测的,也就是说,他们知道该怎么做,并可以很快地作出反应。协调能力是指通过正式或非正式的员工互动机制,将显性知识和隐性知识整合成新知识的能力,它体现在培训、工作轮岗、自然联络机构(natural liaison)和决策参与等多个方面。协调能力对于加强控制和实现绩效所需的复杂交互过程至关重要。社会化能力是发展共同意识形态的能力,它促进共同的认同以及对现实的集体性解读。[②] 社会化能力蕴含于企业文化、价值和信念等广泛的隐性规则之中,有助于将隐性知识整合成新知识。

蒂斯(Teece,2007)认为,整合能力是企业系统整合、协调、配置以及重新构建内外部资源和能力以积极应对外部市场变化的能力。[③] 整合能力是一个多维度的概念,包括企业识别机会的能力、整合资源的能力、对组织内部的各种能力进行协调和匹配的能力、将内部资源与外部能力整合的能力等。其中,识别机会的能力属于外部能力,这种能力影响组织与外部的交流和沟通,促进企业对外界多变的环境快速地作出相应的反应;而对组织内部的各种能力进行协调和匹配的能力则属于内部能力,对于组织运作管理效率的提高有着重要的影响。作为一种动态能力,整合能力强调子维度间的协调和配置,加强企业对外部环境的敏感性和对商业机会的识别能力,同时还可以帮

[①] KOGUT B, ZANDER U. Knowledge of the firm, combinative capabilities, and the replication of technology [J]. Organization Science, 1992, 3 (3): 301-441.

[②] VAN DEN BOSCH F A J, VOLBERDA H W, DE BOER M. Coevolution of firm absorptive capacity, and knowledge environment: organizational forms and combinative capabilities [J]. Organization Science, 1999, 10 (5): 551-568.

[③] TEECE D J. Explicating dynamic capabilities: the nature and microfoundations of (sustainable) enterprise performance [J]. Strategic Management Journal, 2007, 28 (13): 1319-1350.

助企业对拥有的资源和能力进行匹配和协调,从而发挥资源与能力的协同效应,更好地提高企业绩效。[1]

　　企业资源整合能力是企业生产经营活动过程中所具有的面向外部选择并获取资源,面向内部配置、激活并利用企业不同种类型资源的能力,它决定着企业资源的效能能否得到充分有效发挥,影响着企业未来的竞争优势和企业的成长。企业资源整合的过程包括资源识取、资源配用和资源利用三个环节。资源识取环节包含资源识别和资源获取两种外部行为。资源识别是指创业者根据自身资源禀赋,对企业创业所需的外部资源进行分析、确认,并最终确定企业所需资源的过程。资源获取是指在确认并识别资源的基础上,利用其他资源或途径得到所需资源并使之为创业企业服务的过程。资源配用是资源整合的中心环节,在资源整合过程中起着关键作用,向上承接着资源识取,向下连接着资源利用,因而对资源整合能力有重要影响。资源配用环节包括资源配置和资源匹配两种内部行为。资源配置是指企业在获取了必要的资源之后,对资源进行调整,使它们相互匹配、补充并获得独特竞争力的过程。资源只有得到充分的配置,才能发挥其效益和效能。而资源匹配是资源配用的中心环节,是按照资源之间相互匹配,互为(性能)补充及相互增强的原则,将已获取的外部技术资源与企业内部技术资源、外部人力资源与内部组织资源、外部的财务资源(如融资所得资源)与内部财务资源进行有机融合,内化于企业的过程。这种匹配行为不仅能为企业带来新的战略资源,更能形成一种内化的整合能力,这种能力是竞争对手无法模仿和复制的,这种能力也是企业获取竞争优势的动力。资源利用,就是使用所获取并经过匹配的资源,在市场上形成较强的竞争力,通过发挥资源与能力的作用生产出产品或服务,并为客户创造价值的过程。资源利用是资源整合过程的最后环节,是企业资源的价值实现过程,也是企业资源整合能力转化为企业绩效的过程,更是企业在市场上生存的关键。

　　凭借强大的整合能力,企业能够分析出超越行业边界的产品和服务,特别是那些与当前产品互补的产品和服务。他们还可以重新对目标客户进行细分,并将其整合以持续创造新的市场空间。整合能力还能够使企业整合多方面的信息、观点和必要的知识来开发新产品或开拓服务市场空间。此外,整合能力能够指导企业制定解决问题的策略,并塑造新能力的发展。所有这些均有助于提高企业的竞争优势及其长期绩效。

---

[1] 庞长伟,李垣,段光.整合能力与企业绩效:商业模式创新的中介作用[J].管理科学,2015,28(5):31-41.

二、独特能力与企业竞争优势

(一) 独特能力的概念

"独特能力"一词是由塞尔兹尼克(Selznick,1984)提出的,他认为使用独特能力概念可能会产生一种更好的方法来分类组织,而不是关注结构或目标上的相似性。[1] 安德鲁斯(Andrews,1987)认为,独特能力指一个组织能做得特别好。[2] 换句话说,当企业的能力有别于并优于其竞争对手的能力时,独特能力可以帮助企业在其市场中脱颖而出。此外,乔瓦尼(Giovanni)和蒂斯、伊登(Eden)和阿克曼(Ackermann)、穆尼(Mooney)也给独特能力下了定义(见表5-5)。

涉及企业独特能力的概念时,我们首先应思考一个问题,即"我们需要去做什么或者能做什么,以令我们的客户感到比其他供应商拥有更多的价值?"组织通过向利益相关者提供"价值"而保持活力,而这些价值源自于利益相关者的需求和供应组织所具有的独特能力的组合。"独特"在这里意味着一定程度的差异,指企业能够向客户提供而竞争对手不能提供的东西。企业要想获取可持续性的盈利,必须以一种不易模仿的方式来满足客户市场。

任何一个企业均有其战略目标体系,而要完成任何一个战略目标均需要有能力(资源)支撑,巴尼也曾经阐明,企业的战略优势通常基于相关资源束。而一些资源(能力)产生的作用需要依赖于另一些资源(能力)的支撑。[3] 加尔布雷思和高尔文(Galbreath and Galvin,2004)认为一些资源的强度取决于与其他资源的相互作用或组合,没有任何一种单一资源会成为企业绩效最重要的资源。[4]

---

[1] SELZNICK P. Leadership in administration: a sociological interpretation [M]. Berkeley, US: University of California Press, 1984: 50.
[2] ANDREWS K R. The concept of corporate strategy [M]. Homewood, US: Richard D. Irwin, 1987: 103-105.
[3] BARNEY J B. Firm resources and sustained competitive advantage [J]. Journal of Management, 1991, 17 (1): 99.
[4] GALBREATH J, GALVIN P. Testing the resource-based view: how important are intangible resources to performance? [R]. New Orleans, Proceedings of the Academy of Management conference, 2004: 86.

表 5-5 部分学者对独特能力的定义

序号	学者	定义	强调内容
1	Selznick（1957）	独特能力是组织对自己的特殊目的和程序的特有适应	能力被看作为一个组织对各种目的的适应
2	Andrews（1971）	独特能力指一个组织能做得特别好	行动
3	Hall（1992）	独特能力是组织拥有的有别于竞争对手的能力	竞争优势
4	Dosi，Giovanni，Teece（1998）	独特能力可理解为组织协调和学习的独有组织能力，是一系列差异化的技能、互补性资产和组织惯例。它们支持企业在一个特定市场或其他市场里以提供竞争优势基础的方式协调一组特定的活动	技能、资产和惯例都被纳入定义
5	Eden，Ackermann（2000）	独特能力是组织内部难以模仿的特殊优势，它的使用可以为私营组织产生可持续利润，或可以为公共组织说明为什么不能在其他地方提供服务或者不提供服务的原因	特殊优势、难模仿
6	Mooney（2006）	独特能力是一种可被客户察觉的能力，并且是难以模仿的	客户能察觉、比对手强、难模仿

能力和目标之间有直接且强大的联系，能力是通过复杂技能和知识积累组织流程，使企业能够协调活动和利用他们的资产。组织内的能力应该相互促进，以创造具有独特优势的协同作用或模式。事实上，各种能力之间存在相互依赖关系，其具体表现在一种能力可产生能力结果，而这种能力结果会产生另一种能力，继而产生另一种能力结果，由此形成能力与能力结果的因果循环。这表明具有强化反馈的能力是自我维持的，见图 5-6。

从图 5-6 可以看出，加大科研投入，提高研发能力，继而促使技术能力的提高。而技术能力的提高有助于工艺创新能力和质量控制能力的提高，继而有助于产品质量的提升，以此提高产品吸引力并提升市场份额，增加销售收入，增加企业利润，由此形成一个自生的能力网络。图 5-6 表明，通过对从能力到能力结果因果关系链的识别，可以发现哪些能力驱动能力结果。

在企业中，一种能力支持或维持另一种能力，这种能力反过来又支持其他能力，而且可能使其成为独特的能力。这种将能力和独特能力作为一种自生能力网络或模式进行因果关联的过程产生了能力的"因果图"。从另一角度看，每个能力或许由某个组织拥有，但当能力组合在一起时，这种组合模式是唯一的，因而是独特的。独特性不是单一能力的特性，是能力的组合，且整体大于各部分的总和。

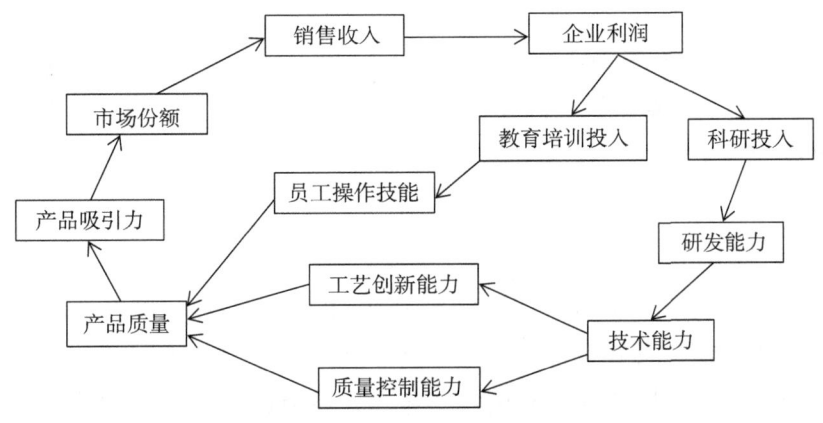

图 5-6　能力与能力结果循环网络图

（二）独特能力形成竞争优势的逻辑

劳森（Lawson）和萨姆森（Samson）与福克斯（Fuchs）等人提出通过层次结构来描述组织独特能力的观点。他们认为层次结构有两级：第一级由营销、运营或财务方面的能力构成，称为职能能力（functional competences）；第二级由跨专业能力（interfunctional competences）构成，指的是功能活动与组织凝聚力相融合的能力，也称协调能力，主要包括组织能力和管理能力。职能能力、组织能力和管理能力均能使企业形成竞争优势（图 5-7）。

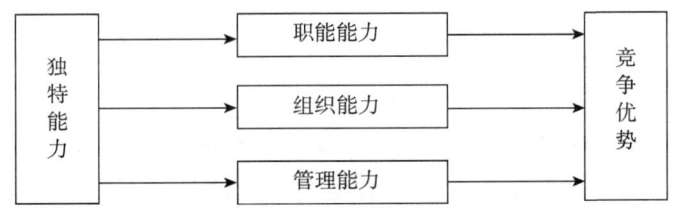

图 5-7　核心能力形成企业竞争优势逻辑的示意图

1. 职能能力与竞争优势

安德鲁斯（Anderws，1987）认为，独特能力是在专业领域内形成的，专业领域包括营销、生产、人员管理、财务管理等。[①] 在组织适应理论中，迈尔斯等人（Miles et al.，1978）提出的战略类型理论是最突出的理论之一。迈尔斯等人认为，组织处在受外部影响的环境中，组织需要采取适当措施应对外部环境，他们将这一过程定义为适

---

① ANDREWS K R. The concept of corporate strategy [M]. Homewood, US: Richard D. Irwin, 1987.

应性周期（adaptive cycle）。一个适应性周期包括企业的策略制定［解决事业问题（entrepreneurial problems）］，以及在企业的流程和结构中实施明确的策略［解决工程问题（engineering problems）和管理问题（administrative problems）］。事业问题取决于管理层决定的具体产品市场领域，内容是企业如何管理市场份额。工程问题是企业如何执行解决事业问题的方案。管理问题是企业应该如何架构以适应解决前两个问题的需要。

迈尔斯等人提出的战略分析框架强调了战略、结构和流程之间的匹配关系（表5-6）。对应企业结构和流程的表现，迈尔斯等人提出了四类匹配战略，分别是：探索者（prospector）型、防御者（defender）型、分析者（analyzer）型和反应者（reactor）型。[①]

探索者型企业通过提供频繁变化的产品线，努力成为产品（市场）开发的先驱，它们的竞争主要体现在刺激需求和满足新的市场机会。它们通常将更多的资源用于创业任务，监控市场发展趋势和新产品开发，由一个拥有市场营销和研发专长的优势联盟领导。它们在很大程度上避免致力于单一类型的工艺流程，并致力于促进组织运作的灵活性。正如迈尔斯等人得出的结论所说，他们依赖于参与式和分散化的决策，并且往往具有复杂的协调和沟通机制。

相比之下，防御者型企业很少或没有新的产品（市场）开发，高度重视效率，重视工程任务，并由金融和生产人员组成的主导联盟领导。它们通常喜欢创造一个稳定的产品和客户群体，并且尽力使其产品和服务的生产和交付合理化。与探索者型企业不同，防御者型企业宁愿在其行业内控制相对安全的利基市场，主要以价格、质量、交付或服务为基础进行竞争。正如迈尔斯等人得出的结论所说，它们依赖于集中决策，往往有相对简单的协调机制。

分析者型企业是一种中间类型企业，综合了防御者型企业和探索者型企业的属性。鉴于其综合性质，分析者型企业比探索者型企业的产品（市场）变化少且变化缓慢，但又比防御者型企业的产品（市场）稳定性和效率要低。他们根据不同的环境调节生产，当产品市场处于稳定时，他们争取提高效率，若在动荡的市场里，他们会密切监控主要竞争对手，并只采用那些具有较强市场潜力的创新。

---

① MILES R E, SNOW C C, MEYER A D, et al. Organizational strategy, structure, and process [J]. Academy of Management Review, 1978, 3 (3): 546-562.

表 5-6 战略类型与职能能力的匹配关系

适应性周期	维度	战略类型			
		探索者型	防御者型	分析者型	反应者型
创业问题和方案	产品/市场定位	广阔、持续扩展	狭窄、注意集中	细分领域、仔细调整	定位不稳定、过渡性定位
	成功态势	变革的积极开创者	在现有产品市场上突出	变革的适度追随者	机会主义者（应对姿势）
	环境监控	市场环境导向、积极开发	领域占优势、认真进行强化组织监控	竞争导向、完全实施竞争	问题导向、对市场少有控制
	成长政策	产品市场开发和多样化发展	谨慎地渗透、生产效率领先	坚持渗透、仔细进行产品市场开发	匆忙变化
工程问题和方案	技术发展目标	柔性和创新	成本效率	技术合作	具体项目的开发和完成
	技术范围	多种技术和优势	焦点、核心技术或基本专业技术	关联技术或优势	变换频繁的技术应用
	技术导向	技术人员技能、技术人员多样化	标准化、维持方案	渐进主义、协同作用	试验和操纵解决问题的能力
管理问题和方案	主要管理职能	营销、研发	融资和生产	全面的规划	解决具体问题
	规划姿态	发现问题与商机的项目导向	内部或外部环境控制占优	有渐进性变革的全面规划	以危机为导向、杂乱的规划
	组织结构	以产品和（或）市场为中心	功能性或直线职权	员工主导（模型导向）	松散的经营设计
	控制	市场业绩（销量）	集中化和正式（以财务为依托）	多种方法（注意风险、销售贡献）	避免问题、处理问题

资料来源：CONANT J S, MOKWA M P, VARADARAJAN P R. Strategic types, distinctive marketing competencies and organizational performance: a multiple measures-based study [J]. Strategic Management Journal, 1990, 11 (5): 367.

反应者型企业既缺乏适应外部竞争的能力，又缺乏有效的内部控制机能。它没有一个系统化的战略设计与组织规划。除非迫不得已，企业不会就外部环境的变化作出调整。多提等人（Doty et al., 1993）将反应者型企业描述为不能在战略变量中实现连贯结构的组织，而迈尔斯等人则认为它们往往是短期导向和环境依赖的。[①] 有人认为，由于其短期导向和环境依赖的特性以及缺乏明确的策略，反应者型不是一般的战略类型，而是在本质上缺乏战略，因此反应者型战略也被称为"剩余战略"，仅仅当其他三类战略不能奏效的时候，才有可能出现这一类型的战略。

根据迈尔斯等人的战略分析框架，企业经过适应性周期，以及战略、结构和流程之间的匹配会产生绩效。在竞争中，当应对不同的外部环境时，企业可用不同的营销能力、运营能力、生产能力等专业能力与之相匹配，以取得竞争优势和良好的绩效。事实上，技术与产品开发、生产过程控制、制造和物流能力提升能够使企业提高生产效率，降低成本，提高交付的一致性，并最终提高竞争力。市场传播、渠道和客户关联以及技术监控能力使企业能够迅速响应不断变化的客户需求，并有效地利用其技术优势。市场营销能力，如细分、定位、定价和广告技能，使企业能够利用其市场传播和技术能力，实施有效的营销计划。信息技术能力有助于企业及时、准确获取市场信息，以引导新产品开发过程。

迈尔斯等人的战略分析框架引发了很多衍生的研究。很多学者借助不同的量表对迈尔斯等人提出的战略类型进行了概念检验，得到很多有益的结果。比如，吉梅内斯（Gimenez）采用中小企业的数据检验了迈尔斯等人的战略分析框架，结果具有较好的显著性，从而证明了迈尔斯等人的战略分析框架在中小企业范围的适用性。

2. 组织能力与竞争优势

马利坦（Maritan，2001）将组织能力定义为组织部署其有形或无形的资产以执行任务或开展活动，进而提高绩效的能力。[②] 巴尼将组织能力定义为使组织能够协调和利用其资源的企业属性。而斯潘诺斯和普拉斯塔科斯（Spanos and Prastacos，2004）认为，组织能力是一般可概念化为社会构建的实体，被安排在知识传送关系的网络之中，总体上属于个体和企业资产范围，旨在有效率且有效果地执行一项给定的任务。[③]

组织能力包括企业各种专有资产。比如，它们包括组织内被传播与供分享的知识，例如组织惯例；同时，也包括企业内那些非正式共享的内化知识（internalized knowledge），

---

① DOTY D H, GLICK W H, HUBER G P. Fit, equifinality, and organizational effectiveness: a test of two configurational theories [J]. Academy of Management Journal, 1993, 36 (6): 1196 – 1202.

② MARITAN C A. Capital investment as investing in organizational capabilities: an empirically grounded process model [J]. Academy of Management Journal, 2001, 44 (3): 514.

③ SPANOS Y E, PRASTACOS G. Understanding organizational capabilities: towards a conceptual framework [J]. Journal of Knowledge Management, 2004, 8 (3): 31 – 33.

例如从组织历史和文化中得到的东西。这种组织资产是组织运作和组织整体行为（overall behavior）的基础，并会使企业成员之间形成一种合作和信任的气氛；此外，组织能力的范围涵盖组织设计与组织架构的基本原则，包括其奖励和奖励制度；不仅如此，组织能力还体现了学习技能，这是创新过程和组织知识存量持续扩张的认知基础。通常，组织文化、组织结构、组织学习与组织业务流程均可成为组织能力的组成元素，它们均对企业形成竞争优势产生积极的影响（见表 5-7）。下文将对组织结构和组织业务流程进行详细讲解。

表 5-7 组织能力的主要组成要素及其特征的对比

特征	组织文化	组织结构	组织学习	业务流程
价值性	√	√	√	√
可模仿性	×	×	×	√
可替代性	×	√	×	√
可转换性	×	×	×	√
可专用性	√	√	√	√
可持久性	√	×	√	×
效果	—	—	—	—
竞争优势	√	√	√	√
可持续竞争优势	√	×	√	×

组织结构是企业正式组织的一套手段和过程。组织的正式结构及其外部联系在创新管理及能力的发展中起着重要作用。权变理论指出，结构与环境具有相关性。企业的结构必须与外部环境相适应，这样才能根据企业的不确定性和动态变化，在机械结构和有机结构之间波动。因此，结构的价值将基于其适应环境条件。企业采用不同的结构模式以寻求适应每个企业的目标和特征。因此，容易找到两家在同一市场上具有不同结构和同等效率的企业，证明组织结构容易被替代。但组织结构并不容易被模仿和转移，因为它们涉及嵌入结构中的不同成员之间不同形式的沟通、合作和整合。

组织业务流程涉及企业针对内部或外部客户而实施的活动。流程分析方法来自价值链，其主要任务是协调与整合、学习和重新配置。当企业根据市场要求调整组织活动（生产、物流、管理等）时，业务流程就显得很有价值。业务流程的相互关联和彼此协调越多，潜在模仿者就越难复制它们，因为它们在涉及更多工作方式时会变得更加社会化，沟通、灵活性和惯例的必要性也随之增加。扎根于企业活动中的具有高度互补性的资源和能力与其涉及的内容不能分开时，流程转移会变得困难重重。然而，当不同活动之间的连接不存在时，转移和模仿则会更容易。流程可以具有广泛的替代品，并且完全不同的流程可以产生类似的结果。这对于基于某一流程的优质企业的回报而言是一个严重的威胁。另外，虽然企业某一流程的目的可能与其所处行业的生命周期长短有一定关系，但流程本身持续时间可能相当短（具体取决于行业层次存在的不确定性和创新率）。简而言之，流程代表着有价值的组织能力，但具有针对模仿和转移的可变保护机制，并根据环境和技术变化展示其预期寿命。流程虽然有替代品，但它也不会给租金攫取带来困难。

3. 管理能力与竞争优势

阿德纳和赫尔法特（Adner and Helfat，2003）从动态的角度将管理能力定义为管理者构建、整合和重新配置组织资源和能力的能力。[①] 他们认为动态管理能力有三个维度：①管理人力资本；②管理社会资本；③管理认知。管理人力资本包括管理者的技能和知识，这些都来源于他们的教育程度、个人经验和专业经验。特定情境下（如行业、技术制度和地理位置）的管理经验可以使管理者掌握和发展专业知识和技能。管理社会资本涉及管理者通过关系和人脉获取资源的能力。管理者正式和非正式的社会关系有助于获得必要的资源，并为决策提供关键的信息。管理者的人力资本和社会资本是紧密结合的，因为管理者通过各种关系获得的信息和知识对于建立和更新人力资本可能至关重要。此外，动态管理能力由管理认知驱动，管理认知由管理者用于决策的信念体系（belief systems）和心智模式（mental models）组成。管理认知是由个人和专业经验以及管理者在内部和外部网络中的互动形成的。动态管理能力的三个要素是相互交织的。

动态管理能力的功能包括资产配置（asset orchestration），涉及对资源和能力的搜索、选择、投资、部署和重新配置。资产配置可以通过开发和捆绑资产来创造价值，会直接影响企业适应行业环境变化的能力。[②] 首席执行官掌握高层管理层内的动态管理能力，使企业能够通过提高其能力来适应不断变化的世界。组织内的创造和创新力部分取决于管理者感知和抓住机会的能力。此外，管理层可以重新配置企业资源以追求潜在的新机会，使企业在进化适应性方面拥有更好的持续生存能力。动态管理能力会影响管理层对企业资源组合构成的决策；这些动态管理能力会与所产生的资源组合进行交互，以影响关于企业和竞争战略的决策，最终使企业绩效结果产生差异。

---

① ADNER R, HELFAT C E. Corporate effects and dynamic managerial capabilities [J]. Strategic Management Journal, 2003, 24 (10): 1012.
② SIRMON D G, HITT M A. Contingencies within dynamic managerial capabilities: interdependent effects of resource investment and deployment on firm performance [J]. Strategic Management Journal, 2009, 30 (13): 1376.

管理知识的能力可以产生李嘉图租金,这是由于知识的稀缺性与默认特性。而知识的这些特性有助于构建隔离机制,阻碍竞争者模仿。作为特定资产的管理能力会随着组织其他能力的增加而增加,其社会建构(社会复杂性)主要通过关键利益相关者之间的复杂互动(依赖于体制)和经验学习产生。所有这些特征使得有价值的管理知识很难被篡改并难以发生迁移。因此,管理能力可以成为可持续竞争优势的源泉。

三、核心能力、独特能力与竞争优势的比较

核心能力、独特能力与竞争优势之间既有区别又有联系,见表 5-8 和图 5-8。[①]

核心能力是企业价值生产活动的核心。独特能力是一种对客户可见的能力,企业的该能力比其他企业的能力更高,且很难模仿。竞争优势是一种难以模仿且有价值的能力或资源,有助于企业超越其竞争对手。

如果核心能力对客户是可见的,难以模仿,并且该能力超越其他企业,那么核心能力将变为独特能力(见图 5-8 的路径 1)。然而,这种情况并不经常发生,因为核心能力并不一定为客户所见。例如,通用电气的一个重要核心能力是能够利用和管理不同的业务,这不是一种独特能力,因为它不是客户可见的能力。客户可见到通用电气的产品和服务,而不是通用电气在管理多样化方面的能力。又如,Nordstrom(诺德斯特龙,是美国高档连锁百货店)百货公司的客户服务是一种核心能力,因为它是其业务的核心,但它也是一种独特能力,因为它对客户是高度可见的,并被认为优于其他零售商。

表 5-8 核心能力、独特能力与竞争优势在特征上的比较

序号	特征	核心能力	独特能力	竞争优势
1	企业能力	√	√	×
2	价值生成活动核心	√	×	×
3	对客户可见	×	√	×
4	优于竞争对手	×	√	×
5	难以模仿	×	√	√
6	对企业有价值	×	×	√

[①] MOONEY A. Core competence, distinctive competence, and competitive advantage: what is the difference?[J]. Journal of Education for Business, 2007, 83(2): 110-113.

独特能力可以产生竞争优势，但它并不总产生竞争优势，因为它在帮助企业胜过竞争对手方面可能没有价值。例如，一个小的本地玩具店可能有自己的特色并以此吸引客户，但客户仍可能在玩具反斗城购买玩具，因为其玩具价格较低。

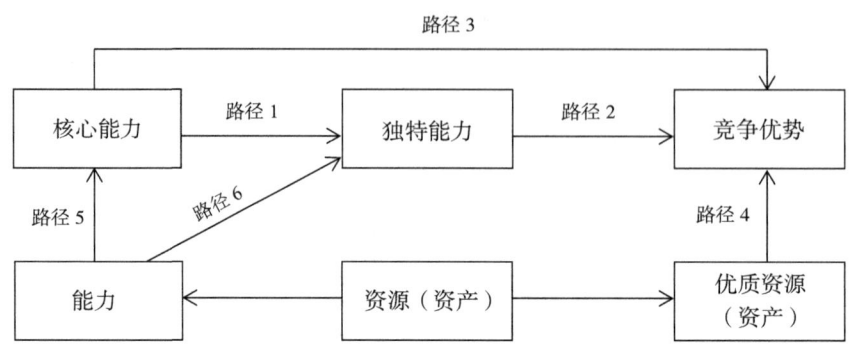

图 5-8　核心能力、独特能力与竞争优势之间的关系

独特能力可以来自核心能力，也可以来自其他能力，该能力可以将企业与竞争对手区分开，但不是企业价值生成活动的核心，因此不是核心能力（路径6）。比如，企业产品的生产可以是一个独特能力，但它往往不能代表驱动企业运营的核心能力。例如，通用汽车的悍马品牌汽车因其独特的加固设计而与汽车行业的其他运动型多功能汽车截然不同，但是它却不能代表通用汽车。

竞争优势可以来自独特能力，也可以来自核心能力。例如，通用电气利用各种业务的能力可能导致竞争优势，因为它们使企业获得更高的利润，但这些利润对客户是不可见的。另外，竞争优势还可来自独特的资源或资产。比如，有利的市场位置或强势品牌，强生公司的强势品牌名称使其能够超越许多竞争对手（路径4）。

第三节　企业能力形成的微观基础

企业能力从哪里来？这个问题一直有大量学者关注，学者们为了得到明确的答案而一直努力寻找着。从微观基础上探讨能力的起源，需要确定两个基本问题：①企业能力演化的关键因素有哪些？②如何研究这些因素？比如，它们位于哪里？潜在的理论和经验假设是什么？针对这些问题的观点和想法对有关企业能力的学术探究将产生深远的影响。本节基于行为心理学，从个体、流程与结构，个体行为和惯例，以及从惯例到能力等层面来探讨企业能力形成的微观基础。

一、能力微观基础的基石：个体、流程与结构

（一）个体在能力形成中的作用

企业中的个体以不同的方式作为惯例和能力的微观基础。个体层次的组成部分，如选择和代理、特征、一般性能力、认知，是理解能力集体现象的许多重要组成部分之一。首先，行为理论强调个体作出或多或少的明智和理性的选择。此外，个体可能会有不同的信念、目标和兴趣来告知和影响他们的选择。其次，个体为企业带来不同的人力资本（技能、知识、经验、认知能力）和特征。这些维度的变化可能会影响组织成员及其相互作用产生的能力。

1. 行为和心理基础

对企业行为理论的研究将人们的注意力引向了个体在解释组织结果方面的作用。西蒙（Simon，1985）认为，在制定研究议程和告知研究方法时，没有什么比对人类行为的看法更重要了。[①] 尽管企业行为理论侧重于个体层次的考虑，但长期以来，人们对这些因素的重视程度有所下降。加韦蒂（Gavetti et al.，2007）等人确实注意到，研究已经大大减少了将个体的兴趣和认知与组织的行动和决定联系起来。[②] 然而，也有例外。例如，学者在生理学方面的研究中发现，存在一些惯例的心理学基础。正因如此，个体层次的研究值得进一步关注。

众所周知，有限理性的概念是分析个体层次因素的一个起点。正如阿戈特和格里夫（Argote and Greve，2007）所指出的那样，理性很像古罗马，所有的道路都通向它。换句话说，正确理解和规范理性是研究组织的核心。[③] 行为理论主要集中在与理性的经验和学习相关的方面。当个体和行动者采取行动时，在某种程度上，他们通过信念获得反馈和经验，进而了解环境。这种学习受到行动者的认知和经验数据的限制。这种体验式学习既是惯例的核心要素，也是促进能力发展的关键要素。

虽然理性的有限性很重要，但经验之外的因素也会影响个体和组织行为。例如，在解决问题的过程中，行动者可以通过想象新奇的选择能力和对未来的推理能力获得前瞻性能力。

[①] SIMON H A. Human nature in politics: the dialogue of psychology with political science [J]. American Political Science Review, 1985, 79 (2): 303.
[②] GAVETTI G, LEVINTHAL D A, OCASIO W. Neo-Carnegie: the Carnegie school's past, present, and reconstructing for the future [J]. Organization Science, 2007, 18 (3): 524.
[③] ARGOTE L, GREVE H R. A behavioral theory of the firm—40 years and counting: introduction and impact [J]. Organization Science, 2007, 18 (3): 337.

这些活动影响到信念的形成。此外，体验可以提升个体的前瞻性能力，因为他们可以利用他们的经验，同时创造新的知识。加韦蒂和莱文塔尔（Gavetti and Levinthal，2000）将这些具有前瞻性的认知与企业行为相关的回顾性和经验性知识进行了对比，指出行动者不仅依赖于可能导致短视的经验数据，而且还可能致力于认知努力（cognitive efforts），以期在他们的背景之外设想未来的情景和策略。①

认知是一个与有限理性和战略相关的重要研究领域。学者们在学术上探讨了单个企业如何在行业内感知自身，以及高层管理团队的各种人口特征如何导致不同的认知倾向。但是，由于缺乏直接的认知方法，很少有研究探讨管理认知、管理者对未来的信念和对期望在组织中的差异是如何在组织中聚合或相互协调，以及这一过程是如何影响惯例和能力的。

研究表明，个体在开发、修改或制定组织惯例或能力时，可能会调用各种心理过程。此外，个体的内部状态也会随着时间的推移而适应与发展。因此，研究个体的心理过程是否以及如何影响组织惯例和能力，对微观基础研究很重要。另外，了解群体和组织中的个体如何共同编码，存储和检索信念、信息或知识，可以促进组织知识资产的整合和翻新，进而影响能力创造和发展。②

如果说，认知和心理因素是形成能力的微观基础，那么，这些因素是如何在社会环境中聚合的呢？这个问题早已成为行为理论特别关注的问题。马奇（March，1962）曾说过，企业的组成不是给定的，它是谈判的结果；企业的目标不是给定的，它们是讨价还价的结果。由于许多涌现和相互作用效应难以根据了解各个组成部分来预测，因此聚合问题很困难。然而，学者们已经了解了高层管理团队的谈判的信念结构，在这种结构中聚合问题必然得到解决。③

2. 个体的特征和技能

普遍认为，个体具有异质性。在最基本的层次上，个体的一些特征会给组织带来变化，这些特征包括：价值观、偏好和信念（例如风险偏好、自我效能感）、知识和经验（例如教育程度、工作年限）。由此可知，不同个体的人力资本可能会存在很大的差异。异质性在另一个层次的表现是个体技能上的差异。其中一些技能在本质上是一般

---

① GAVETTI G, LEVINTHAL D. Looking forward and looking backward: cognitive and experiential search [J]. Administrative Science Quarterly, 2000, 45 (1): 116.
② FELIN T, FOSS N J, HEIMERIKS K H, et al. Microfoundations of routines and capabilities: individuals, processes, and structure [J]. Journal of Management Studies, 2012, 49 (8): 1360.
③ MARCH J G. The business firm as a political coalition [J]. The Journal of Politics, 1962, 24 (4): 672.

性的，即一般技能；而另一些技能则更专注于创建、开发、修改和执行惯例和能力，即特定技能。而一般技能的范畴可能会间接影响能力或惯例的因素。例如，由于惯例涉及由多个参与者执行的相互依赖行为模式，个体与其他个体进行互动或互动的能力（关系能力），或将不同的元素（如知识或人工技能）整合在一起的技能，它可能会影响一个惯例或能力的执行过程与结果。另外，特定技能，如创建技能、预测技能或感知技能，可能会直接影响到惯例和能力的开发和修改。

对惯例和能力的研究展示了个体不同的发展空间。有学者认为，个体技能和一般技能是理解组织层次的核心。体现个体技能和一般技能的重要性的一个试金石测试在于考虑个体的流动性：当个体离开或进入组织时，组织的惯例或能力是如何受到影响的？有证据表明，员工流动对组织具有一定的影响，这使得一些学者将个体确定为组织中知识流动的基本轨迹。外部因素，如兼并和收购，也可能会影响关键个体的生产力。[①]

总的来说，诸如选择、代理、特征、认知和一般能力等个体层次的因素是理解惯例和能力等集体现象的重要基石。

（二）流程在能力形成中的作用

温特（Winter，2012）指出，如果没有提及历史和环境因素，要弄清惯例和能力的起源是很困难的，这些因素显然在惯例的运作和能力的发展中扮演着重要的角色。因此，与时间相关的流程因素必然对惯例和能力的形成产生重要影响。简单来说，流程是一系列相互依存的事件，这个定义直接映射到惯例的定义。但应看到，将流程付诸行动需要个人的干预。因此，组织内个体和流程之间的相互作用可以提供对能力和惯例如何涌现的见解。其实，这些以流程为基础的惯例和能力的起源在现存和新兴的实证研究中非常明显。[②]

研究结论表明，企业能力是由惯例构建的，而在惯例当中，有一些类型的惯例是基于流程的。比如，惯例可能或多或少是经过设计的，但在部署方面会有所不同，有些需要严格遵守基本流程，而另一些涉及允许灵活性或适应性的流程。严格设计的流程产生的惯例可能会导致组织层次的变化受限。相比之下，允许管理层自行决定执行的惯例（或者是允许那些在惯例中进行活动的人修改）可能会使核心惯例（focal routine）

---

① FELIN T, FOSS N J, HEIMERIKS K H, et al. Microfoundations of routines and capabilities: individuals, processes, and structure [J]. Journal of Management Studies, 2012, 49 (8): 1364.
② WINTER S G. Capabilities: their origins and ancestry [J]. Journal of Management Studies, 2012, 49 (8): 1402-1406.

随时间的变化而产生变异，从而导致企业内部和企业之间的异质性。试错式学习代表了另一种基于流程的惯例，其中的变化或试验以随机或盲目的方式展开。在这种情况下，流程的核心组成部分及其关系被定义，但随机因素可能会导致结果发生差异。另外，还有一种惯例涉及临时性问题的解决，这与传统的"高度模式化"或"重复性"的惯例概念不同。

企业内部的个体和流程之间的相互作用以重要的方式塑造其惯例和能力。研究发现，正式的（如规则、标准操作程序）和非正式的（如经验、规范、价值观）协调形式均影响着相互依存的事件或行为性序列。其中，正式流程支持不同组织元素（如个体、群体、部门或跨职能知识资源）的整合，这种整合机制将会促进组织成员之间的合作与协调，并且会反过来形成集体利益的结构。

（三）结构在能力形成中的作用

组织结构与惯例和能力的微观基础有密切的联系。不管是在组织层次还是在组织内的结构，都规定了启用和限制个体和集体行动的条件，并为组织内的交互提供了环境。虽然结构可能会限制行为，但它对实现有效信息的处理、知识开发和共享、协调和整合，以及更普遍的集体行动有所帮助。

组织内部决策活动的结构或设计可能会影响到惯例和能力。例如，组织的成员经常在面对组织和制度的限制时作出选择。此外，企业通常会建立启发式（heuristics）或规则来指导决策；随着管理人员获得经验，他们可能会改变启发式或启发式的结构，以增强决策能力或与不断变化的环境保持一致。例如，一些企业可能通过将即兴发挥与规则结合，在结构和规则系统中允许更多的灵活性，而另一些企业则可能开发复杂的规则结构来管理活动。这些不同方法的有效性可能会影响组织如何创建和发展惯例和能力。[①]

普遍认为，组织结构形式（例如，高耸式结构、扁平式结构、矩阵式结构、网络式结构）的复杂程度会影响组织内不同活动的性质、速度和扩散，如信息处理、知识共享、惯例复制和能力发展。又如，扁平式结构允许自治并最大化组织成员持有的信息，但也会产生有效协调的问题。同时，一个组织的设计可能会造成组织内各部门共享知识存在差距，进而影响到协调和整合的效果。

另外，企业成立时的资源和环境条件状况会影响其后续发展，包括其惯例和能力。

---

① FELIN T，FOSS N J，HEIMERIKS K H，et al. Microfoundations of routines and capabilities：individuals，processes，and structure [J]. Journal of Management Studies，2012，49（8）：1364.

更具体来说,创始人的组织逻辑对创业的发展会产生持续影响。例如,具有官僚逻辑的创始人倾向于建立更为严格的行政结构和流程。这些组织逻辑也会随着时间的推移影响企业的资源和能力投资政策,进而影响企业的发展速度。

二、能力形成的跨层级演化机制

(一) 能力来源的多层级结构

温特 (Winter,2003) 提出,组织能力是高层次的惯例或惯例集,连同其实现的输入流一起,赋予组织管理层一套决策选项,以生成特定类型的重要输出。[①] 这个定义将学习、经验、资源和惯例投入能力的输入中。例如,惯例也可以是能力,而诸如经验和资源之类的输入可能对能力的形成有帮助。能力本身与资源(和其他输入)投入行动有关。能力的一种形式是动态能力,它涉及组织有目的地创建、扩展或修改企业的产品或服务产品的能力,产生和(或)交付产品、服务或客户市场的过程。动态能力对其他能力进行操作的逻辑表明,能力在层次结构中演进。能力的概念化将其描述为聚合和集体现象,能力实际上包含了各种不同的元素。惯例通常被视为能力的构建块,而能力构建块又被解释为由较低层次的组件构成。组织能力的起源来自个体认知、个体行为、个体情感与社会情境。这表明,企业能力的形成是从个体层次的要素演化而来的(见图5-9)。

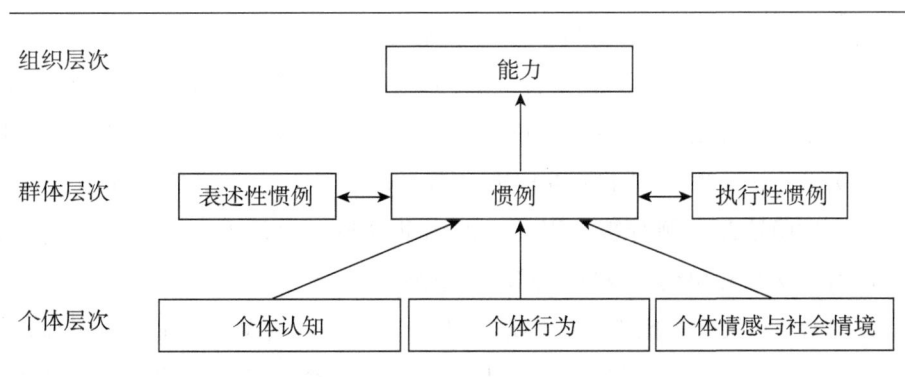

图 5-9 企业能力形成的微观基础

---

① WINTER S G. Understanding dynamic capabilities [J]. Strategic Management Journal,2003,24 (10):991.

（二）惯例形成的微观基础

自从被斯特内（Stene）于 1940 年引入社会理论研究范畴之后，"惯例"这一概念就得到了组织和管理学界的广泛接受，成为研究组织和经济变迁的基本分析单位，并逐渐成为解释企业能力和演化以及企业实践和行为多样性的新视角、新工具和新方法，并以此成为演化经济理论和管理学的重要理论基础。但从文献上看，传统的惯例研究大多将其当作集合型代理（aggregated proxies）变量来对待，注意力主要聚焦于集体层次，而忽略了构成这种集体层次构想背后的微观基础。这种只关注集体层次，而忽视个体层次的研究倾向，导致学术界一直以来难以准确界定惯例概念，无法探知其真正的起源，进一步造成了相关研究与实践脱节等诸多问题。在反思传统研究所存在的缺陷的基础上，西方学者已经注意到惯例中微观认知基础的重要研究价值。

1. 惯例的含义及其特征

从文献上看，学者们从不同的角度给惯例下了定义，因此，涉及惯例的定义较多。纳尔逊和温特界定惯例为企业所有的规则和可预见的行为模式的总称。格兰特（Grant，1992）将它定义为习惯性的、可预报的活动模式，这种活动模式构成了个体的一系列协调性的行为。[1] 科利斯将组织的动态惯例看成是用来提升和改善组织效率与效果的管理能力。蒂斯等人（Teece et al.，1997）将惯例看成是组织动态能力，它是企业的例规、习俗、制度、隐秘的制度性知识，蕴藏在组织规则中，具有路径依赖性。[2]

纳尔逊和温特提出，惯例有两个主要维度：认知（cognitive）维度和动机（motivational）维度。惯例的认知维度包含了组织基础知识，构成组织记忆（organizational memory）。动机维度控制了组织内的冲突，凸显惯例是一种"休战（truce）协定"。他们认为惯例是组织的技能（skills）与目标（target）；惯例在组织内外都发挥着协调的作用，当惯例平稳运行时，它承担着标准和目标的作用，管理者在处理实际的、紧急的情况时就会试图按照惯例行事。因此，惯例可以被认为是为什么要这样做（动力驱使）和怎样做（认知和协调）这两大问题的浓缩。[3]

纳尔逊和温特将惯例类比于休战协定，认为惯例是组织成员为了完成工作而对争议达成的妥协，可以减少组织冲突。在现有相关文献中，惯例是一种均衡个人动机与组织

---

[1] GRANT R M. Contemporary strategic analysis: concept techniques, applications [M]. Cambridge, UK: Blackwell, 1992: 82.

[2] TEECE D J, PISNO G, SHUEN A. Dynamic capability and strategic management [J]. Strategic Management Journal, 1997, 18 (7): 525.

[3] 颜爱民, 刘志成, 刘媛. 组织惯例研究述评 [J]. 中南大学学报（社会科学版），2007, 13 (2): 187.

需要的默示契约或休战协定。惯例作为休战协议是演化经济学与组织惯例理论体系中的一个重要命题。在组织惯例的日常运行过程中，拥有不同认知与动机的惯例参与者在明示的指引下进行与其自身组织角色相符的实践活动。由于每个惯例参与者均有其自己的自由裁量权区域，惯例作为休战协定便可以承受一定程度的惯例扰动（组织内、外环境与个人既得利益的变化等）。然而，当惯例扰动超出和解范围时，休战协定即会崩溃。此时，不同惯例参与者以及组别水平间的明示理解差异完全凸显，（个体/组别）惯例参与者通过沟通或权威命令对原组织惯例中的常规做法或明示进行调整，直至形成新的惯例。[1]

惯例具有一些明显的特征。①集体性。惯例是一种集体现象，有多人参与。多人参与意味着执行同一个惯例的人可能来自不同场所，因此惯例是分散的。②过程性。惯例的存在是为了解释组织和经济的变化，变化本身就是一个过程。惯例有以下几个过程性特征：发生时间、衰退、反应时间、延期、获得的必要时间、重复频率等。③内涵具体及情景依赖性。惯例存在于组织及其结构之内，是情景具体性的，对于组织内的不同情景并不是普适的。当我们将惯例从它们原始的情景中移开，它们可能就会变得毫无意义。④路径依赖性。惯例是建立在过去的基础上的，惯例变化是以路径依赖的方式进行的，是随着历史形成的。惯例会陷入一条路径，并沿这条路径随时间发展，因此与初始点有很大关系。⑤稳定性和变革性。传统理论认为惯例是稳定不变的，是一种组织个体在潜意识下执行的、重复性的无意识行为。近年来，有些学者强调，惯例天生就能产生内在变化，而有些学者则从演化的角度来解释稳定和变革，认为稳定的发生是因为现行的惯例被保持及复制，变革则被理解为突变、不完全的复制或变异的导入。[2]

2. 个体认知与惯例的形成

管理学中对于认知（cognition）概念的理解起源于应用心理学，学者们大多将认知看作在一个特定的智力水平上，影响人们的态度与行为举止的心理过程。认知是一种以便于掌握与构建行为能力的，个人感知、筛选和概念化信息的方式。近年来演化心理学的发展为学者们开拓了更为广阔的分析视野，特别是在诺思（North）、威廉姆森等一批新制度经济学家将认知引入了企业理论之后，对于这一概念的多角度、多层次的解读便逐渐涌现出来。学者们大多将其视为管理者制定管理决策以及实施管理行为的逻辑基础。

对个体认知而言，认知是人们依据已有的信念、规则和经验，对所获取信息进行

---

[1] 姜涛，熊伟. 惯例作为休战协议：基于实践视角的网络惯例模型探析 [J]. 技术经济与管理研究，2018（8）：44.

[2] 颜爱民，刘志成，刘媛. 组织惯例研究述评 [J]. 中南大学学报（社会科学版），2007，13（2）：188-189.

解释和加工的过程,即通过个体的直觉感知、诠释理解、整合解释最终形成个体自己独有的默会性和体制化的记忆的过程,获得的这种假说性的记忆,经过反馈过程中的验证和修正会获得进一步的强化和巩固。

(1) 个体记忆与惯例

科恩和巴克达(Cohen and Bacdayan,1994)将惯例定义为程序性知识。培根说过:一切知识不过是记忆,而创造不过是运用知识。而要运用知识去解决问题,首先要能够记忆。因此,记忆可以成为惯例的微观基础。①

认知心理学将人脑对信息的编码、存储和检索的过程称为记忆。其实,安德森(Anderson)于1976年就提出了一种观念,即一种形式的记忆负责收集事实,另一种形式的记忆负责将其记录下来。安德森同时提出了一个记忆结构(见图5-10)。这个观念在1983年得到了提炼和澄清,并变得专注于认知机制本身。许多学者认为理解程序性记忆和陈述性记忆之间的区别对理解惯例的发展很重要,而安德森是最早将陈述性和程序性记忆区分开来并将这些概念普及化的学者之一。在安德森的基础上,科恩(Cohen,1991)区分了两种记忆形式:程序性知识的记忆和陈述性知识的记忆。②

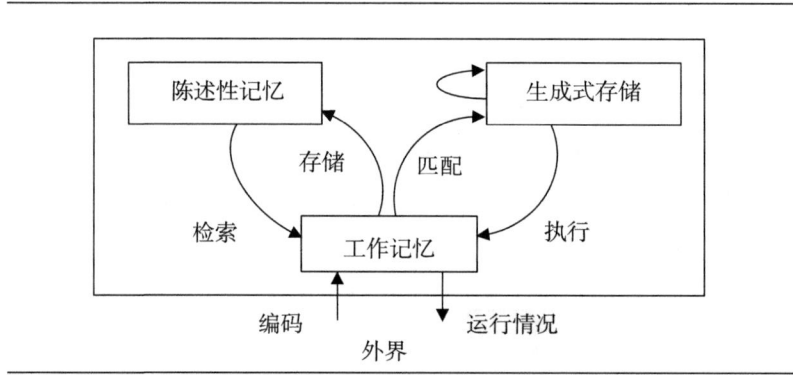

图 5-10 记忆结构

资料来源:Becker M C. Handbook of Organizational Routines [C]. Cheltenham:Edward Elgar,2008:207.

首先,我们对程序性记忆与陈述性记忆进行论述。

程序性记忆是指包含了关于"如何做事情"的知识的系统。这种知识既可以指导

---

① COHEN M D, BACDAYAN P. Organisational routines are stored as procedural memory:evidence from a laboratory study [J]. Organization Science,1994,5 (4):556.
② COHEN M D. Individual learning and organisational routine:emerging connections [J]. Organization Science,1991,2 (1):137.

身体活动，比如骑自行车或游泳，也可以成为一种认知技能，比如指导下棋或公开演讲等。通常，个体需要进行许多试验来获得程序性知识。技能很难用口头表达，表现技能存在的唯一方式是通过演示。[①]

陈述性记忆是认知心理学家通常认为的知识，即事实和事件的存储。陈述性记忆是象征性的知识，有时又分为语义记忆和情景记忆。

程序性记忆与陈述性记忆之间有着明显的区别。首先，它们之间存在着分离。可以认为，程序性记忆与陈述性记忆在许多方面各自独立。在某些类型的遗忘症中，如顺行性遗忘症（anterograde amnesia）或柯萨可夫综合征（Korsakoff syndrome），患者不再能够收集或回忆新的（陈述性）事实，然而，他们能够获得新的程序性记忆技能，尽管有时会比正常情况下习得得更慢、更痛苦。

遗忘症患者学习的其他例子还有条件反射、单词补充及启动效应对单词识别的影响。所有这些例子的共同之处在于，学习是通过表现而不是通过有意识地回忆学习过程的经验而发生的。因此，这些都是程序性记忆技能，而长期的陈述性记忆通常不依赖于表现。

这解释了为什么下棋可以被看作部分程序性记忆技能。一个人在练习下棋的时候棋艺会变得更好，但是他不能准确地表达为什么会这样。这种现象显然与下棋所需的陈述性记忆毫无关系，因为游戏规则肯定不会随着一个人的进步而改变。

个人层次的研究已经将程序性记忆确定为参与者形成惯例的手段。在实验中，科恩和巴克达（Cohen and Bacdayan，1994）发现，纸牌游戏中的配对玩家开发了用于执行任务的互锁模式（并且即使游戏发生改变也会继续应用它们）。他们认为，这种程序性记忆是选择和存储惯例的手段。[②] 同样，沙桑（Chassang，2010）的研究表明，即使没有完整的信息，重复游戏中的行动者也可以简单地通过历史积累学习惯例来协调他们的行为。[③]

陈述性记忆更具体地涉及关于事实、事件和主张的回忆。它没有与特定用途相关联，可用于多种目的。特别是，它可以"重新组织"，以找到问题的解决方案。因此，它调动了与专业知识不同的事实、技术或科学原则。而程序性记忆则涉及技术诀窍，

---

① TEN BERGE T，VAN HEZEWIJK R. Procedural and declarative knowledge: an evolutionary perspective [J]. Theory & Psychology，1999，9 (5): 607.
② COHEN M D，BACDAYAN P. Organisational routines are stored as procedural memory: evidence from a laboratory study [J]. Organisation Science，1994，5 (4): 559.
③ CHASSANG S. Building routines: learning, cooperation, and the dynamics of incomplete relational contracts [J]. American Economic Review，2010，100 (1): 451.

事情如何完成及如何使用知识。这些知识的一部分可以通过惯例来表达，并建立在由多个参与者组成的有规律的学习行为模式化序列上。[1]

事实上，基于瑞尔（Ryle）对事实知识（know-what）和技能知识（know-how）的区分，维诺格拉德（Winograd）强调了专家系统为什么只能编码两种知识表征：独立于程序编码的知识和程序被使用时所动用的知识。[2] 在这种情况下，陈述性知识并不依赖于任何预先存在的程序，因此独立于它的使用而存在，而程序性知识则转化为具体的行为。这使得在操作上可以很容易地将那些易于获取、易于传播和易于使用的知识从被用于解决问题的知识中分离出来，因为它是独立的、多样化的。

此外，陈述性记忆占用大脑中的特定区域（颞中区，部分间脑系统和海马体），而程序性记忆不占用。程序性记忆更像是在必要时应用的一种技术，而不是局部模块，因此它不易受到损伤。[3]

同时，存在许多不同类型的学习和记忆任务，这些任务被称为程序性任务，包括经典条件反射、运动和感知技能的获取。这些学习任务都是一定程度上习得的自动性反应。在很大程度上，它们代表不同类型的脑系统的输出。也许这就是找不到程序性记忆的特定占用位置的原因。[4]

安德森更注重程序性记忆的创建，他认为陈述性记忆是通过解释和选择陈述性记忆的过程转化为程序性记忆的。由于编译机制，解释在工作记忆中留下痕迹，并且通过重复将这种陈述性记忆转化为程序性记忆。一些生产性规则的创建及其成功的重复提升了它们的效率，并因此增加了它们被再次选择的可能性。安德森解释说，一旦记忆随着时间的推移重复用于特定的目的，就会产生记忆自动性，从而提高性能和速度。认知心理学研究和几项临床研究表明，在某些病理学中，两种记忆形式是分离的。例如，患有遗忘症的患者可能不再能保存陈述性记忆，但他的程序性记忆不受影响。一个不记得医生的病人，仍可以下国际象棋。

这两种形式的记忆在单独记忆层次上没有影响。事实上，它们可以产生具体的知

---

[1] COHEN M D, BACDAYAN P. Organisational routines are stored as procedural memory: evidence from a laboratory study [J]. Organization Science, 1994, 5 (4): 557.

[2] LAZARIC N. Routines and routinization: an exploration of some micro-cognitive foundations [M]//BECKER M C. Handbook of organizational routines. Cheltenham, US: Edward Elgar, 2008: 207.

[3] TEN BERGE T, VAN HEZEWIJK R. Procedural and declarative knowledge: an evolutionary perspective [J]. Theory & Psychology, 1999, 9 (5): 608.

[4] DUDAI Y. The neurobiology of memory: concepts, findings, trends [M]. Oxford: Oxford University Press, 1989: 265.

识表征，创造不同形式的组织记忆。此外，它们可以促进认知自动机制的形成，在个体和集体惯例化过程中发挥作用。

柏格森（Bergson）在记忆过程的概念化方面做了开创性的研究工作，他认为存在着两种记忆形式：表征形式的记忆和在行动中的记忆。柏格森将存储在我们日常生活事实（如图像）的记忆与通过对存储事实的回忆而被转化为运动机制的记忆区分开来。柏格森以背诵为例：背诵通过重复的方式，形成了一种无意识的行为。他将这种形式的记忆比喻成习惯性记忆，将其与不依赖纯粹的重复和保持重要想象力的形象记忆对应起来。①

此外，柏格森在对记忆过程的描述中，强调了身体是如何伴随记忆过程的。身体参与到这一认知努力中，因为身体和精神为记忆过程提供了方向和意义。在柏格森之后，人们将记忆细分为陈述性形式（构建表征的区域）和非陈述性形式（反射性和自动性区域）。这个新概念使得我们有可能在身体中找到对应不同知识类型的身体区域，即某个身体区域可创建知识，某个身体区域可稳固知识。情绪是这种结构的一部分，并与储存长期记忆的特定区域相对应。

斯夸尔（Squire，2004）使用并扩展了柏格森对陈述性知识和非陈述性知识的区别原则，他强调记忆形式具有多样性（图 5-11）。② 有些人擅长收集事实，有些人则擅长直接操作，而另一些人擅长保存与大脑其他部位，尤其是杏仁核区域产生的更多情感形式的记忆。每一种特定的记忆形式都与生理区域有关。斯夸尔的观点并不构成对安德森研究的突破，而是表明一种非陈述性记忆形式具有多样性，这有助于更好地理解各种学习过程，在这些过程中，情绪和反应作为特定类型的功能被包括在特定区域中。根据斯夸尔的理论，陈述性记忆允许对记住的材料进行对照比较。它支持在多个项目和事件关系之间对记忆进行编码。存储的表述是灵活的，可以在各种测试条件下引导表现。陈述性记忆是表征性的，它提供了一种对外部世界和世界模式进行建模的方法，它要么是真的，要么是假的。它是倾向性的，通过表现而不是回忆来表达。非陈述性记忆形式发生在特定的性能系统中。因此记忆是通过重新激活学习中最初发生的系统来显现出来的。

各种形式的记忆存储于大脑的不同部分，并且是相互关联的，这一观点在认知科学界越来越得到认可。

艾肯鲍姆（Eichenbaum，1997）认为，在执行或修改任务期间，没有将非陈述性

---

① LAZARIC N. Routines and routinization: an exploration of some micro-cognitive foundations [M]//BECKER M C. Handbook of organizational routines. Cheltenham, US: Edward Elgar, 2008: 208.
② SQUIRE L R. Memory systems of the brain: a brief history and current perspective [J]. Neurobiology of Learning and Memory, 2004, 82 (3): 172.

记忆转化为陈述性记忆的独特回路，不同的回路（大脑回路）在海马体中发挥着不同的作用。陈述性记忆在这里是必不可少的，因为它使我们能够避免在重复的语境中进行以某种刚性为特征的过于简单化的行为。陈述性记忆的特点是表征上的灵活性，使记忆能够适应新的情况，而非陈述性记忆形式在表征上则显得比较僵化。[①]

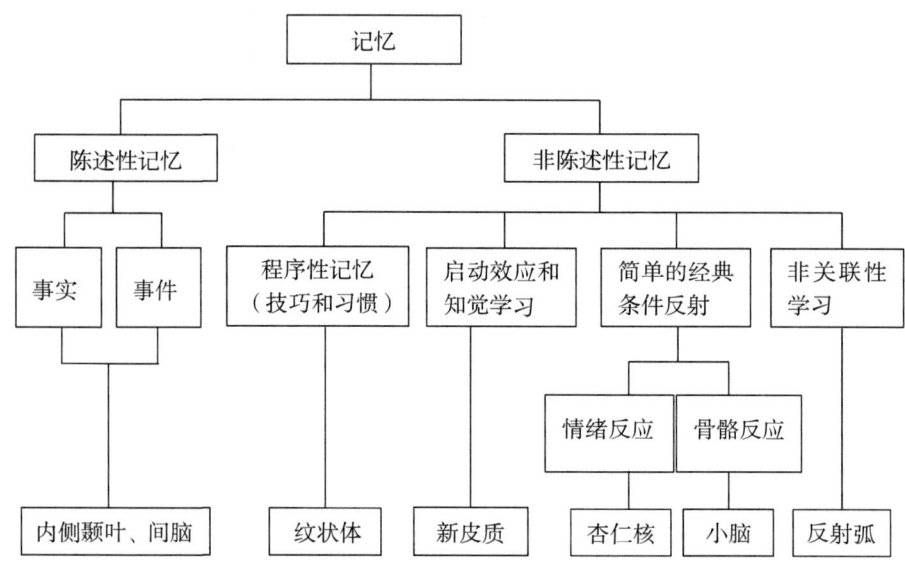

图 5-11 陈述性记忆与非陈述性记忆分类图

资料来源：SQUIRE L R. Memory systems of the brain: a brief history and current perspective [J]. Neurobiology of Learning & Memory, 2004, 82 (3): 173.

因此，在认知和社会科学中，问题在于如何确定两种记忆形式的可塑性程度。事实上，尽管非陈述性记忆涉及一个对运动感觉过程有影响的情感区域，但很可能这些记忆形式并不是毫无变化的。这正是达马西奥（Damasio, 1994）提出的观点，他认为情绪在我们的认知能力中起着重要的作用。[②]

我们的记忆不仅仅是归档或存储那些使我们能够观察过去的文件或图像。相反，我们的记忆取决于回忆的表述，这些回忆使我们能够实现潜在的表述并使用它们。我们的知识基础是建立在我们对图像的回忆的基础上的，这些图像指导着我们的未来和现在的行为。表象有助于建立未来，创造新知识并稳固我们每天使用的知识。它们不仅是图像而且是情感。

[①] EICHENBAUM H. Declarative memory: insights from cognitive neurobiology [J]. Annual Review of Psychology, 1997 (48): 549.

[②] DAMASIO A. Descartes' error emotion reason and the human brain [M]. New York: G. P. Putnam's Sons, 1994: 78.

当一个人面临困境，需要作出选择或制定策略时，挑战在于能否选出正确的解决方案，而这种解决方案不仅是过去的学习成果。最终采取的行为取决于类比和行动，结合了直觉和理性。达马西奥认为，如果一个真正的新情况出现了，强烈的情绪在解决这个问题上起到了作用。情绪有助于人把自己投射到未来并作出决策。与人们所认为的相反，情绪不是思想的敌人，而是与思想共存。若非如此，就没有真正的发明或创造力。这项研究是基于躯体标记假说（somatic markers hypothesis）的，该假说根据临床观察揭示了大脑在面临新形势时如何以不同方式激活其部分资源。事实上，当执行一项新任务或面临一个新问题时，人必须集中注意力，调动某种特定的躯体状态，从而激活对背外侧区域的生物调节。①

躯体标识机制（somatic marker mechanism）刺激那些工作记忆和与未来情景相关的注意力。简而言之，如果我们没有像躯体标识这样的机制，就不能形成对我们自己的心理状态和他人心理状态的适当的理论表达。

躯体标识的概念在这里特别有意思。实际上，通过使用最新的认知科学研究，达马西奥已经表明，每次作出认知努力时，都会出现局部激活的神经元。神经病学家已经能够想象这种认知努力，激活我们的大脑和身体的某些局部区域。这个例子表明，创建单个惯例绝不是自动的，而是意味着强烈的关注和决策。

其次，我们对工作记忆（working memory）进行论述。

工作记忆的概念来源于较早的短期记忆存储概念，并且由于这种传统，工作记忆通常被描述为短期存储和处理信息的系统。工作记忆的存储容量和处理能力都被认为是有限的。当人们被要求记住新的项目内容时，这些新的项目内容会被简单地呈现给工作记忆，以供即时回忆或识别。工作记忆的处理通常被概念化为"中央执行者"，或者被视为一系列执行过程。

工作记忆是指个体在执行认知任务，比如进行决策时，暂时保留与操作信息的能力。奥伯劳（Oberauer，2010）认为，工作记忆不是记忆，而是一个注意力系统。工作记忆是指向记忆表征的注意力，可随时选择一小部分情景记忆和知识作为我们思想的当前内容。工作记忆的内容是不是新信息并不重要，就像在一个典型的立即识别或回忆实验中那样，它也许是人们已知的信息。在这两种情况中，机制和原则是相同的。②

---

① LAZARIC N. Are routines reducible to mere cognitive automatisms? Some contributions from cognitive science to help shed light on change in routines[R]. Paris: Centrenational de la recherche scientifique, 2007: 8.
② OBERAUER K. Declarative and procedural working memory: common principles, common capacity limits?[J]. Psychologica Belgica, 2010, 50 (3-4): 278.

工作记忆使表征与当前任务或可用于处理的目标相关。思维和行为需要两种表征，即陈述性和程序性。陈述性表征是指提供那些关于世界的信息，包括提供关于外部和内部环境的当前状态，过去事件的记忆和事实的知识的信息。这些信息以一种可以灵活使用的格式表示，通过传达这些信息，我们可以从中得出推论，并通过认知操作来操纵它们。程序性表征是那些指导认知操作和公开行为的程序性陈述，指明在什么情况下（在通过陈述性表征给出条件的情况下）要做什么。程序性表征可以被解释为条件行为规则，描述程序适用的环境的条件，以及描述要做什么（即认知操作或要实施的身体行为）的行动部分。尽管沟通程序性表征需要将它们转换成陈述性格式，例如口头规则或图表，但它们本身并不是陈述性的：区分陈述性表征和程序性表征理论的核心假设是认知和行为是受程序性表征控制的，陈述性表征（如指令）必须先通过将其作为输入并产生（认知）行为作为输出的过程来获得解释。

对陈述性表征和程序性表征的区分已经成功地应用于长期记忆模型中。当工作记忆被概念化为对记忆的关注时，很自然地，我们也会将陈述性和程序性表征的区分方式应用于工作记忆。陈述性工作记忆的内容是人们目前关注的陈述性的长期记忆表征，因此我们可以将它们用于认知过程。而程序性工作记忆的内容是人们目前关注的程序性的长期记忆表征，因此可以选择它们来指导我们正在进行的思想和行动。

奥伯劳认为，陈述性工作记忆和程序性工作记忆是两个独立的子系统，它们具有相似的结构，并通过类似的原理运作。陈述性工作记忆是临时保存陈述性表征的子系统。这些表征形成了思想的内容，它们是信息处理的对象。程序性工作记忆暂时拥有可用的程序性表征，用于管理我们对陈述性表征进行的认知操作。工作记忆的容量限制通常是根据可以记住多少信息来概念化的，而不是对信息处理的限制。

（2）交互记忆与惯例

个体记忆是一个开放的系统，受到众多环境因素（尤其是人的因素）的影响。个体所拥有的信息存量不仅取决于其自身的记忆容量，也包括所能获取的他人记忆系统中的信息，即个体所能利用的信息大于其本身的记忆。韦格纳等人（Wegner，1991）将这种利用他人知识的能力称为交互记忆，并将其定义为人们基于亲密关系发展出来的用以编码、储存、检索他人所掌握信息的分享系统。[1] 交互记忆通过人际网络促进信息的储存和检索，是对个体记忆的拓展和延伸。一个交互记忆系统由集体层次的知识组成，人们了解谁知道什么并将其存储在个体的记忆中，以供随后检索。个体可以通

---

[1] WEGNER D M, ERBER R, RAYMOND P. Transactive memory in close relationships [J]. Journal of Personality and Social Psychology, 1991, 61 (6): 927.

过沟通直接访问他们的个人交互记忆和他人的交互记忆。个体可以通过沟通直接访问他们个人的交互记忆，并间接地访问他人的交互记忆。当个体的交互记忆不足以指导他们搜索具有任务相关技能的行动者时，个体可以通过询问推荐来访问他人的交互记忆。交互记忆能力可以帮助个体了解自己交际范围内的知识分布，从而获得他人所掌握的专业知识、技能和信息。个体可以将他人作为自身记忆的外部援助手段，以弥补自身记忆系统的不足。通过人际网络，交互记忆能够促进个体知识的储存、检索、吸收和扩散，成为个体从外部获取信息的有效机制及知识和能力扩展的主要渠道。

群体交互记忆是与个体交互记忆性质不同的概念，群体交互记忆是一种集体财富，是组织基于运营需要而建构的，它由各成员的不同领域专业知识和各成员对其他成员知识领域的认知组成。群体成员为了一个共同的目标而聚集在一个群体中，因此，协作意愿不仅存在于任务分工中，也存在于认知分工中，即通过知识责任划分，群体成员趋向于认领不同的知识领域，同时有将其他成员作为外部记忆存储设备的意愿和行为。这样，群体中便形成一个比任何个体都拥有更多信息的记忆系统，即群体交互记忆系统。

米勒等人（Miller et al., 2014）提出了一个基于主体的模型（agent-based model）来分析个体能力的分布和可用性如何影响那些执行惯例的参与者。该模型显示，即使当行为模式保持不变时，参与组织惯例的行动者的模式也可以持续地改变。当检验参与者序列时，可以比较容易地对在动作序列方面无法解释的惯例形成效率的变化进行解释。通过充当组织个体技能和集体能力之间的桥梁，交互记忆有助于组织惯例理论的不断完善和发展。同时，米勒等人的研究提供了一个原始模型，明确了关键变量如何影响组织惯例涌现，以及相关的参与者模式如何随时间的变化而变动。他们的研究更多地关注个体行动者在组织及其关系中的执行惯例，以及作为组织学习的一个方面的交互记忆形成，突出了交互记忆在形成惯例中的作用，表明了交互记忆是将个人技能与集体组织能力联系起来的关键机制，并因此表明，在成员相互协商时发生的相互作用可以成为成员在惯例中的联系。①

3. 个体行为与惯例的形成

有学者认为，惯例发生在群体或功能层次，而技能（或习惯）则是个体特性。进化理论认为，技能和习惯描述了人们有效地执行复杂活动的能力，例如骑自行车或将设计师的素描转化为详细的技术渲染。惯例是个人习惯和技能的组织模拟。它们不只是组织或团队中许多人共享的技能。正如霍奇森（Hodgson，2008）所建议的，惯例是

---

① MILLER K D, CHOI S, PENTLAND B T. The role of transactive memory in the formation of organizational routines [J]. Strategic Organization, 2014, 12 (2): 112.

组织中的元习惯，存在于社会结构中习惯化个体的基础上。惯例本身就是一种高于习惯的本体层。①

惯例很重要，因为它们构成了能力的基石。惯例是构成组织技能的行为模式：需要多个参与者之间的协调与合作，需要技能且可以随着时间的推移可靠地重复。因此，惯例被概念化为这些行动者利益冲突中的休战，这些行为体包含了对事情如何完成的理解及基于行动者利益的动机。

加韦蒂（Gavetti，2005）认为，任何对惯例编码的考虑都需要关注其认知微观基础。这种观点表明，人类认知在感知、解释、编码和检索用于组织惯例构建的先前经验中起着重要的作用。②

问题是，哪些经验应该被编码成日常使用的惯例？有关"预适应"能力的研究表明，企业以前的经验是在不预期后续使用的情况下积累的。同样，从实际选择的角度来看，组织可能会在不知道价值或最终部署的情况下开发和存储惯例。假设在组织记忆中保留惯例的行为纯粹是机械的，就会存在风险。然而，鉴于组织积累的大量经验以及组织遗忘的有力证据，有研究表明，选择某些经验而非其他经验编码成惯例的行为不是机械的，而是认知过程的产物。

(1) 将经验编码为惯例的机制

学术上，将经验编码为惯例存在三种机制：成功程度、熟悉程度和经验规划。这些机制可能会影响经验的编码方式。

第一，莱维特和马奇（Levitt and March，1988）提出，惯例基于对过去的解释，也就是说，组织中的行动者根据过去预期结果的成败来选择和调整惯例。这种行为观点强调实际绩效与愿望层次的绩效的差距是行为者用来确定要将哪些经验编码到组织记忆中的线索来源。他们认为，成功的经验比不成功的经验更有可能被编码，这与失败困难方面的研究结果是一致的。③

第二，科恩和莱文塔尔（Cohen and Levinthal，1990）根据联想概念促进学习活动的认知心理洞察力理论提出了这样一种观点，即与现有惯例、知识和能力相关联的体验更容易被编码，通过这些体验人们也更容易学习与已知事物类似的新事物，因此其

---

① HODGSON G M. The concept of a routine [M] //BECKER M C. Handbook of organizational routines. Cheltenham, UK: Elga, 2008: 18.
② GAVETTI G. Cognition and hierarchy: rethinking the microfoundations of capabilities' development [J]. Organization Science, 2005, 16 (6): 602.
③ LEVITT B, MARCH J G. Organizational learning [J]. Annual Review of Sociology, 1988, 14: 320.

更有可能被存储。加韦蒂扩展了联想学习的概念，解释类比如何运作，以便回忆和重用过去的经验。因此，与现有知识类似的体验更有可能被编码。

第三，重复的体验比罕见的事件更容易被编码和记忆。学习曲线的认知基础表明重复是提高绩效的一个因素。相比之下，从罕见事件或偶发事件中学习是很困难的，因为这些罕见的事件提供了不确定和难以解释的线索。这种普遍化的一个例外是罕见事件，例如航天飞机灾难和核电站危机，这些危机具有如此重大的影响，以致管理人员无法避免编码学习，尽管他们可能很难从这些罕见事件中得出有用的推论。因此，即使管理人员和组织尝试存储和编码来自罕见事件的数据，该信息也可能被错误地编码并变得无用，甚至是有害的。结果，重复的体验更可能被编入惯例。[1]

（2）专注与意向创造惯例

影响上述编码体验和创建惯例的三种机制可能不是在组织参与者主动参与下发生的。但有证据表明，管理意图和意愿也可能对经验编码产生重大影响。管理者可能会认为需要新的惯例来构建所需的能力，并且这种预期的惯例创建过程可能在改变组织的可用惯例库中发挥重要作用。萨尔瓦托（Salvato，2009）提出，对内部和外部组织环境（而不仅仅是表现信号）提供的各种线索的专注可以对惯例的形成和改变方式产生影响。组织行动者通过将他们的选择正式化为组织惯例来复制过去的经验。这种专注表明，管理者虽然对自己的经验本身几乎没有直接的控制，但可以更好地控制哪些经验被编码，尤其是那些可能满足组织需求的经验。[2]

对经验的选择性编码转化为惯例的"向前看"的认知逻辑，暗示着对"向后看"的经验主导逻辑的关注。行动者的认知框架或解释模式会对他们关于保留和抛弃哪些经验的抉择行为产生影响。拉马宁和沃林（Laamanen and Wallin，2009）将这种"工具性认知"描述为能力发展过程的核心。[3] 赫尔法特和贝特罗夫认为拥有"核心目标"是能力发展的起点。框架促使了惯例的形成与发展，随着这些惯例的经验积累，框架被提炼成启发式，进而塑造未来的经验并将其融入惯例中。

作为能力构建模块的惯例的发展涉及执行惯例的行动与对这些行为和经验意义的理解之间的相互作用。在一项研究中，科古特和库拉提拉（Kogut and Kulatilaka，

---

[1] COHEN W M，LEVINTHAL D A. Absorptive capacity：a new perspective on learning and innovation [J]. Administrative Science Quarterly，1990，35（1）：129-131.

[2] SALVATO C. Capabilities unveiled：The role of ordinary activities in the evolution of product development processes [J]. Organization Science，2009，20（2）：400.

[3] LAAMANEN T，WALLIN J. Cognitive dynamics of capability development paths [J]. Journal of Management Studies，2009，46（6）：965.

2001）确定了修改现有惯例以执行更适合组织需求的新任务的意向过程，并将这种修改或"技巧"过程概括为有意改变组织惯例结构的手段。[①] 然而，彭特兰和费尔德曼（Pentland and Feldman，2008）在尝试记录惯例创建失败时着重指出，有意创建惯例可能是困难的，最坏的情况下甚至是不可能的。[②]

在极端情况下，惯例和有关惯例的认知框架或模式是"合成"的，对惯例使用的潜在解释会影响管理人员编写新惯例和改变现有惯例的方式。这种"共同构成"涉及行动者的意图和惯例的执行，这可能会导致保留那些在某些方面偏离意图的惯例。也就是说，惯例具有表述和执行两方面，其中意图塑造了执行，但即兴表演可能会影响意图。此外，专注在编码程序中的重要程度因惯例类型而异。

关于能力微观基础的各种观点表明，经验是组织能力构建模块的来源，但只有当它被选择并编码到组织记忆中，然后在组织惯例中重复时才是如此。发生这种情况的过程至少部分是基于认知的。也就是说，它涉及程序记忆、专注线索和认知框架，这些框架构成对经验价值和有用性的解释。总体而言，根据这一领域的现有研究，认知（在组织的各个层次）与惯例形成之间存在动态关系（从而影响组织所具备的能力）。这种能力构建模块（即惯例）基于认知过程，对于组织变化中的组织惯性或适应性具有重要意义，因为任何组织反应都需要打破和重组支持组织惯例的休战。

4. 个体情绪的作用

情绪具有重要的心理功能，对人的各种心理活动都有着重要的影响，而其对认知的影响则是当今研究的热点之一。许多研究证明情绪对认知产生了多方面的影响，其影响不仅表现在加工的速度和准确度方面，而且表现在可以在类别和等级层次上改变认知的功能，或在信息加工中引起阻断或干扰的质量变化方面。这表明情绪不仅在量上影响认知，而且可以影响其结构。大量强有力的证据表明，情绪对记忆、决策和惯例起着重要的作用。

（1）情绪对记忆的影响

根据脑科学研究，人脑的杏仁核是情绪之源。它是个形似杏仁的神经细胞核团，位于边缘系统圈的底部，脑干的上端，它共有两个，分列大脑的两侧。在进化过程中，海马体与杏仁核是原始嗅脑的两个重要部分，之后演化出旧皮质及新皮质。现代人脑

[①] KOGUT B，KULATILAKA N. Capabilities as real options [J]. Organization Science，2001，12（6）：749.

[②] PENTLAND B T，FELDMAN M S. Designing routines：on the folly of designing artifacts，while hoping for patterns of action [J]. Information and Organization，2008，18（4）：237.

的这些边缘结构主要承担了学习与记忆的功能,杏仁核是产生情绪、识别情绪和调节情绪,控制学习和记忆的脑部组织。人如果失去杏仁核,就失去了对情感的辨认,也失去了对情绪的所有感受。杏仁核就好像情绪记忆及其存在意义的宝库,没有了杏仁核,对个人而言,生命便没有了意义。①

纽约大学神经科学中心的神经科学专家勒杜克斯(LeDoux)最先发现了杏仁核在情绪中枢中的关键作用。他发现的情绪中枢联结网络推翻了有关边缘系统的传统观念,强调了杏仁核在情绪反应中的关键作用,同时也重新定位了边缘系统其他部位的功能。勒杜克斯的研究揭示了当人们的新皮质思维中枢尚未作出决策时,杏仁核有可能越俎代庖,支配人们的行为反应。杏仁核的功能及其与新皮质的相互作用乃情感智商的核心。勒杜克斯有关情绪的研究已被社会广泛接受,其研究中最重要的成果就是发现了杏仁核是大脑整体结构中的情绪哨兵。他的研究证实,眼、耳等感觉通道传送的信息在大脑中有两条传递通道:一条是先进入丘脑,经突触到达杏仁核;另一条是经丘脑,沿主干道进入新皮质。新皮质需要经若干不同水平的通道聚合信息,充分领悟之后发出精确的特定反应,所以杏仁核借信息通道分支就可能抢在新皮质之前作出反应。②

勒杜克斯研究的革命性意义在于率先发现了情绪的神经通道在新皮质之外。人类最原始最强烈的情绪取捷径直达杏仁核,这捷径足以解释为什么情绪可以战胜理智。神经科学家通常认为眼、耳等感官传递的信息会先到丘脑,然后从丘脑再到新皮质的相应感觉皮质区,在此我们所感知对象的信息被加工整合。经此处理,被感知的对象才能被识别,才具有意义。新皮质将信息传送至边缘系统,边缘系统作出适当反应再经脑反馈到机体各部分。一般情况下确实如此。但勒杜克斯发现,在通往皮质的大神经通道之外,还有一束小的神经元直接从丘脑通向杏仁核。这条小而短的神经"胡同"使杏仁核可直接获取感觉输入并赶在新皮质完成感觉登记前抢先作出反应。这一发现彻底推翻了认为杏仁核必须依赖新皮质的信息以形成情绪反应的传统观念。即使在杏仁核和新皮质之间开通一个平行的反射回路,杏仁核也能通过紧急通道激发情绪反应。杏仁核可激起人们直接诉诸行动,但稍缓一步,新皮质获得了更多信息,就可提供更精确的行动方案。③

勒杜克斯强调,情绪系统可于新皮质之外独立反应。某些情绪反应、情绪记忆的形成可不需意识、认知的参与。因为从丘脑到杏仁核的捷径完全绕过了新皮质,

---

① 戈尔曼. 情感智商[M]. 耿文秀,查波,译. 上海:上海科学技术出版,1997:20-23.
② 同上.
③ 同上.

杏仁核可储存记忆并促使我们还不知所以就已作出反应。勒杜克斯及其同事们的研究认为，过去一直被视为边缘系统核心部位的海马体，其主要功能并不是情绪反应，而是记录与理解知觉模式。海马体可以提供与背景有关的鲜明记忆，识别事物的不同意义，这对情绪有重要意义。大脑采用极简单但也很巧妙的方法使情绪记忆深深扎根：当我们处于危急关头，神经化学警报系统在启动机体做好行动反应准备之时，便在记忆中烙下鲜明的印记。应激状态之下（处于焦虑、狂喜或极度兴奋时也是如此），脑发出的神经指令直达肾顶部的肾上腺，激活肾上腺素和去甲肾上腺素的分泌，给机体填充能量，提高行动力。这些激素激活迷走神经接收器，使迷走神经传输脑的指令以调节心率，同时把信号反馈回大脑。上述信号会传送到杏仁核，激活其中的神经元以通知其他部位强化对于正发生事件的记忆。杏仁核倾向于把情绪唤起特别强烈的时刻印在记忆里。①

此外，许多研究发现，积极或消极情绪会使类似材料的编码更加牢固或者提取更加容易，从而促进个体对这些材料的记忆。心境一致性理论对于情绪与记忆的这种关系作出了解释。该理论认为，个体倾向于回忆与当前情绪具有一致性的信息。当个体处于愉快的情绪状态时倾向于回忆愉快的内容，当个体生气时倾向于回忆消极的内容。记忆的心境一致性理论表明，情绪不仅在记忆编码、提取阶段对记忆绩效产生影响，还可以在回忆阶段起作用。

（2）情绪、决策与惯例

情绪对认知和决策会产生直接的影响作用。在情绪与认知的关系中，情绪在干扰认知的同时，也会服务于认知。情绪可以打断认知，将注意力转移到情绪本身。强烈的情绪会侵占认知能力，从而扭曲个体对决策结果的评价。即使是积极的情绪也可以作为一种干扰，它会导致扭曲，因为处于积极情绪中的人想要通过避免不愉快的想法来保护自己的情绪。情绪可被视为一种信息，它是个体意义结构的基础，影响着个体对现实生活事件的感知和评估。例如，经历焦虑的人很可能将事件解读为充满不确定性和缺乏控制的，而积极的情绪会引导人们作出更积极的评估判断，形成决策，以抓住机会。高层管理者所经历的负面情绪可能会限制他们所考虑的选择和信息的范围。通过扭曲认知过程，情绪可能会影响战略家对外部环境信号的解读、对机会的识别以及对如何利用机会的决策。②

---

① 戈尔曼. 情感智商[M]. 耿文秀，查波，译. 上海：上海科学技术出版社，1997：24-25.
② KARS-UNLUOGLU S, KEVILL A. Emotional foundations of capability development: an exploration in the SME context[J]. Journal of Management & Organization, 2021, 27 (4): 676.

然而，情绪也可以为认知服务。情绪可以通过对情感事件与个人目标、前因和未来前景的相关性的认知过程（cognitive processing）来服务于认知。情绪将注意力引导到解决问题和与此相关的信息上，并为寻求这些解决方案提供动力。事实上，有证据表明，情绪是思维和决策的重要组成部分，因为我们依赖于躯体标记，而躯体标记是关于可能行动的可取性和后果的内部信号，包括与决策者未来效用相关的标准，对可能发生的事件的准确预期，以及决策者的感受等。情绪通过明确考虑这些因素而有利于认知，并在一定程度上具有适应性。这种情绪过程（affective processing）也可以在潜意识中发生，以预感和直觉的形式出现在意识中，使人能够做出适当的决策。[1]

情绪影响着决策行为，而决策影响着惯例的形成。根据认知科学的研究，达马西奥（Damasio, 1994）提出，每当作出认知努力时，我们的神经元就会被局部激活。神经科学家已经能够将这种认知努力形象化，从而激活我们大脑和身体的特定区域。这个研究成果表明，单个惯例绝不是自动形成的，而是来源于强烈的关注和决策行为。[2]

（三）从惯例到能力

1. 惯例与能力的关系

虽然惯例和能力在理论上是相关的，但它们的建构方式有所不同。例如，惯例和能力具有不同的表现形式，并集中在不同的现象上。纳尔逊和温特将惯例与搜索惯例区分开来，后者是用来改变低级惯例的惯例（动态能力概念的前身）。学者们认为，一般说来，具有 n 层能力（n 可能大于 2）的层级结构具有逻辑意义，有些能力是零级层次的，在某种意义上，零级层次的能力是日常"惯例"操作的基础。而有些能力则是一级层次或更高层次的，特别是动态能力。

惯例和能力的差异也与它们僵化或灵活的程度有关，这通常取决于语境关系。刚性惯例（rigid routines）由一系列行动组成，其中每个行动都必须以特定的方式进行。这种类型的惯例利用了之前积累的知识，可视为被完全设计或指定的方案，以便最大限度地协调任务或解决问题。例如，必须以高度可靠的方式执行活动的组织（核电站、化工厂、医院等），或需要跨多个单位（特许经营快餐或休闲餐厅）高效

---

[1] ELFENBEIN H A. Emotion in organizations: a review and theoretical integration [J]. Academy of Management Annals, 2007, 1 (1): 348-349.

[2] DAMASIO A. Descartes' error: emotion reason and the human brain [M]. New York: G. P. Putnman's Sons, 1994: 278.

复制特定流程的组织,往往应用此类刚性惯例。尽管这种能力形式可能涉及标准的运营方式,但其具体部署中可能也允许管理层自行决定。因此,惯例可能会随着时间的推移而引起能力性质的变化。相反,某些类型的惯例有目的地比刚性惯例更灵活,允许在执行过程中有相当大的管理层决定权。这些差异值得研究,因为一般来说组织持有的一组惯例和能力代表了这些异质结构的混合。

2. 从惯例到能力的演化机制

如果惯例是能力的基石,那么,它们是如何组装的呢?过往文献很少提及这个过程。赫尔法特和贝特罗夫认为,能力的发展是通过管理层的反复尝试和反思来实现的。

在寻找这些能力发展路径时,学者们强有力地证明了能力是由不同惯例聚合而成的。同时,他们也发现如果聚合没有发生,能力就没有发展。然而,他们并没有解释如何从惯例中发生聚合。拉维(Lavie,2006)关于能力重构的理论观点突出了管理认知在确定组织运作环境下的理想能力方面的作用。[①] 从他的角度来看,管理认知使组织能够将能力分解为它们的组成要素,然后通过替代、演变或转变来重新配置它们。现有的研究表明,将惯例转化为能力可以通过两套相互关联的认知过程来支持:确定能力应用的目的,并对组织能够或可能做什么进行解释。

(1) 确定能力应用的目的

根据赫尔法特和贝特罗夫(Helfat and Peteraf,2003)的理论,目标的确定是能力生命周期的第一步。这符合彭罗斯的基本观点,即能力意味着指定的目的。虽然将经验编码为惯例可能没有明确的意图,但将惯例的"组装"概念引入能力的价值恰恰在于它突出了指定目的的作用。目的通常来源于管理者认识到组织外部的组织缺陷或战略机会。管理认知研究的很大一部分集中在管理者对环境的解释上。基本的观点是,管理者对外部情境的解释将影响他们如何看待自己的组织对其作出反应的能力。[②]

这项工作很大程度上考察了管理者是否认为环境构成了威胁或机会,因为感知到的威胁更有可能将管理者固定在当前对内部能力的理解上,而感知到的机会可以放松惯例的刚性。学者认为,管理层关注的方向(无论是对新机会还是对现有市场或技术)都会对能力的形成产生显著影响。

问题感知是创造性行动的起点,是学习和教育的核心动力。问题感知(也称为问

---

① LAVIE D. Capability reconfiguration: an analysis of incumbent responses to technical change [J]. Academy of Management Review, 2006, 31 (1): 153-156.
② HELFAT C E, PETERAF M A. The dynamic resource-based view: capability lifecycles [J]. Strategic Management Journal, 2003, 24 (10): 997-1010.

题发现、问题识别等）研究有助于识别威胁所涉及的过程。研究表明，管理者必须意识到相对于目标愿望的失败或差距，以便产生对问题性质的了解。基斯勒和斯普劳尔（Kiesler and Sproull，1982）的问题感知模型提出了一个过程，管理者试图通过这个过程来推断被感知问题背后的因果关系，以便对它们进行解释和分类。此外，他们认为类比推理是管理者认识和理解所面临的问题的一种手段。[1]

（2）了解组织能够或可能做什么

将惯例转化为能力的另一个认知过程是理解构建模块是什么，或者用不同的方式来了解组织可以做什么。尽管我们都认为管理人员对其组织资源和能力的理解是重要的，但实现这点并不容易。因为同一个组织中的管理者对于该组织内能力的认知可能会有截然不同的观点。例如，德雷尔等人（Denrell et al.，2004）通过大规模的经验调查发现，来自同一组织的受访者在评估组织对"战略"能力的熟练程度方面的评分者信度仅为0.28，表明内部对于某些能力的认知存在重大分歧。这意味着研究这些认知差异是理解能力如何组合的重要部分。[2] 管理者认识到组织能够做什么的过程既不是直接的，也不是线性的，它本质上是迭代的，它建立在对使用被组合的能力尝试的有效性和有用性的反馈上。[3]

同时，学者提出了可以帮助行动者了解自己组织能力的两个基本机制。首先是可以通过他们在组织中的直接经验进行了解。比如，鲁克（Rulke）等人引入术语"组织的自我认知"（organizational self-knowledge）来捕捉管理者理解自己组织优势的程度，并表明这些认知主要来源于与组织内部人员和活动的直接个体交互。他们认为，管理者所拥有的对组织的自我认知是通过接触各种学习途径获得的。认知（knowledge）既可以通过正式机制显性地发展，也可以通过群体成员之间的互动隐性地发展。此外，关系型和非关系型学习都可以通过组织内部或外部途径进行。这些学习途径通过影响管理者对最佳实践特定领域理解的深度，以及通过影响他们所管理的单元中嵌入的能力，可以促进组织自我认知能力的发展。然而，学习途径是如何影响个人认知和组织能力的？对此，鲁克等人认为，有些学习途径可能有传递知识的明确目的。例如，在一家企业的正式培训课程中，传授相关关键行业实践的具体知识，这有助于参与培训的管理人员对这些实践有

---

[1] KIESLER S, SPROULL L. Managerial response to changing environments: perspectives on problem sensing from social cognition [J]. Administrative Science Quarterly, 1982, 27 (4): 549.

[2] DENRELL J, ARVIDSSON N, ZANDER U. Managing knowledge in the dark: an empirical study of the reliability of capability evaluations [J]. Management Science, 2004, 50 (11): 1498.

[3] EGGERS J P, KAPLAN S. Cognition and capabilities: a multi-level perspective [J]. Academy of Management Annals, 2013, 7 (1): 311.

更深入的了解,并增加最佳实践在这些管理人员控制的单元中随着时间的推移被实施的可能性。而非关系型学习途径,如行业期刊,通常都刊有关于最佳实践的报道。这些类型的学习途径允许管理者对他们的单元进行基准测试,并评估其在不同实践中的能力。管理者也可以直接利用他们通过这些途径获得的知识来提高其所管理的单元的能力。

此外,德雷尔等人(2004)发现当管理人员对他们组织的能力认知达成一致时,是在对能力所在部门或业务部门的活动和业绩最为熟悉的情况下。同样,迈纳等人认为,以前的管理经验与特定的惯例和能力可以提升人们有意或无意解决新问题的可能性。然而,如何理解直接管理经验可以转化为组织能力?埃格斯和卡普兰(Eggers and Kaplan, 2013)认为,一种可能正确的观点是基于交互记忆,直接管理经验可以被用于识别个体如何学习他人特别是团队成员拥有的技能。交互记忆是通过人际交往和对其他人的技能和行为的观察而建立起来的。就形成能力构建模块的惯例和知识驻留在组织内的个体而言,这一观点可能是适用的。另一个可能正确的观点是基于程序性记忆,直接管理经验记录了个人建立"学习技能或不可分辨的认知操作"的方式。这种记忆是通过持续的交流而建立的,代表了一种关于"如何完成任务"的自动、隐性知识。因此,管理人员可以通过自己的执行经验来了解组织可以做些什么。交互记忆和程序性记忆提供了可能的过程,这些过程和经验可以帮助管理者理解组织的能力。[①]

另外,可以通过与其他组织(通常是竞争对手)进行比较来了解组织能力。"标杆管理"是一个众所周知的程序,管理人员可以通过它来解释他们自己的组织的长处和短处。管理认知研究指出,选择这些竞争者本身就是一个解释过程,相关的竞争战略群体应被理解为认知战略群体。管理者会注意并模仿他们认为的属于他们行业的组织。此外,确定这些竞争对手复制活动的哪些方面也是需要认知的。竞争对手成功或失败的原因可能并不明显,因此管理人员必须通过嘈杂的信息进行排序或对可能值得复制(或值得避免)的东西作出解释。

[①] EGGERS J P, KAPLAN S. Cognition and capabilities: a multi-level perspective [J]. Academy of Management Annals, 2013, 7 (1): 311.

第六章　基于动态能力竞争优势之微观基础

自20世纪90年代以来,企业如何在复杂且快速变化的环境下获取竞争优势的来源已成为人们广泛关注的问题,动态能力理论应运而生。目前,动态能力理论已成为战略管理的前沿理论,该理论的产生与发展标志着人们对企业竞争优势来源的认识已经进入了一个新的阶段。随着市场环境不确定与不稳定性因素的增加,企业面临的风险也必将随之扩大,在这样的背景下,深化企业动态能力研究对丰富战略管理理论和指导管理实践都具有划时代的重要作用。

第一节　动态能力概述

动态能力的渊源可以追溯到演化经济学中解释组织演进的相关理论。动态能力的概念被提出后,尽管关于它的定义在学术界仍没有形成完全统一的意见,但大多数的学者都将它看作是组织能力或组织流程。了解动态能力的维度以及特征表现对我们探讨动态能力的形成有极大的帮助。

一、动态能力的概念

在学术界,学者主要从两个角度来定义动态能力。这两个角度分别是潜在动作(latent action)和组成要素。前者指的是生产能力或使能装置(enabling Device)等,而后者指的是流程、惯例或模式等。

(一) 作为组织能力的动态能力

蒂斯等人(Teece et al., 1997)认为,动态能力是企业整合、构建和重新配置内外部的能力以满足快速变化环境的能力；[1] 因此，动态能力反映了组织根据市场的路径和位置实现创新式竞争优势的能力。陆亚东（2000）认为，动态能力可以被定义为跨国组织创造、使用和更新那些被组织交织在一起的资源的能力，并根据寻求全球市场可持续竞争优势的资源产生回报；[2] 即动态能力是从当前资源中提取经济效益并开发新能力的能力。鲍曼和安布罗西尼（Bowman and Ambrosini，2003）认为，动态能力方法侧重于组织根据环境变化更新资源的能力，动态能力观侧重于面向快速变化的环境的组织能力，强调必须创造新的资源，更新或改变其资源组合。[3] 马库斯和安德森（Marcus and Anderson，2006）认为，一般的动态能力是组织随着时间的推移更新，扩展和调整技能的能力。[4] 扎拉等人（Zahra et al.，2006）认为，动态能力可定义为重新配置组织的资源和惯例的能力，组织的资源和惯例由企业主要决策者进行计划和适当安排。[5]

（二）作为组织流程的动态能力

艾森哈特和马丁（Eisenhardt and Martin，2000）是最先根据构成要素定义动态能力的人，他们将动态能力定义为企业使用资源的过程，特别是整合、重新配置、获取和释放资源以匹配甚至创造市场变化的过程；因此，动态能力是企业在市场出现、碰撞、分裂、演变和消亡时实现新资源配置的组织和战略惯例。[6] 赫尔法特和贝特罗夫（Helfat and Peteraf，2003）认为，动态功能可以构建、整合或重新配置运营能力；动态能力不直接影响组织绩效，而是通过对运营能力的影响间接地促进组织绩效。[7] 王和艾哈迈德（Wang and Ahmed，2007）将动态能力定义为以组织行为为导向不断整合、重新配置、更新和重新创建资源和能力的过程；其中最重要的环节是，提升和重建组

---

[1] TEECE D J, PISANO G, SHUEN A. Dynamic capabilities and strategic management [J]. Strategic Management Journal, 1997, 18 (7): 516.

[2] LUO Y D. Dynamic capabilities in international expansion [J]. Journal of World Business, 2000, 35 (4): 355.

[3] BOWMAN C, AMBROSINI V. How the resource-based and the dynamic capability views of the firm inform corporate-level strategy [J]. British Journal of Management, 2003, 14 (4): 292.

[4] MARCUS A A, ANDERSON M H. A general dynamic capability: does it propagate business and social competencies in the retail food industry? [J]. Journal Of Management Studies, 2006, 43 (1): 19.

[5] ZAHRA S A, SAPIENZA H J, DAVIDSSON P. Entrepreneurship and dynamic capabilities: a review, model and research agenda [J]. Journal of Management Studies, 2006, 43 (4): 918.

[6] EISENHARDT K M, MARTIN J A. Dynamic capabilities: what are they? [J]. Strategic Management Journal, 2000, 21 (10-11): 1107.

[7] HELFAT C E, PETERAF M A. The dynamic resource-based view: capability lifecycles [J]. Strategic Management Journal, 2003, 24 (10): 998.

织核心能力，以应对环境变化，实现和维持竞争优势。也有人认为，动态能力不仅仅是流程，而是已经嵌入流程中。[①]鲍曼和安布罗西尼（2009）认为，动态能力不是一种针对资源基础观的能力，它也不是资源，而是一套影响资源的流程。[②]

二、动态能力的维度

动态能力这一概念最早出现在蒂斯和皮萨诺于1990年完成的一篇工作论文中。他们俩在自己正式发表的《企业的动态能力：导言》一文中，把动态能力划分为适应能力、整合能力和重构能力三个维度。1997年，二人和舒恩在对于动态能力研究具有里程碑意义的论文《动态能力与战略管理》中，进一步明确了动态能力由整合能力、构建能力和重构能力三个维度构成的观点。2000年，艾森哈特和马丁的《动态能力：是什么？》一文将动态能力划分为整合能力、重构能力、获取能力、释放能力四个维度。之后，也有相当多的学者对动态能力的维度划分提出了不同的观点（见表6-1）。

表6-1 主要文献作者对动态能力维度的划分

年份	维度	作者
1994	适应能力、整合能力、重构能力	Teece, Pisano
1997	整合能力、构建能力、重构能力	Teece, Pisano, Shuen
	研发能力	Helfat
2000	整合能力、重构能力、获取能力、释放能力	Eisenhardt, Martin
2003	创造能力、吸收能力、整合能力、重构能力	Verona, Ravasi
2006	产品开发能力	Marsh, Stock
2007	感知机会能力、捕获机会能力、重构（转化）能力	Teece
	吸收能力、适应能力、创新能力	Wang, Ahmed
	吸收能力、转化能力	Pandza, Holt
2008	感知机会能力、捕获机会能力、重构（转化）能力	O'Reilly III, Tushman
	营销能力、研发能力	Danneels
	人力资本以及内部开发、结盟能力	Døving, Gooderham

---

① WANG C L, AHMED P K. Dynamic capabilities: a review and research agenda[J]. International Journal of Management Reviews, 2007, 9 (1): 32.
② BOWMAN C, AMBROSINI V. What are dynamic capabilities and are they a useful construct in strategic management?[J]. International Journal of Management Reviews, 2009, 11 (1): 29.

续表

年份	维度	作者
2009	感知机会、利用整合能力	Liao, Kickul, Ma
	知识创造、整合、重构能力	Prieto, Revilla, Rodríguez-Prado
	创意、破坏市场、开发新产品与新流程的能力	McKelvie, Davidsson
	开发与引入新流程或技术能力	Macher, Mowery
	感知机会能力、捕获机会能力、重构能力	Ellonen, Jantunen, Kuivalainen
2010	整合能力、学习能力、重构能力	Wu
	感知机会、决策能力、转化能力	Barreto
2011	感知能力、学习能力、整合能力、协调能力	Pavlou, EI Sawy
2012	机会感知能力、机会捕获能力、重构能力	Jantunen, Ellonen, Johansson
	协调能力、学习能力、战略竞争反应能力	Protogerou, Caloghirou, Lioukas

通过对以往文献的分析,可以作出判断和归纳,将动态能力的维度划分为三层:感知机会能力、捕获机会能力和重构资源能力,见图6-1。①感知机会能力:为了识别机会,企业需要不断扫描环境,在企业内部和外部不断寻找开放的机会。这包括扫描新发明或探索市场需求的活动,以及研发过程中的实践,能够创造新的知识或改进知识、引发理解技术转型的活动等。②捕获机会能力:当感知到机会时,企业需要紧紧捕获它们,同时对机会的价值和潜力有足够的认识。捕获机会能力意味着选择正确的技术或识别目标客户。③重构资源能力:当机会被感知和捕获时,资源需要被重新配置。重构资源能力意味着重构和重新配置资源基础,以应对企业环境中的变化和机遇的能力。

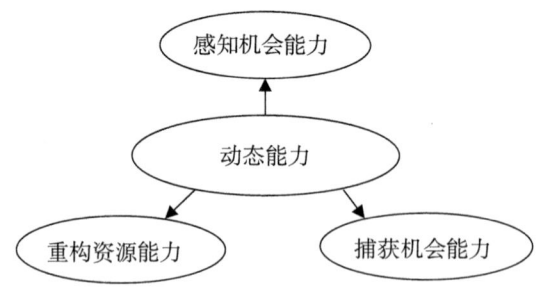

图6-1 动态能力的维度结构示意图

三、动态能力的本质特征

动态能力区别于既有的企业能力,有其特殊的本质特征,主要表现在以下三方面。

（一）动态能力与普通能力有着本质上的区别

普通能力也被称为运营能力，属于静态的能力，它可以根据特定任务的要求进行评估，例如劳动生产率、库存周转和完成时间，因此可以在内部或外部对行业最佳实践进行基准检测。最佳实践指的是那些可以提高速度、质量和效率的业务。最佳实践包括不断收集和分析绩效信息，设定具有挑战性和相互关联的短期与长期目标，并奖励高绩效者和重新培训或解雇低绩效者。当企业实现最佳实践时，普通能力被认为是强劲的。[1] 然而，最佳实践也可能成为一个陷阱，因为一心追求效率可能会影响变革能力，从而使组织变得僵化。如果组织执行的任务是固定不变的，那么，效率目标是最容易实现的。因此，为了实现最佳实践，人们往往无意中强化了惯性。此外，维持最佳实践和高生产力的需求可能会导致高层管理人员故步自封，难以带来变革。简言之，普通能力决定了企业目前的生存方式，可以被看作是在运营、管理和治理的核心业务功能中实现技术效率和"正确地做事"的能力，其中效率是普通能力的核心，控制成本是其管理的重点。

相比之下，动态能力涉及适应、协调和创新，它是在正确的时间做正确的事，它基于新产品（工艺）开发、独特的业务管理流程、以变革为导向的强力型组织文化、对业务环境和技术机会有预知能力的评估等多个要素。强大的动态能力可以使企业保持与市场、技术发展以及更广泛的社会目标的一致。在追求目标实现的过程中，动态能力通过感知机会能力、捕获机会能力和重构资源能力以及相对应的流程来实现企业内部资源与外部环境的动态匹配，以适应不断变化的环境需要，为此，创业资产配置和领导成为动态能力的管理重点。

此外，普通能力可以通过购买或创建实现，且由于自身的静态性，普通能力往往容易被模仿。而动态能力必须通过创建才能实现，不可在市场上购买。而且，动态能力会嵌入社会文化当中，具有不可模仿性。

动态能力与普通能力的差别比较请参见表 6-2。

表 6-2 动态能力与普通能力的差别比较

特征	普通能力	动态能力
目的	提高业务功能的技术效率	实现客户需求与技术、商业机会的一致性
可实现的模式	购买或创建（学习）	创建（学习）

---

[1] BLOOM N, EIFERT B, MAHAJAN A, et al. Does management matter? Evidence from India [J]. The Quarterly Journal of Economics, 2013, 128 (1): 7.

续表

特征	普通能力	动态能力
三方模式	运营、行政管理、治理	感知机会、捕获机会、重构资源
关键例程	最佳实践	识别流程
管理重点	控制成本	创业资产配置和领导
优先考虑的事	正确地做事	在正确的时间做正确的事
可模仿性	一般可模仿	不可模仿
结果	技术适应（效率）	演化适应（创新）

资料来源：TEECE D J. The foundations of enterprise performance：dynamic and ordinary capabilities in an (economic) theory of firms[J]. Academy of Management Perspectives，2014，28（4）：332.

（二）动态能力被看作一种变革模式

动态能力从根本上与变革有关，它构成了理论的行动。动态能力的概念包括能力随时间的产生、变革和提升，强调对企业变革和更新的贡献。正如赫尔法特等人（Helfat et al.，2007）所说，动态能力的概念包括识别变革的需要或机会，制定对这种需要或机会的响应以及实施行动方案的能力。[①] 因此，动态能力是对变革需求的一种响应。

有人提出，如果动态能力要与有目的的变革相关，它必须具有三个特征。首先，动态能力需要被定义为一种能力，而不是简单的临时问题解决（ad hoc problem solving）方案，它必须包含一些模式化元素。因此，将动态能力与对组织资源基础的一次性特殊变革区分开来非常重要。其次，动态能力也需要某种程度的意图，即使不是完全明确的。动态能力不同于组织惯例，后者由缺乏意图的习惯性组织活动组成。而意图属性将动态能力的模式化与习惯性的组织活动区分开来。最后，虽然动态能力与战略变革有关，但它并不是战略变革的同义词。它是关于一种类型的变革，即资源基础的有意改变。[②]

其实，学者已经把动态能力概念与产品市场定位（product-market positioning）、临时问题解决和即兴发挥（improvisation）等概念区分开来了。产品市场地位可能是潜在动态能力的静态表现，但它表明了企业如何"玩游戏"（playing the game），而不是必须"玩什么"。相比之下，尽管临时问题解决和即兴发挥赋予了企业活力，但与动态

[①] HELFAT C E，FINKELSTEIN M，MITCHELL W，et al. Dynamic capabilities：understanding strategic change in organizations[M]. Oxford：Blackwell，2007：2.
[②] SUNE A，GIBB J. Dynamic capabilities as patterns of organizational change：an empirical study on transforming a firm's resource base[J]. Journal of Organizational Change Management，2015，28（2）：215.

能力不同的是，它们是自主的、计划外的行动，维护成本较低，不是企业可以反复使用的有组织的能力。因此，有计划和可重复的行动是动态能力的一个必要特征。此外，运气并不会构成动态能力，意图属性便可将动态能力与意外或运气区分开来。①

动态能力与组织变革的关系可反映在能力层次概念的定义上。能力层次结构用于区分需要对资源基础进行的较低调整和对企业动态能力集进行的更深层次的改变上，这些改变反过来又有助于改变资源基础。我们在前面已经进行了阐述，层次结构包括：一阶能力、二阶能力和三阶能力。一阶能力也被称为零级能力（zero-level capabilities）或实质性能力（substantive capabilities），被描述为资源和操作惯例。二阶能力也被称为动态能力，是那些改变产品、生产过程规模或服务市场的能力。三阶能力也称为元能力或高阶能力，它有助于低级动态能力的创建和修改。需要提及的是，变革层次的概念已经在组织变革中得到了检验。比如，瓦茨拉维克（Watzlawick）等人确定了两种类型：①一阶变化，如果一阶变化发生在一个系统中，那么在该系统中，问题将被解释，而系统本身不发生变化；②二阶变化，二阶变化则会重新定义问题，以开发解决方案，系统本身也会发生变化。这样，一阶和二阶变化可以广泛地分别与能力层次结构第二层次和第三层次中存在的动态能力相关联。②

此外，动态能力的不同维度表征了动态能力的不同类型，这些类型隐含地反映了组织在变革中的参与程度。比如，鲍曼和安布罗西尼（Bowman and Ambrosini，2003）提出了动态能力的四种能力：重新配置、利用、学习和创造性整合。重新配置能力用于转换和重组资产和资源。利用能力的作用是通过利用现有资源来协助创建资源，这通过将资源的范围扩展或复制到其他战略业务单元或市场领域来实现。学习是"一个通过重复和实验使任务能够更好更快完成的过程"。创造性整合涉及协调和整合企业资源和资产，将组件集成和连接成一个连贯的整体。③ 又如，蒂斯提出的三维基本能力类型：感知与塑造机会以及威胁的能力，捕获机会的能力，通过增强、合并、保护以及在必要时重新配置企业的无形和有形资产来保持竞争力的能力。由于动态能力与变革关系十分紧密，不可分割，因此，可将动态能力看作一种变革模式。

---

① LAAKSONEN O, PELTONIEMI M. The essence of dynamic capabilities and their measurement [J]. International Journal of Management Reviews, 2018, 20 (2): 186.
② SUNE A, GIBB J. Dynamic capabilities as patterns of organizational change: an empirical study on transforming a firm's resource base [J]. Journal of Organizational Change Management, 2015, 28 (2): 216.
③ BOWMAN C, AMBROSINI V. How the resource-based and the dynamic capability views of the firm inform corporate-level strategy [J]. British Journal of Management, 2003, 14 (4): 293-295.

(三)动态能力特别强调学习和知识积累的重要性

组织学习被认为是组织内部的关键流程之一,它对动态能力的演化有着直接的影响。赫尔法特等人(Helfat et al.,2007)认为,动态能力源于先前的学习和经验。[①] 而艾森哈特和马丁(Eisenhardt and Martin,2000)则认为,动态能力可被描述为路径依赖过程产生的复杂惯例,而路径依赖应准确地被描述为主要在心理学文献中出现的学习机制,正是这些学习机制解释了动态能力的演化发展。[②]

首先,组织学习有助于改善和整合动态能力。学习、知识获取过程、新知识在个人之间的转移和内化改变了组织内进行智力活动(intelligent action)的基础能力。学习本质上是协作的,需要通过整合各种组织知识源来帮助企业访问不同的知识领域,并想出新的方法来解决现有问题。组织学习增强了将现有知识和资源整合到最近吸收的新知识中的过程。[③] 对此,辛格和拉奥(Singh and Rao,2016)指出,学习和知识积累是整合能力的动态贡献者,整合是对被采集单元和采集单元的操作惯例的修改。他们认为,组织学习通过提高那些要求人们明确改变与利用知识的能力来鼓励资源更新和增强整合能力。[④] 整合过程是一个非常复杂的问题,特别是对像制药企业这样的知识密集型企业来说,它们需要大量的知识来开发、修改和整合。鉴于此,一些企业通过战略联盟等一系列活动来获取运营所需的知识。这意味着吸收外部知识为开发整合资源所必需的能力提供了机会。因此,组织学习在整合过程中的重要性不容忽视。

其次,组织学习有助于提升重构资源能力。越来越多的研究表明,积累和利用知识与捕获机会密切相关,机会一旦出现,就可以提高企业重新配置资源的能力。在这方面,学习能够使企业合理安排其资产并将其转化为新的能力。冈萨雷斯和梅洛(Gonzalez and Melo,2017)认为,知识的探索和利用,可以增加组织的知识储备,是组织学习的两种不同的基本方法,它们是重构能力进化的必要元素。而重构能力是组织为了创造新产品和技术而重构资源的能力,也是组织利用机会和在遇到威胁时生存

[①] HELFAT C E, FINKELSTEIN M, MITCHELL W, et al. Dynamic capabilities: understanding strategic change in organizations [M]. Oxford: Blackwell, 2007: 3.

[②] EISENHARDT K M, MARTIN J A. Dynamic capabilities: what are they? [J]. Strategic Management Journal, 2000, 21 (10-11): 1114.

[③] FARZANEH M, GHASEMZADEH P, NAZARI J A, et al. Contributory role of dynamic capabilities in the relationship between organizational learning and innovation performance [J]. European Journal of Innovation Management, 2021, 24 (3): 659.

[④] SINGH B, RAO M K. Effect of intellectual capital on dynamic capabilities [J]. Journal of Organizational Change Management, 2016, 29 (2): 133.

下来的能力。① 研究还表明，缺乏重构资源能力是企业在运营上无法获得成功的主要原因之一。当今的市场环境表明，如果组织想要保持竞争力，就应该捕获市场机会，了解客户的需求，并相应地重新配置自己和资源。为此，组织需要提高他们的知识能力，通过开发新产品或修改现有流程来满足客户的需求。市场竞争越激烈，企业重组的压力就越大，需要的知识也就越多。②

最后，动态能力的发展依赖于实践经验式的学习机制。实践有助于人们更全面地理解流程，从而制定更有效的惯例。许多实证研究都证明了这种经验的有效性，包括有关制造业学习曲线的大量文献。从另一角度说，积累动态能力通常需要先前的经验积累。然而，动态能力的发展也受到经验积累节奏的影响。经验来得太快会让管理者不知所措，导致他们无法将经验转化为有意义的学习；同样，不经常使用经验又会导致管理者忘记以前学过的东西，从而使知识积累很少。因此，经验积累应该有适当的节奏。除了适当的积累经验的节奏，有意义的学习还需要经验的表达和编码，原因在于将经验编码成技术和正式程序可以使经验更容易应用并加速惯例的构建。此外，动态能力强调能力积累的轨迹和路径，这表明了动态能力的实现顺序是重要的。也就是说，动态能力通常是简单能力和相关惯例的组合，其中一些可能是其他能力的基础，因此必须优先学习，③ 布朗和艾森哈特（Brown and Eisenhart，1997）将此属性称为"顺序步骤"。在对六家计算机行业企业的多产品开发过程的研究中，他们发现多产品开发需要结合三种更简单的动态能力：单一产品开发、探索未来以及将一个产品开发项目与下一个产品开发项目之间的例行程序联系起来。建立了有效的动态能力来开发多个产品的管理人员是必须根据正确的"顺序步骤"来进行开发的：首先需要利用单一产品开发技能为未来的产品提供平台，其次是与探索未来相联系以寻找与新产品相关的技能，最后是结合时间节奏技能，以创造一个连接当前产品和未来产品的产品开发节奏。④ 因此，有效的实施需要了解要素和方法。其中，前者指的是能力的关键共性，而后者指的是实施顺序。

---

① GONZALEZ R V D, MELO T M. Linkage between dynamics capability and knowledge management factors: a structural equation model [J]. Management Decision, 2017, 55 (10): 2259.
② FARZANEH M, GHASEMZADEH P, NAZARI J A, et al. Contributory role of dynamic capabilities in the relationship between organizational learning and innovation performance [J]. European Journal of Innovation Management, 2021, 24 (3): 660.
③ EISENHARDT K M, MARTIN J A. Dynamic capabilities: what are they? [J]. Strategic Management Journal, 2000, 21 (10-11): 1115-1116.
④ BROWN S L, EISENHARDT K M. The art of continuous change: linking complexity theory and time-paced evolution in relentlessly shifting organizations [J]. Administrative Science Quarterly, 1997, 42 (1): 1-34.

四、动态能力形成理论的文献回顾

学术上,学者对动态能力形成的探讨从不同层次上进行。从组织层次上看,动态能力形成的影响因素比较多,但可归纳为组织资源和组织行为两类影响因素。组织资源类影响因素有:组织资源、人力资源和技术。其中,组织资源因素包括组织流程,企业家精神,体制、企业文化,组织(组织结构和组织团队)、组织行为惯性,资源属性(如柔性资源、优势资源)、组织学习机制等;人力资源因素包括企业家、企业家能力等。组织行为类影响因素有:组织学习行为因素,如组织学习、组织知识演变、路径依赖等;以及资源整合行为因素,如资源整合活动(包括客户整合、技术整合的外部整合和跨部门合作的内部整合)、组织成员经验获得速度、人力资源管理等。[1]

可以看到,大多学者对动态能力的研究主要集中在组织层次(宏观层次)上,而这样做的结果会导致动态能力的概念不一,难以寻找到产生动态能力的真正源泉。鉴于此,近些年来,越来越多的研究者开始把注意力转向组织动态能力演化的微观认知机制。事实上,艾森哈特和马丁早在 2000 年就已经强调了组织管理者在组织动态能力演化过程中的重要作用,他们俩可谓是把组织动态能力研究从组织宏观层次(如惯例、过程等)转向个体微观层次(如认知、行为等)的先驱。[2] 闰多瓦和科萨(Rindova and Kotha,2001)通过比较研究雅虎和 Excite 这两家互联网搜索引擎企业的案例发现,企业高管团队及其有关组织演化的信念在组织动态能力演化方面发挥着重要的作用。[3]

佐洛和温特(Zollo and Winter,2002)强调了深思熟虑型学习对组织动态能力演化的影响,这种学习过程实际上是一种注意力集中型理性认知过程。[4] 阿德纳和赫尔法特(Adner and Helfat,2003)的研究则表明管理者认知差异会导致不同的战略决策和结果,因而是动态管理能力的重要构成因素之一,动态管理能力恰恰就是组织动态能力在管理者个体层次上的反映。[5] 基于上述观点,加韦蒂于 2005 年正式、全面地阐述

---

[1] 李兴旺,高鸿雁,武斯琴.动态能力理论的演进与发展:回顾及展望[J].科学管理研究,2011,29(1):94.

[2] EISENHARDT K, MARTIN J. Dynamic capabilities: what are they?[J]. Strategic Management Journal, 2000, 21 (10-11): 1105-1121.

[3] RINDOVA V P, KOTHA S. Continuous "morphing": competing through dynamic capabilities, form, and function [J]. Academy of Management Journal, 2001, 44 (6): 1263-1280.

[4] ZOLLO M, WINTER S G. Deliberate learning and the evolution of dynamic capabilities [J]. Organization Science, 2002, 13 (3): 339.

[5] ADNER R, HELFAT C E. Corporate effects and dynamic managerial capabilities [J]. Strategic Management Journal, 2003, 24 (10): 1012.

了组织动态能力演化的微观认知机制问题，并呼吁在研究组织动态能力的产生以及所要解决的问题时，必须在考察惯例主导型经验行为逻辑的基础上充分考虑认知因素的影响。伊斯特比－史密斯（Easterby-Smith et al.，2009）等人在《英国管理杂志》"动态能力"专辑上发表的一篇综述中也强调，未来有关组织动态能力的研究应该更多地关注动态能力与相关的更加微观的议题（如管理者认知、搜寻过程）间的联系上。[①] 美国战略管理学会于2010年3月在芬兰举行的专题会议也明确把管理者认知与动态能力的关系作为主要议题之一。

霍奇金森和希利（Hodgkinson and Healey，2011）借鉴社会认知神经科学和神经经济学的当代成果，使用蒂斯的分析框架，并基于高层管理者直觉、情感等因素对决策的影响，探讨了动态能力的心理基础。他们展示了感知机会、捕获机会和重构资源等基本能力是如何要求企业利用个体和群体的认知和情感能力的，揭示了个体和群体管理如同生物有机体一样的运作模式，指出了企业是由思想和感情支配的，它们是有限理性且是由情感驱动的。[②]

阿戈特和任（Argote and Ren，2012）探讨了交互记忆系统在动态能力构建中的基础地位，认为交互记忆系统是动态能力的微观基础，并描述了一个集体编码、存储和检索知识的组织系统是如何促进组织知识资产的组合集成和更新的。[③]

苏达比等人（Suddaby et al.，2020）从历史的视角探讨动态能力的微观基础。他们认为，历史管理能力是动态能力的一个重要组成部分，因为对过去、现在和未来的诠释进行管理的能力至关重要，它决定了企业成功实施变革，以适应颠覆性技术的能力。他们确定并阐述了三种特定的对历史的认知解释，即历史是客观事实、历史是解释性修辞、历史是想象力丰富的未来完美思维，并展示了管理者如何调动这些不同的历史观来感知、捕获并重新配置通过理解技术的无形线索而获得的机会。同时，他们指出了对历史角色的更广泛理解可以提高管理者实施组织变革的能力。[④]

相对国外而言，我国对企业动态能力的研究起步较晚，研究主要集中在文献评述

---

① EASTERBY-SMITH M，LYLES M A，PETERAF M A. Dynamic capabilities：current debates and future directions [J]. British Journal of Management，2009，20（s1）：S7.
② HODGKINSON G P，HEALEY M P. Psychological foundations of dynamic capabilities：reflexion and reflection in strategic management [J]. Strategic Management Journal，2011，32（13）：1500－1516.
③ ARGOTE L，REN Y Q. Transactive memory systems：a microfoundation of dynamic capabilities [J]. Journal of Management Studies，2012，49（8）：1375－1382.
④ SUDDABY R，CORAIOLA D，HARVEY C，et al. History and the micro-foundations of dynamic capabilities [J]. Strategic Management Journal，2020，41（3）：530－556.

和总结、动态能力的维度与测量、动态能力的功效与作用机制、动态能力与我国国情结合的应用研究、动态能力与社会网络理论结合的研究等方面。最近，国内也出现了少量关于动态能力微观基础的研究。例如，徐万里等人（2009）探讨了企业动态能力的微观基础，并提出高管团队是企业构建动态能力的微观能动主体。[①] 同时，徐万里等人（2013）将高管团队纳入动态能力的理论框架，从理论上澄清"谁"是动态能力的构建主体，并分析动态能力提升运营能力的过程与高管团队的微观主体工作之间的对应关系。接着，在明确动态能力构建主体的基础上，他们探讨了高管团队构建动态能力的工作基础，并分析了社会网络与交互记忆系统的基础作用。随后，基于上述研究工作，提出了具体的高管团队社会网络、交互记忆系统对企业动态能力的作用机理的模型。[②]

从国内外关于动态能力的现有研究可以看出，国内外学者对动态能力的内涵、维度以及结构、功效与作用机制等问题进行了大量研究，这些研究为我们理解企业动态能力与企业如何获取持续竞争优势提供了重要启示，但关于动态能力微观基础与作用机理问题的研究还比较少见，缺乏将动态能力拓展到微观层次的系统性研究，尤其缺乏对动态能力构建主体及构建基础的研究。

以上对组织动态能力演化微观认知机制研究的梳理，能帮助我们明确支撑这方面研究的理论基础及其发展趋势。然而，现有的关于组织动态能力演化微观认知机制的研究仍然比较零散，大多是一些处在起步阶段的开拓性理论探讨和案例研究。同时，有关管理者认知在组织动态能力演化过程中的作用的研究多是从认知结构着手，或从认知过程的视角展开，把两者有机结合起来的研究为数甚少。

第二节　动态能力与企业竞争优势

有学者提出动态能力虽然不能单独形成企业竞争优势，但可以通过结合其他因素或作为调节因素为企业带来竞争优势。比如，动态能力可以激发企业创新为企业创造熊彼特租金。此外，动态能力可以与战略行动整合或通过调节普通能力来为企业带来竞争优势。

---

① 徐万里，钱锡红，孙海法. 动态能力、微观能动主体与组织能力提升[J]. 经济管理，2009，31 (3)：167-172.
② 徐万里，钱锡红，孙海法. 企业动态能力的微观机理研究[J]. 湖南大学学报（社会科学版），2013，27 (5)：67-72.

一、动态能力的经济租金

熊彼特租金是由创新（竞争企业的能力）的不可模仿性以及企业在一段时间内拥有和发展的能力的不可替代性而产生。熊彼特认为，企业家的利润是由于创新（策略）而产生的，只要模仿者无法模仿创新，企业家将持续享受利润。当模仿者产生时，利润就会消失。这时，企业家继续寻求新的创新。因此，利润（租金）会经历出现（当创新不可模仿时）、消失（当模仿者模仿创新时）和重现（当新的创新发生时）的周期。在这个利润周期中，模仿者发挥了关键作用，促成了利润消失和重现。根据熊彼特租金理论，能力的不可模仿性可以产生经济租金，即熊彼特租金（见图6-2）。

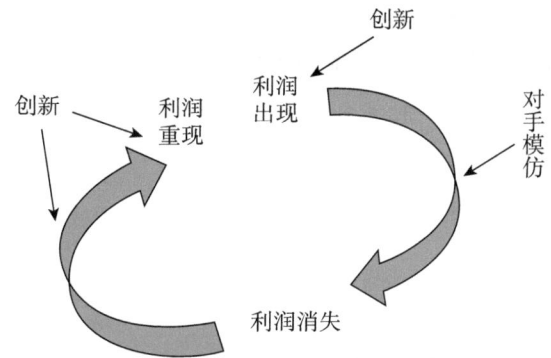

图6-2 动态能力产生熊彼特租金的机理

在战略管理上，有两种独特的机制可以产生经济租金，它们分别是资源选择机制（resource-picking）和能力构建机制（capability-building）。资源选择机制能够产生租金的原因在于能比竞争对手更有效地选择资源，而能力构建机制产生租金的原因在于能比竞争对手更有效地配置资源。

在能力构建机制中，能力是企业特定的，其主要目的在于提高其他资源的生产率。同时，能力不容易被买到，必须由企业建立。① 动态能力可以被理解为企业特有的不可模仿的能力，用于形成、重塑、配置和重新配置企业资产，以应对不断变化的技术和市场环境，规避零利润状况。动态能力能够从根本上加强企业对机会的识别与感知，帮助企业理解并利用机会以及重构资源结构。因此，动态能力可以通过感知能力、整合能力和吸收能力的相互作用促进企业技术创新。感知能力有助于企业发现和捕获新

---

① MAKADOK R. Toward a synthesis of the resource-based and dynamic-capability views of rent creation [J]. Strategic Management Journal，2001，22（5）：389.

兴的市场机会，对市场需求和变化进行快速反应，减少新产品、新技术开发的时间和成本，降低市场风险；具有较好整合能力的企业能将来自不同技术领域的知识、信息等资源进行整合，激活到企业创新活动中，并将潜在机会转化为企业优势，促进新产品和新技术的创新；具有良好吸收能力的企业能更好地通过组织学习和外界学习，结合自身的技术和知识资源，开发出新的知识和技术，增加企业知识的广度和深度，这些不仅有利于管理者作出正确的战略决策，也有力地推动了企业技术创新。[①]因此，在能力构建机制的作用下，具有不可模仿性的动态能力成为企业创新的动力源，给企业带来熊彼特租金。

二、动态能力、战略行动与竞争优势

蒂斯（Teece，2014）认为，动态能力不能单独运行，它不能单独形成企业竞争优势，必须与有效的战略耦合在一起才能产生竞争优势。也就是说，动态能力要想为企业创造良好的长期业绩，需要借助企业的异质性资源，即强劲的动态能力必须与异质性资源和良好的战略密切配合，才能给企业带来竞争优势，这也是企业在财务绩效上取得成功的充要条件。[②]

由于企业的环境是千变万化的，企业必须充分发挥动态能力当中的各构成要素，包括感知机会能力、捕获机会能力和重构资源能力，时时把握环境变动状态，抓住有利机会，并重构各种资源和能力，在战略的引领下，实现内部资源与外部环境的完美匹配，以推进企业竞争优势的提升。动态能力通过对战略资源的创造、扩张、整合、重构与更新，创造新的资源结构，实现竞争优势的持续。这就是动态能力形成企业的竞争优势的基本逻辑（见图6-3）。

特别需要指出的是，有的学者认为图6-3中的这个框架是同义反复的，而蒂斯（2014）则认为事实并非如此。因为，企业的长期增长和盈利需要强大的动态能力，但反之则不然。如果将强大的动态能力与糟糕或错误判断的战略联系在一起，那么它们可能会变得毫无价值，反之亦然。[③]

---

① 付丙海，谢富纪，韩雨卿，等. 动态能力一定会带来创新绩效吗？——不确定环境下的多层次分析[J]. 科学学与科学技术管理，2016，37（12）：43.
② TEECE D J. The foundations of enterprise performance: dynamic and ordinary capabilities in an (economic) theory of firms[J]. Academy of Management Perspectives，2014，28（4）：334-335.
③ 同上.

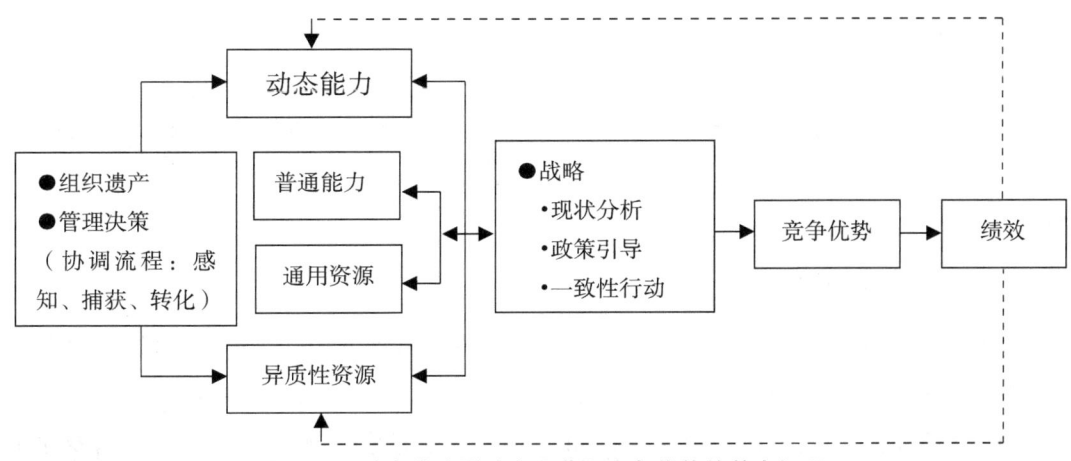

图6-3 动态能力影响企业获取竞争优势的基本机理

资料来源：Teece D J. The foundations of enterprise performance: dynamic and ordinary capabilities in an (economic) theory of firms [J]. Academy of Management Perspectives, 2014, 28 (4): 334-335.

（一）感知机会与竞争优势

感知是一种与知识相关的能力，用于监测市场和技术状况并适当地应对市场变化。感知机会能力在收集和过滤企业需要的商业环境信息方面起着至关重要的作用。对企业而言，这种能力可以成为感知和应对市场变化的关键要素，使企业能够开发出适合市场需求的产品。同时，这种能力对响应客户需求和预测竞争对手的能力有极大的帮助。对于希望保持创新的企业来说，了解有关市场状况、客户趋势和技术趋势的信息是必需的。经过对环境变化和对现状的综合分析，企业对自身和竞争对手都会有更多的了解，这有助于企业更快地对竞争对手的动作作出反应，并能更好地了解客户需求，以开发出更具创意的新产品，最终获得竞争优势。经验证据表明，具有市场感知能力的企业会更积极地搜索和解读以获得更多信息和更好地了解他们所面临的环境，并能更早地发现现有资源基础的优势和劣势，以改善资产配置。此外，感知机会能力在识别竞争对手服务不足的细分市场方面也可产生积极的作用。它是一种识别新兴市场需求、快速评估客户反应和设计快速进入市场战略的能力。[1] 由此可见，感知机会能力是企业在不断变化的环境中生存的重要组织能力之一。

感知机会和威胁非常重要，特别是在快速变化的市场，需要扫描、搜索和探索。感知能力被概念化为企业检测新机会、扫描环境、适应竞争性、计划行动并评估竞争

---

[1] KHRISTIANTO W, SUHARYONO S, PANGESTUTI E. The effects of market sensing capability and information technology competency on innovation and competitive advantage [J]. The Journal of Asian Finance, Economics and Business, 2021, 8 (3): 1101.

地位的能力。尼尔等人（Neill et al.，2007）认为，感知机会能力包括开发认知、感知和解释参考框架中的刺激或变化，以有效地搜索和分析来自内部和外部环境的信息。① 而普罗托戈鲁等人（Protogerou et al.，2011）认为，感知机会能力包括学习、感知、过滤、塑造和校准机会，可被视为战略竞争反应能力。② 这种能力是组织生存、竞争和创造价值的重要因素。

（二）捕获机会与竞争优势

捕获机会指的是为满足需求和机会而调动资源。企业的捕获机会能力包括资源获取和协调，以促进引入新的业务解决方案。这种能力虽然不同于感知机会能力，但与它是相互关联的：前者专注于收集新的市场知识并通过它发现机会，而后者则专注于使用新知识来创造新产品或服务。

在充满不确定的市场背景下，捕获机会能力是企业开发新市场和新客户活动的关键性决定因素。企业可以从市场的低效率中发现机会，也可以通过创建新的资源组合来创造机会。然而，企业在成功实现新的市场机会时通常会遇到障碍。这是因为根据相似技术和资源的组合方式，人们可以派生出多种形式的商业组织，这些商业组织会给现有企业带来竞争，并对它们造成严重的冲击。因此，一个有能力并有效地组织资源以利用机会的企业比一个没有这种能力的企业更有可能吸引更广泛的客户群体。③

在信息爆炸的时代，决策速度是企业竞争优势的重要决定因素。决策速度越快，企业就越有可能抓住机遇，避免威胁。当客户需求突然增加或产生突破性新技术时，具有较强决策能力的企业可以比竞争对手更快地掌握这些机会。例如，野冈和库苏马诺（Nobeoka and Cusumano，1997）在对汽车行业的研究中发现：一些制造商长期成功的关键是它们能够在各种平台之间迅速扩散技术。④ 曾在美国轮胎行业领先的轮胎企业凡士通，在子午线轮胎技术出现时，却未能及时适应这一变革，尽管其拥有开发子

---

① NEILL S，MCKEE D，ROSE G M. Developing the organization's sense-making capability：precursor to an adaptive strategic marketing response [J]. Industrial Marketing Management，2007，36（6）：732.
② PROTOGEROU A，CALOGHIROU Y，LIOUKAS S. Dynamic capabilities and their indirect impact on firm performance [J]. Industrial and Corporate Change，2011，21（3）：619.
③ MIN S J，KIM J. Effect of opportunity seizing capability on new market development and small and medium-sized enterprise performance：role of environmental uncertainty in the IT industry [J]. Asia Pacific Management Review，2022，27（2）：71.
④ NOBEOKA K，CUSUMANO M A. Multiproject strategy and sales growth：the benefits of rapid design transfer in new product development [J]. Strategic Management Journal，1997，18（3）：178-179.

午线轮胎新技术的能力，但还是错失了发展良机，最终被竞争对手吞并。

对于资源有限的企业来说，它们的生存和发展在很大程度上依赖于捕获市场机会。此外，由于信息技术和市场的频繁变化，企业现有的商业模式会迅速变得过时，这可能会导致企业无法维持从现有模式中获得的竞争优势。因此，捕获机会对促进企业生存与发展的重要性，无论怎样强调都不为过。因为它不仅可以提升企业适应不确定商业环境的能力，而且有助于企业的竞争能力和组织绩效的提升。

（三）重构资源与竞争优势

重构资源涉及组织在添加、重新部署、重组或剥离资源（业务单元）时所从事的活动，即企业在整合资源时重建原有资源的结构。根据资源观，获得差异化资源有助于企业获得竞争优势，持续的资源重组有助于企业克服自身的劣势，保持竞争优势。

资源结构的重新配置过程也是更新固有规则的过程，这与组织惯例的更新相对应。维罗纳和拉瓦西（Verona and Ravasi，2003）认为，一种适应性方法的相关设计将有助于获得成果的一系列行动或重新定义组织角色的框架，以使资产稳定地重新整合变得毫不费力。因此，对连接自然资源设计的惯例进行重新配置塑造了行动计划的重要性。[①]

随着企业目标使命、自身实力与外部环境等因素的变化，企业原有资源不一定能继续有效支撑组织发展，某些资源甚至可能成为企业继续前进的障碍。此时，企业必须预先或反应性地改变资源基础，使之与变化的内外环境及目标使命相适应。企业重构资源的能力可以在内部创建，也可以通过外部获得，它涉及获取能力和整合能力。获取能力是指从内部或外部购买的能力，例如，授权、收购协议、转移、整合和购买行业或企业的组件，无论是创建还是购买的能力都需要被整合到企业当前的能力结构中。整合能力是指将当前的能力整合到组织中，将它们与最近的自然资产和能力连接起来，从而产生使企业能够顺利克服竞争的结构。因此，重构资源能力体现了开发新能力的通用技能。

从战略角度来看，实现长期成功不仅需要企业在现有市场上拥有运营能力和竞争能力，而且还需要其具有重组和重新配置资产和组织结构以适应新兴市场和技术的能力。在这个意义上，蒂斯等人（Teece et al.，1997）将动态能力描述为独特的技能、流程、程序、组织结构、决策规则和纪律，使企业的高层管理者能够识别威胁和机会，并重新配置资产来满足这些需求。[②]

[①] VERONA G，RAVASI D. Unbundling dynamic capabilities：an exploratory study of continuous product innovation [J]. Industrial and Corporate Change，2003，12（3）：579.

[②] TEECE D J，PISANO G，SHUEN A. Dynamic capabilities and strategic management [J]. Strategic Management Journal，1997，18（7）：515.

资源配置有目的的改变是资源基础理论的特征，而对变革导向的惯例和学习的关注揭示了动态能力的演化根源。正如奥吉尔和蒂斯（Augier and Teec，2009）所指出的那样，动态能力在一定程度上是为了在资源基础上引入有价值和独特的新颖性，部分原因是促进和塑造持续发展与变化。通过结合资源和演化逻辑，动态能力着重于通过系统性变革为企业增加独特价值而赋予竞争优势的能力，特别是在技术变革迅速的行业。[1]

三、动态能力、运营能力与竞争优势

动态能力是影响运营能力发展的高阶能力，它们通常是由更简单的能力和与它们相关的惯例组合而成。因此，动态能力被定义为组织的目的，包括充分创建、拓展或改变其资源和能力基础以解决其环境变化的能力。

正如我们在前文所阐述的那样，动态能力与普通能力有着本质的区别，普通（运营或零级）能力使得组织能够在目前状况下生存下去，而动态能力是组织有目的地创建、拓展或调整资源基础的能力，能够改变组织的生存方式，允许企业改变资源基础，并改变普通能力和引发组织外部环境的变化。扎拉等人（Zahra et al.，2006）指出，产品开发的新惯例是一种新的实质性能力，但是改变这种能力的能力是一种动态能力。[2]

相对于动态能力，运营能力包括分散的业务级流程和相关的活动系统，它与业务本身具有同等的优势。例如，西南航空公司的竞争优势不在于它们的资源（飞机、航路或员工），而在于飞机快速转机、员工生产力高、成本低等因素的组合。这些难以模仿的能力（例如，保持成本低和资产利用率高的例程）给予它比竞争对手更大的优势。这些能力虽然在提供竞争优势方面具有价值，但并不涉及动态能力，因为它们不能确保企业在面对新的威胁时进行改变。事实上，以往的成功使得西南航空公司比捷蓝航空公司这样的竞争对手在利用新科技实现指派座位快速周转方面进展更为缓慢。相比之下，IBM高级领导者应用于成熟技术市场（如大型计算机）和新兴市场（如技术咨询或自主计算）中进行竞争的可重复流程、结构和惯例均是动态能力的体现。

虽然运营能力可能在给定时间点提供竞争优势，但长期成功不可避免地要求领导者将资源从成熟和衰落的企业重新分配到新兴的增长机会。持续盈利增长的关键是随着市场和技术的变化重组与重新配置资产和组织结构。这种"资产编配"是组织将其

---

[1] AUGIER M, TEECE D J. Dynamic capabilities and the role of managers in business strategy and economic performance [J]. Organization Science, 2009, 20 (2): 418.

[2] ZAHRA S, SAPIENZA H, DAVIDSSON P. Entrepreneurship and dynamic capabilities: a review, model and research agenda [J]. Journal of Management Studies, 2006, 43 (4): 921.

发展方式应用于维持生态匹配的体现。如果改变是渐进式的，则这种重新调整可能会缓慢进行，也许是以逐渐或顺序的移动方式对结构、流程、人员和文化重新调整时间顺序。然而，面对快速变化，这些战略调整更有可能并行发生。

动态能力是高阶或元能力。首先，它有助于企业避免当前低阶能力所带来的路径依赖，以克服现有能力所产生的陷阱，创造新的竞争优势来源。巴雷托（Barreto，2010）认为动态能力可以系统地解决问题，从而使组织能够及时作出市场化决策，并对资源基础进行创新性变革。动态能力不断提升普通能力，这有可能带来更高的效率。同时，动态能力包括为未来建立新的资源或解决问题的能力，这可以通过引发竞争环境的变化来赋予企业竞争优势。[①]

其次，动态能力通过促进组织惯例的演化实现持续优势。组织惯例可以维持内部结构与协调关系的稳定，减少组织冲突，有助于降低组织成本，提高组织效率。然而，组织惯例毕竟是机械且缺乏意图的组织活动，是相对固定、难以变化的习惯，是例行程序和基因。内外环境的改变将使组织记忆失去原有的光彩，惯例虽然能适应过去的环境，但与当前的环境可能格格不入，因为惯例可能已转变为惯性了。此时，企业必须进行有效的调整与变革，通过惯例执行者的能动调适来达成与内外环境的演化性匹配。

最后，动态能力通过改变运营能力来实现优势持续。由于运营能力是企业的谋生本能，企业必须通过职能能力促使其不断完成目标任务，以求得生存。但是，当环境变化加剧时，职能能力可能反而成为企业行动的桎梏。此时，动态能力可以通过更新现有职能能力或发展新职能能力来帮助企业适应新环境，从而让企业在不断地从一轮技术性匹配到新一轮技术性匹配的演化过程中，实现动态性匹配，以促进企业优势持续发展。

第三节　动态能力形成的微观基础

近年来，学者对动态能力形成的微观基础领域越来越感兴趣，即对企业如何识别新的机会，评估当前的资源和能力，并重新配置它们以追求新的产品、流程、市场和商业模式越来越感兴趣。为了有预见性，企业需要识别技术、市场和商业模式的前瞻性变化，重新配置资源和能力，以寻求特定的机会。管理者作为个体，在感知机会、

---

① BARRETO I. Dynamic capabilities：a review of past research and an agenda for the future[J]. Journal of Management，2010，316（1）：271.

捕获机会、重构资源以追求机会方面扮演着重要的角色,但动态能力框架侧重于组织在何时及如何以超越个人能力的方式共同开发这些能力。而动态能力形成的微观基础被理解为组织过程,它允许企业以不依赖于特定管理者的方式进行动态响应。因此,"感知"涉及分析系统和个人能力,用来学习与感知、筛选、塑造以及校准机会。"捕获"涉及设计商业模式程序,阐明企业界限和互补性、决策协议以及培养忠诚度。"重构"涉及有形资产和无形资产的重新配置和重组,以便寻求新的商业机会。

一、感知机会的微观基础

从理论上说,市场机会是无限的,这在客观上为企业经营的成功提供了可能性,但这种可能性只是一种必要条件而非充要条件。企业要想得到发展机会,首先要感知机会。从微观基础上看,感知机会涉及识别机会、利用感知能力、使用警觉性和推理客观历史等内容。

(一) 识别机会

《牛津英语词典》将机会定义为"有利于某个目标或目的的事物的时间、时机或条件,或存在有正在做或影响某事的可能性"。[①] 谢恩和文卡塔拉曼(Shanes and Venkataraman,2000)将机会定义为在现有手段与目的框架内对存在利润空间的现有商品、服务、原材料和组织方法实行优化与提高的可能性。机会往往源自环境中的变化,这种变化可以是技术、政策和社会等因素的变化。[②]

对于机会的起源问题,学界存在着三种不同的观点,分别是机会配置论、机会发现论、机会创造论。机会配置论起源于斯密的哲学和马歇尔、瓦尔拉斯、阿罗和德布鲁(Debreu)等人基于均衡的微积分。机会发现论源于达尔文(Darwin)的进化论哲学根基,并深深植根于哈耶克、纳尔逊和温特等人阐述的信息不对称的演算。而机会创造论则源于詹姆斯(James)和杜威(Dewey)所主张的实用主义哲学,并以此为线索,摆脱了很大一部分历史甚至进化决定论,而转向了基于人类"自由意志"概念的列联计算。[③]

表6-3反映了三种机会起源论在不同特征维度上的比较。

---

① SIMPSON J A, WEINER E S C. The Oxford english dictionary (volume X, second edition)[M]. Oxford: Clarendon Press, 1989: 866.
② SHANE S, VENKATARAMAN S. The promise of entrepreneurship as a field of research[J]. Academy of Management Review, 2000, 25 (1): 220.
③ ACS Z J, AUDRETSCH D B. Handbook of entrepreneurship research: an interdisciplinary survey and introduction[C]. Boston: Kluwer Academic Publishers, 2005: 155.

表 6-3　三种机会起源论在不同特征维度上的比较

	机会配置论	机会发现论	机会创造论
对机会的定义	充分利用资源以实现既定目标的可能性	纠正系统中的错误并创造实现既定目标的新方法的可能性	创造新手段和新目的的可能性
焦点	系统	流程	决策
方法	通过演绎过程"识别"机会	通过归纳过程"发现"机会	通过溯因推理过程"创造"机会
应用领域	当供给和需求都已知时	只有一个或另一个（供应或需求）已知时	当供应和需求都未知时
机会向量分布	机会向量是等可能的	机会向量的概率存在但未知	机会向量的概率完全不存在
信息假设	在总体和个体层次均可获得完整信息	总体层次可获得完整信息，但在个体之间信息不完全分布	即使在总体层次也只有部分信息，而后果不明成为机会创造的关键
对预期的假设	微观层次和宏观层次的预期都是同质的	宏观层次的预期是同质的，而微观层次的预期是异质的	微观层次和宏观层次的预期均是异质的
对不确定性的管理	通过多样化管理	通过实验管理	通过实施行动管理
对成功的定义	成功是一种统计上的人造物品	成功就是比失败活得更长久	成功是利益相关者相互协商达成的共识
竞争单元	资源竞争	战略竞争	价值观竞争
管理策略	风险管理	失效管理	冲突管理

资料来源：ACS Z J, AUDRETSCH D B. Handbook of entrepreneurship research: an interdisciplinary survey and introduction [C]. Boston: Kluwer Academic Publishers, 2005: 155.

1. 机会配置论

对于机会配置论，机会体现在充分利用资源以实现既定目标的可能性。根据新古典经济理论，配置效率是在完全竞争的市场中实现的，其特点有以下几方面。买者和卖者的数量非常多，而且交易量都非常小，没有人能够影响价格；同质商品和要素的价格在整个经济中是统一的，所有因素都是完全流动的，规模报酬不变，并且所有经济主体都对可用的替代品有完全的了解；有一个完整市场的假设，即所有可能的产品和服务都有市场；代理商可以自由进出市场；供需不平衡是短期现象，通过"调价"过程得以平衡，即当需求超过供应时价格上涨，当供应超过需求时价格下跌，失衡很快就会被消除，使局势恢复平衡；当价格等于边际成本，边际成本也等于最小平均成本时，就实现了帕累托最优，市场达到最佳配置，这时，资源不能重新分配以使任何人更好，而不会使其他人更差。

机会配置论关注稀缺资源的最佳利用。在这种理论中，机会就是更好地利用资源的任何可能性。在均衡状态下，市场没有利润机会，因为资源已经得到了最佳配置。然而，利润可以通过两种方式产生。首先，在完全竞争的市场不均衡的情况下，短期利润的机会是存在的，但当新的企业被利润吸引进入市场时，这种机会很快就消失了。其次，如果我们假设系统中的所有信息都是可用的，但它们是随机分布的，因此获取信息涉及昂贵的搜索过程，那么获利机会就是信息收益与其成本之间的差值。但是，信息的随机分布意味着没有任何一个代理商能够系统地从优越的信息中获益。因此，机会配置论的核心思想是，所有可能存在的产品和想法都被认为是可行的，但生产成本很高。当成本高昂的问题得到了解决（例如，实验室的科学突破降低了生产成本），机会就会出现。

然而，机会不是特定于任何一个企业的，因为在机会配置论中所有企业都没有信息优势。由于经济主体之间不存在异质性，如果一个主体在获取信息方面系统地优于另一个主体，那么该主体在识别和追求机会方面的表现也会更好。因此，对任何一个代理商来说，识别机会是一个纯粹的随机变量。此外，由于私人成本和社会成本之间不存在差异，即在某一特定用途中，个体对某一资源的机会成本与该资源在该用途中的社会机会成本相同，因此，系统层次上帕累托改进的任何可能性都等同于个体代理商层次上的机会。

在机会配置论中，由于供给和需求的两个资源都相当明显地存在，因此必须"认识到"将它们结合在一起的机会，同时必须通过现有企业或新企业来实现供需之间的匹配。这种机会概念与现有市场的开发有关。例如，套利和特许经营。

2. 机会发现论

对于机会发现论，机会体现在纠正系统中的错误并创造实现既定目标的新方法的可能性上。通常，机会由一系列的想法、信念和行动组成，这些想法、信念和行动能够在当前市场缺乏的情况下创造出未来的商品和服务。

为了寻找机会，获取信息来源极为重要。当企业占有一个有利的网络地位时，就能获得信息优势。有人认为，信息往往是"黏性"的，因为它是由用户默认积累的，这意味着只有少数与用户有直接和亲密接触的个人才能访问相关信息，以此寻找和发现机会。同时，新信息或知识往往需要互补性资源才能发挥作用。比如，先验知识通常也是隐性知识，这种先验知识为个体利用新信息创造了必要的"吸收能力"。

正如柯兹纳（Kirzner，1997）所观察到的那样，在市场环境中的发现过程需要参与者猜测彼此对各种各样事物的预期。① 然而，由于其他主体发现真正新颖的信息会影响到资源的价值，因此从内生来源稳定提供的新信息会产生不确定性。这样的发现不可能提前获知，并且可能会为特定资源添加以前无法想象的使用范畴，从而改变企业家面临的决策问题的结构。由于人们不可能对尚未实现的发明有准确的预期，所以人们会根据预感、直觉、启发式以及准确和不准确的信息形成预期，这导致他们的预期在某些时候是不正确的。

新信息的内生供应造成的不确定性以及人类决策中某些特征因素的影响，使得人们如何形成准确预期这一问题更加复杂。事实上，企业管理者对未来事件形成的信念和预期是不确定的，其原因有三点。第一，很多知识是隐性的，其他个体往往将他们的决策建立在难以用语言表达的无形经验因素上，只能通过预感、直觉和判断来观察。第二，需要预测的情境并不是不言而喻的，因为任何情境的本质都是与个体编导有关的，个体通常会编导其所面临的部分情境。编导依赖于个体施加在情境上的默契暗示，这意味着个体如何产生情境存在不确定性，正如其对情境的反应存在不确定性一样。当多个参与者相互作用时更是如此，这使得情境的产生取决于"相互编导"过程。第三，个体之间的互动会产生涌现结果。价格结构是市场中许多个体相互作用而产生涌现结果的一个例子，但许多其他涌现结果不是那么可预测的，因此对市场涌现结果的发现可作为市场过程的一个方面。复杂的自适应系统（如市场过程）的特征之一是水平差异：观察到的行为模式在微观和宏观层次之间存在显著差异。换言之，在观察上宏观层次现象往往与微观层次现象是难以区别的。因此，对于这种复杂的动态现象，我们无法预测，也无法形成准确的预期，所以才有了发现的机会。②

柯兹纳认为，当一个人意识到他以前忽略的东西时，他就不会产生任何"有意为之"的知识，他实际上是发现了自己以前（完全未知）不了解的事物。而发现（与迄今为止不了解的获利机会有关）与成功搜索（与故意生产的、已知自己缺乏的信息有关）的区别是，前者包含一种惊喜，这种惊喜伴随着人们意识到自己忽略了一些实际上很容易得到的东西。"它就在我的眼皮底下！"这种发现的特征，是均衡市场创业过程的特征。对必须构成平衡过程的一系列有益的意外事件的系统性倾向，并不是令人难以置信的一连串幸福的意外事件，而是人类对可能的机会或可能灾难的自然警觉，

---

① KIRZNER I M. Entrepreneurial discovery and the competitive market process: an Austrian approach [J]. Journal of Economic Literature, 1997, 35 (1): 78.
② ACS Z J, AUDRETSCH D B. Handbook of entrepreneurship research (eds.) [C]. Boston: Kluwer Academic Publishers, 2005: 152-153.

这是人类的特征。① 人类行动的创业性质不仅指在一个开放、不确定的世界中采取行动，还指人类行为者始终自发地寻找迄今为止未被注意到的环境特征（现在或未来），而这些特征可能激发其进行新活动。在不知道要寻找什么，不使用任何深思熟虑的搜索技术的情况下，创业者总是在扫描地平线，可以说是随时准备发现。每一次这样的发现都会伴随着一种惊喜。创业态度就是随时准备着接受惊喜，随时准备着采取必要的步骤从这种惊喜中获利。发现的概念，介于标准搜索理论中有意产生的信息和纯粹偶然产生的暴利之间。早期创业错误所创造的盈利机会确实有助于系统性地刺激后续的创业发现。② 因此，频繁的惊喜将成为机会发现过程的一个特征。

3. 机会创造论

与机会配置论和机会发现论相比，机会创造论的起源较晚，因此其理论不够成熟，仍有待于发展。这一理论的基本观点就是，目标既不被忽视，也不被强加于相关现象。取而代之的是，在努力想象和创造一个更美好世界的互动人类行为（基于不同的偏好和期望）过程中，目的是内生性地出现的。③

1996 年，约阿斯（Joas，1996）以实用主义哲学家的工作为基础，试图确立所有人类行为的创造性本质。约阿斯认为，作为经验事实的行动是始终处于一定的环境中的，即行动不能预设目的或脱离行为人意图的起源。同时，行动本质上是物质的，即行动不能摆脱行为人的身体所限和可能性。此外，行动基本上是社会性的，即在没有其他人的情况下，行动不能有意义地产生或发生。这些观点挑战了基于"理性"的形式或规范模型，例如，主观期望效用模型（models of subjective expected utility）的现有人类行为概念。用约阿斯的话来说，人类创造力概念化的一些方法实际上在创造性行动和人类行动的整体之间人为地划出了一条鸿沟；他的意图不仅是对主流行动理论的基本原则进行扩展，而是对这些原则进行根本性的重组。约阿斯指出，如果一个行动者不能进行有目的的行动，缺乏对自己身体的控制，并且与其他人和环境相比不是自主的，那么他的行动就是具有创造性的。换言之，他们最终在我们的世界中创造了

---

① KIRZNER I M. Competition and entrepreneurship [M]. Chicago: University of Chicago Press, 1973: 35, 65.
② KIRZNER I M. Entrepreneurial discovery and the competitive market process: an Austrian Approach [J]. Journal of Economic Literature, 1997, 35 (1): 72.
③ BUCHANAN J M, VANBERG V J. The market as a creative process [J]. Economics & Philosophy, 1991, 7 (2): 167-186.

新奇的事物。① 因此，在约阿斯的理论中，惊喜和新奇不再是需要解释的异常现象，而是人类行为的自然组成部分，人类行为不再局限于所谓的"理性"行为。

早在1969年，西蒙就讨论过没有最终目标的设计或规划，以及我们所生活的世界的"人造自然"（artificial nature）。他的论述提出了当前行动在未来环境设计中的作用。用他的话说，我们行动的真正结果是为下一个后续行动阶段建立初始条件。我们所谓的"最终"目标实际上是选择我们将留给继任者的初始条件的标准。因此，我们想如何为下一代留下这个世界，就成为基于创造性观点的理论中的一个重要问题。

机会创造论的核心是需要建立人类行为的非目的论理论，其价值和意义是内生的。在这一观点中，机会并不预先存在，无论是被识别还是被发现。相反，它们被创建为一个过程的剩余部分，该过程涉及利益相关者之间激烈的动态互动和谈判，这些利益相关者寻求将他们通常是模糊和未形成的愿望和价值观转化为构成经济的具体产品、服务和制度。②

（二）利用感知能力

感知活动可能会利用多种认知能力：知觉、注意力、直觉。其中，知觉为组织信息（在感官图像中）并将其解释为由外部（三维）世界中的物体或事件属性产生的心理活动或过程。

1. 知觉

在心理学中，知觉（perception）通常与感觉（sensation）不同，它指的是当感觉感受器被激活时发生的主观体验或感觉。加扎尼加和希瑟顿（Gazzaniga and Heatherton，2010）指出，感觉的本质是检测，而知觉的本质是建立有用和有意义的关于特定环境的信息。知觉涉及一系列心理功能，包括与模式识别有关的功能和数据解释。③

知觉的认知能力以多种方式影响人们对机会的感知。例如，认识到环境中的新兴模式对于感知机会至关重要。正确地解读这些数据也是至关重要的，无论是准确的机会识别，还是机会的创造，都取决于对环境的反馈，如同企业家制定了新的商业理念一样。快速识别或创造新机会也是重要的，特别是对于从早期便进入市场想要获得长

---

① JOAS H. The creativity of action [M]. Cambridge, UK：Polity Press，1996：145.
② ACS Z J, AUDRETSCH D B. Handbook of entrepreneurship research [C]. Boston：Kluwer Academic Publishers，2005：156-157.
③ GAZZANIGA M S, HEATHERTON T F. Psychological science：mind, brain and behavior [M]. New York：W. W. Norton，2010：180.

期优势的企业来说。同样地，模式识别也有助于企业及早识别环境威胁，并能够使其更有效和及时地作出回应。

2. 注意力

注意力是指对可用感知信息的一个子集的认知状态（美国心理学会）。注意力对于感知至关重要。通过关注特定信息，注意力决定哪些刺激能被认可和识别。

波斯纳和彼得森（Posner and Petersen，1990）指出了注意力在认知记忆中突出的三大功能：①面向感觉事件；②检测焦点（意识）处理的信号；③保持警惕或警觉状态。在某种程度上，大脑可以通过自动心理活动来考虑感官刺激中包含的信息。自动心理活动有助于保护大脑有限注意力的使用。① 例如，当一个刺激与它周围的事物有明显的区别时，会发生名为"弹出"（pop-out）的现象，从而自动引起我们的注意。相反，在主动搜索特定的特征、对象或事件时，大脑依靠受控处理来集中注意力。波斯纳和彼得森提出大脑内存在"执行注意系统"，它可以在大脑内编排注意系统的各个部分。

实践和培训可以提高注意力，并提供路径依赖的来源。例如，鲁达等人（Rueda et al.，2005）列举了一些研究，显示培训项目改善了脑损伤患者在特定执行关注任务中的表现。②

在不确定、复杂和快节奏的环境中感知机会和威胁要求人具备注意的涌现认知能力。通过关注相关刺激，注意力可以促进环境扫描。此外，注意力的警觉性成分有助于发现和创造新的机会，同时定向能力将注意力转移到相关信息上。在这些方面，注意力的认知能力为动态管理感知能力提供了基础。

3. 直觉

直觉指的是通过快速、无意识和整体的联想而产生的充满情感的判断，这充分说明了直觉与感知过程是相宜的。③ 有学者在研究策略问题时通常将蒂斯所描述的感知（塑造）能力与明确的、审慎的学习以及详尽的形式推理和分析相提并论。然而，这种观点低估了无意识认知方式在社会环境中所具有的优势。反射过程的一个特殊优势是，它们能够通过大量的信息来了解商业环境中的趋势，从而对机会和威胁作出有效的判

---

① POSNER M I, PETERSEN S E. The attention system of the human brain [J]. Annual Review of Neuroscience, 1990, 13: 26.
② RUEDA M R, POSNER M I, ROTHBART M K. The development of executive attention: contributions to the emergence of self-regulation [J]. Developmental Neuropsychology, 2005, 28 (2): 576.
③ DANE E, PRATT M G. Exploring intuition and its role in managerial decision making [J]. Academy of Management Review, 2007, 32 (1): 40.

断。在许多战略情况下,高管必须在时间紧迫的情况下行动。有大量的证据表明,在直觉判断的核心,无意识模式匹配和本能过程可能在这种情况下发挥着关键的作用。

将直觉融入到感知过程中,需要重新考虑信息技术的作用,这种技术被广泛提倡作为组织响应能力的一种辅助,旨在利用知识外化的知识管理系统、数据库和专家系统,最终将搜索和感知的任务从决策者转移到技术上。此举排除了表征专家决策的快速模式匹配过程,从而破坏了真正的感知。明茨伯格(Mintzberg,1994)在分析精心设计的战略规划系统时阐述了这些架构的问题,认为这些系统没有提供改善人类大脑信息过载的手段。事实上,它们往往使事情变得更糟,正式的系统当然可以处理更多的信息,但它们永远无法将其内化,理解或合成信息。感知反射的充分信任与支持分析技术紧密相关,特别是在利用管理者的隐性知识和直觉知识方面。目标应是设计搜索架构来利用反射性,而不是用技术或者费力的推理来替代它。将直觉纳入感知能力的组织将比单纯依靠分析方法的组织更能有效地识别和应对机会和威胁。[①]

4. 感知能力的异质性

研究表明,注意力和知觉的认知能力在个体间分布不均匀。波斯纳和罗斯巴特(Posner and Rothbart,2007)关于注意力的研究指出,正常的个体在处理感官事件的能力上是不同的,而且他们在长时间专注于内部思维的能力上的差异更明显。[②] 无意视盲现象是指在执行一项任务时未能注意到其他事件的现象,这为人们提供了关注异质性的一个例子。在一个经典的实验中,西蒙斯和查布里斯(Simons and Chabris,1999)发现,在观看篮球比赛影像时只有33%的人注意到一只大猩猩穿过了篮球场。个体在其他需要分散注意力的任务中的表现也有所不同。[③] 另外,个体在过滤无关信息方面的能力也有很大的不同。例如,在斯特鲁普测试中,每个个体的表现各不相同。

感知能力也因人而异。比如,某个领域的专家能够比非专家更准确、更快地感知其专业领域内的信息。感知也随其他维度而变化。例如,在斯坦尼斯瓦夫和托多洛夫(Stanislaw and Todorov,1999)的一项研究中,个体在报告对一个模糊信号的感知时,会有不同的反应偏差。同时,因为感知在一定程度上取决于注意力,所以注意力的异质性导致了感知的异质性。此外,感知和注意力的异质性可能会因上述这些能力的路径依赖性而得到加强。不仅不同的先验知识会导致个体在执行这些心理过程的能力上

---

① MINTZBERG H. The fall and rise of strategic planning [J]. New York:Free Press,1994:299.
② POSNER M I,ROTHBART M K. Research on attention networks as a model for the integration of psychological science [J]. Annual Review of Psychology,2007,58:9.
③ SIMONS D J,CHABRIS C F. Gorillas in our midst:sustained inattentional blindness for dynamic events [J]. Perception,1999,28(9):1059.

存在异质性,而且这种异质性可能与个体在依赖于自动心理活动中的差异有关。[①]

管理者在注意力上的差异会影响他们更准确地如何感知新机会和威胁的准确度。例如,埃格斯和卡普兰(Eggers and Kaplan,2009)发现,那些高层管理人员更重视新兴电信技术的企业更有可能正确和快速地识别出这个市场的前景。认知能力的差异会进一步影响管理者是否能正确地认识到外部环境模式并正确地解读这些信息。此外,由于实践可以提高认知能力,因此,对于经常关注和感知环境中机会和威胁的管理者来说,他们在未来的认知能力可能会有所提高。在这种管理认知能力中呈现出的路径依赖的异质性及其相关感知能力,可能会导致长期组织绩效的异质性,原因在于优先感知到新机会和新出现威胁的人们有着可以率先行动的潜在优势。[②]

(三) 使用警觉性

柯兹纳当初对创业警觉性的主题进行研究时,把那些具有警觉性的人描述为拥有一根"触角",可以在有限的线索下识别出漏洞;并提出警觉性是一种在不确定性环境中持续保持寻找新机会的思维状态。1979年,柯兹纳将警觉性定义为个人识别被他人忽略的机会的能力。在柯兹纳工作的基础上,凯什(Kaish)和吉拉德(Gilad)认为,警觉的人具有一种"独特的准备",能够持续扫描环境,随时发现机会。2009年,柯兹纳指出,警觉性并不是指勤勉地研究,而这种研究可以在给定的知识框架内进行;更确切地说,警觉性是指一种可能"即将到来"的感觉,也就是说,注意到迄今为止尚未被怀疑存在的事物的感觉。柯兹纳还认为,警觉性包括创造性和想象力的行动,可能会"影响未来市场时期的交易类型"。另外,其他一些学者也对警觉性的含义进行了探讨,认为警觉性涉及基于一些认知能力和流程的积极态度,例如,先前的知识和经验、模式识别、信息处理技能和社会互动。表6-4描述了警觉性观点的发展。

表6-4 警觉性观点的发展

	柯兹纳早期	柯兹纳后期	近期发展
市场的作用	不平衡的差距有待识别	调整机会以适应市场	机会源于宏观变化
知识和已有条件的作用	在一定程度上有助于触发顿悟时刻	可以扩展先验知识以进一步寻求机会	先验知识和信息处理为观察和可行性评估提供信息

---

① STANISLAW H, TODOROV N. Calculation of signal detection theory measures [J]. Behavior Research Methods, Instruments & Computers, 1999, 31 (1): 138.

② EGGERS J P, KAPLAN S. Cognition and renewal: comparing CEO and organizational effects on incumbent adaptation to technical change [J]. Organization Science, 2009, 20 (2): 461.

续表

	柯兹纳早期	柯兹纳后期	近期发展
警觉性扫描和搜索	被动的；独特的准备	既是被动的，又是主动的；追求特定的机会	认知能力（如创造力、智力）和个人适应
警觉性联想和连接	潜伏等待被识别	仍处于休眠状态，但仍有创造力和进一步发展的空间	最初的洞察提高了敏感性，并能产生进一步的搜索和处理
警觉性评估和判断	很大程度上没有得到解决，假设企业家会抓住机会采取行动	对机会的评估可以随着时间的推移而变化	结合信念（见解）和愿望来判断风险前景；第一人称和第三人称机会的区别

汤津彤等人（2012）将警觉性概念化为具有三个互补维度：扫描和搜索新信息、联想和连接（连接以前不同的信息）以及评估和判断。[①]

扫描和搜索新信息指的是不断地扫描环境，寻找被他人忽视的新信息、变化和转移。将警觉性作为创业认知过程的一部分，这个维度涉及预先存在的知识、准备和对新机会的敏感性。扫描和搜索新信息维度有助于为开发认知框架（即反映个人对外部世界的知识和信念的原型和图式）奠定基础。这种认知框架代表了个人对特定领域的累积经验、学习和定义。它们对于处理和利用储存的信息和知识是必不可少的。由于某一特定领域的图式内容和结构具有特殊性，创业者的扫描和搜索范围越广，其知识和信息的范围就越广，这有助于他们在提高对商业机会的警觉性方面获得专业绩效。

联想和连接涉及将不同的信息片段整合在一起，并将它们构建成连贯的备选方案。它专注于接收新信息、创造力和逻辑扩展。联想允许个人考虑多种选择和可能性，并建立独特的联系。连接不是尽量减少干扰并专注于多条信息的相关细节，而是使个人能够连接到大局，从而建立起遥远和前所未有的联系。

联想和连接可通过异类联想（bisociation）来改变信息的特征，它是指两个或多个先前不相关的信息或思想矩阵突然紧密连接。当大脑走神时，即当企业家从事"无意识的工作"或"精神混乱"时，异类联想更有可能发生，因为过多的注意力实际上会削弱创造性联系。尽管放松大脑可以增强联想和连接，但这并不一定意味着这些认知过程不能通过费力的活动得到改善。促进企业家连接点、跳出框架思考和感知看似无关事件之间的联系的能力，使其参与有意识的实践可以帮助个人获得专业绩效。

---

① TANG J T, KACMAR K M M, BUSENITZ L. Entrepreneurial alertness in the pursuit of new opportunities [J]. Journal of Business Venturing, 2012, 27 (1): 77-94.

评估和判断涉及对新变化、转变或信息进行评估和判断，并决定它们是否反映了具有盈利潜力的商业机会。企业管理者在扫描和搜索环境并连接先前不同的信息之后，在某个时刻，他将通过将新信息与他的商业机会雏形（prototypes）和范例进行匹配，从而评估新构思的信息是否符合他现有的认知框架。警觉性的评估和判断维度可以让管理者判断新信息的内容，过滤掉不重要的信息，并评估新信息是否反映了潜在的商机。通过这样做，它可以增强企业管理者的"情境意识"。或者，评估可能需要个人通过搜索获得额外的见解，以便调整和重新考虑相关的备选方案。

（四）推理客观历史

历史通常被认为会限制管理者进行变革。限制性主要体现为以下三个方面。首先，一个组织的创始条件会给企业留下价值观、惯例和流程的印记，这些价值观、惯例和流程在创始后很长时间内一直存在，并使创新变得困难。其次，随着组织年龄的增长，惯例、实践和传统往往会对变革产生认知、结构和制度上的阻力。最后，过去决策的历史累积倾向于界定未来决策，如路径依赖、历史或技术锁定、承诺升级等概念所捕获的那样。在这种观点中，历史被视为对管理者改变组织能力的外生约束。① 然而，管理学学者和商业历史学家对历史推理和方法在战略研究中的应用越来越感兴趣，一些理论家已将历史视为企业的内生资源，他们认为历史在战略管理的发展过程中起到了塑造性的作用。②

从历史的角度来看，经济学家们对未来和过去的观点的知识来源，可以追溯到19世纪的历史经济思想流派，这些学派批评古典经济学未能考虑到行为者的心态和意义建构。例如，施穆勒（Schmoller）、韦伯和齐美尔（Simmel）通过强调经济行为者在感知和追求经济变化时的心态和文化嵌入性，批判了古典经济学的假设。在狄尔泰（Dilthey）的著作中，这种对行动者的意义建构的历史观开始获得了最明确的理论阐释。狄尔泰认为，行动者以反思的方式研究，这种反思和从历史中吸取教训的能力，是基于人类如何看待世界和与世界日常互动的延伸。狄尔泰指出：在我们成为历史的观察者以前，我们首先已经是历史的存在物，而且只因为我们是历史的存在物，我们才能成为历史的观察者。③ 狄尔泰提出行动者通过他们自己的历史镜头感知世界的主

---

① SUDDABY R, CORAIOLA D, HARVEY C, et al. History and the micro-foundations of dynamic capabilities [J]. Strategic Management Journal，2020，41（3）：533.
② WADHWANI R D, JONES G G. Historical change and the competitive advantage of firms: explicating the "dynamics" in the dynamic capabilities framework [EB/OL]. (2016-10-10) [2016-12-24]. https://papers.ssrn.com/sol3/paper.cfm?abstract_id=2883336.
③ 王岳川. 现象学与解释学文论 [M]. 济南：山东教育出版社，1999：194.

张，为许多关于历史的学术文献的发展提供了一个起点——历史可以作为一种日常的意义建构和意义给赋的过程。

卡尔（Kahl，2014）提供了一个恰当的例子，说明了在动态能力发展中起作用的社会历史过程，以及商业历史方法在研究这些过程中的价值。他审视了20世纪生产计划能力的发展，展示了其"动态目的"是如何在能力发展的后期出现的。生产计划能力于20世纪初在美国制造企业中首次建立，目的是满足管理当前产品的零部件供应的运营需要和预测需求，但在20世纪中叶发生了变化，变为服务于重新配置供应商生态系统和开发新产品的动态目的。这种转变的发生在很大程度上是因为美国生产和库存控制协会抓住了使用新计算技术来提高生产计划专业化的机会。新计算技术使生产计划人员能够将他们的工作与多个部门（包括会计、营销和工程）整合起来，这使生产计划能够服务于更具动态的战略目的，包括供应商重新配置和新产品开发。生产计划的范围扩大到将动态目标纳入其中，卡尔解释了这些管辖权之争如何有助于发展能力的形成。通过将能力进化视为一个社会的历史过程，并从历史的角度考察它，卡尔能够考虑动态能力的偶然性和社会嵌入的起源，同时仍然以经验的方式考察它们。这样做也使他能够掌握并理论化许多令人惊讶的发现，包括学习惯例如何在企业之外发生，即使它们最终被整合到企业层次的竞争优势当中。[1]

苏达比等人（Suddaby et al.，2020）提出，管理对过去、现在和未来认知的能力，是一种至关重要的认知能力，它是支撑着所有动态能力的微观基础。大多数战略管理理论都是基于这样一种假设，即企业适应遥远和高度不确定的未来环境的能力是基于过去获得并在当前部署的资源的。然而，动态能力的概念引入了一个重要的时间维度，一些企业感知未来的机会，抓住现在的机会，并通过将其从过去烦琐的惯例和实践中分离出来，重新配置企业。苏达比等人在蒂斯对动态能力的阐述的基础上，对企业如何利用过去进行理论分析，得出企业利用过去不仅是为了预测未来的变化并作出相应的调整，还可以是为了积极管理对过去的认知，以制定兼容的未来。[2]

对于动态能力的感知机会问题，苏达比等人认为，对客观历史的推理可以提升管理者对机会的感知能力。对客观历史的推理包括对历时性历史的推理（diachronic historical reasoning）和共时性历史的推理（synchronic historical reasoning）两个方面。

---

[1] KAHL S J. Associations, jurisdictional battles, and the development of dual-purpose capabilities [J]. Academy of Management Perspectives, 2014, 28 (4): 381-394.

[2] SUDDABY R, CORAIOLA D, HARVEY C, et al. History and the micro-foundations of dynamic capabilities [J]. Strategic Management Journal, 2020, 41 (3): 531.

历时推理是理解事物随时间变化所需的一种认知形式，而历时性历史推理是管理者发现微观创新的共同线索的能力，这些微观创新将产品与给定的技术体系联系起来。进行历时性历史推理需要对长期历史数据具有敏感性。管理者往往对威胁比机会更敏感，因为他们倾向于优先考虑短期解决方案。然而，通过获得历史学家的历时性历史思维，即对技术中渐进、共同进化（变化）的长期模式的关注，管理者更有可能看到新出现的机会，而不是威胁。此外，历时性历史推理还可以帮助管理者理解技术的成败如何取决于其产生的文化历史背景。关注创新发生的微观历史条件，需要对技术和文化之间的亲密关系有高度的敏感性。洛芙莱斯（Lovelace）将纺织制造的旧技术与新兴的计算机技术联系起来的能力是说明历时性历史推理的最好例子。1801 年雅卡尔提花织机被发明，它使用一种原始形式的穿孔卡在纺织品上创造图案，这启发了巴贝奇（Babbage）在其分析引擎（现代计算机的前身）中应用穿孔卡。巴贝奇的财务支持者洛芙莱斯观察到分析机编织代数图案，就像提花织机编织花朵和树叶一样。① 由此可判断，历时性的历史推理可以增强管理者感知技术潜在变化并创造机会的能力。

对于共时性历史推理，苏达比等人（2020）认为，追踪跨时间连接技术的微观创新的能力，也可用于追踪跨空间的产品扩散。创新并不局限于单一产品或市场，而是通常在多个产品和市场之间流动。正如伯恩斯坦（Bernstein）所论证的那样，反馈控制技术的基本逻辑并不局限于一台机器，而是从时钟延伸到飞机，再到通信设备。因此，预测当前新兴技术传播的能力需要对其历史有详细的了解。共时性历史推理需要通过将技术创新置于一个更广泛的创新网络中来理解，这种创新网络一般从相关创新的共时历史线索中提取。共时性历史推理是以质疑唯一天才发明家神话的研究为前提的。艺术、文化或技术创新很少来自某一个发明家。相反，它们来自参与共同项目的社交网络或社群。这就是为什么不同的发明家往往会同时进行发明。② 比如说，爱迪生（Edison）发现了一种竹制滤光片，可将其用于索耶（Sawyer）和曼（Man）开发的灯泡中的灯丝，效果会更好，而他们又是在其他人的照明工作的基础上进行开发的。因此，灯泡的发明饱含了同一时代多个科技工作者的心血。

管理者推理客观历史感知机会的能力，可以通过将其历史知识的广度扩展到企业

---

① MARCULESCU D, MARCULESCU R, ZAMORA N H, et al. Electronic textiles: a platform for pervasive computing [J]. Proceedings of the IEEE, 2003, 91 (12): 1995.
② SUDDABY R, CORAIOLA D, HARVEY C, et al. History and the micro-foundations of dynamic capabilities [J]. Strategic Management Journal, 2020, 41 (3): 537.

或企业所在行业的边界之外,以包括含有更广泛的创新记忆社群的历史数据来提高。大多数组织记忆系统的弱点是它们高度自省,它们倾向于几乎完全专注于企业自身的历史,造成该企业对微观创新产生的更广阔的技术前景视而不见。为了解决这个问题,一些企业重建了他们的组织档案,以接纳更广泛的记忆社群。一般来说,通过将历史数据的广度扩展到企业之外,管理者可以获得一种强化的共时性历史推理能力。另外,拥有追踪跨产品和市场边界的创新线索的能力,可以提高企业对现有产品的新应用和来自竞争集团外部的威胁的预测能力。然而,正是由于技术规范(grammar of technology)的不透明,管理者很难感觉到当一种技术体制演变为另一种技术体制时出现的威胁和机遇。比如,随着英特尔在20世纪70年代发明微处理器,个人计算机产品的开发成为可能,但当时的IBM和惠普这两家技术公司却没能意识到个人计算机带来的机会,甚至当苹果联合创始人沃兹尼亚克(Wozniak)向惠普的老板们展示他的个人计算机计划时,这一想法被视为"玩具"。IBM和惠普的失败并不是因为他们无法预见个人计算机市场的未来发展,而是因为他们未能将个人计算机视为从大型计算机到台式机最终到手机的创新过程中的一个阶段。由此可知,共时性历史推理可以增强管理者感知技术在产品和市场之间传播并创造机会的能力。[1]

(五)涌现在感知机会能力开发中的作用

从图6-4中我们可以看到,感知机会能力的所有组成部分都有一个共同的模式,即每个组成部分都由一个或多个表示动作的动词和一个或几个表示动作的名词组成,动词包含"识别""利用""使用""推理"等,而名词包含"机会""感知能力""警觉性""客观历史"等。

感知机会能力的微观基础建立在三层或三层关系以上,为了便于参考,我们将底层称为由"惯例"(或组织的微过程)组成,底层往上一层由"主题"组成,再往上一层由"能力"组成。主题层次的基本构建块被分为四个矩形框,这些基本构建块组合起来产生感知机会能力,以创建和维护组织竞争优势。

图6-4也可反映出感知机会能力的微观基础三个不同层次的涌现。需要提及的是,主题层次中"利用感知能力"中的动词"利用"不能直接从其组成元素如"指导"和"识别"等动词的简单聚合中派生出来。虽然"指导"和"识别"可能是"利用"过程中的必要元素,但它们本身并不充分。从这些较低层次活动的组合和综合中涌现了一

---

[1] SUDDABY R,CORAIOLA D,HARVEY C. History and the micro-foundations of dynamic capabilities[J]. Strategic Management Journal,2020,41(3):537.

些与"指导"和"识别"有本质区别的东西。主题层次括号中的名词也是如此。"感知能力"不是内部研发流程、目标细分市场、客户需求、客户创新流程、供应商和互补创新流程、外源科技流程的简单总结。"感知能力"这个概念不能直接从这些较低层次的元素中推断或推导出来,如果没有综合和整合的过程,这些元素将仍然只是基本上无用的描述或数据。

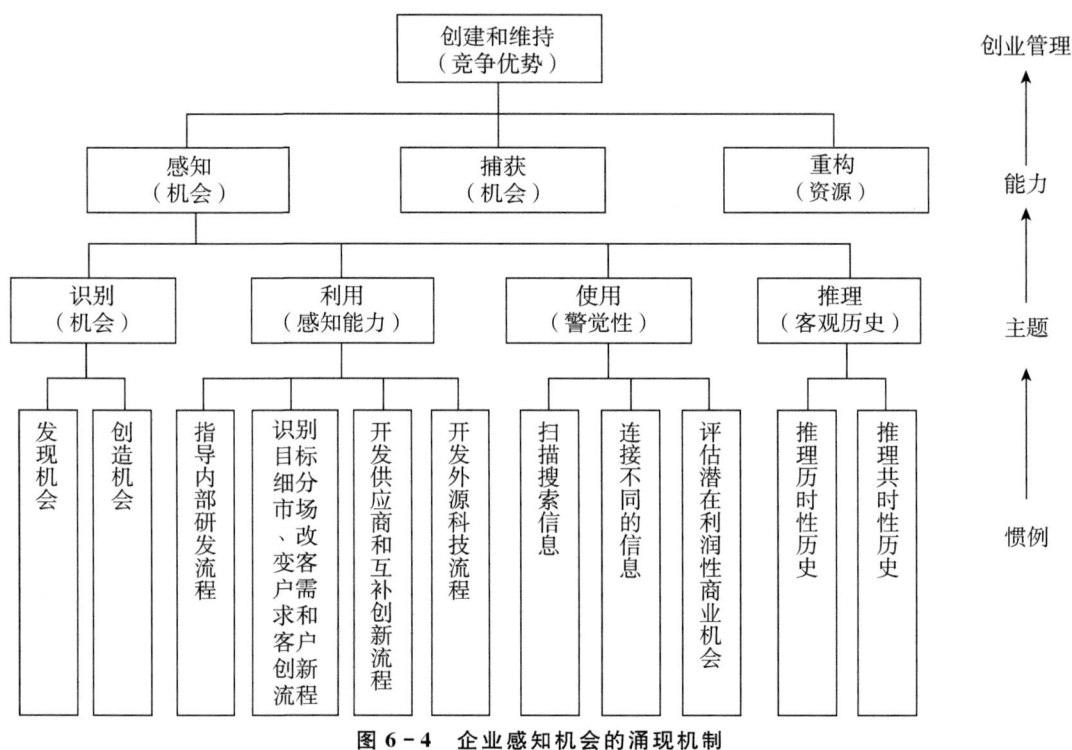

图 6-4　企业感知机会的涌现机制

当我们从主题到能力,上升了一个层次时,上述基本原则也同样适用。"感知"是一种可能涉及"识别""利用""使用"和"推理"活动的行为,但这些构成主题并不直接暗示"感知"或"感知"本质上独特的行为。反过来,这些主题中的名词"机会""感知能力""警觉性"和"客观历史",可能都是"机会"配方中的重要成分。然而,仅仅把食材加在一起并不会导致"机会"的规格化(specification),就像在没有食谱的情况下把所有食材放在一起烹饪,得不到最终的料理一样。① 正如蒂斯(Teece,2007)

---

① KAY N M, LEIH S, TEECE D J. The role of emergence in dynamic capabilities: a restatement of the framework and some possibilities for future research [J]. Industrial and Corporate Change, 2018, 27 (4): 630.

所指出的,动态能力是一种超越运营能力的元能力。[①]

对于能力层次结构与其上一层次("创业管理")的关系,类似的观点也成立。"感知""捕获""重构"能力都是成功"创建和保持"竞争优势不可或缺的部分,但这些能力中的任何(甚至所有)卓越能力都不能保证成功,尤其是在它们相互独立进行的情况下。从另一角度上说,"感知""捕获""重构"等能力的涌现方式,或者说如何将这些能力进行编组和集成,将直接影响到企业竞争优势的形成。

图6-4中的涌现采取了从一个层次到另一个层次的质的阶跃式变化的形式,无论是从惯例层次到主题层次,从主题层次到能力层次,还是从能力层次到创业管理层次。这种对多层次涌现的描述不仅仅是一种有用的分类和分析工具,它还可以帮助构建可测试的命题。例如,它也可以表明,那些成功地建立和保持竞争优势的企业是那些掌握了协调和整合感知、捕获和重构能力的企业,如华为、京东集团等;而那些未能建立或保持竞争优势的企业是那些无法适当综合这些能力的企业。

对于涌现在捕获机会能力和重构资源能力中的作用,我们可以采用类似的方法进行分析,鉴于分析方法一致,对此内容就不再赘述了。

二、捕获机会的微观基础

企业一旦感知到新的技术或市场机会,就必须通过新产品、流程或服务来捕获这个机会。捕获机会涉及保持和提高技术能力与互补性资产,描述客户方案,然后在机会成熟时大量投资于最有可能实现市场接受的特定技术和设计。同时,企业必须选择或创建一个特定的商业模式来定义其商业化策略和投资优先级。有相当多的证据表明,商业的成功在很大程度上取决于组织创新,而正确选择企业边界是组织创新的一个基本要求。企业在捕获机会中常常涉及决策行为,为减少决策失误,企业应建立忠诚与承诺机制。此外,企业使用"修辞史"(rhetorical history)有助于捕获市场机会。图6-5从微观基础上反映了企业捕获机会的涌现机制。

(一)描述客户方案和商业模式

这里的客户方案主要指的是选择技术和产品架构,包括产品设计和产品性能规范。产品设计是考虑物体的造型、结构和功能等方面,运用不同的生产手段制造出满足使用者生理和心理需要的经济适用产品。随着生活水平的提高,人们的审美观念也随之

[①] TEECE D J. Explicating dynamic capabilities: the nature and microfoundations of (sustainable) enterprise performance [J]. Strategic Management Journal, 2007, 28 (13): 1344.

不断改变，即越来越注重生活的品质。这不仅表现在日常生活中，还表现在人们对产品的选择上。在以往购买行为中，产品的功能、质量、价格、售后服务等往往是人们主要考虑的因素，而如今，产品的外观在人们购买活动中所起到的作用越来越大。产品外观设计没有做好，甚至会直接影响到产品在市场上的销售。而产品外观设计并不是简单的产品美化，它需要设计师综合考虑各种要素之间的影响，比如，美观度、创新性、舒适度、设计材料、材料生产工艺流程、成形技术的运用、产品的视觉效果、色彩组合等。

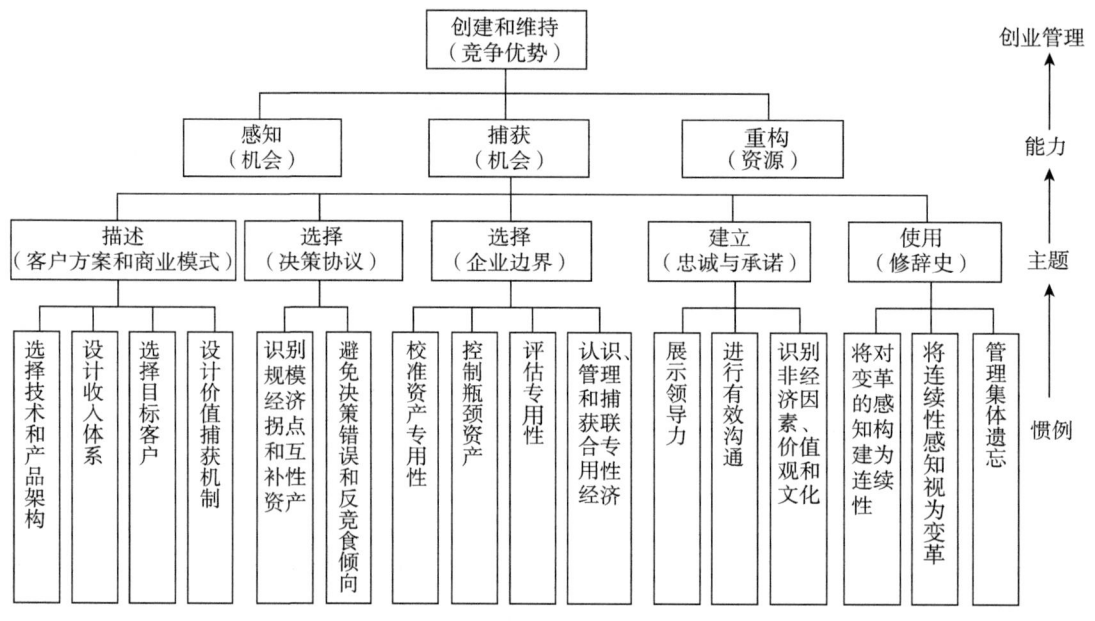

图 6-5　企业捕获机会的涌现机制

资料来源：Teece D J. Explicating dynamic capabilities: the nature and microfoundations of (sustainable) enterprise performance [J]. Strategic Management Journal, 2007, 28 (13): 1334.

商业模式也称业务模式、商务模式、盈利模式等，这个词最早出现在20世纪70年代的《计算机科学》杂志上，是被用来描写资料与流程之间的关联与结构的。马格丽塔（Magretta, 2002）认为，商业模式这个术语最初来自电子表格软件的广泛应用，它使得计划人员可以根据不同的假设方便地修改参数，从而得到不同的计划方案。在电子商务兴起后，大量的新企业采用不同以往的方式经营其业务，为了和传统经营进行区别，人们使用了商业模式一词。① 在商业模式的早期研究中，蒂默斯（Timmers, 1998）的研究成果被较多引用，他把商业模式看成是对商业概念中关于产品、服务和信息流等

---

① MAGRETTA J. Why business models matter [J]. Harvard Business Review, 2002, 80 (3): 87.

关键组成部分的简洁描述。① 林德和坎特雷尔（Linder and Cantrell，2000）沿用并发展了这种定义，将商业模式抽象为组织创造价值的核心逻辑。② 后来，莫里斯等人（Morris et al.，2005）通过对30种商业模式定义的归纳，将这些定义划分为三个层次：盈利层、运营层、战略层。盈利层定义将商业模式描述为企业的盈利模式，即企业获取利润的逻辑；运营层定义把商业模式描述为企业的运营结构，主要说明企业采用何种内部流程和基本构造来创造价值；战略层定义把商业模式定义为对不同企业战略方向的总体考察，强调建立可持续的竞争优势，其构成要素包括定位、联盟、机会、价值创造等。作为一个经营系统，商业模式应该把以上变量凝聚起来。于是，莫里斯等人提出了一个整合性的定义，商业模式旨在说明企业如何对盈利模式、运营结构和战略方向等一系列具有内在联系的变量进行规定和整合，以便在目标市场上建立可持续的竞争优势。③

在蒂斯看来，商业模式主要关注三个方面：设计收入体系、选择目标客户和设计价值捕获机制。

设计收入体系主要包括以下几点。①收入的介质，即选择什么产品、服务获得收入。②交易方式，即通过什么样的方法和渠道取得收入。③计费方法，即怎样对收入介质定价。灵活地改变收入模式中的这些要素，可以刺激客户的消费欲望，增加购买量，或者提高单位产品的收入。企业通过改变收入介质，与竞争者形成差异，往往会获得新的利润来源。例如，世界上最大的零售公司沃尔玛主要的利润来源并不是产品的差价。有时沃尔玛的经营会处于亏损的状况，但凭借高效的现金周转能力，沃尔玛可以将大量的现金投资于其他行业，以获取高额利润。改变交易方式可以考虑是否采用信用交易，推行消费信贷，采用批发还是零售交易，是否实行竞标等。比如，eBay公司改变传统的交易方式，提供网上拍卖交易，为大量的注册用户提供服务。客户可以很方便地从eBay购买或销售成千上万种产品（从芭比娃娃到二手车），eBay的商业模式把原来不可能实现的交易变成了现实。在计费方法上，企业可考虑选择不同的计费单位，支持分期付款，采用折扣、捆绑定价等方法。比如，谷歌创造了"竞价广告"的商业模式，依据客户购买的关键字，以纯文本的方式把广告安置在相关搜索页面的右侧空白处，仅在有人点击广告时才产生付费，使搜索引擎变成企业推广的利器，为企业带来了高额利润。

---

① TIMMERS P. Business models for electronic markets [J]. Electronic Markets，1998，8（2）：4.
② LINDER J，CANTRELL S. Changing business models：surveying the landscape [R]. Chicago，US：Institute for Strategic Change，2000：1.
③ MORRIS M，SCHINDEHUTTE M，ALLEN J. The entrepreneur's business model：toward a unified perspective [J]. Journal of Business Research，2005，58（6）：727.

选择目标客户。目标客户，是指需要企业或商家的产品或服务，并且有购买能力的客户，是企业或商家提供产品和服务的对象。在市场经济环境下，所有的企业都在不遗余力地争取新客户和留住老客户，这是因为客户是企业至关重要的资源，拥有客户就意味着拥有市场，现代市场竞争的实质就是一场决定企业生死存亡的客户争夺战。有研究表明，生产商的利润有90%来自回头客，只有10%来自零星散客；少损失5%的老客户便可以增加25%的利润；维持一个老客户所需的成本是寻求一个新客户成本的0.5倍；要使一个失去的老客户重新成为新客户所花费的成本则是寻求一个新客户成本的10倍。所以，企业捕捉机会，就应该以客户的价值观、满意度为导向，关注客户需求，制造机会，引导需求。[①] 在选择目标客户时，首先要了解客户的购买动机。客户是否真正有需求及需求程度决定着产品销售的难易程度。其次要了解客户对产品是否有使用能力，就是客户是否懂得正确使用产品；有的产品在使用时需要特殊技术，必须考虑目标客户是否具有使用这种产品的能力。再次要了解是否有接近客户的可能性，要先有接近客户的可能性，才能有成功销售的机会。从次要了解客户是否具有决定权，如果客户无决定权，销售将很难成功。最后要了解客户是否具有支付能力，显然，企业应选择那些有支付能力的目标客户。

设计价值捕获机制。众所周知，商业模式在逻辑上主要由三个部分组成：价值创造、价值传递与价值获取。这也是我们所说的传统价值链。其中价值创造的过程主要是价值依附产品的价值增值过程。首先，当产品生产出来以后，其固有的价值也就自然而然地生产出来了。其次，产品价值生产出来以后需要对其进行传递，这个步骤就涉及一些营销的手段与方法，需要通过设计各种营销战略将产品价值从生产端传递到终端。最后，便是价值获取的过程，获取主体有两个，第一个主体是客户，第二个主体即生产者。价值创造可以指不同形式的价值（如社会或经济）。价值创造机制往往超越熊彼特式创新、价值链重构、企业间战略网络的形成或企业特定核心能力的开发所能创造的价值。佐特等人（Zott et al., 2011）确定了商业模式可以释放的四个价值驱动因素：新颖性、锁定效应、互补性、效率。这些价值驱动因素相辅相成。也就是说，每个价值驱动因素的存在都可以提高任何其他价值驱动因素的有效性。哈梅尔也认为，价值可通过新的商业模式来创造，在这种模式中，价值创造和价值捕获都发生在一个价值网络中，其中包括供应商、合作伙伴、

---

① 杨富国，张彦. 目标客户与营销创新研究[J]. 商丘师范学院学报，2007，23（1）：99.

分销渠道和扩展企业资源的联盟。① 价值捕获有不同的机制，比如，竞争、互补性资产、专利、各种隔离机制等。

（二）选择决策协议

选择决策协议（decision making protocols）涉及的内容包括识别规模经济拐点、识别互补性资产、避免决策错误和反竞食倾向（anticannibalization proclivities）。

识别规模经济拐点。在当今的许多高科技产业中，投资选择的驱动力与过去的动态战略研究的工业背景截然不同。对一些战略家来说，规模经济和范围经济的任务决定了企业的规模和范围，而这样的理念并不精确。规模经济指的是随着生产规模的增加，由于单位产品的固定成本下降而导致单位产品平均成本下降的现象。但是，随着规模的进一步增加，管理成本将会增加，当规模超过某一数量时，就会出现单位产品管理成本的增幅超过单位产品固定成本的降幅的现象，造成规模不经济。范围经济则是指一个企业产品种类或生产活动多样化，它较之于仅专业化于一种产品生产或一种经营活动，可以节约成本。规模经济和范围经济反映生产技术本身所具有的特征。另外，互补性资产和联合专用性资产可让企业获得收益。其实，在许多行业中，外包已经使规模成为行业资产，因为规模经济可以通过外包让面临竞争的合同制造商获取规模效益。比如，在服饰行业，小规模的鞋类和外套设计师可以从大型供应商那里获得有竞争力的价格，从而获得以前只有大型集成制造商才享有的规模经济效益。在竞争中，规模优势不是专有的，它不可能成为可持续差异化的来源。因此，企业生产会存在一个适度的规模，即存在规模经济的拐点，人们对此应加以识别。

识别互补性资产。在新古典经济学中，互补性被传统地解释为埃奇沃斯互补（Edgeworth complements）。它指的是一个顺序性的问题，即"多做一件事会增加多做另一件事的回报"。② 然而，从涌现的角度对互补性进行解释与在新古典经济学中的处理方式截然不同。从涌现的角度来看，两种商品 Y 和 X 的互补性指的是这两种商品结合后对任何新结果，也就是结合后的涌现状态的影响。而从新古典经济学的角度来看，两种商品的互补性是根据这两种商品组合对彼此的影响来定义的。比如，米尔格罗姆和罗伯茨（Milgrom and Roberts，1995）所描述的互补性是从新古典经济学角度来解释的：顺序性指的就是一种互补对另一种互补的直接影响，并且只认识到数量变化，不存在任何形

---

① ZOTT C, AMIT R, MASSA L. The business model: recent developments and future research [J]. Journal of Management, 2011, 37 (4): 1029.
② MILGROM P, ROBERTS J. Complementarities and fit: strategy, structure, and organizational change in manufacturing [J]. Journal of Accounting and Economics, 1995, 19 (2-3): 181.

式的涌现，各个层次的相关概念和衡量标准是不变的。相比之下，蒙特韦德（Monteverde）和蒂斯（Teece，2007）在1982年和蒂斯在2010年所描述的互补性涉及效应的同时性、直接影响系统能力的要素、质变的重要性，以及从孤立的互补性特征中无法辨别的新特征的涌现。① 这里的互补性概念是从涌现的角度来解释的。

避免决策错误和反竞食倾向。蒂斯（Teece，2007）认为，对于高科技产业，由于互补性资产的存在，基于规模设施的合同访问可以减少对企业规模和范围的需求。从客户的角度来看，高科技产品往往被视作系统。这些系统由基于平台的相互依赖的组件组成，也即是说系统的组件之间有很强的功能依赖性。终端用户的需求是系统，而不是平台。这样，工作中会经常出现多重市场现象。比如，没有一整套应用程序，计算机操作系统就没有多大用处，反之亦然。同时，互补性产品通常会被认为是平台，而这些平台是由在位企业进行管理的，在这种情况下，就会存在进入决定和边界难题。平台所有者需要由其他人提供互补性产品，特别是当他们拥有很少或根本没有相关技能来开发互补性产品的时候。事实上，促进互补性产品提供商的创新和进入，可能要求平台所有者（口头或契约）承诺不提供某些互补性产品。当互补性产品与平台之间的接口本身不断发生演变时，决策规则便变得越来越复杂。平台所有者和互补性产品提供商可能还需要考虑平台是否需要开放或专有，以及是否应该提供工具和其他激励措施来刺激互补性产品提供商的投资。他们应认识到网络效应的重要性，将互补性产品创新来源的分散性、互操作性问题和用户基数决策框架全部纳入决策中。高质量的决策需要非凡的远见和塑造结果的能力。② 因此，平台所有者和互补性产品提供商之间要密切配合，互动合作，而不能自相蚕食，损害彼此的利益。

（三）选择企业边界

边界概念最初是从系统理论中被提出来的。边界作为异质系统间隔的标志，将企业与外界环境区别开来，科斯（Coase）等学者将其引入分析企业的存在、解释企业性质问题，使得边界理论成为现代企业理论的基础。科斯视企业为市场的替代物，即通过企业内部"看得见的手"的协调机制来替代市场"看不见的手"的协调机制。但是，企业内部层级制的协调，存在着组织成本。所以，企业的边界取决于企业内部边际组织成本与

---

① KAY N M, LEIH S, TEECE D J. The role of emergence in dynamic capabilities: a restatement of the framework and some possibilities for future research [J]. Industrial and Corporate Change, 2018, 27 (4): 631.

② TEECE D J. Explicating dynamic capabilities: the nature and microfoundations of (sustainable) enterprise performance [J]. Strategic Management Journal, 2007, 28 (13): 1342.

市场交易的边际交易成本的对比。当企业内部边际组织成本高于市场交易的边际交易成本时，企业边界将趋于缩小乃至消失，即市场替代企业；反之，企业则得以存在或扩充边界，即企业替代市场。

在技术不断进步的背景下，正确选择企业边界显得十分重要，这也被视为获得正确商业模式的一个要素。蒂斯（Teece，2007）认为，设置企业边界需要考虑的因素包括：①独占性机制（appropriability regime），比如，市场中普遍存在的环境为创新提供的自然和法律保护机制的数量；②创新企业拥有互补性（联合专用性）资产的性质；③创新者和潜在模仿者对于互补性资产的相对定位；④产业发展所处的阶段。①

纵向一体化也是影响企业边界决策的一个因素。纵向一体化指在技术上可分离的两个或多个生产阶段集中于一个企业中或者说被置于统一所有权（unified ownership）之下的一种合并模式，它包括向后（上游）一体化和向前（下游）一体化，前者又称"购买还是制造"决策，后者又称"出售还是自用"决策。②纵向一体化的优势在于以下三点。①节约交易费用。纵向一体化变企业间的交易为企业内的交易，其实质是市场机制对价格机制的替代。②减少机会主义行为。③可以增强或创造市场力量，提高企业的垄断地位。与此同时，纵向一体化也存在一些弊端。比如，纵向一体化厂商中的部门和市场厂商相比，受到市场规则的制约要少，因此降低成本的压力小，容易造成部门绩效低和代理成本高。同时，纵向一体化容易造出超级大型企业，企业规模过大容易造成企业内部信息传递时滞，产生官僚主义，导致内部各单位的整合成本高。

在选择企业边界时，蒂斯还认为，从创新中获取价值的关键战略要素是创新企业在从发明到市场的价值链中识别和控制"瓶颈资产"或"瓶颈"的一种能力。当然，将那些处于竞争性供应的资产（服务）外包，是符合这样一种战略的。③

简而言之，在选择企业边界的决策时需要考虑到一些影响，包括校准资产专用性，认识、管理和捕获联合专用性经济，评估专用性，控制瓶颈资产等。

（四）建立忠诚与承诺

学者们普遍认为，决策错误的倾向在管理决策中常常出现，尤其是在大型组织中。比如，在投资上的决策错误主要表现为过度乐观、损失规避、隔离误差、战略欺骗和项目持久性。正如纳尔逊和温特（Nelson and Winter，2002）所指出的，组织决策过

---

① TEECE D J. Explicating dynamic capabilities: the nature and microfoundations of (sustainable) enterprise performance [J]. Strategic Management Journal，2007，28（13）：1331–1332.
② 孙经纬. 企业边界与垂直一体化的理论研究 [J]. 外国经济与管理，1997（8）：3.
③ 同①.

程往往表现出一些似乎违背理性基本原则的特征，有时甚至近乎怪异。^①在具有路径依赖性和网络效应的快节奏环境中，因为能从错误中恢复的机会较少，这些错误尤其具有破坏性。由于偏见是可以提前发现的，企业可以采取惩戒措施来消除偏见、妄想、欺骗和傲慢，以减少决策错误。

克服偏见几乎总是需要一种复杂的认知和严谨的决策方法。管理层需要创造一个环境，让参与决策的个人，无论是管理层还是董事会，都能自由地提供他们的真实意见，并查看客观历史数据，以摆脱封闭的思维。同时，管理者应采取全新的非刻板式策略，以克服阻碍突破性创新的惰性因素。具体而言，纠正策略可通过两种基本机制来鼓励变革：①设计组织结构、激励和惯例，以促进和奖励创造性行动；②开发惯例，使那些不再产生价值的固定资产和惯例不断减少。那些提供结构、激励和惯例来促进和奖励创造性行为的策略，有助于减少风险规避过度的问题。例如，呼吁企业削减开销和增加部门权力的策略可以被解释为努力减少企业的管理层次，将决策下放到更低的管理层次，以更大限度地减少与多层次决策过程相关的固有隔离误差。^②

蒂斯（Teece，2007）认为，在制定高质量的决策、沟通目标、价值观和期望，以及激励员工和其他支持者方面，领导力有着明显的作用。组织的认同和承诺可以极大地提高企业绩效，尽管对于它能否推翻完全扭曲的激励机制仍值得怀疑。然而，团队忠诚是一种"强大的利他力量"，它决定了员工的目标及其形成的认知模式。高层管理者通过其行动和沟通，在赢得忠诚和承诺、实现创新和效率作为重要目标方面也能发挥关键的作用。^②同时，由于决策往往是由高层管理者做出的，而高层管理者是"生活"在组织内的，因而决策会受到组织内组织文化的直接影响。比如，在企业发展初期，组织文化的基本特征是个人主义、权力距离较大，也即是说，决策完全由创始人决定，员工主要负责准确执行决策，这时的组织文化特质与企业实际的战略决策主体是较为匹配的。

此外，在决策选择过程中也应考虑承诺因素，因为它们之间存在逻辑关系。蓝海林（2015）在论及承诺、选择、行动与创新关系时指出，只有承诺坚定的企业才有可能在经营环境动态化条件下做到科学选择。只有进行了科学选择，战略行动的快速和创新才有意义；承诺坚定是建立和发挥核心专长的前提，科学选择是建立和发挥核心专长的保障，行动快速和富于创新则是建立和发挥核心专长的手段。如果企业外部和

---

① NELSON R R, WINTER S G. Evolutionary theorizing in economic [J]. Journal of Economic Perspectives, 2002, 16 (2): 29.
② TEECE D J. Explicating dynamic capabilities: the nature and microfoundations of (sustainable) enterprise performance [J]. Strategic Management Journal, 2007, 28 (13): 1333-1334.

内部经营环境没有发生重大变化，科学选择是以实现战略承诺为前提的，那么即使面临着各种威胁和机会，企业都不应该以科学选择为由而轻易地改变自己的战略承诺；行动快速和富于创新是以贯彻科学选择为前提的，即使面临着各种困难和意外，企业都不应该以行动快速和富于创新为由而轻易地改变科学选择。①

（五）使用修辞史

利用历史来管理变革的能力是捕获机会能力微观基础的一个重要因素。能否捕获机会很大程度上取决于企业能否在遵守对关键利益相关者承诺的同时具备激励组织变革的能力。当出现新的见解、技术或市场机会，特别是那些挑战传统智慧的见解、技术或市场机会时，企业通常会遇到阻力或负面反应。因此，捕获机会必须克服变革阻力，说服抗拒变革的人，让他们相信所提议的变革既不像他们最初认为的那样深刻，也不像他们最初想的那样有风险，从而减少他们对变革的恐惧。这项艰巨的说服任务是通过"使用修辞史"来完成的，即以符合战略利益的叙事结构重新构建过去。

帮助企业说服变革反对者并捕获机会，可运用不同的修辞史策略。

首先，修辞史通过将变革的感知构建为连续性来促进企业的适应能力。克服变革阻力的一个关键修辞策略是管理对一个行动过程是否代表变革或连续性的看法。事件通常可以被框定为暗示，看似与过去存在重大决裂，实际上是企业核心认同的逻辑延伸。面对深刻的变革，企业必须重新解释过去，以保持组织或产品的认同。大量的实证研究表明，巧妙地重建对实体历史的解释方式，可以支持"我们一直是这样做的"这一论点。通常，将变革重建为连续性的修辞能力是以认同话语（discourse of identity）为前提的。同时，研究还表明，组织可以通过将其重组为持续认同的表达来促进变革。比如，丹麦玩具巨头乐高公司通过仔细重建一系列不同形式的历史，包括档案文本、人工制品和口头记忆，将企业的大规模战略重新定位描述为具有历史连续性的一种形式。这一修辞策略的成功取决于企业解读历史的能力，从而在员工和企业之间建立起认同的纽带。② 通过管理员工对企业的积极记忆，对企业的承诺可以胜过任何程度的组织剧变。有时，员工对企业的记忆认同感如此强烈，以至于即使在企业倒闭之后，他们对企业作为一个记忆社群的承诺也会持续存在。比如，1998 年，美国数字设备公司（DEC）与康柏电脑公司达成收购协议，DEC 结束了长达 41 年的独立运作。经历了一系列组织结构重组以及随后康柏与惠普公司合并，毫无疑问，DEC 已经"消亡"并且

---

① 蓝海林. 企业战略管理：承诺、决策和行动[J]. 管理学报，2015，12 (5)：667.
② SUDDABY R, CORAIOLA D, HARVEY C, et al. History and the micro-foundations of dynamic capabilities [J]. Strategic Management Journal, 2020, 41 (3): 539-540.

不再作为有形实体而存在。然而，10年后，DEC仍然非常活跃，通过校友会、在线留言板、时事通信和出版物，DEC保留了公司重要方面的认同，维持着前DEC成员的集体记忆和活动。[①] 因此，企业可以通过将颠覆性变革重新定义为一种被创造出来的过去的持续延伸来加强变革。如果成功完成这一定义，员工所感知到的变革带来的创伤和风险会被这样一种认知所取代，即所提议的变革实际上创伤和风险较小，因为企业之前已经在这样做了，它是企业历史遗产的一部分，并且提议的变革实际上是对企业创始价值和技能的回归。一个连贯而有力的历史认同为企业管理者提供了强有力的修辞材料，通过这些材料，深刻的变革可以被重建为历史连续性的。

其次，修辞史通过将连续性感知视为变革以促进企业的适应能力。企业必须重新解释过去，以激励反对者接受变革。有时，这可以通过让组织利益相关者相信企业有创新和冒险的历史来实现。如果企业未能采纳提议的变革，则需要管理层说服利益相关者，使其认识到正令企业面临威胁的历史事件。温德鲁赫（Weindruch）认为激励一家成功的企业走出当前危机的一个关键因素是，构建一种叙事，证明决策对实体未来的重要性。必须让利益相关者相信，他们正面临着一个威胁实体生存能力的历史性选择。管理者必须用挑衅性的语言来描述选择的重要性，比如"进步""开拓""最先进""第一"，强调利益相关者所面临的选择是历史上的重大时刻。为了捕获机会，关键的管理者会让利益相关者相信即将发生的历史中断，即与过去决裂。在假设具有历史意识时，管理者认知技能的一个重要组成部分是利用历史来推动变革的能力。其中一个关键部分是帮助组织打破历史惯性的束缚并使之致力于变革的能力。这可以通过修辞能力来实现，通过构建一个令人信服的叙事，说明当前时代的变革速度与过去有多么明显的不同，以及在没有变革的情况下带来的危险，让关键利益相关方认识到变革的必要性。利用历史来掩盖变革带来连续性的能力是一种关键的管理技能，可以让企业捕获机会。[②]

再次，修辞史通过管理集体遗忘来促进企业的适应能力。为了促进变革而修辞性地重新解释过去的企业会在变革的推动者和反对者之间产生出不可避免的矛盾和冲突。而这些矛盾可以通过巧妙运用修辞史得以解决。正如历史事件可以被构建为稳定的或新颖的、连续的或变化的一样，这些事件也可以在修辞上被重构为曾经发生过或没有

---

① WALSH I J, GLYNN M A. The way we were: Legacy organizational identity and the role of leadership [J]. Corporate Reputation Review, 2008, 11 (3): 262.
② SUDDABY R, CORAIOLA D, HARVEY C, et al. History and the micro-foundations of dynamic capabilities [J]. Strategic Management Journal, 2020, 41 (3): 541.

发生过。因此，组织遗忘是企业利用历史修复矛盾的关键修辞策略。组织遗忘指的是善意忽视（benign neglect）导致的组织知识的丢失，这是一种自然熵的形式，与组织学习的概念相对应。[①] 林德（Linde，2009）对美国中西部保险公司的变革进行了民族志分析，提供了一个关于组织遗忘的极好例子。这家企业在战略重新定位后，薪酬制度从集体性共享池薪酬制（shared-pool earnings）转变为具有竞争性的论功行赏型薪酬制，努力维持其传统的合作文化和与客户的丰富专业关系，以保持其共享资源的合作历史与其目前作为一家具有内部竞争和外部积极主动的销售企业之间的一致性。随着企业面临越来越多的外部经济压力和内部文化压力，企业通过"回顾过去"或有选择地重建其历史认同，以消除过去与当前企业所期望的竞争文化相冲突的合议式因素，以便解决问题。[②]

总而言之，企业的捕获机会能力取决于其激励组织变革承诺的能力。重新命名过去的能力是管理变革的一项关键技能。通过将变革视为连续性，提升事件的历史意义，并消除选择性遗忘所产生的不可避免的矛盾，管理者可以在战略上促进变革，以便捕获机会。

三、重构资产的微观基础

感知和捕获新机会，如果成功，可以为企业带来稳健的经济增长和盈利能力。动态能力三位一体的第三个阶段是重构资源，即通过加强、组合和重新配置企业的组织资产来维持经济增长和盈利能力。赫尔法特和贝特罗夫（Helfat and Peteraf，2003）认为，能力的重新部署需要如下两种形式之一：新旧能力之间的共享，以及从一个市场到另一个市场的能力的地域转移。两者皆有可能实现，但都不容易。[③]

蒂斯认为，从微观基础上看，为了重构资源所采取的有效措施包括：实现分权与近似可分解性、实施治理行为、应用知识管理、实施联合专用性等。此外，苏达比等人提出，利用富有想象力的历史也可成为企业重新配置组织资产的微观基础（图6-6）。

[①] SUDDABY R, CORAIOLA D, HARVEY C, et al. History and the micro-foundations of dynamic capabilities [J]. Strategic Management Journal, 2020, 41 (3): 542-543.

[②] LINDE C. Working the past: narrative and institutional memory [M]. Oxford: Oxford University Press, 2009: 101-136.

[③] HELFAT C E, PETERAF M A. The dynamic resource-based view: capability lifecycles [J]. Strategic Management Journal, 2003, 24 (10): 1006.

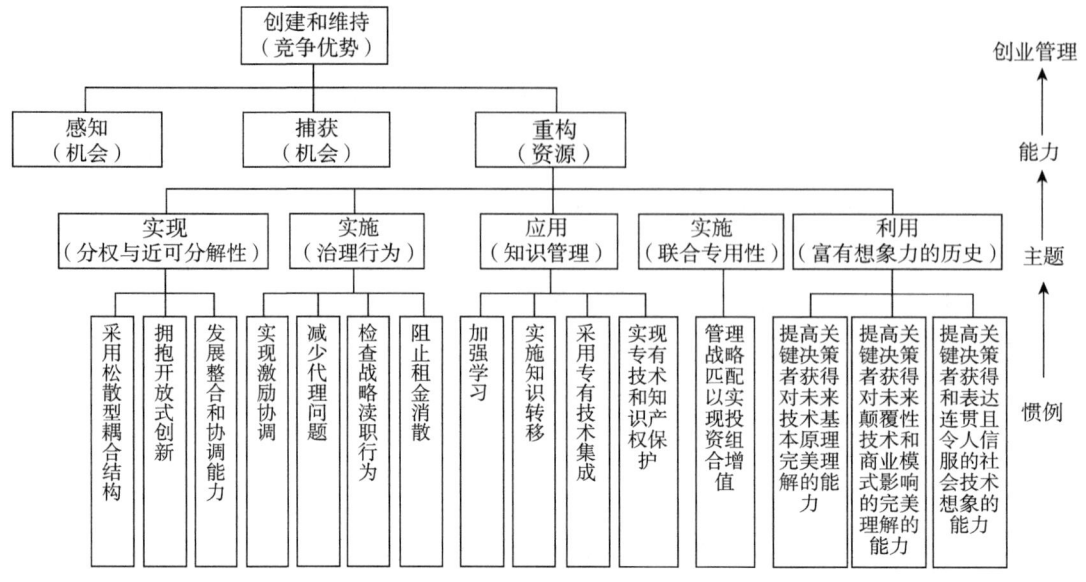

图 6-6 企业重构资源的涌现机制

资料来源：Teece D J. Explicating dynamic capabilities: the nature and microfoundations of (sustainable) enterprise performance [J]. Strategic Management Journal, 2007, 28 (13): 1340.

（一）实现分权与近似可分解性

组织分权是指组织的决策分配给各中、高层管理者的授权程度，与之相对的是组织集权。分权化主要衡量基层员工参与企业决策制定的程度，组织结构分权化使得权力从组织中的高层决策者转移到每个小微组织中的员工身上，有助于形成全员参与的工作氛围，帮助企业员工根据一线市场反应快速决策。而一线员工根据所获取的客户需求向上发送指令，"倒逼"上级资源平台和战略层提供资源、资金以及专业支持，这又在很大程度上增强了组织资源的配置整合能力。①

组织采用松散耦合结构对整合组织资源也有帮助。松散耦合概念中的耦合表示要素之间是相互联系的，维持了一定程度的确定性；而松散又表明要素是快速变化的，具有了一定程度的非确定性。松散耦合是指一个系统中的要素既是相应的，又保持了其自身的身份和物理与逻辑上的分离。松散耦合系统并不是一种有缺陷的系统，它是对持续的环境变化的一种社会的、认知的解决方式。松散耦合对系统就像身份划定对个体一样，是达成认知经济性和秩序的一种途径。松散耦合可以使组织在保持标准化、

---

① 王晓玲，陈艳，杨波. 互联网时代组织结构的选择：扁平化与分权化——基于动态能力的分析视角 [J]. 中国软科学，2020 (S1)：45.

合法化、正式结构的同时又使其具体的活动可因情境而异。① 萨海姆等人（Sahaym et al.，2007）认为，松散耦合的组织形式可以使组织产生更大的灵活性。这种灵活性可以让组织重组各种资源以满足市场不同的需求，便于企业在需要改变产量、产品配置和战略时轻松适应。②

蒂斯（Teece，2007）认为，在快节奏的环境中，组织单元必须有相当大的自主权以迅速作出决策，但仍然要与那些需要协调的活动保持联系。实现这种微妙的平衡可借助于近似可分解性（near-decomposability），而实现这一特性是动态能力的一个重要微观基础。③ 近似可分解性是我们在世界上发现的复杂系统架构的普遍特征，无论是无机的还是有机的，从基本粒子到社会系统都具有这一特征。如果一个复杂的系统是由许多相互联系的子系统组成的，并且其中任何一个子系统中的元素之间的相互作用比属于不同子系统的元素之间的相互作用更加活跃和迅速，那么这个系统就具备近似可分解性。④ 众所周知，经济组织的一个重要目标是实现协调，当相互依存的活动被配置为具有共同价值时，就会发生协调。另外，当相互依赖性普遍存在时，耦合结构的近似可分解性可以提高协调性。即使没有机会主义、欺骗和逃避问题，层级和市场都是实现协调所必需的，而近似可分解性可以等同于层级和市场的存在。因此，近似可分解性有利于组织的协调。⑤

此外，开放式创新会对资源的整合产生积极作用。比如，它有助于企业整合内外部多种创新资源：在垂直层次上有助于处理供应链层次关系以及系统整合上下游供应商与客户之间的创新资源；在水平层次上有助于形成跨产业、跨部门、跨区域、跨技术领域的创新资源整合能力，通过促进不同层次、不同专业领域的参与者间的互动合作，帮助企业更好地解决因知识和技术来源多样性引发的各类问题，增强企业对快速多变的外部环境的适应能力。⑥

---

① 李会军，席酉民，葛京. 松散耦合研究对协同创新的启示 [J]. 科学学与科学技术管理，2015，36（12）：109-110.
② SAHAYM A, STEENSMA H K, SCHILLING M A. The influence of information technology on the use of loosely coupled organizational forms: an industry-level analysis [J]. Organization Science, 2007, 18 (5): 866.
③ TEECE D J. Explicating dynamic capabilities: the nature and microfoundations of (sustainable) enterprise performance [J]. Strategic Management Journal, 2007, 28 (13): 1337.
④ SARASVATHY S D. Entrepreneurship as a science of the artificial [J]. Journal of Economic Psychology, 2003, 24 (2): 211.
⑤ YAYAVARAM S. Towards a complexity-based view of the firm [R]. Singapore: National University of Singapore, 2010: 2.
⑥ 王凯，吴勇，朱卫东. 开放式创新模式下企业创新资源整合能力的形成机理 [J]. 科技管理研究，2018，38 (1)：28.

（二）实施治理行为

企业在重构资源资源过程中会涉及各种治理问题。

其一，合作伙伴机会主义的治理。合作伙伴的机会主义是指合作一方通过不完全或歪曲的合作条款信息揭示，尤其是有目的的误导、撒谎、扭曲、假装、含糊其词或其他形式的混淆，导致了自然或人为的信息不对称性，进而利用契约条款不完全性而获取利益。它通常表现为追求自私的自我利益的行为、只顾眼前利益的投机行为，往往会损害与合作伙伴的长期关系；在形式上，机会主义与交易的契约要求不相符合。其危害是可能由于专用性资产投资和知识所有权等而诱发租金侵占，最终导致合作失败。合作伙伴的机会主义行为产生的原因是多方面的。比如，合作合约的不完全性、合作各方利益驱动机制的差异性、合作管理机制的不完善等。可采用的应对措施是：第一，建立有效的选择机制，选择合适的合作伙伴；第二，建立可信的信任机制，增加相互信任度；第三，建立有效的监督机制，抑制机会主义行为的倾向。[①]

其二，委托代理关系的治理。长期以来，委托代理理论被视为企业治理理论中的主流。委托代理关系的逻辑起点是所有权与控制权的分离。由于契约关系中存在着委托人与代理人之间的信息差异，而这种信息差异在本质上影响了委托人（投资者）与代理人（经理人员）所设计的双边契约，为使资源配置达到帕累托有效的程度，这类契约的设计必须能够揭示出代理人的私人信息。而这只能通过给予代理人某种租金或委托人监督的方式来实现，但通常的情况下，这类租金和监督行动对于委托人却是一种成本。这种信息成本加上技术性成本使得在不对称信息下的交易量受到扭曲。因而在契约中，配置功能与信息作用相互冲突，即为了诱使代理人说真话所必须付出的信息租金与资源配置效率相互冲突，最后导致了一个次优的契约。正是由于委托代理问题的存在，企业管理者在配置资源过程中往往出现"战略性渎职行为"。解决委托代理问题的基本思路是：在内部控制机制上，让代理人自发披露传递信息，委托人通过内部控制机制的监督和观察来获取代理人的信息；而在外部控制机制上，通过市场竞争传递信号，对代理人的效率和信息进行甄别。[②]

其三，其他治理问题。比如，选择商业模式、确定企业边界、设立组织结构，这些有助于企业实现资源的重新配置。又如，战略管理者不仅要关注如何产生租金流，还应关注如何防止它们被企业内外的各种实体或团体消散或俘获。例如，战略管理学

[①] 陆奇岸.战略联盟中机会主义行为的成因及治理对策[J].现代管理科学，2005（3）：33-35.
[②] 闫冰.代理理论与企业治理综述[J].当代经济科学，2006，28（6）：81-82.

者提出了"独占性机制"和"隔离机制"的概念,以帮助解释来自创新和其他优异业绩来源的租金如何能够得到保护,并防止其被竞争对手和其他人浪费。

(三) 应用知识管理

在知识经济社会里,知识已成为各类组织的首要战略资源,知识逐步取代资本、劳动等因素,成为组织之间竞争和影响组织发展的关键因素。正如德鲁克(Drucker)所说,知识生产力已经成为企业生产力、竞争力和经济成就的核心。同样,卡耐基(Carnegie)也识别到知识的重要性,他认为在一个组织内,唯一不能被替代的资产是组织的知识和组织的人员。

知识是知识管理的对象,对于知识的认识是知识管理的前提。由于知识与信息密不可分的关系,以及知识难以触摸的特征,知识经常被看作通过信息处理解决的问题,所以,知识管理就是一种信息处理的管理工具。同时,由于知识被看作一种战略性资产,因此知识管理也是一种战略管理工具。[①]

知识管理要依靠员工对知识的学习和使用来发挥作用,所以说企业的知识管理与组织学习是不可分割的。圣吉(Senge)认为,现实企业如此短命的原因是企业在学习能力上有缺陷,即"学习障碍",这种缺陷使企业在环境改变时不能迅速应变,从而严重损害了组织的生存与发展,使组织被一种无形的力量所支配甚至吞没。可见知识管理和学习型组织的结合是现代企业的生存要素。一般来说,组织学习有三种类型。①显性知识的学习。外部资源中的知识具有公共产品的性质,企业只有通过自身的学习,才能真正懂得并去应用这些知识。②过程学习。即向经营活动学习,也就是常说的"干中学"。③隐性知识学习。主要表现为员工之间的相互学习。[②]

在学习型组织文化影响下,从外部以及企业内部集成专有技术对成功尤为重要。良好的激励设计、创造学习、知识共享和知识整合程序可能对业务绩效至关重要,也是动态能力的关键微观基础。同样重要的是监控和管理专有技术、商业秘密和其他知识产权的泄露、盗用和滥用。尽管隐性知识很难模仿,具有一定的"天然"保护作用。然而,许多技术诀窍确实会泄露出来。因此,企业要加强专有技术和知识产权保护。

(四) 实施联合专用性

资产包含通用性资产和专用性资产。其中,通用资产指的是不需要针对所涉及的

---

① 周竺,孙爱英.知识管理研究综述 [J].中南财经政法大学学报,2005 (6):29.
② 刘希宋,张倩.知识管理与学习型组织互动性机理分析 [J].工业技术经济,2005 (6):7.

创新进行定制而用于一般用途的资产，专用性资产则是指创新与互补资产之间存在单方面依赖关系的资产。而联合专用性资产是指存在双边依赖关系的资产。例如，需要专门的维修设施来支持马自达公司的旋转发动机。这种资产就是联合专用性的，因为创新与维修设施是相互依赖的。集装箱化同样需要在海运和码头部署一些联合专用性资产。蒂斯在讨论创新的供给主题时认为，创新者的利润通常取决于获得他人持有的互补资产。如果这些资产变得更加特定，甚至是联合专用化，即创新和互补资产彼此特定，那么，为获得这些互补资产而签订合同会变得更加困难。

其实，联合专用性资产是一种特殊类型的互补性资产，在该资产中，资产价值是其与其他特定资产结合使用的函数。互补性资产和联合专用性资产的组合构成了核心技术专长，核心技术专长是一种涌现性的现象，无法通过对其构成要素的分析来定义或推断。蒙特维德和蒂斯（Monteverde and Teece，1982）在测试资产专用性在预测通用汽车和福特汽车外包决策中的重要性时，发现了一种"系统效应"，说明了在这种情况下互补性的涌现性质。他们指出，设计、生产、测试和改装汽车的复杂过程需要高度的协调。发动机、变速箱、车架、车身、制动器、挡风玻璃和其他部件都必须彼此配合良好，并且必须在正确的时间、正确的数量出现在正确的位置。①

切卡尼奥利（Ceccagnoli et al.，2010）等人针对制药行业研究互补性资产的作用时发现，制药行业的成功取决于获得制造、营销和分销产品所需的上游研究能力和下游资产。通常，这些资产中有许多是在内部创建的，并且可能专用于某一类产品。这种专用性降低了资产可以重新部署到其他类别产品的程度。例如，专门从事某一特定治疗类别销售的人员在该特定类别的药物方面接受了广泛的训练，将这些力量部署到其他产品将需要大量的时间和昂贵的再培训，员工还将因失去与特定细分市场中特定医生群体的个人关系和人际网络而蒙受损失。因此，将销售队伍从一种治疗类别转移到另一种治疗类别可能会产生巨大的转换成本。因而，由于对这些下游资产的专用投资，企业在经营专用治疗类别时会产生锁定效应。该行业的下游资产往往是联合专用性的，因为创新（即专用药物）和商业化所需的互补资产（即专业销售人员）之间存在依赖性。当互补资产被联合专用化时，创新和随后的商业化相互交织，需要在两者之间进行持续的相互调整。当创新商业化所需的资产被联合专用化并由企业拥有时，企业将需要在内部进行创新激励，以避免在利用市场获取技术时因必要的协调而产生机会主义风险和交易成本。换言之，当创新和互补资产之

---

① MONTEVERDE K，TEECE D J. Supplier switching costs and vertical integration in the automobile industry [J]. Bell Journal of Economics，1982，13（1）：210.

间存在依赖关系时，作出选择可以避免特定关系投资和持续互动的问题。[①]

蒂斯（Teece，2007）指出，管理层识别、开发和利用已构建或购买的专用性资产或联合专用性资产的能力是一项重要的动态能力，但在企业环境中并不总是存在。通过资产组合可以创造特殊的价值并可能会被另一方攫取，特别是当资产所有者未认识到其资产价值的时候，另一方拥有资产的价值将通过组合得到增强。之所以会出现这种情况，是因为联合专用性资产的市场是薄弱的或难以存在的。比如，发生在美国的柴油电力机车的事情就是一个最好例证。在20世纪20年代，凯特林（Kettering）在通用汽车实验室开发了先进的轻型柴油机技术，该技术最早使用在游艇上，通用汽车董事长斯隆（Sloan）看到了将这项技术应用于柴油电力机车的可能性，而在当时占主导地位的是蒸汽动力机车。为了实现这一目标，通用汽车需要联合多家蒸汽机制造商，然而这些企业却不愿意进行合作。简言之，无论是创新还是重新配置，都可能需要对联合专用性资产进行组合管理，以便进行系统性创新。但管理者并不能总是成功地做到这一点，有时是因为他们感觉不到需要或机会，有时是由于他们感觉到了，但无法实现整合。如果资产不能从外部采购，就需要在内部构建。当技术和其他资产需要成为紧密集成系统的一部分以实现客户想要的性能时，这种互补形式就存在。在这种情况下，企业的成功需要研发投资和联盟活动的协调，完成这种协调的方式和时间对其成功至关重要。[②]

（五）利用富有想象力的历史

当过去被用来合法化想象的未来时，就会出现一种完全不同的历史观。这种对历史的使用需要一种管理认知形式，称为超完美推理，定义为用未来完成时态进行思考。这种未来的完美思维是一种前瞻性的意义建构形式，其中资源被调动起来，集体行动被想象中的未来世界状态所驱动。行为者的动机在某种程度上取决于他们对想象中的未来和实现未来的因果路径的信任程度。反过来，任何这种想象出来的未来的可信度取决于所提议的"未来的现在"在多大程度上符合对过去的连贯叙述。进行超完美推理的能力是预测和适应技术变革的一种重要认知形式，因为技术不仅仅是具有某些功能的机器系统，而是一个社会世界的表达。因此，一个连贯的未来激励着社会行动，

---

① CECCAGNOLI M, GRAHAM S J H, HIGGINSY M J, et al. Productivity and the role of complementary assets in firms' demand for technology innovations [J]. Industrial and Corporate Change, 2010, 19 (3): 843-844.

② TEECE D J. Explicating dynamic capabilities: the nature and microfoundations of (sustainable) enterprise performance [J]. Strategic Management Journal, 2007, 28 (13): 1338.

而一个似是而非的过去会使社会行动合法化。①

　　许多创新之所以失败，并不是因为它们的技术不具优势，而是因为缺乏外围技术和协作社会机构的支持。因此，有效的战略变革绝不能局限于单一产品或企业，而必须在产品或企业所嵌入的网络、市场和制度中引发相应的变革。超完美推理是重新配置产品、企业和市场的基本认知技能，它依赖于利用历史产生对未来的连贯愿景的能力。拉森和威勒特（Larsen and Willert，2018）认为，现代情景规划的一个核心前提是，我们研究过去不仅是为了了解它如何限制未来的选择，而且是为了了解过去如何被用来共同构建关于未来的记忆。②谷歌、IBM和福特汽车等现代企业都聘用了未来学家，因为他们明白，基于对过去的解读，清晰地表达对未来的一致看法的能力可以成为使变革合法化的强大工具。华为自从成立后，在任正非的领导下，企业发展速度迅猛，但到了1996年，企业内部的思想混乱，主义林立，企业往何处去，不得要领。在此背景下，华为邀请了多位国内知名管理专家制订《华为基本法》。该基本法的制定是华为走出混沌、完成系统思考的标志，为华为的转型变革和企业的发展之路指明了方向。由于超完美推理与以往将历史视为客观事实或解释技能的假设相反，它重视历史的想象力，并假设过去可以用来构建可信的、令人期待的未来，从而增强企业生产新产品、重塑组织和重新配置市场的能力。因此，重建过去以阐明一个理想的乌托邦未来的能力，是克服历史锁定和动员嵌入式变革的关键技能。③

　　我们知道，新产品是随着一个想法演变成另一个想法而逐渐增加的结果。这种演变的历史有时可以使技术从一种形式戏剧性地转变为另一种形式。一项技术的历史语法可以追溯到多个脉络，这些脉络组合起来便可创建一个新产品、市场或行业。比如，电视是由存在了几十年的多种不同的技术组合而成的发明。这些包括荧光涂料、远距离图像电传输、阴极射线管、光束调制等。直至第一次世界大战开始，关于发明电视的梦想已经持续30多年了。《Punch》杂志的一位卡通艺术家曾将这些线索联系在一起，他画了一个装置的图像，在这个装置中，两个人可以在一个由电话连接的屏幕上交谈。可以认为，电视是长期存在的关于技术语言知识想象力的产物。因此，富有想象力的历史可以提高关键决策者完美理解未来技术语言知识的能力。

---

① STURKEN M, THOMAS D, BALL-ROKEACH S J. Technological visions: the hopes and fears that shape new technologies [C]. Philadelphia, US: Temple University Press, 2004: 171.
② LARSEN M V, WILLERT S. Using management inquiry to co-construct other memories about the future [J]. Journal of Management Inquiry, 2018, 27 (2): 246-248.
③ SUDDABY R, CORAIOLA D, HARVEY C, et al. History and the micro-foundations of dynamic capabilities [J]. Strategic Management Journal, 2020, 41 (3): 544.

同时，富有想象力的历史将使未来的完美思维对新产品创新、商业模式产生积极的影响，并由此要求企业重新配置整个组织，进行组织重构。比如，卡普兰和奥利科夫斯基（Kaplan and Orlikowski，2013）探讨了一家大型电信企业在环境充满不确定性的情况下如何进行自我重组以适应新的光纤技术的出现，从而进行对未来的完美思考。研究人员为企业的战略制定开发了一个临时工作模型，以阐明行动者如何解决分歧，并将他们对过去、现在和未来的解释联系起来，从而构建一个战略解释，使具体的战略选择和行动成为可能。研究人员认为，对未来的预测总是与对过去和现在的看法纠缠在一起，而临时工作是行动者构建和重建它们之间联系的手段。这些对战略制定机制的洞察有助于解释产生组织惯性和变革的实践和条件。[1] 又如，博杰等人（Boje et al.，2016）研究了"前叙事"（antenarratives）在汉堡王国际化战略中的作用。前叙事是一种组织故事，它证明管理者希望利益相关者相信的战略和愿景是合理的，尽管目前没有任何理由支撑。这一建构来源于语言学家巴赫金（Bakhtin）的"时空体"（chronotope）概念，而时空体是基于历史的意义建构类型。博杰等人不仅展示了历史为抵制或合法化变革的利益相关者提供了丰富的修辞资源，还展示了对汉堡王过去的看法被用来构建关于快餐帝国如何在国际市场上取得成功的叙事。历史被用来描述国际环境是友好的还是敌对的，是弱的还是强的，是稳定的还是动态的，这取决于倡导者对国际多样化的立场。博杰等人认为，前叙事所提供的动态能力是过去的对话观点可以为组织带来想象力和创造力，并影响他们如何创新未来。[2]

此外，富有想象力的历史与市场重构也有密切的关系。由于创新不能凭空发生，它们发生在广泛的社会技术系统的背景下，需要消费者、互补者、监管机构和许多非市场机构的支持，因此，为了成功地开发一项创新，企业必须围绕其创新的预期影响重新配置市场。为此，企业必须从事两种相关的想象历史实践。首先，他们必须将自己的创新置于一个令人信服且连贯的未来环境中，即创新在想象的新市场秩序中发挥核心作用。其次，他们必须说服市场上的主要利益相关者，让他们相信想象中的未来是可信的。[3]

---

[1] KAPLAN S, ORLIKOWSKI W J. Temporal work in strategy making [J]. Organization Science, 2013, 24 (4): 965.

[2] BOJE D M, HALEY U C V, SAYLORS R. Antenarratives of organizational change: the microstoria of Burger King's storytelling in space, time and strategic context [J]. Human Relations, 2016, 69 (2): 391-394.

[3] SUDDABY R, CORAIOLA D, HARVEY C, et al. History and the micro-foundations of dynamic capabilities [J]. Strategic Management Journal, 2020, 41 (3): 547.

成功的企业家，无论是个人还是企业，都是具有远见卓识的，他们通过提供对未来的一致愿景来获得资源和进入市场的机会。科技企业家是活跃的预言家，这绝非偶然。盖茨（Gates）撰写了《未来之路》一书，描述了他对"信息高速公路"的愿景，明确地将微软定位为想象中的未来的核心玩家。在论及智能社会的发展方向时，任正非表示，人类社会要转变为智能社会，这是一个客观规律，谁也无法阻挡。人类社会正处在一个转折时期，未来二三十年内将变成智能社会。这个时期充满了巨大的机会，没有方向、没有实力的奋斗是不能产生价值的。没有正确的假设，就没有正确的方向；没有正确的方向，就没有正确的思想；没有正确的思想，就没有正确的理论；没有正确的理论，就不会有正确的战略。信息通信是智能社会最重要的基石，正是有了先进的信息通信技术，智能社会的万物感知、万物智能和万物互联才能得以实现。[1]

苏达比等人（Suddaby et al.，2020）认为，市场也可以通过使用未来的完美思维重新定义我们对时间性和变化速度的集体理解来重新配置。人们在某种程度上不假思索地接受现代环境的特征，即日益接受超级竞争或高速发展，却不质疑这些特征来自何处，它们在经验上是否准确，或者谁可能从中受益。如果创新型企业能够说服关键利益相关者之前持有的时间假设是不正确的，那么它们就可以破坏整个行业的稳定并对其进行重新配置。[2] 由意大利美食家佩特里尼（Petrini）创办的慢食运动始于1986年，主张从根本上抵制嵌入大规模工业化农业体系中的快节奏、标准化的食品生产，提倡有个性、营养均衡的传统美食。现如今，慢食运动正在世界各地的餐厅和食品杂货店蔓延。慢食不仅仅是对食物的倡议，它实际上已成为一种对人和自然均有益的生态友好理念。例如，说服当代人放弃快餐和快节奏的生活方式；促进饮食成为一种共享的社交活动，引导人们享受饮食艺术；倡导人们与当地食品生产商建立联系；重新发现和推广被认为是"被遗忘的味道"的濒危食品，开展保护传统食品的活动；等等。慢食运动提供了一种社会技术想象，尽管其中一些品牌快餐连锁店根本不存在。显然，倡导慢食运动，将对快餐行业及快餐文化产生严重的冲击，饮食业会因此重新配置。因此，富有想象力的历史可以增强关键决策者获得令人信服的社会技术想象的能力。

---

[1] 杨述明．人类社会的前进方向：智能社会[J]．江汉论坛，2020（6）：39．
[2] SUDDABY R，CORAIOLA D，HARVEY C，et al. History and the micro-foundations of dynamic capabilities [J]. Strategic Management Journal，2020，41（3）：547.

第七章 基于知识创造竞争优势之微观基础

知识是一种不同于资本、劳动和土地的特殊生产要素,具有多个不同于其他生产要素的显著特点。在知识经济时代,现代企业的运作模式已彻底从以传统的生产、产品为主转向以智力资源开发为主。企业如何有效取得、发展、整合、创新知识,已成为企业赢得竞争优势的关键。因此,企业必须要加强知识管理,以保持自己的适应能力、生存能力和竞争能力。

第一节 知识概述

从古希腊起,人们就一直在积极讨论对知识的看法。苏格拉底(Socrates)在柏拉图(Plato)的《泰阿泰德》中,将知识概念化为一种真正的信念;这部作品将知识解释为正当的真正信仰,但随后又指出,这一定义仍然不够充分。知识从此有了许多定义。[①] 知识具有不同的特征和类型。同时,它拥有多个层次。了解这些基本内容是我们有效实施知识管理的基础。

一、知识的概念与特征

(一)知识的概念

从广义而言,科学有两种分类,即自然科学和社会科学。然而,两者之间的划分并不明确。比如心理学和经济学,一些人认为是社会科学,另一些人则认为是自然科学。在学术界,知识也可以从以下多个角度进行理解。

---

① ANAND A, SINGH M D. Understanding knowledge management: a literature review [J]. International Journal of Engineering Science and Technology, 2011, 3 (2): 927.

（1）知识是资源和能力的来源。知识是企业的潜在重要资源，因为它可能具有价值、稀缺和不可替代的特征，特别是它具有默认的维度。

（2）知识是处理信息的方式。知识被认为是以某种有意义的方式处理的信息，是行动中的信息。事实上，知识被看作为观点和概念、心理咨询模式、真理和信仰、判断和期望、方法和专有技术，用于了解如何从孤立的信息中创造新的意义。

（3）知识是流程。知识是如何有效和高效地执行业务流程的组织知识，并创建新的产品和服务，使业务创造价值。

（4）知识是能力。知识被认为是通过给数据和信息赋予意义的过程来解释数据与信息的能力以及一种旨在这样做的态度。

（5）知识是智力状态。知识以更高层次的抽象状态居住在人们的头脑中。知识包括感知、技能、培训、常识和经验；知识是思想或理解。知识是指一个实体创造或拥有的思想或理解，用于采取有效的行动来实现实体的目标。

（6）知识是不同因素的综合结果。知识是将信息与实践、观点和表达相结合而得出的结果，可以产生暗示，并提出了基于某个决策的方法和计划。[①]

因此，知识的概念有不同的定义，这取决于使用它的学科。在知识管理研究中，知识指结构化的经验、价值、情景信息和专家认识的混合，它提供了评估、整合新经验和信息的框架。[②] 为了能够管理知识，人们需要清楚知识的本质及其特征。然而，知识具有多方面的结构，很难掌握。无论如何，在组织中人们关于知识的核心观点是，知识必须嵌入语境——认知和行为、个人和社会中，它从一组行为者转移到另一组行为者，需要注意其在不同情况下的功用性。

（二）知识的特征

知识具有许多不同的特征，比如，复杂性、可编码性、可教性、完整性、缄默性、多样性和黏性等。

1. 知识的复杂性

复杂性是知识的一个重要特征。戈德瓦塞等人（Goldwasser et al., 1989）率先提出了知识的复杂性的概念。他们认为复杂性源于知识的互动性。换句话说，可以在没

---

① KARADSHEH L, MANSOUR E M, ALHAWARI S, et al. A theoretical framework for knowledge management process: towards improving knowledge performance [R]. Communications of the IBIMA, 2009, 7: 67-79.

② DAVENPORT T, PRUSAK L. Working knowledge: how organizations manage what they know [M]. Cambridge, US: Harvard University Press, 1998: 5.

有任何交互的情况下获得的知识，其复杂性为零。① 金等人（Kim et al., 2013）将知识的复杂性定义为一个新产品项目所涉及的知识需要将不同类型的知识进行组合和集成的程度。② 知识的复杂性存在于宏观（区域、组织）和微观（团队、个人）层次。通常，能够编码、记录和阐明的一般知识可以由代理人独立地通过阅读文档、书籍和报告而获得，而不与其他代理人进行任何交互。因此，一般知识的复杂性相当低。特定知识由于包含认知和技术元素，而且通常依赖于实质性和重复性的交互（例如，反复地解释和教导），因此记录和访问是昂贵且难以实现的。高互动意味着更多的互动频率，这需要更多的时间。这表明特定知识比一般知识更复杂、更昂贵。复杂性产生的影响有两种主流理论观点，即基于资源观和知识转移观。从基于资源观来看，高度的知识复杂性意味着知识资源丰富多样，并始终使组织受益。然而，知识转移观认为，虽然复杂的知识对于组织来说是必不可少的，但很难被许多人整合或理解，这可能会带来一些负面影响。

2. 知识的可编码性

可编码性是指知识可以用语言、正式程序和显式技术表达的难易程度，或者说是指一个给定的知识项目可以通过图形、公式、数字或文字的方式简化为信息的程度。高度可编码的知识也被称为显性知识，因为它往往是明确的、可观察的和无可争议的。这些特性使得高度可编码的知识可以在组织内部或个人之间轻易地传递，而不会失去意义。相比之下，隐性知识或那些不易编码的知识，不能分解为组成部分。③

3. 知识的可教性

可教性指的是将知识传授给新受众的难易程度。这一特性关系到教授和传播一项技术知识的可行性。教授显性知识通常是没有问题的，然而，对于隐性知识来说，教授应该既要有实践的成分，又要有个人的沟通。一项知识越是可教的，它的传递和模仿就越快。这阻碍了知识收益的充分分配，并影响了保护机制的选择。相反，知识越隐性，教授就越困难。

---

① GOLDWASSER S, MICALI S, RACKOFF C. The knowledge complexity of interactive proof-systems [J]. SIAM Journalon Computing, 1989, 18 (1): 186-208.
② KIM N, IM S, SLATER S F. Impact of knowledge type and strategic orientation on new product creativity and advantage in high-technology firms [J]. Journal of Product Innovation Management, 2013, 30 (1): 143.
③ NIETO M, PÉREZ-CANO C. The influence of knowledge attributes on innovation protection mechanisms [J]. Knowledge and Process Management, 2004, 11 (2): 121.

4. 知识的完整性

完整性是指用于决策或完成任务的知识完全足够并且可供决策者使用的程度。当决策情况不稳定或不可预测时，知识不太可能是完整的。当决策情境的属性随时间发生变化时，作出有效决策所需的知识也会相应地发生变化。知识的不完整性指的是形成一种输入的知识成分的模糊度和完整性水平，它反映了知识的不确定性。通常，不确定性与因果模糊有关，决策者不清楚不同的知识成分是什么，及其如何相互作用以实现组织结果。另外，知识不完整性的概念也反映了任务不确定性的概念，即不可预测的决策情况降低了组织提前知道实现其目标所需知识的可能性。因此，组织决策者需要获得比内部可用知识更广泛的知识。相比之下，完整的知识反映了任务的确定性，并表明作出特定决策所需的所有知识都是可用的。在这种情况下，决策情况不会随时间变化，结果是预期的，相关流程也不会改变。①

5. 知识的缄默性

缄默性体现在缄默（隐性）知识上，这一概念由博兰尼（Polanyi，1966）提出。他声称将从我们能知道的比我们能说的更多这一事实出发，重新考虑人类的知识。这个事实似乎很明显，但要准确地阐述它的含义并不容易。比如说，我们认识一个人的脸，即使在一千个人中，甚至在一百万个人中，我们也能认出他来。然而，我们通常无法说出是如何认出一张熟悉的面孔的。所以这些知识大部分是无法用语言表达的。② 缄默知识是不可言喻、直观和无限制的知识，通过转移具有内在特性的知识，嵌入非标准化和特制的过程而开发，并难以获得和被利用。缄默知识来自积累的经验，反映在组织成员随着时间的推移获得的专业知识、技能和惯例上。缄默知识包括洞察力、直觉和预感、经验法则、个人和组织技能。这些知识很难编纂，只能通过应用观察并通过实践获得。因此，在个人之间缄默知识的转移是缓慢、代价高昂和不确定的。获取缄默知识受到时间压缩的不经济性的影响，这意味着加速缄默知识学习是非常困难的，甚至是不可能的，无论投入多少努力或资源在短时间内都很难获得，因为缄默知识是知识所有者独有的，不能在公式或手册中编纂，不能轻易进行逆向工程（reverse engineered）。

6. 知识的多样性

多样性反映了表征相关知识所需的信息量和关联性。高度多样性的知识有许多与之相关的各种参数，比如，可编码性、复杂性（参数的个数）、知识差异（分类）、完整性

---

① TURNER K L, MAKHIJA M V. The role of organizational controls in managing knowledge [J]. Academy of Management Review, 2006, 31 (1): 199.
② POLANYI M. The tacit dimension [M]. Chiago: University of Chiago Press, 1966: 4.

（不确定性）等。高度多样化的知识可能来自不同的多个功能领域或学科。当与流程相关的知识不那么多样化时，这表明对于给定的任务或一组任务，这些知识是高度专门化的。它通常与特定的职能能力有关，随着与流程相关的知识变得更加多样化，它包含了完成任务所需的更多能力和更广泛的知识基础。因此，一项专业活动的工作的相关知识，例如在装配线上将座椅固定到车架上的相关知识，与准时制生产系统（just-in-time system）操作的相关知识相比，其多样性将相对较少。当与结果相关的知识缺乏多样性时，这表明与目标相关的知识组成部分在数量上更少或在性质上更具体。例如，和与一个目标相关的更多样化的知识（例如增加企业手机销售的市场份额）相比，更狭窄的目标（比如将生产手机的投入成本降到最低）的知识的多样性就较低。后一个目标需要同时考虑与竞争对手的战略、消费者偏好、定价和影响经济趋势等因素有关的复杂问题。[①]

7. 知识的黏性

一些知识可以被编纂，但由于默认的知识已被嵌入人们的思想或世界观中，它常常是"黏性的"，因为它倾向于留在人们的头脑中。即使使用了可以快速轻松地将数据从一个地方传输到另一个地方的现代工具，将知识转移到个人也往往是非常困难和缓慢的，因为那些有知识的人可能不会意识到他们知道什么或知道的有多么重要。由于知识是"黏性的"，它通常不能以如拥有工厂和设备的形式被控制。[②]

二、知识分类与知识层次

（一）知识的分类

知识分类就是根据特定的需要和标准，通过比较，把人类的全部知识按照相同、相异、相关等属性划分成为不同类别的知识体系，以此显示其在知识整体中的应有位置和相互关系。

知识分类是一项极其复杂的科学认识活动，不同的知识论者，各有自己的分类理论与方法，因此在知识分类史上就出现了形形色色的知识分类方式。比如，按照知识的效用分类，经济学家马克卢普（Machlup）根据知识的实用价值把知识分为五类：实用知识、学术知识、闲谈与消遣知识、精神知识、不需要的知识。受知识经济发展的影响，近年来，企业界纷纷开始了知识管理活动。为了突出知识的实际效用和价值，

---

① TURNER K L, MAKHIJA M V. The role of organizational controls in managing knowledge [J]. Academy of Management Review, 2006, 31 (1): 200.
② DAY J D, WENDLER J C. Best practice and beyond: knowledge strategies [J]. McKinsey Quarterly, 1998, 3 (1): 22-25.

管理者也常常把知识分为五类：显性知识和隐性知识、内部知识和外部知识、个人知识和组织知识、实体知识和过程知识、核心知识和非核心知识。按照知识形态分类，可分为主观的知识与客观的知识，或称为言传知识和意会知识。

明格（Mingers，2006）将知识分为命题型知识、体验型知识、表述行为型知识和认识论型知识。其中，命题型知识是我们对周围世界日常性的、常识性的和相对直接的认识。比如，对于外面在下雨或明天上午9时有个会议的认知。体验型知识是关于个体以前的经历，特别是关于人、地点、事件或感觉的知识，是一种关于某人过去有过或没有过的经历的陈述。比如，我非常了解我朋友小张读大学时的经历的认知。表述行为型知识指的是拥有某种技能或能力，以便能够做某事，这是指知道如何去做，而不是知道或知道那件事。比如，我会弹钢琴。认识论型知识表明，人们从对事物的日常认识转向对事物为何如此的更深层次的理解，是为了知道原因，了解真相。[①]

另外，战略管理领域学者将组织知识分为隐性知识、编码知识和封装知识三种类型。其中，隐性知识可以被定义为源自思想、反思或经验的元资源（meta-resource），它们持续存在于人的心灵中。这个定义认为隐性知识被塑造成一个由知识代理人（knowing agent）持有的元资源，由于隐性知识存在于人的心灵中，所以知识代理人隐性地使用这些知识来执行其技能。这种知识可能通过经验来获得，但经验通常是不可通信的，只有它的拥护者表达或实践时才能显现。编码知识可以被定义为具有价值的元资源，这些元资源来源于思想、反思或经验，并通过符号系统表达为信息。这一定义认为，编码知识被塑造为抽象的，并被纳入检查表、手册、蓝图、计算机程序等的元资源。编码知识的独特价值在于其突出的可复制性。封装知识可以被定义为源自思想、反思或经验的元资源，嵌入在人造物的设计和功能中。这个定义将封装知识视为嵌入实物资产（如机器或产品）中的元资源。[②]

隐性知识、编码知识与封装知识三者之间在特征上有显著的不同（见表7-1）。其中，隐性知识作为实践技能或专业知识若想被有效执行，必须通过经验的学习、获取和积累。它可以被认为是程序化的技术诀窍。它具有独特的特点，不像由结构化和格式化数据集构成的编码知识一样必须经历解释和处理。此外，隐性知识的传播和扩散是昂贵的，需要复杂的交互结构。

---

① MINGERS J. Realising systems thinking: knowledge and action in management science [M]. New York: Springer New York, 2006: 134-138.
② VAN DEN BERG H A. Three shapes of organisational knowledge [J]. Journal of Knowledge Management, 2013, 17 (2): 167-168.

编码知识具有独特的属性：非竞争性和不可排除性。与隐性知识不同，编码知识可被非常低成本地复制、转移和扩散。知识编码有助于企业内部廉价地转移知识，但也增加了知识被盗用的风险。

封装知识在可销性方面与隐性知识和编码知识不同。封装在人造物设计和技术中的知识最大限度地减少了用户的认知负担。在没有严格知识产权制度保护的情况下，编码知识的价值很容易被盗用；而封装知识通过销售商业上有价值的物品或设备，其价值很容易被独占。与必然会减少知识复杂性的知识编码不同，知识的封装有助于保留复杂性。

识别三类知识在特征上的区别对企业战略管理有一定的意义。例如，对于隐性知识，企业必须从员工、供应商或客户中"租用"，企业不能真正拥有它。编码知识在很大程度上是普遍持有的，编码知识的盗用不能说明没有强有力的知识产权制度。封装知识应用于最终用户消费的产品上，其价值在于其隐藏的实质性知识所提供的设计和功能。

表 7-1 隐性知识、编码知识与封装知识的特征比较

	隐性知识	编码知识	封装知识
核心或知识根基	人的思想；隐性知识能够以个人形式实现最有效的包装	标志、符号、代码和显示规则	隐藏在人造物设计和技术上；嵌入机器等物理技术中
转移和扩散	不可言喻；需要"丰富的话语模式"和"实体共存（physical co-presence）"；需要一些"亲密和永恒"；广泛扩散昂贵	可以方便而低成本地转移和储存；受非自愿转让；需要共同的"语言"	运输的速度、程度和成本都取决于实体特性
表达	隐性的，基于行动的技能和交谈	基于符号系统的规则、惯例和秘诀	体现在文物上；有形的产品是高度表达形式的知识
获取过程	经历和做事，观察和模仿，昂贵的实习和学徒生涯；尽管难以表达，但可以教导	符号、符号、代码和显示的解释；取决于知识产权制度	固有的可交易性高
经济价值源泉	能够作出直观的判断、发现和创新	让翻译员了解；复制成本低；非竞争性	人工制品的设计和功能，不需要实质性知识；消费；独占性
可观察性	需要协同定位	有限的排他性	需要昂贵的实验和逆向工程

资料来源：VAN DEN BERG H A. Three shapes of organisational knowledge [J]. Journal of Knowledge Management, 2013, 17 (2): 167.

（二）知识的层次

达文波特（Davenport et al., 1998）认为，知识既不是数据也不是信息。数据很简单，是绝对的事实和原材料，它们本身仅代表了观察，而不是背景下的事实，因此没

有直接意义，甚至可能没有什么用处。[①] 信息是与其他数据相连并被转换成有用的上下文以供特定用途使用的数据。知识体现在基于来自多个来源的数据的信息的综合学习与思考的一般框架中，作为整合和相互关联的一系列阶段的知识，以转化为智慧结束。贝林格（Bellinger）等人修改了知识层次，通过增加连贯性和理解力，建立了新的知识层次模型。该模型描述了数据被转化为信息，然后转化为知识，最终成为智慧，以在更高层次上创建一个结果的过程。福彻（Faucher）等人在知识层次中增加了两个明确的层次（存在和启迪）来重新界定层次的范围，并以金字塔的形式将其展示出来（见图7-1）。

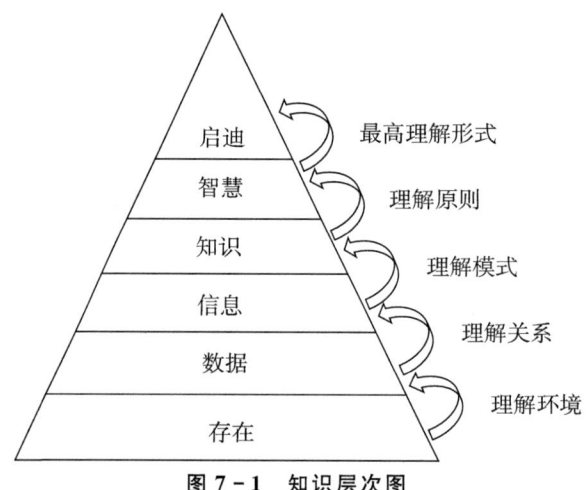

图 7-1 知识层次图

资料来源：FAUCHER J B P L, EVERETT A M, LAWSON R. Reconstituting knowledge management [J]. Journal of Knowledge Management, 2008, 12 (3): 9.

存在描述了人类可以捕获和创建数据的整个环境。数据是人类观察存在得出的一种非常基本的已被加工处理过的结果。它既是对存在的一种基本解释，也是一种纯粹的描述性构造，是在一个低层次上对存在的理解。信息被视为对存在的一种有意义并有目的性的解释。它是一种对存在的连接性理解。也就是说，它所处的层次比数据层次高，但比知识或智慧的层次低。知识被定义为对存在的一种有意义的、程序性的抽象。它有目的，是对存在的程序性理解。如果没有知识，较低层次的抽象存在是不可操作的。知识所处的层次比数据和信息高，但比智慧低。智慧被理解为基于经验的对存在有意义的、程序的和合理的抽象。它有一个目的，与程序有关，但它也基于通过经验证明存在的一致判断。因此，智慧允许正确的行动和经验的运用。智慧需要在比数据、信息和知识更高的层次上进行理解。启迪被认为是众生的觉醒，觉醒有许多层次。启迪是理解知性的最高形式。

---

① DAVENPORT T H, DE LONG D W, BEERS M C. Successful knowledge management projects [J]. Sloan Management Review, 1998, 39 (2): 43-57.

三、知识创造理论的研究现状

在学术上，学者从不同的角度对知识创造的来源进行了探讨，并因此形成了不同的流派。其中，影响较大的是由野中郁次郎和竹内弘高提出的 SECI 模型，这也是本书要论述的知识创造的第一个流派。

1995 年，素有"知识创造理论之父"和"知识管理的拓荒者"之称的野中郁次郎与竹内弘高（Takeuchi Hirotaka）合作出版了《创造知识的企业：领先企业持续创新的动力》，他们在书中提出了知识创造理论，并重点论述了 SECI 模型。

野中和竹内提出，组织不仅要学习知识，还要创造知识，知识创造才是企业拥有国际竞争力的重要来源。为了更完整地展示组织的知识创造理论，野中和竹内通过认识论与本体论两个维度构建模型。在认识论维度上，基于综合的哲学基础，他们提出组织的知识创造是隐性知识和显性知识之间不断动态地进行相互作用。他们认为，知识创造由以下四个部分组成。①社会化（socialization），指的是个人的隐性知识向他人传递并实现隐性知识的群体共享，即隐性知识产生新的隐性知识。②外显化（externalization），指的是隐性知识向显性知识转化，用语言符号把隐性的想法表达出来，即隐性知识产生新的显性知识。③组合化（combination），指的是零散的显性知识向体系化知识转化，通过各种方式把零散的知识概念系统化，即显性知识产生新的显性知识。④内隐化（internalization），指的是显性知识向隐性知识转化，从组织的知识储备向个人的知识创造转化，即显性知识产生新的隐性知识。这四个部分分别代表了知识转化的四种不同模式，即知识转化的 SECI 模型，这是组织知识创造的"引擎"。

在本体论维度上，它涉及个体、团队及组织等。个体首先拥有并开发知识，接着，组织中的知识将由个体层次转向团队层次与组织层次（包括组织间）。野中和竹内认为，组织知识创造的螺旋模型就发生在这两个维度上，而且这两个螺旋会随着时间的推移发生相互作用，进而带来创新。

野中和竹内指出，每种知识转化模式所创造的知识内容是不一样的。社会化模式产出的是共情知识，如共享心智模式和专业技能。外显化模式产出的是概念性知识，如本田公司在产品开发中提出的"人性最大化，机器最小化"概念借助"汽车进化论"的比喻，暗示了把最大化乘客空间作为汽车终极发展的方向，而"高而短汽车（高个子男孩）"的概念是借助球体的类比，暗示了最小化的表面积可以实现最大化的乘客空间。组合化模式产生的是系统性知识，如原型和新的组件技术。内隐化模式产生的是操作性知识，这是关于项目管理、生产工艺、新产品使用和政策实施的知识。在知识创造的螺旋中，这些知识内容彼此相互作用。

野中和竹内认为，SECI模型离不开人们的共同合作，离不开人们的相互沟通和活动空间，为此，他们提出了"场"的概念。这里的"场"，指的是"分享、创造及运用知识的动态的共有情境"，场会为进行个别知识转化过程及知识螺旋运动提供能量、质量及场所。野中和竹内提出了四种场。①创出场，指互相了解相互信赖，能够自由轻松地交流，从而能够孕育出种种想法和思路的场所，是物理意义上的场。②对话场，把个人的想法和思路用文字、语言、符号等形式表达出来，转化为显性知识的场所。③系统场，传播、拼接和整合知识的场所。它推广和共享对话场产生的新概念、新知识，并将其与其他概念对接、叠加和融合。④实践场，个人为主体的情景场所。它通过个人的主动行为，检验和吸收新创造的知识，并把它变成新的属于自己的隐性知识。这四种场对应于知识创造的四步过程：社会化过程需要创出场，外显化过程需要对话场，组合化过程需要系统场，内隐化过程需要实践场。每个场分别提供一个平台，以方便进行特定阶段的知识转化，并提供知识创造的催化剂。

同时，为了更好地管理组织知识创造模型，野中和竹内提出了促进知识螺旋上升的五个条件：①意图；②自主；③波动和创造性混沌；④冗余；⑤必要多样性。其中，意图是指为组织实现其目标的渴望，而知识螺旋是由组织的意图驱动的。自主指的是个体自己主动，遇事有主见，不受别人支配，能对自己的行为负责。混沌指的是一种危机感，当高层管理者在组织内刻意让员工产生一种危机感，这时造成的混沌称为创造性混沌。组织中的波动可以触发创造性混沌，从而引发和增强个体的主观承诺。冗余是指让业务活动、管理职责和企业整体方面的信息变得有意义的重叠。野中和竹内指出，共享冗余信息可以促进隐性知识的共享，因此，信息的冗余可以加速知识创造过程。必要多样性是推进知识螺旋的第五个条件。野中和竹内认为，倘若组织成员拥有必要多样性，他们就能应对许多突发事件，而提高必要多样性可以通过利用不同的信息组合方式，灵活、快速地对信息进行整合以及在整个组织内部提高获取信息的平等性来实现。

其实，促进知识螺旋上升的五个条件存在逻辑上的关系。简单来讲，要想产生更高效的组织知识创造，个体首先需要明确企业的意图与愿景，从而理解什么是有价值的。在个体环境支持下，组织需要给个体提供充分的自主性，使个体的信息获取产生有意义的重叠，让个体感知到与外部环境沟通的获得感；以及保持组织内部多样性以更好地与外部复杂环境相匹配。

此外，野中和竹内还提出了组织知识创造过程的五阶段模型。即共享隐性知识、创造概念、验证概念、建立原型及跨层转移知识。这个过程模型将知识转化模式、知识转化促进条件与外部环境充分整合，为企业产品开发等实践活动提供了重要的工具。

2000年，野中等人发表了题为《SECI、场与领导：动态知识创造的统一模型》的文章。与1995年提出的理论相比，该文在某些内容上作了一些修改。第一，这篇文章提出的知识创造模型有三个要素：SECI过程；场和知识创造的共享环境；知识资产、知识创造过程的输入和输出以及调节者。第二，SECI过程在这篇文章中也略有不同。它包含构成SECI过程中每个阶段的因素，即移情、表达、连接和体现。第三，知识资产的名称也发生了变化，从原来的共情知识、概念性知识、系统性知识和操作性知识变为经验性资产、概念性资产、系统性资产和惯例性知识资产。第四，知识螺旋上升的必要条件或促成因素被扩展了，具体包括：自主、创造性混沌、冗余、必要多样性、喜爱、关心、信任和承诺。[1] 该文的贡献在于关注了如何管理知识创造过程。这一阶段的理论将注意力集中在领导的作用上（即提供知识愿景、开发和重新定义知识资产、领导SECI、建立和连接激励场）。

2008年，野中等人出版了《管理流程：知识型企业的流程理论》，他们在书中提出需要一种新的知识型企业理论。他们认为：我们必须在思考知识及其管理的方式上作出相应的范式转变，我们需要的不是传统的知识管理，而是源于企业综合理论的、基于知识的管理，该理论能够解释知识是如何通过与环境的相互作用在组织中被创造和利用的。为此，他们构建了一个知识创造型企业模型。该模型由7个基本部分组成：SECI对话和实践过程；为SECI流程提供方向和能量的知识愿景和驱动目标；场，这是SECI过程发生的时空连接；知识资产，这是SECI过程的输入和输出；环境；作为知识的生态系统；多层次的场。模型表明了知识是通过与环境的动态交互而创造的。[2] 野中等人提出的这些新观点，反映了知识创造的动态本质。

除野中和竹内外，冯·克罗（Von Krogh）在探讨知识创造上也作出了积极的贡献，在学术界中也具有一定的影响。其实，冯·克罗是野中、竹内的合作者，曾合作出版过著作。比如，2000年，冯·克罗与野中和西口敏宏（Nishiguchi Toshihiro）出版了《知识创造：价值之源》，并在当年与一条和生（Ichijo Kazuo）和野中出版了《知识创造赋能：如何破解隐性知识之谜并释放创新力量》。

---

[1] NONAKA I, TOYAMA R, KONNO N. SECI, ba and leadership: a unified model of dynamic knowledge creation [J]. Long Range Planning, 2000, 33 (1): 5-34.
[2] NONAKA I, TOYAMA R, HIRATA T, et al. Managing flow: a process theory of the knowledge-based firm [M]. London: Palgrave Macmillan, 2008: 2-27.

冯·克罗等人（Von Krogh et al.，2000）对知识创造的研究，一方面，重点放在知识创造的赋能条件上。他们提出了一个模型，展示了组织如何通过将注意力从内容（知识资产）转变为知识创造组织，通过为新创新提供赋能条件，组织将注意力从捕获和定位、转移和共享现有知识转变为新知识创造的流程和情境。他们提出知识赋能者与野中和竹内在1995年提出的不同。他们提出了促进知识开发的五个因素：灌输愿景、管理对话、调动积极分子、创建合适的情境、地方知识全球化。[①] 另一方面，他们重点关注野中和竹内提出的知识创造过程的第三个阶段，即验证概念。他们的目的是打开验证概念的"黑匣子"。他们的主要论点是，验证概念对于理解知识创造至关重要，因为知识创造不能脱离主导逻辑（dominant logic）的作用。主导逻辑有以下三个维度。①知识库，即业务边界、关键成功因素理论、可借鉴的成功故事。②知识形象，即合法化知识的标准、管理模式、相关信息的来源等。③意识形态价值观，即价值体系、社会和制度背景、经营哲学、愿景。[②]

可以认为，野中、竹内、冯·克罗等人的研究属于同一流派，这也是本书介绍的知识创造理论的第一个流派。其特点是，理论观点从组织学习的角度出发，对显性知识和隐性知识进行了基本的认识论区分，并强调了知识创造和学习的社会性和互动性。尤其是野中和竹内提出的SECI模型被认为是知识创造论的"本质"或"引擎"。在SECI知识转化过程中，作为隐性和显性知识交互作用的知识螺旋，是该理论的核心要素。

野中的知识创造理论虽然在学术界产生了较大的影响，但其理论观点和假设也受到了一些学者的批评。比如，库克和布朗（Cook and Brown，1999）认为，一种形式的知识不能转换为另一种形式，隐性知识不能转化为显性知识，显性知识也不能转化为隐性知识。然而，这是野中知识转化过程（SECI模型）的主要假设之一，SECI是知识创造理论的"引擎"。库克和布朗对相互关联的社区中的知识创造进行更多的研究，认为有必要更好地理解和建立更好的模型，以了解作为组织核心竞争力要素的这种本质上不可转移或"情境性"的知识和认知是如何在其他群体或组织中"生成"而不是"转移"的。[③]

---

① VON KROGH G, ICHIJO K, NONAKA I. Enabling knowledge creation: how to unlock the mystery of tacit knowledge and release the power of innovation [M]. Oxford: Oxford University Press, 2000: 9.
② VON KROGH G NONAKA I, NISHIGUCHI T. Knowledge creation: a source of value [M]. London: Palgrave MacMillan, 2000: 15.
③ COOK S D N, BROWN J S. Bridging epistemologies: the generative dance between organizational knowledge and organizational knowing [J]. Organization Science, 1999, 10 (4): 398.

另外,古尔利(Gourlay)于 2003 年发表研究报告《知识创造的 SECI 模型:一些经验缺陷》,研究报告的结论有三点。第一,野中调查和案例研究的大部分数据实际上来自早期的信息创造研究。野中在很大程度上区分了信息和知识,虽然他早期的研究是语义(与句法不同)信息创造,但他没有提出论证来证明知识和语义信息的等价性。因此,他的理论至多可以被视为语义信息创造理论,而不是知识创造理论。第二,关于模型(无论是知识还是语义信息创造)通过调查得到验证的说法是站不住脚的。调查只发现四种模式中的两种模式(社会化和组合化)可以得到支持,其中一种模式有在概念上的不一致。事实上,调查证实了这个不一致的概念,这一事实进一步引起了人们对该研究中使用的测量方法的关注。即使它们是合理的,调查关注的是过程的内容,而不是过程本身。SECI 模型是一个过程模型,因此其验证必须要求对过程进行验证,而不仅仅是内容。第三,详细的案例材料表明,组合化和内隐化的概念没有被清楚地描述,而且组合化和内隐化属于多活动过程,其中涉及的活动之间没有显示出共同特征。既没有令人信服的证据支持这两种模式,也没有令人信服的证据支持社会化。然而,有一些证据表明,人们会对以前可以做但无法描述的过程或活动进行描述——野中和他的同事称之为外显化。因此,SECI 模型可能从未有过可靠的经验基础,这会使其地位受到质疑。此外,野中所提出的隐性知识和显性知识的关键区别,以及他对隐性知识的概念化,也同样受到了质疑,这表明野中提出的理论可能存在较多的缺陷。[1]

2006 年,古尔利在《管理研究杂志》发表了《知识创造的概念化:野中理论批判》一文,继续对野中的知识创造理论作评论,认为野中和他的同事试图提供一个简单实用的知识创造理论,这是一个雄心勃勃的尝试,遇到困难也是正常的。野中等人提出了一个新的框架,声称不同种类的知识是由不同种类的行为创造的,并且可以通过管理行为间接地管理知识。古尔利的这篇论文为这一观点提供了支撑,因为它侧重于社区中人们的实践和互动。然而,古尔利认为,野中的"知识是通过有四种转换模式的隐性知识和显性知识的相互作用而创造的"这一整体观念是有缺陷的;该框架最严重的概念缺陷是忽略了固有的隐性知识,并使用了一种极为主观的知识定义"知识实际上是由管理者创造的"。因此,在古尔利看来,野中的知识创造框架在概念上缺乏清晰性。[2]

知识创造的第二个流派是以战略管理的视角为动力,以企业的资源基础理论为中

---

[1] GOURLAY S. The SECI model of knowledge creation: some empirical shortcomings [R]. Oxford: European Conference on Knowledge Management, 2003: 7-8.
[2] GOURLAY S. Conceptualizing knowledge creation: a critique of Nonaka's theory [J]. Journal of Management Studies, 2006, 43 (7): 1421, 1431.

心，代表人物有彭罗斯、巴尼、蒂斯、格兰特等。该流派的理论观点认为企业的竞争优势最终存在于它所掌握的独特资源中。虽然学界在对这种独特资源的性质和属性进行分类的分析结构方面存在相当大的争论（例如核心能力的概念），但其研究的关注点偏向于知识库的概念，或另一个变体，即智力资本。同样，该流派也将注意力放在隐性知识上，并认为正是许多组织知识的隐性性质使其成为企业特有的独特资源，防止了容易被其他企业模仿或复制。与此同时，隐性知识的黏性或组织对共享这种知识的价值缺乏认识，也意味着组织在跨内部或外部边界传播和转移有价值的知识时可能会遇到重大困难，从而导致人们熟悉的"资源禁锢"（resource imprisonment）和"非我发明症"现象。

第三个流派属于对技术创新过程感兴趣的学者，他们从组织如何更有效地管理将创意带入市场商业化的过程的角度出发探讨知识创造。在这个视角下，知识创造的过程与通过创新概念将知识的使用转化为产品和服务的过程紧密联系在了一起。第四个流派将知识创造的焦点从单个组织的局限扩大到区域、国家或国际层次的社会影响等更大的背景中。比如，对不同国家起源或嵌入不同社会和文化环境的组织以不同方式管理知识创造过程的现象进行比较分析。第五个流派属于管理信息系统和运营管理领域。在这种视角下，主要关注的是过程和工具，通过这些过程和工具，信息可以被捕获、交流、处理或分析为有用的知识。[①]

总的来说，知识创造的研究有许多视角，观点不一。尽管如此，现有理论都认同概念知识原型、显性知识原型或隐性知识原型的概念。虽然知识被认为是由隐性知识与显性知识或这两者的混合类型组成的，但是到目前为止还没有任何理论能够解释这些知识类型的涌现。因此，人们需要一种新的、强有力的视角来补充完善现有的理论。[②]

第二节　知识与企业竞争优势

知识作为企业持续竞争优势源泉的原因一方面是知识资产的特征及其作用，另一方面在于知识管理产生的利益效应。

[①] POH-KAM W. Knowledge creation management: issues and challenges [J]. Asia Pacific Journal of Management, 2000, 17 (2): 194-195.
[②] BOLADE S. Psycho-cognitive model of knowledge creation theory [J]. Journal of Information & Knowledge Management, 2022, 21 (1): 1.

一、知识对企业竞争优势的影响

知识可以形成企业竞争优势，当中，需经过几个环节，包括知识资产的构建、组织学习、知识管理等，这个过程不是静止的，而是动态的（见图7-2）。

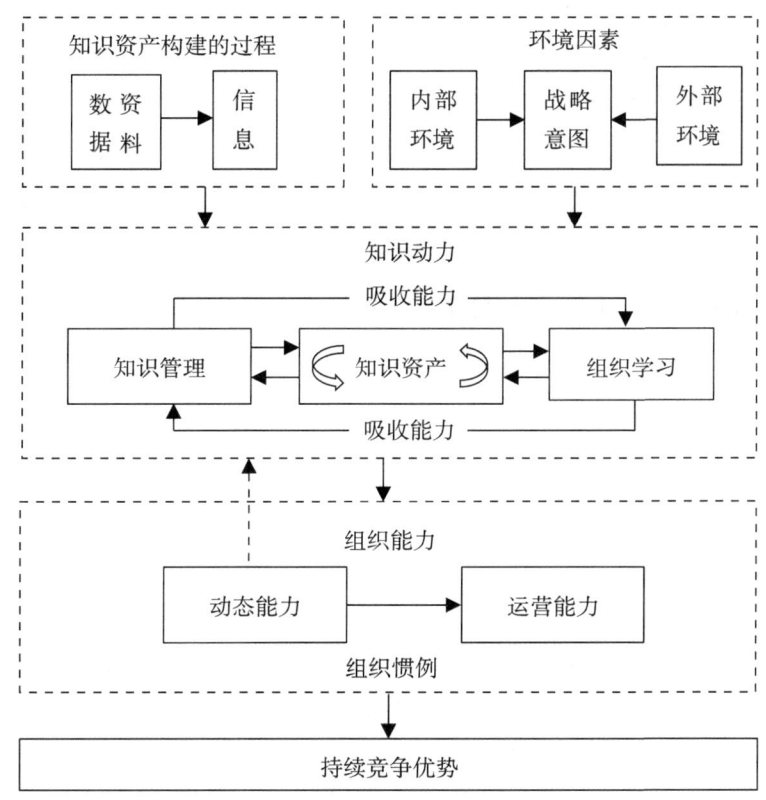

图7-2 知识动力形成竞争优势的传导机理

（一）知识资产的构建

在组织层次上，企业拥有大量的数据和资料，这些数据和资料可以转换成信息，这个过程称为数据资料向信息的转换过程，也就是知识资产构建的过程。知识包含隐性知识和显性知识，它们均称为知识资产。知识资产由于包含隐性知识，具有难以模仿性，是企业创造价值不可或缺的特定资源，可以成为企业竞争优势的源泉。知识资产有不同的表现形式，比如，员工技能和知识资本、知识产权（专利、商标、版权和注册设计、合同、商业秘密和数据库）等，它是组织知识创造活动的投入、产出和调节因素，因此处于不断演化之中。

即使知识资产被认为是潜在的价值增强器，也不能直接影响盈利能力或赋予可持续的竞争优势。事实上，知识资产被视为由企业拥有或控制的无形资源（即投入）或可用要素的存量，企业支持这些资源或要素形成的能力，以及企业的活动和产品，然后，这些能力、活动和产品则反过来为企业创造盈利。

蒂斯（Teece，2000）认为企业在当今经济中的竞争优势不在于市场地位，而是在于难以复制的知识资产及其配置方式。① 事实上，知识资产代表了企业"皇冠上的珠宝"，它们在创造价值和改善业务绩效方面的战略作用可以刺激组织大量投入于方法论、流程和技术，以不断丰富、培育和更新它们。

组织学习产生核心能力的过程包括三个转换子过程，三个子过程之间是循序渐进的：一是产生组织工作惯例学习的子过程；二是产生企业能力学习的子过程；三是产生企业核心能力学习的子过程。

（二）组织学习、动态能力与竞争优势

知识是一种支持企业能力、活动和产品的资源，它来源于学习和经验。在组织学习过程中创造的新知识会被纳入组织能力中。多西等人（Dosi et al.，2000）指出，虽然知识资产以个人的经验和专业知识为基础，但企业提供物质和社会结构以及资源分配决策，从而将知识塑造成能力。企业的实质就是创建、收集、转移、整合和利用支撑其能力组成的知识资产。② 因此，企业能力被视为所有知识资产和认知过程的组合，是企业实施运作的保障。同样，伊安西蒂和克拉克（Iansiti and Clark，1994）认为企业能力是基于企业知识基础的能力，即知识资产，而作为学习机制的解决问题是创造新能力的主要驱动因素。③ 此外，科古特和赞德（Kogut and Zander，1992）指出，组织有可能通过试错学习过程创造新的能力。④ 学习型组织可以将个人成员或个人业务部门的学习转化为属于组织整体的组织能力。

赛尔特和马奇（Cyert and March，1963）率先提出了"组织学习"的概念，并将其定义为基于经验的适应过程。⑤ 而阿吉里斯和舍恩（Argyris and Schön，1978）认为组织学习是指发现错误，并通过重新构建组织的"使用理论"而加以改正的过程，并且组织在

---

① TEECE D J. Strategies for managing knowledge assets: the role of firm structure and industrial context [J]. Long Range Planning, 2000, 33 (1): 35.
② DOSI G, NELSON R R, WINTER S G. The nature and dynamics of organizational capabilities [M]. Oxford: Oxford University Press, 2000: 2-10.
③ IANSITI M, CLARK K B. Integration and dynamic capability: evidence from product development in automobiles and mainframe computers [J]. Industrial and Corporate Change, 1994, 3 (3): 561.
④ KOGUT B, ZANDER U. Knowledge of the firm, combinative capabilities, and the replication of technology [J]. Organization Science, 1992, 3 (3): 393.
⑤ CYERT R, MARCH J. A behavioural theory of the firm [M]. Englewood Cliffs, US: Prentice-Hall, 1963: 69.

此后会不断予以修正。[1] 金（Kim，1993）将组织学习过程定义为提高组织采取有效行动的能力。组织学习的一个核心方面是随着时间的推移而发生，因此能够直接指向企业业绩的完成。组织学习的主要目的是不断开发新知识，以及培育和提高现有知识资产。[2]

成功的组织学习取决于获取和吸收各种新的基础知识，以便后续行动。组织学习分为高级组织学习和低级组织学习两种方式。高级组织学习涉及启发式和洞察力的形成和使用，帮助组织界定和解决高度模糊的问题；它通常与双循环学习相关联，这与检查和更改组织的基本状态有关。相反，低级组织学习通常涉及过去行为的重复，与组织基本状态没有什么关联，该模式与单循环学习的概念一致，其中没有系统性地尝试改变基本的政策或价值观。

企业的能力是随着时间的推移而发展的，说明企业能力是动态发展的。动态能力是为了提升组织的运营效率和质量，系统地产生和修改组织惯例的一种习得的、稳定的集体行为模式。佐洛等人认为动态能力来源于组织学习，它是组织学习机制的结果，且不断推动着组织规则的转变。因此，组织学习对动态能力的构建具有基础性的驱动作用。其实，动态能力是组织更新其能力的能力，是以组织的学习能力为体现的。学习能力是组织把知识转换为更多知识的一种能力，是驱动组织动态发展和动态能力形成的基本机制。

佐洛和温特（Zollo and Winter，2002）指出，能力来源于包括经验积累、知识表达和知识识别在内的学习机制。[3] 随着知识演化周期的发展，能力将在递归循环（recursive cycle）的一系列阶段中发展，这些阶段包括变异、内部选择、复制和保留。其中，变异是指出现新思想和新的做事方式。出于解决问题的需要，往往会在原有知识基础上产生新的知识，它是对原有知识基础进行解构与重构而实现知识的新应用。内部选择是对各种新变异知识进行筛选，选择相对适应企业发展的知识。虽然在问题解决过程中存在多种新知识，但并非所有的新知识都能留存下来，它们还面临内部选择的压力。野中认为，对于新产生的知识必须评价其增强现存知识或形成新知识机会的潜在有效性。复制是对基于"变异、内部选择和保留"的传统演化模型的一个补充，一方面可以使新知识进入所需要的新时空环境中，另一方面还可以使新知识在随后的活动中不断地被修正。它可以通过在知识碰撞中不断地修正变异知识来满足需求，并

---

[1] ARGYRIS C, SCHÖN D A. Organizational learning: a theory of action perspective [M]. Reading, US: Addison-Wesley, 1978: 27.

[2] KIM D H. The link between individual and organizational learning [J]. Sloan Management Review, 1993, 35 (1): 38.

[3] ZOLLO M, WINTER S G. Deliberate learning and the evolution of dynamic capabilities [J]. Organization Science, 2002, 13 (3): 340.

使修正后的知识在组织活动中得到进一步扩散和传播,进而实现新知识与现存知识的融合来满足知识活动的需要。通过这种活动,不仅可以使新知识被组织内众多部门认识,而且可以完成对新知识的适应过程。保留是使新知识得以留存以促进企业发展,它是通过对知识的重复性使用实现的。[①]加鲁德和纳亚尔(Gaarud and Nayyar,1994)也指出,企业如果要激活知识存量,就必须不断地应用所获取的新知识。通过组织活动中的重复性使用,新知识能更深地嵌入组织的记忆结构中,进而在知识内化的过程中成为组织的专有知识。[②]通过知识保留活动可以实现对知识进一步的认识、加工、整合和应用,进而完成知识固化。通过复制和保留阶段,知识被越来越多地嵌入人类的行为中,并且有可能在抽象和明确化方面提高有效性。同样,赫尔法特和贝特罗夫(Helfat and Peteraf,2003)认为,能力以生命周期的方式发展,包括创始、发展和成熟等阶段。一旦达到成熟度,能力可以分支到另外的阶段,包括更新、复制、重新配置和重新组合。[③]

由动态能力和运营能力组成的组织能力是通过复杂的社会和学习过程在内部建立的,它们具有难以交易或模仿、稀缺、有价值和不可替代等特征,从而成为竞争优势的来源,并成为产生"高于平均租金"的基础。另外,组织能力具有因果模糊性的特征,也被认为是企业产生更高绩效的来源。

总之,企业通过组织学习创造和运用新知识,以提升动态能力。而动态能力的提升有助于企业核心能力和竞争优势的提升。

(三)组织学习、组织惯例与竞争优势

组织学习、组织惯例与组织能力之间有着密切的联系。一方面,组织学习导致组织惯例的形成和发展。纳尔逊认为企业的能力与企业特定的组织惯例是内部学习的结果。组织惯例被视为组织学习的重要组成部分,是组织能力概念的基石。组织惯例是组织记忆的一种形式,因为在这些惯例中,有关如何完成特定任务的知识是集体存储的,组织惯例的变化过程也是组织学习的过程。将惯例视为组织记忆,表明人们将惯例的变化视为组织层次的学习。贝克尔从个体学习的角度进行分析,认为组织惯例是组织经验和先前知识的积累,惯例系统的产生可以看作是个体陈述性知识被编码化的过程。哈钦斯(Hutchins)认为组织惯例体现了程序性知识的累积过程,表现为组

[①] NONAKA I. A dynamic theory of organizational knowledge creation [J]. Organization Science, 1994, 5 (1): 14 - 37.

[②] GAARUD R, NAYYAR P R. Transformative capacity: continual structuring by intertemporal technology transfer [J]. Strategic Management Journal, 1994, 15 (5): 370.

[③] HELFAT C E, PETERAF M A. The dynamic resource-based view: capability lifecycles [J]. Strategic Management Journal, 2003, 24 (10): 1000 - 1004.

织对重复任务处理能力的提升。组织记忆在组织惯例的发展过程中不断被编码，这代表了一种组织学习的有效形式。

另一方面，组织惯例可以构建组织能力。赞德和科古特认为，通过对在反复实践活动中获得的经验进行归纳和整理，并将其应用到技术和正式程序上，这种经验会变得更容易运用并加速惯例的建立。蒂斯等人认为当企业特定的资产被组合成跨越个人和团体的集成化集群，以便能够开展一些特色化的活动时，这些活动就构成了组织惯例。组织惯例由企业的立场、知识资产塑造，并通过其演化和共同演化的途径塑造后，可以解释能力的本质。因此，组织学习机制允许企业可以通过获取、丰富和更新组织惯例来利用能力，从而形成企业的组织能力。事实上，通过组织学习和知识管理过程，企业的知识资产被捆绑、连接、转换和并入成为社会技术，接着，组织惯例便形成了组织能力。此外，开发能力不仅仅是组合一组资源。事实上，能力涉及人与人之间以及人与其他资源之间复杂的协调模式，完善这种协调需要通过重复学习。

此外，组织惯例也可产生吸收能力。企业从商业环境中重拾和吸收新知识，然后将其应用于塑造其组织能力的能力被称为企业的吸收能力。吸收能力被嵌入企业的组织惯例和过程中，并使得企业可以吸收外部知识，分析企业知识的存量和流量，即知识动态，从而影响到创造和开发那些用于建立和塑造组织能力所需知识的能力。因此，吸收能力也被视为企业获取、吸收、转化和利用外部知识以产生组织能力的一种组织惯例和过程。这种能力的开发取决于接触到来源于外部的各种互补性知识、经验，以及鼓励或强制企业对特定内部或外部刺激作出反应激活的触发因素。

图7-3反映了组织学习、组织惯例与竞争优势之间的传导关系。

通过组织学习，企业能够积累、创造知识。知识通过动态能力的演化过程——变异、内部选择、复制与保留转化为企业的动态能力。组织惯例具有变异特性，以驱动惯例和组织的演化，而且这一循环保证企业能够获取并保持自身动态能力。组织惯例的演化从选择环境、搜寻机制、调整惯例三个方面进行。在这三个方面演化的过程中，包含了行为主体与结构性因素互动的不同方式。而且三个方面的演化是动态循环和共生演化的。惯例的演化反映到企业的知识和能力的积累上，形成了竞争优势的演化。

组织惯例的运行本质上是运用知识的过程。企业在开始运行的时候，其起初的组织惯例是对从环境中收集来的知识和能力进行模仿和复制得出来的或者自己创新出来的，一般为遗传自前人的知识和经验，具有路径依赖性。经过一段时间的整合，企业走上了正式的轨道，其组织惯例保持在一个稳定的状态。企业处在满意或比较满意其组织惯例的状态之下，企业的知识和能力能够满足企业在市场竞争中的需要，企业在市场中处于一定的优势地位，不会轻易改变组织惯例。企业的资源、知识和能力的构建都处在合理的水平上，企业形成了一定的核心能力。组织惯例的运行推动了企业核心能力的构建，进而推动了企业竞争优势的构建。

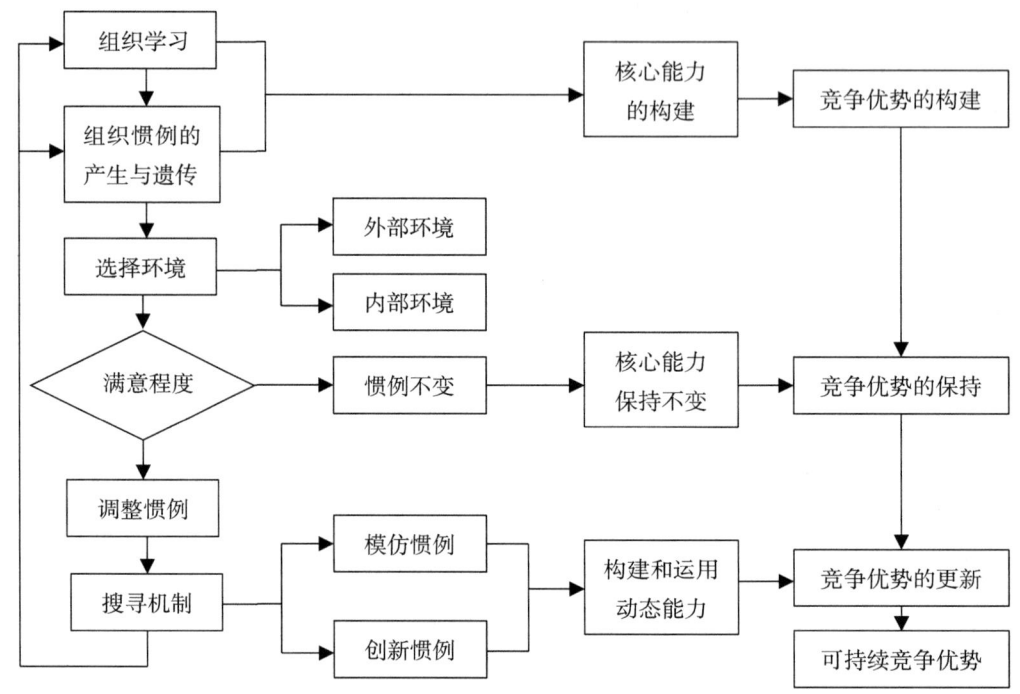

图 7-3　组织学习、组织惯例与竞争优势之间的传导关系

资料来源：夏炜，蔡建峰. 企业竞争优势的演化：基于惯例的视角[J]. 科学学与科学技术管理，2008（11）：167.

选择环境包括外部环境和内部环境。选择环境一方面限制了企业发展的广度和深度，另一方面又推动了企业的发展。由于环境的动态性和不确定性，最优化是很难实现的，人们在经济活动中的选择和决策过程往往是一种试错过程。由于企业是有限理性的，在满意原则的指导下，企业不仅会建立操作惯例（正式或非正式的操作规则和标准程序）并根据组织惯例行事，当组织惯例出现问题时，还会进行调整惯例（使组织改变原有组织惯例或搜寻新组织惯例的规则和程序），调整惯例可以使企业学习变革，并指出组织惯例变革即改变原有组织惯例、搜寻新组织惯例的两种途径：模仿与创新。但组织惯例往往是很难模仿的，这是由于企业所处环境的不同和组织惯例是运作中的、隐性的知识和能力，而且通常企业没有太强的为别人提供组织惯例的意愿。通过不断地搜寻和创新，企业的知识和能力不断积累，使得企业能够更新自己的组织惯例。而不断更新组织惯例，需要企业发展动态能力，整合、配置新组织惯例所带来的新的内外部能力，以适应剧烈变化的环境。一个运作良好的组织惯例有利于企业动态能力发挥作用,对资源、能力和业务过程进行重新配置,进而对企业竞争优势的更新产生重要作用。通过运用动态能力,企业可以推动新核心能力的形成,改变以前的组织惯例,重新建立竞争优势。

二、知识管理与企业竞争优势

(一)知识管理的概念

学者们以多种方式对知识管理进行了定义,尽管这些定义未能统一,有些甚至互相矛盾,但其核心主题是相同的,即知识管理鼓励人们共同创造增值产品和服务。知识管理是对重要知识及其产生、收集、组织、扩散、利用和开发过程的显性化和系统化管理。基本思想涉及开启和利用个人的知识,它将个人知识转化为可以在整个组织中广泛共享并适当应用的企业知识,使得这些知识成为一种组织资源。从文献上看,知识管理的定义主要包括以下九种不同的观点。

(1)目标观。贝克曼(Beckman)认为知识管理涉及创造新能力、实现卓越绩效、鼓励创新和提升客户价值的经验、知识和专业知识的形式化和获取。[1] 贝杰斯认为知识管理通过战略驱动的动机和促进(知识)工作者开发、增强和利用他们的能力来解释数据和信息(凭借使用可用的信息资源、经验、技能、文化、品格、个性、情感等),并通过赋予这些数据和信息特定的意义等过程来实现组织目标。[2]

(2)功能观。鲁米森(Rumizen,2001)定义知识管理在组织中的作用是识别、创建、捕获、获取、分享和利用知识。[3] 斯通豪斯和彭伯顿(Stonehouse and Pemberton,1999)认为知识管理的作用是确保个人学习成为组织学习。他们均从功能视角上定义了知识管理概念。[4]

(3)流程观。巴特(Bhatt,2001)认为,知识管理是知识创造、验证、表征、分配和应用的过程。[5] 艾伯特(Albert,1998)认为知识管理是在整个组织中收集、组

---

[1] LIEBOWITZ J. Knowledge management handbook [M]. Boca Raton:CRC Press,1999:37.
[2] UIT BEIJERSE R P. Questions in knowledge management:defining and conceptualizing a phenomenon [J]. Journal of Knowledge Management,1999,3(2):102.
[3] RUMIZEN M C. The complete idiot's guide to knowledge management [M]. Dubai,UAE:Alpha Publishing,2001:36.
[4] STONEHOUSE G H,PEMBERTON J D. Learning and knowledge management in the intelligent organisation [J]. Participation and Empowerment:An International Journal,1999,7(5):132.
[5] BHATT G D. Knowledge management in organizations:examining the interaction between technologies,techniques and people [J]. Journal of Knowledge Management,2001,5(1):71.

织、分类和传播信息的过程,以让其能有针对性地迎合对其有需要的人。[1] 同样,鲍希(Bassi,1997)也把知识看作流程,认为知识管理是创造、捕获和使用知识来增强组织绩效的过程。[2]

(4) 需求观。德帕布罗斯(De Pablos,2002)提出,知识管理是能使联网数据库得到持续更新运行的政策、程序和技术。[3] 奥沙利文(O'Sullivan,2007)认为,知识管理是捕捉企业集体专业知识,并将其分发到任何可以帮助企业产生最大收益的地方的过程。[4]

(5) 信息技术观。玛格丽塔(Maglitta,1995)说,知识管理是指在线和离线映射知识和信息资源,培训、指导和为用户提供知识访问工具,监控外界新闻和信息。[5] 斯特拉普科把知识管理看作了解数据的关系,识别和记录管理数据的规则,确保数据准确并保持其完整性。鲁格尔斯指出,知识管理是一种通过更积极地利用企业内部(但在许多情况下属于企业外部)的专有技术、经验和判断来增加或创造价值的方法。[6]

(6) 战略观。奥德尔等人(O'dell et al.,1997)认为知识管理是一种有意识的策略——在正确的时间将正确的知识转移给合适的人才,并帮助人们分享信息和采取行动、努力提高组织绩效。接着,他们又提出,知识管理作为企业发展的战略,会确保知识在正确的时间传递给合适的人群,那些分享和使用信息的人们用知识来改善组织运作,并将知识管理定义为识别、捕获和利用知识来帮助企业进行竞争的策略和方法。[7]

(7) 实践观。伯克特(Birkett)把知识管理看作是将隐性知识显性化,用可利用的形式加以巩固,使之被更为广泛地应用,并促进其持续产生创造的实践。[8]

---

[1] ALBERT S. Knowledge management living up to the hype?[J]. Midrange Systems,1998,11(13):52.

[2] BASSI L J. Harnessing the power of intellectual capital[J]. Training and Development,1997,51(12):25-26.

[3] DE PABLOS P O. Knowledge management and organizational learning:typologies of knowledge strategies in the Spanish manufacturing 1995 to 1999[J]. Journal of Knowledge Management,2002,6(1):55.

[4] O'SULLIVAN K J. Creating and executing an internal communications plan for knowledge management systems deployments[J]. Journal of Knowledge Management,2007,11(2):105.

[5] MAGLITTA J. Smarten up![J]. Computer world,1995,29(23):84-86.

[6] RUGGLES R. The state of the notion:knowledge management in practice[J]. California management review,1998,40(3):82.

[7] O'DELL C,OSTRO N,GRAYSON C. If only we knew what we know:the transfer of internal knowledge and best practice[M]. New York:Free Press,1997:92.

[8] HARMZA M H. The IASTED international conference on artificial intelligence and soft computing,ASC'97[C]. Banff,CA:IASTED ACT Press,1997:29-32.

(8) 整体性质观。阿罗毗和莱德纳（Alavi and Leidner，2001）指出，知识管理是系统和组织上特定的流程，用于获取、组织和沟通员工的隐性和显性知识，以便其他员工可以利用它们，并在工作中变得更有效和更具有生产力。[①] 皮纳等人（Pina et al.，2013）认为，知识管理是管理创造、传播和利用知识以实现组织目标过程的集合。[②]

(9) 智力资本观。达文波特和普鲁萨克（Davenport and Prusak，1998）提出，知识管理关注组织知识资产的利用和开发，以促进组织目标的实现。他们认为知识管理是从组织的无形资产中创造价值的艺术。[③]

（二）知识管理流程与企业竞争优势

从本质上来看，知识管理是帮助企业建立知识积累及共享应用的机制，其目的是使人们在执行流程与做事的过程中通过知识的获取与使用，"正确地做事"，促进组织业绩的提高。因此，流程在知识管理内容中显得特别重要。

知识管理流程的活动应包括哪些？或者说，知识管理流程应包括哪些阶段？对于这个问题，学者们进行了大量的探索，并提出了不同的观点或模型（见表7-2）。从表7-2中可看到，知识管理流程的活动内容一般分为二至六个阶段。表7-2中出现次数最多的活动内容有：创造（生成）、获取（取回）、分享（转移）、应用（使用）等。

表7-2 部分学者关于知识管理流程活动内容的观点

序号	年份	学者	阶段1	阶段2	阶段3	阶段4	阶段5	阶段6
1	1993	Wigg	创造	储存/取回	访问	分配	处置	
2	1994	Nonaka	社会化	外部化	整合	内部化		
3	1996	Mayer，Zack	创造	细化	储存/取回	分配		
4	1997	Bassie	创造	获取	使用			
5	1997	Wiig	创造	开发	组织	提升		
6	1997	Gertjan et al.	开发	合并	分配	整合		
7	1998	Mayo	创造	获取	储存	可用性	利用	
8	1998	Martinez	获取	组织	分享			

---

① ALAVI M，LEIDNER D E. Knowledge management and knowledge management systems：conceptual foundations and research issues [J]. MIS Quarterly，2001，25（1）：113-114.
② PINA P，ROMÃO M，OLIVEIRA M. Using benefits management to link knowledge management to business objectives [J]. Vine，2013，43（1）：23.
③ DAVENPORT T H，PRUSAK L. Working knowledge：how organizations manage what they know [M]. Boston：Harvard Business School Press，1998：21-25.

续表

序号	年份	学者	阶段1	阶段2	阶段3	阶段4	阶段5	阶段6
9	1998	Blake	获取/收集	分配				
10	1999	Zack	创造	解释	分享	应用	改善	
11	1999	McElory	创造	验证	储存/取回	分配		
12	2000	Davenport, Prusak	生成	流动/分享	建立/维持	编码	转移	
13	2000	Meso, Smith	使用	搜寻	创造	包装		
14	2000	Hahn, Subramani	得到	组织	流通			
15	2001	Alavi, Leidner	创造	储存/取回	转移	应用		
16	2001	Kim	创造	组织	定位	分配	分享	
17	2001	Bloodgood, Salisbury	创造	转移	保护			
18	2002	Tiwana	得到	分享	利用			
19	2002	King et al.	获得	储存	传播			
20	2002	Holsapple, Joshi	得到	选择	内部化	使用		
21	2003	Bose	收集	分析	交换	利用		
22	2003	Bukowitz, Williams	创造	储存/取回	访问	分配	维持	
23	2003	Liebowitz, Megbolugbe	识别	分享	应用	创造		
24	2003	Marshall et al.	生成	表征	编码	应用		
25	2004	Benbya et al.	生成	储存	分配	应用		
26	2004	Sher, Lee	收集	编码	整合			
27	2004	Wong, Aspinwall	创造	细化	储存/取回	应用	利用	
28	2005	Ngai, Chan	创造	得到/获取	储存	维持	传播	
29	2005	Rajiv, Sanjiv	创造	分享	利用			
30	2005	Lee et al.	创造	更新	应用	利用		
31	2006	Lee et al.	创造	积累	分享	利用	内部化	
32	2006	Dagnfous, Kah	创造	编码	储存/取回	分配	应用	
33	2007	Wang et al.	创造	分享	储存			
34	2007	Nevo, Chan	创造	储存/取回	转移	应用	管理	
35	2008	Nevo et al.	编码	转移	应用	反馈		
36	2008	Subrahmanyam	识别	合并	整合	应用	存档	传播
37	2009	Hester	流程	组织	重构			
38	2011	Ali, Freyedon	获得	编码	取回	分享	提升	
39	2011	Derrick et al.	信息储存	信息使用	诀窍组织	知识应用		
40	2013	Allahawiah et al.	创造	得到	组织	分享	实施	

通过对文献的综合分析，本人总结出知识管理流程包含四个阶段：知识校验、知识配置、知识分布、知识实施。其中，每一阶段包含若干个子阶段（见图7-4）。

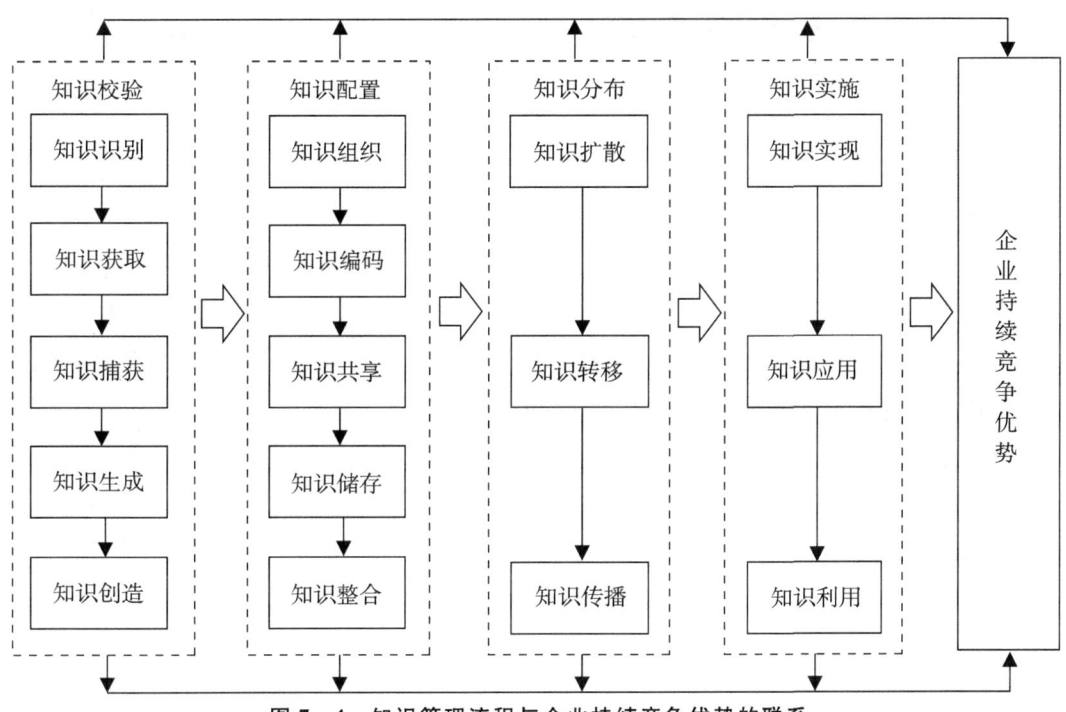

图7-4　知识管理流程与企业持续竞争优势的联系

资料来源：AL-DIABAT M. Detection and prediction of phishing websites using classification mining techniques [J]. International Journal of Computer Applications，2016，147 (5)：9.

1. 知识校验（第一阶段）

知识校验是一组需要对两个或多个项目进行比较，或者使用额外的测试来确保信息的准确性或现实性的活动集。这些活动包括知识识别、知识获取、知识捕获、知识生成和知识创造。

（1）知识识别

知识识别是简化识别能力的程度，用于在从隐性知识和显性知识（无论是否编码）两种知识类型中区分"哪些不是知识"和"什么是组织核心的有效知识"。苏布拉马尼亚姆（Subrahmanyam，2008）认为，通过面试方式从专家中提取隐性知识后，就产生了知识的识别或收获。[①] 有效知识就是指企业获得的能够对企业战略实现、企业管理与发展起到积极促进作用的知识，其发挥的作用比较直接且贡献较为显著。同时，遵循经

---

① SUBRAHMANYAM V. Systems approach for integrating knowledge management to total quality management in learning organizations [R]. New Delhi, IN：Systems Society of India，2008.

济效益原则，有效知识自身对企业发展有益，其获取成本低于其为企业带来的收益。首先，知识水平应与企业当前的接收能力匹配。知识要求其接受者具有相应的知识接受能力，如果知识难度与层次超出企业理解与吸收能力范畴，知识也就很难实现其指导价值。其次，企业要识别自身急需的知识。一般而言，企业在战略发展方向上迫切需要掌握如何突破瓶颈制约、有效利用闲置资源，以及能将企业核心资源转化为企业竞争优势的知识。最后，企业要识别可以为自身带来明显收益的知识。明显收益包含两方面内容：一方面，明显收益体现为知识引入后对企业绩效产生直接作用，即在短时间内可以得到有效应用；另一方面，明显收益体现为对企业发展的贡献与促进作用明显。比如，知识的引入使企业的管理更加规范、形成了企业特有的优秀文化、提升了企业的劳动生产率、缩短了企业的生产周期、明显提升了企业的收益率、使企业形成了特有竞争优势，以及使企业形成了持续发展的动力机制等，有些知识的引入也会对企业产生影响。[①]

（2）知识获取

在知识管理的过程中，知识获取就是要将未经组织的文档、数据等（显性知识）和存在于人脑的专家技能（隐性知识）转化为可复用、可检索形式的知识。企业是知识的集合体，知识获取的最终目的就是要使企业具备持久的竞争力。知识获取的途径主要有两种：外部途径和内部途径。知识获取的外部途径主要通过企业人员与外部环境的信息交流来实现。外部途径的来源主要包括消费者、竞争对手、关系网络和制度。知识获取的内部途径一般通过增加企业成员知识共享，增强企业战略能力等来实现。内部途径包括个人学习、职能部门内学习、跨职能部门学习和多层次学习。通常，企业通过内部途径，先形成内部核心知识基础，才能理解外部知识，并将外部知识用于特定需求。而内部途径的有效性可以通过外部途径得以大幅提升。消费者、竞争对手、供应商和咨询人员等外部人员有不同的偏好和建议，他们的信息反馈可推动内部知识的形成。

（3）知识捕获

知识捕获是指通过使用选择工具提取个人实践知识来捕捉新知识，从而分享愿景、经验、社会网络和经验教训。知识捕获的过程包括四个主要步骤（见图7-5）。在获取知识后，工程师利用信息过滤技术对知识进行提炼，然后将其存储在知识库中。审查过程是知识专家验证捕获的内容，并批准它存储于在知识库中的步骤。

（4）知识生成

知识生成是生产或创新过程，包括通过团队合作参与的现状改变，支持工作分组

---

① 王雪原，吕建秋，王宏起.企业有效知识识别与获取方法研究[J].情报理论与实践，2014，37（6）：46-49.

图 7-5 知识捕获过程

或使用社会化、外显化、组合化、内隐化（SECI）模式等。知识生成过程是知识增长的关键。它对于在任何过程中导致更多学习和更多改进的活动都有影响。同时，知识生成是有意识和目的的活动，知识生成内容包括知识习得、知识融合和知识网络。生成知识有不同的方式，其中，群体通过产生新的或"意外知识"（emergent knowledge）来开发知识就是一种常见而有效的方式。"意外知识"是指在小组讨论之前没有任何个别小组成员拥有，但在讨论中却意外出现的知识。例如，一个小组成员发表的评论，可能会刺激另一个成员形成一个新的想法，或者成员可能会提出导致新知识创造的意见，特别是当合作精神状态被激活时。因此，在讨论之前如果没有成员拥有新的或意外的知识，可以通过小组讨论和互动来开发。意外知识的开发对于从事涉及创造力和创新任务的群体尤其重要。过去关于创造意外知识的工作通常集中在程序上的改变，这些变化增加了新知识出现的可能性或可以促成新知识产生的组合。①

（5）知识创造

知识创造的含义主要有来自三种不同的视角的解读。企业资源观、知识属性观和创新主体观。基于企业资源观的视角，知识创造可被视为企业通过开发和利用宝贵的知识资源来产生新知识，从而创造新的产品、服务或流程的组织行为和管理活动。基于知识属性观的视角，古尔利（Gourlay，2006）认为，知识按其属性应分为专有知识和公开知识，知识创造是这两种知识的持续互动过程：② 组织员工通过不断进行工作实践来获得不同以往的经验，然后将这些经验抽取出来，形成专有知识，并通过编码转化为新的公开知识，公开知识的交汇又促进员工进一步地深化专有知识。基于创新主体观的视角，知识创造是一种创新活动，冯·克罗（Von Krogh，1998）从建构主义出发，阐明人是知识创造行动的首要主体，知识创造就是企业通过采用关怀等方式带来人与人之间的特别的关系，如信任、认同、帮助等，鼓励员工相互交流，促使个人知识外化和流动，以产生新知识。③ 此外，李和奥甘特比（Lee and Oguntebi，2012）则

---

① ARGOTE L. Organizational learning: creating, retaining and transferring knowledge [M]. New York: Springer New York, 2013: 126-127.
② GOURLAY S. Conceptualizing knowledge creation: a critique of Nonaka's theory [J]. Journal of Management Studies, 2006, 43 (7): 1426.
③ VON KROGH G. Care in knowledge creation [J]. California Management Review, 1998, 40 (3): 136-137.

着眼于团队层次的知识创造，认为知识创造就是团队成员通过集体学习而更新和传播知识。[1]

知识创造与知识的来源有关。这是一个积极和建设性过程的结果，行动者利用先前的知识和经验来提取新的信息。知识创造有两个主要方式：有意的和无意的。前者主要通过交易、许可证，或通过合资企业、并购企业、子公司来创造；后者是通过外界的溢出效应，包括环境的历史性和工业部门的特征来创造。知识创造离不开个人、团队、组织之间的交互活动，具有非线性结构的复杂性特征。高效的知识创造需要将个人知识转化为团队及组织共享知识，再通过知识联结而形成新知识。[2]

2. 知识配置（第二阶段）

知识配置是为了通过在信息技术系统、互联网、外部网、内部基准测试中使用人工智能来有效地分配知识所需要的一套行动。它包含五个子阶段：知识组织、知识编码、知识共享、知识储存和知识整合。

（1）知识组织

知识组织涉及一系列活动，包括概念分类（如构建自定义层次结构），关联属性，应用在图书馆、数据库、档案和绘图中进行的索引和分类。这些活动由图书馆管理员、档案工作者、学科专家以及计算机运算法则完成。阿拉哈维亚等人（Allahawiah et al.，2013）将此过程定义为组织通过正式和非正式沟通系统，并通过使用、分享及交流想法、经验、技能、技术和培训计划，打通工作中的每一个点及每个行政级别，以获得灵活的配置点。[3]

知识组织是对知识进行整序和提供，既可处理大量的现有知识，又能相对降低存贮知识的物理载体（文献）的盲目增长，以免知识过于分散化。所以它是提供文献、评价科学文献和系统表述以产生新的便于利用和获取的有序化知识单元的处理系统。

学者王知津认为，知识组织的任务（研究范围）是：提供文献、评价科学文献、系统表述。这一观点被广泛引用，得到大多数人的认可。如蒋永福在文献中提出，知识组织的任务是寻求抑制知识存取无序化的方法，其目标是使知识（资源）处于有序化状态，并提供有序知识，保证客观知识主观化过程的顺利进行。

---

[1] LEE V, OGUNTEBI J. Toward learning and knowledge creation: operationalising the social learning cycle [J]. Journal of General Management, 2012, 37 (4): 29-30.

[2] 周全，顾新. 国外知识创造研究述评 [J]. 图书情报工作, 2013, 57 (20): 143-148.

[3] ALLAHAWIAH S, AL-MOBAIDEEN H, AL NAWAISEH K. The impact of information technology on knowledge management processes [J]. International Business Research, 2013, 6 (1): 249.

(2) 知识编码

知识编码是将隐性知识转化为显性知识，以一种图形化的方式重构知识的过程，在此过程中，还需找到与之适配的方程。知识编码一般被认为是将隐性知识结构化和明晰化的个体性和集体性过程，它旨在将隐性知识简化和转化为信息，进而再处理或重新组合为编码知识。其中，将隐性知识简化和转化为信息意味着知识的退化，而再处理或重新组合为编码知识则意味着可能添加新的知识内容，或者可能伴生新的隐性知识。因此，所生成的编码知识和与之相应的隐性知识之间存在对称性破缺（symmetry breaking），换言之，它们不是完全替代而只是部分替代的关系。如此，知识编码本质上不是隐性知识到编码知识的简单转换，而是一种知识创造过程。

由于隐性知识得自于主体的经历和体验，它们带有强烈的主体依附性和背景依赖性，因而难以表达、转移以及共享，同时隐性知识也必须不断地被激活才能保持有效，否则容易遗失。为此，需要对它们进行编码，即用语言、数字、程序或普遍原理等来表达，并整理成明晰的、正式的、系统的编码知识。知识编码减少了知识的主体依附性和背景依赖性，使其易于转移、共享及存储；同时明确了知识的内容及其应用范围，因而减少了由于信息不对称而可能导致的机会主义行为等知识交易中的不确定性因素，从而也促进了知识的资本化和商品化。此外，知识编码还有一些其他作用，包括：使知识模块化、代理知识信号化，改善知识在存储和拾取时的可靠性，降低知识扩散的难度，减少知识获取的某些成本，加快原型开发并减少相应的再开发成本，提升技术选择能力，等等。

(3) 知识共享

知识共享是指通过知识的联结、察觉、获取、指导和完整性，以及不同类型的社会化产生的隐性知识来分享显性知识。这包括提供空间的非正式网络，人们可以在此进行非结构化或不受监视的讨论。从知识管理的角度上看，知识共享不仅仅是一方将信息传给另一方，还包含一方帮助另一方了解信息的内涵并从中学习，进而将自己的信息转化为另一方的信息内容，并发展个体的行动能力的意愿。狄克逊（Dixon，2000）认为知识共享就是使人知晓，将知识分给他人，与对方共有这种知识，直到整个组织都知晓此知识。[1]

克里斯坦森（Christensen）列出了4种共享的知识类型：专业知识、协调知识、基于对象的知识、人际知识。专业知识是一个人所受的教育和他的经验的结合，使实践者可以从事实践。协调知识来源于描述如何完成工作的规则、标准和惯例，它可以

---

[1] DIXON N M. Common knowledge: how companies thrive on sharing what they know [M]. Cambridge, US: Harvard Business School Press, 2000: 35.

指导专业知识的应用。基于对象的知识是与个人的工作相关，但与某种对象，如产品、工具、患者或客户直接相关的知识。[①] 人际知识是知道何人具有何种知识和能力的知识。

知识共享能够增加企业的创新能力，为组织创造更大的效益与价值，是发挥知识价值最大化的有效途径。知识共享是知识管理的基点，是知识管理的优势所在。影响知识共享的因素较多，其中，最重要的因素是组织的共享文化，其次是学习导向、技术基础设施、高层领导支持、员工的知识效能感。

（4）知识储存

知识储存是指提取众多知识流程所占据的数据，并以对企业赋予有意义知识的方式进行组织。它可以作为未来通过不同技术进行参考的入口，如数据库、知识库、数据集市、数据存储库、内容和文档管理系统等。因此，知识结构和存储的检索过程将使其更加正式化和可访问。

知识是为后续需求和使用而记录的要素，然而，在创造知识的过程中，组织也会忘记它们。因此，保留组织竞争优势的一个方法是在正确的时间和地点记住和利用他们所创造的知识。

任何有助于组织提升竞争力的知识都可以或应该保存在企业数据库中。这些存储的数据包括产品、客户、生产过程、营销和战略计划、财务结果和组织愿景。

（5）知识整合

知识整合是一项确定新知识和原有知识，并通过将多个知识模型合并到同一个模型中，将新信息融入知识库中的任务。这个任务是繁重的，因为必须要逐步开发重要的知识库，使各种类型的知识分别添加到越来越多的知识体系中。这个职责是复杂的，因为新的和原有的知识可能以被低估和意想不到的方式相互关联，在某种意义上，存在意想不到的关联或许会致使知识库作出相应的调整。

在知识管理过程中，知识库的知识是各类知识的集合体，而新知识常常是呈碎片的、不清楚的、有多种解释的并且是通过组织广泛散布的。知识整合就是运用科学的方法对不同来源、不同层次、不同结构、不同内容的知识进行综合和集成，实施重构，使单一知识、零散知识、新旧知识、显性知识和隐性知识经过整合提升形成新的知识体系。知识整合绝不是现有知识的简单相加，而是一个知识创新的过程，因此，知识整合是复杂的，需要挖掘企业内部的各种知识以及知识之间的相互联系和动态关系。

---

① 邱茜，张春悦，魏云刚，等．国外知识共享研究综述［J］．情报理论与实践，2010，33（3）：120－124．

知识整合的鲜明特征是知识要素与实践要素的整合，它是认识中的实践整合，实践中的认识整合，是一个动态的过程。整合把各部分的功能组合为一种新的功能，把各部分的效用结合为一种新的效用，通过整合产生了系统的新质。知识的形式整合、分类整合、立体整合和用途整合等，构成了组织内部知识管理的知识创新体系。

知识整合的主要内容包括：个人知识与组织知识的整合、隐性知识与显性知识的整合、原有知识与新知识的整合、内部知识与外部知识的整合。

3. 知识分布（第三阶段）

马萨和特斯特（Massa and Testa，2009）认为，知识分布是一个知识管理过程，它是指转移、传播和分发知识，以便向需要的人提供知识。[①] 在这一过程中，起着桥梁作用的人成为前沿知识工作者，他们促进知识交流，使知识可供企业内部员工和外部客户使用或消费。这可以通过直接手段或有中介参与的间接手段进行。知识分布阶段包含有三个子阶段：知识扩散、知识转移和知识传播。

（1）知识扩散

知识扩散是一个建立基础社会网络结构的过程，同时也是一个特殊设计的、不受控制的、促进知识传送交互政策的传播过程。

知识扩散与知识共享之间有联系和区别。并且，区别的表现是多方面的（见表7-3）。

表7-3 知识扩散与知识共享区别的表现

特性	知识扩散	知识共享
状态	倾向于一种客观现象	倾向于一种行为理念
目的性	较弱	较强
主动性	较弱	较强
可控性	较差	较强
自组织性	较强	较弱
传播损耗	较少	较多
传播方式	星形散播	点对点网络型传播
传播诱因	势差、密度、浓度	共同的目标
传播结果	均势，原发体势能减弱	达到既定结果

资料来源：万青，陈万明，胡恩华. 知识扩散与知识共享的涵义及其关系研究[J]. 图书情报工作，2011，55（12）：93.

---

① MASSA S，TESTA S. A knowledge management approach to organizational competitive advantage: evidence from the food sector [J]. European Management Journal，2009，27（2）：130.

知识扩散的基本含义为在一定环境下，知识通过各种方式和手段由原发体传播至接受体的过程和现象。而知识共享的基本含义是为了达到某种目的，知识原发体根据所处环境，利用相应手段将自有知识传递给目标接受体，并使其理解消化所传递知识的过程和行为。

知识扩散与知识共享都是进行知识传播和转移的活动，即虽然两者在内容、方式、动机、目的、结果等方面存在一定的差异，但本质都是知识在原发体与接受体之间传播、转移和流动的过程。

从知识原发体的角度看，知识共享是知识原发体有意识、有目的、主动地促进知识转移的行为。相比之下，知识扩散更类似于一种客观的现象，虽然有时知识扩散的发生对知识原发体来说是有意识的，但有时也是一种无意识、无目的、自发的行为。

从知识接受体的角度看，知识共享要求保证接受体掌握原发体所传递的知识。知识共享不仅是一方将信息传给另一方，还包含一方帮助另一方了解信息的内涵并从中学习，进而完成信息的转化并发展个体的行动能力。但对于知识扩散来说，并不要求接受体必须理解所传递的知识，在知识扩散所覆盖范围内的接受体可根据自身的需要任意地选择接收的知识。知识扩散更多的是对知识原发体的要求，而对于知识接受体的要求则存在不确定性。

从知识的传递过程来看，为了促进和提高效率，保证接受体理解被传递的知识，知识共享致力于塑造或维持一种迫使知识进行有序流动的媒介和模式。与之相比，由于目的性、可控性的差异，对于知识扩散来说知识的传播会呈现出非有序的特征，即随着环境和扩散双方的改变，知识在扩散过程中是处于一种有序与无序并存的状态。

（2）知识转移

知识转移是某个单位、组织、部门在特定情境下从另一个单位、组织、部门的经验中获取有用信息的过程。知识转移的方式有合作企业间的知识转移和独立企业间的知识转移。企业间平行层次知识转移指企业从合作伙伴企业获得转移知识（见图7-6）。这类转移活动一般以企业间正式契约为引导，通过技术转让、合资、相互持股等形式，在合作企业间建立较为正式的沟通和交互平台，以文件、公函、技术说明书、顾问与指导等方式完成知识的传送和转移，并呈现显性知识转移的特征。企业之间团队层次的转移活动，是相对于组织层次转移更为具体和深入的知识活动。企业A和企业B之间组织层次的交互活动会因为企业间异质性、组织间壁垒、知识抽象性而导致交易成本偏高，此时通常的做法是通过项目团队实现企业间具体的、操作层次上的接触，即将组织层次的合作关系和合作协议分解为具体任务,并分配至团队中。企业之间个体层次的知识转移,企业合作中具体的知识交换、传授等活动必须通过个体间的直接互动来实现。

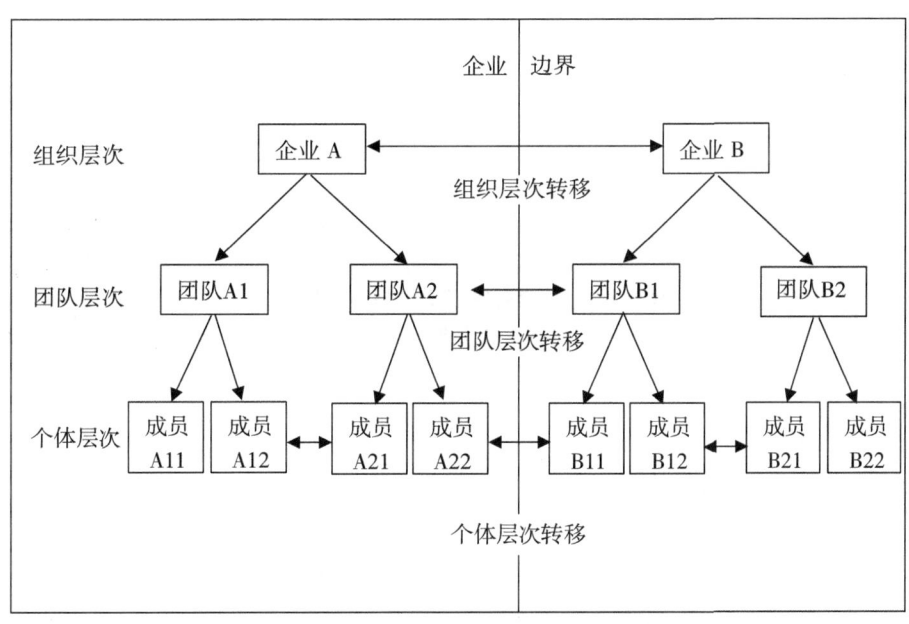

图 7-6　企业间平行层次知识转移路径图

资料来源:任荣,王涛. 合作条件下企业能力提升的路径分析:基于组织学习模式的实证研究 [J]. 软科学,2012,26 (5):108.

企业内跨层次知识转移与企业间平行层次知识转移不同,前者可以帮助企业形成新的组织能力,而后者可以帮助企业从外部引入知识,图 7-7 为企业内跨层次知识转移路径图。企业是一个由个体、团队和组织三个层次形成的复杂系统,每一层次都存在一定的知识存量,这些知识存量是能力的基本构建单元,它在不同层次表现为不同的概念,在个体层次是个体知识,在团队层次是团队惯例,在组织层次则是组织能力。个体知识是团队惯例的结构单元,而团队惯例又是组织能力在一定的重复性和情境依赖环境下的结构单元。因此,企业内部的能力提升过程表现为:个体知识在社会化的作用下从个体层次向团队层次跨越转移,进而在制度化的作用下向组织层次跨越转移,形成上行活动。与此同时,组织能力(或团队惯例)一旦形成,就会对团队活动、个体认知提出新的要求,进而从组织层次向团队层次、个体层次扩散来影响团队和个体的知识活动,对其进行修正以保证能力提升活动的持续进行,即形成下行活动。

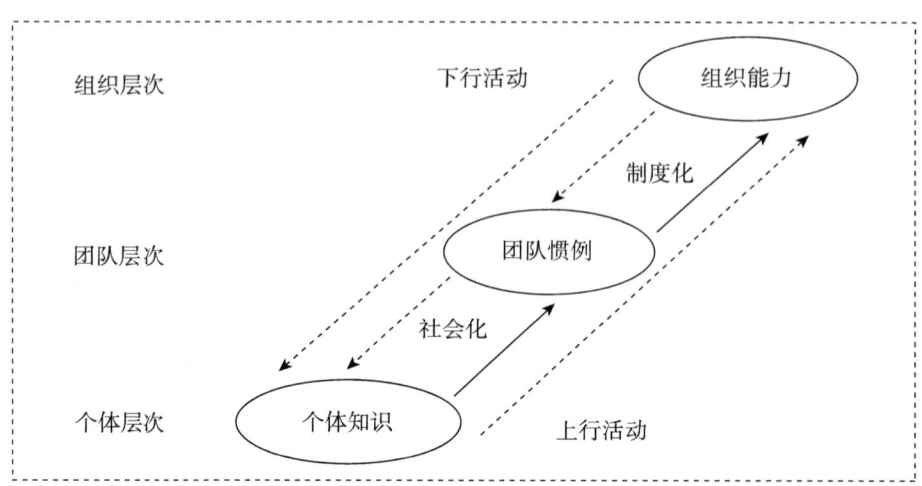

图 7-7 企业内跨层次知识转移路径图

资料来源：任荣，王涛. 合作条件下企业能力提升的路径分析：基于组织学习模式的实证研究 [J]. 软科学，2012（5）：108.

（3）知识传播

知识传播是知识从知识的生产（发现和创造）者到知识接受者的一个活动过程，是知识应用和知识进步不可或缺的环节。默里（Murray）认为知识传播是通过口头和非口头的方式相互传递和共同构建见解、评价、经验或技能的活动，在区分知识对话和共同平台的基础上提出了同步知识传播和异步知识传播的模式。在知识管理流程中有两种基本的传播类型：向组织外传播知识和从组织内部吸收知识。知识传播的时机、集中（扩散）模式、目标受众、知识源选取、传播内容以及传播渠道都会影响传播的价值。组织中的非正式团体具有良好的知识传播功能，"实践社团"和非正式网络是知识传播的有效途径。知识传播有着不同的动机。互惠、名声、自我实现的需要，以及组织承诺和期望产出等外在诱因是知识源转移知识的主要动机。个体的知识传播动机主要有经济动机、权力动机、关系动机和成就动机。[①]

4. 知识实施（第四阶段）

知识实施阶段的主要功能就是把知识或行动付诸实践。它包括三个子阶段：知识实现、知识应用和知识利用。

（1）知识实现

知识实现是实施和实践知识，实施和实践必须遵循所有初步思想关于获得知识的标准，以实现部署。阿拉哈维亚等人（Allahawiah et al.，2013）认为，支持高层管理

---

① 陈则谦. 知识传播及其动力机制研究的国内外文献综述 [J]. 情报杂志，2011，30（3）：133.

人员进行知识实现，有助于利用现代信息系统促进行政程序、提高员工效率、提高产出、节省时间和金钱。其实，影响知识实现的因素有很多，包含内部因素和外部因素。其中，内部因素有战略制定、组织计划、知识型领导、共享文化、持续学习、系统化组织知识流程、良好的技术基础设施、人力资源、沟通、培训等。外部因素包括市场、竞争、时间压力、经济环境等。[①]

（2）知识应用

知识应用是指运用已有知识解决问题。知识的生产和编辑都不会提高组织的绩效，更不会产生价值。只有当分布在组织各处的知识可以全面地在组织中流通并应用于解决实际问题时，知识才能产生价值。知识应用的最终目的是企业价值的具体实现，知识应用与组织效率明显相关。它是一个动态循环的过程，新知识的应用必然要与组织原有知识进行整合，进而变为组织掌握的知识，进入下一个知识应用的动态循环过程中。影响知识应用的因素有很多，有知识本身的因素，也有个人与组织的因素，三者共同影响着组织的知识应用过程。信息技术能够对知识应用起到很好的辅助作用，但信息技术只是知识应用的工具，不是知识应用的全部。[②]

（3）知识利用

知识利用是将知识转化为能力的过程，它是知识管理的出发点和落脚点。知识利用涵盖了很多领域，包括技术转让、信息传播与利用、研究成果利用、创新扩散、知识社会学、组织变革、政策研究、人际和群众传播等多个子领域。李等人（Lee et al.，2005）认为，只有以前已经呈现、传播和生成的知识可以在实践中通过具体产品或服务在组织层次上或在个人层次上（个人应用获得的知识时）被利用。而知识利用取决于两种结构：知识利用程度与知识利用文化。其中，知识利用程度取决于三个因素：通过利用组织范围的信息和知识促进团队合作；电子数据交换，用于促进任务处理；工作流程图，用于执行任务。而知识利用文化也取决于三个因素：存在鼓励知识共享的文化；存在新思想建议的激励和效益政策；存在研究和教育计划。[③]

（三）知识管理的利益效应

利益可以简单地定义为可衡量的进步。利益是组织认为在其本身的特点和价值方

---

① ALLAHAWIAH S, AL-MOBAIDEEN H, AL NAWAISEH K. The impact of information technology on knowledge management processes [J]. International Business Research, 2013, 6 (1): 247-248.
② 刘丛军，武忠. 组织的知识应用过程研究 [J]. 现代情报, 2008 (1): 15.
③ LEE K C, LEE S, KANG I W. KMPI: measuring knowledge management performance [J]. Information & Management, 2005, 42 (3): 474.

面是有利可图的结果和产出。有的学者认为,利益被利益相关方认为是积极的变革的结果。有的学者将利益定义为特定利益相关者或一组利益相关者的优势。这些定义的重点在于,利益是由寻求投资价值的个人或团体拥有的。因此,知识管理利益被定义为可以通过利用组织中的知识来实现的任何商业价值。

在学术界,已有大量的学者对知识管理的利益效应作了实证研究或案例分析,研究结果表明,知识管理利益效应的表现是多方面的。阿纳塔穆拉和凯南格(Anantatmula and Kanungo,2006)确定了一套评估知识管理利益效应的二十六个标准。他们还审查了这些标准如何相互关联。二十六个标准分为五组:员工绩效、组织绩效、商业绩效、市场绩效和智力资本。[①] 乔伊等人(Choy et al.,2006)提出了知识管理利益效应的列表,分为五个维度:系统知识活动、员工发展、客户满意度、良好的对外关系和组织成功。[②] 贝塞拉-费尔南德斯(Becerra-Fernandez)和萨布瓦尔(Sabherwal)提出了知识管理对组织的影响,分为四个层次:人员、流程、产品和组织绩效。爱德华松和奥斯卡森(Edvardsson and Oskarsson,2011)评估了知识管理对服务提供商组织价值创造的影响,他们调查了知识管理对人力资本、客户资本和创新三个方面的影响,认为知识管理通过提高员工绩效对人力资本产生积极影响,通过改善客户管理对客户资本产生积极影响,同时对创新产生积极影响,并能创造新的商机和改进产品开发。[③]

综上,知识管理的利益效应主要体现在人力资本、流程管理、营销管理和组织绩效四个方面。

1. 知识管理在人力资本上的利益效应

知识管理在人力资本上的利益效应主要表现在三个方面:培训学习、沟通协调、员工激励(见表7-4)。

---

① ANANTATMULA V, KANUNGO S. Structuring the underlying relations among the Knowledge Management outcomes [J]. Journal of Knowledge Management,2006,10 (4):25-42.
② CHOY C S, YEW W K, LIN B S. Criteria for measuring KM performance outcomes in organisations [J]. Industrial Management & Data Systems,2006,106 (7):917-936.
③ EDVARDSSON I R, OSKARSSON G K. Enhancing customer services and core competencies: outsourcing in icelandic service SMEs [J]. International Journal of Entrepreneurship and Small Business,2011,14 (3):313-333.

表 7-4 知识管理在人力资本上的利益效应

序号	维度	利益内容	代表学者
1	培训学习	增强学习	Dalkir（2005）
2		提高员工素质	Anantatmula，Kanungo（2006）
3		更好地培训在职员工	Choy et al.（2006）
4		提高员工的能力和技能	Edvardsson，Durst（2013）
5		增强智力资本	Choy et al.（2006）
6		提升个人学习水平	Edvardsson，Durst（2013）
7		提升组织学习水平	Goldoni，Oliveira（2010）
8		提高员工技能	Dalkir（2005）
9		提高员工适应能力	Wei et al.（2009）
10		发展创新型企业文化	Goldoni，Oliveira（2010）
11		改进学习曲线	Edvardsson，Durst（2013）
12		识别企业内知识流动与知识差距	Choy et al.（2006）
13		企业内部知识整合的改进	Choy et al.（2006）
14		识别和共享最佳实践	Goldoni，Oliveira（2010）
15		从企业外获取和利用知识的改进	Choy et al.（2006）
16	沟通协调	改善员工之间的沟通	Jennex et al.（2009）
17		增强员工参与和协作	Anantatmula，Kanungo（2006）
18		改善员工之间的协调	Zack et al.（2009）
19		加强员工间知识共享	Jennex et al.（2009）
20	员工激励	增强员工的组织承诺	Camelo-Ordaz et al.（2011）
21		识别和保留知识资本	Jennex et al.（2009）
22		增加员工的积极性和满意度	Jennex et al.（2009）
23		提升对员工的吸引力和保留力	Choy et al.（2006）

组织结构中的知识管理通过在高级、中级和执行管理人员以及员工之间建立知识网络来提高组织的学习水平。这最终导致组织具有更高的敏捷性，它是知识管理与组织努力学习之间密切合作的结果。通过有效的知识流程，员工沟通能力得到提高，知识在他们当中可以有效地转移。这将有助于员工的学习并能提高他们的技能，从而提高员工的创新和创造力。

知识管理鼓励员工不断互相学习，增加从突发事件和环境中获取有用知识和信息的可能性，并以此提高员工对新变化的适应性。反过来，员工学习能力和适应能力的提高可以增强他们的自我认同感,因为与还没有实施知识管理的组织相比,这些优势能够增加员工在劳动力市场上的价值。从经验上看,员工对将来可能遇到的问题的解决方案会更加熟悉,在执行任务时便少犯错误,最终他们的绩效将会得到改善。此外,通过知识管理的合理利用,管理人员可以根据组织所需要的关键技能和员工现有的知识、技能和能力来制订在职培训计划。知识的合理利用也可以使员工能够识别出组织向其客户提供新产品或新服务的可能性,从而为组织发展和成功创造一种创业文化。

所有这些都会激发员工产生更大的意愿和动力。这不仅能使员工更加愿意留在企业里,而且还能够使外界求职者希望加入该企业的行列当中。积极的员工是会愿意分享他们自己的知识的,因为在他们看来,这就是对企业作出贡献的一种行为方式。而企业各级员工都能积极参与知识共享,这不仅有利于员工综合素质的提升,而且也有利于员工沟通协调情况的改善,最终有利于员工绩效的改善。

2. 知识管理在流程管理上的利益效应

业务流程本身是企业知识的重要组成部分。流程描述记录了企业在何种条件下如何进行应变策略设计、如何实施应变策略以及将获得何种预期结果,因此业务流程是企业知识的重要形式,是企业知识的一种动态的形式化载体。

表7-5反映了知识管理在流程管理上的利益效应。

表7-5 知识管理在流程管理上的利益效应

序号	利益内容	代表学者
1	更好的决策	Wei et al.（2009）
2	最佳决策	Singh et. al.（2006）
3	改进了业务流程	Edvardsson，Durst（2013）
4	增强灵活性	Khalifa et al.（2008）
5	减少周期时间	Singh et. al.（2006）
6	减少返工	Goldoni，Oliveira（2010）
7	少犯错误	Jones（2003）
8	缩短解决问题的时间	Goldoni，Oliveira（2010）
9	新的或更好的工作方式	Chase（1997）
10	顺利合作	Singh et. al.（2006）
11	改进了项目管理	Chong et al.（2000）
12	供应商关系的发展	Edvardsson，Durst（2013）

续表

序号	利益内容	代表学者
13	增强创新	Edvardsson，Durst（2013）
14	提高创新绩效	Inkinen et al.（2015）
15	提高战略质量	Goldoni，Oliveira（2010）
16	改进新产品开发	Zack et al.（2009）

在流程管理层次上，知识管理能够获得的收益效应是多重的。第一，知识管理通过执行合适的流程和作出恰当的决策提高组织流程效用，快速与低成本的执行流程可以提高组织流程效率，而员工间的持续知识共享则可以形成创新的问题解决方案和组织流程。第二，知识管理可以为组织提供增值产品或知识型产品。知识管理流程通过改进创新，帮助组织引进新产品，或将比以往具有更高价值的产品推向市场。第三，流程的改善有利于工作方式的改善，可缩短解决问题的时间和生产或工作周期时间，并可增强灵活性。第四，通过检查知识流动，人们可以确定知识差距，以便采取措施缩小差距。因此，流程管理可以改进组织内知识的整合。此外，通过有效的知识流程，可以识别知识资产。

3. 知识管理在营销管理上的利益效应

知识管理的主要目标之一是管理和加强企业与现有和新客户的关系。知识管理确定了支持组织总体目标所需的知识，以便企业着重于满足现有客户和吸引新客户所需的知识工作。与客户分享知识有助于企业更好地了解组织结构，并创造一个客户与企业共享信息和创新的环境。一般来说，降低价格，提供更好的产品质量和知识管理可以带来客户定制化的增强，客户将更加满意。对知识流程进行有效管理，客户与企业之间的互动将得到增强。随着对客户的需求和要求有更多的了解，企业便能构建更好的客户合作关系。同时，客户反馈可以增加组织的创新能力和创意能力，从而提高产品（服务）质量和生产力。这将有助于不断改进基于现有知识的竞争性服务和技术，并有助于企业识别新的商业机会，包括新产品开发和进入不同类型的市场。所有这些都将为客户创造更多的价值，从而使客户满意，减少客户投诉，继而形成客户的忠诚与保留。同时，客户满意度和忠诚度的提高，自然会维持或增加其对企业产品的购买力，企业的市场规模将因此扩大，销售收入也将随之增加。

表7-6反映了知识管理在营销管理上的利益效应。

表 7-6　知识管理在营销管理上的利益效应

序号	维度	利益内容	代表学者
1	客户关系	提高客户满意度	Edvardsson，Durst（2013）
2		发展更好的客户关系和客户互动	Goldoni，Oliveira（2010）
3		减少客户投诉	Goldoni，Oliveira（2010）
4		客户保留	Zack et al.（2009）
5		为客户创造价值和服务	Choy et al.（2006）
6	市场管理	加速市场进入	Sarin，McDermott（2003）
7		进入不同类型的市场	Choy et al.（2006）
8		增强产品或服务质量	Zack et al.（2009）
9		创造新的商业机会	Zack et al.（2009）
10		增加市场规模	Choy et al.（2006）
11		增加市场份额	Choy et al.（2006）

4. 知识管理在组织绩效上的利益效应

组织绩效是指由于其知识管理计划而导致的组织绩效结果。衡量知识型组织的成功程度，不仅要审视其财务业绩，还应着眼于其所拥有的无形资产。这是因为财务业绩本身不能充分测量智力资产。[1] 也即是说，知识管理工作产生了与最终结果没有直接关系的软措施。

改善这些软措施可以提高企业效率和创新能力，并对企业寻找新的追求目标产生重大影响。[2]

知识管理可以高效率和高质量地为知识型员工提供关键的信息和知识，从而降低成本和时间，并提高绩效质量。[3] 通过知识创造获得更多创新方法的企业随着时间的推移将能够实现更可观的盈利。[4]

知识管理在加强协作方面的努力，可以使业务流程得到改善，使团队绩效得以提

---

[1] CHOY C S, YEW W K, LIN B S. Criteria for measuring KM performance outcomes in organisations [J]. Industrial Management & Data Systems, 2006, 106 (7): 926.
[2] STANKOSKY M. Creating the discipline of knowledge management: the latest in university research [M]. London: Routledge, 2005: 10.
[3] LIEBOWITZ J. Key ingredients to the success of an organization's knowledge management strategy [J]. Knowledge and process management, 1999, 6 (1): 37-40.
[4] EGBU C O, HARI S, RENUKAPPA S H. Knowledge management for sustainable competitiveness in small and medium surveying practices [J]. Structural Survey, 2005, 23 (1): 18-19.

升。这些成功将带来更多的创新、更好的决策和更高的团队绩效。通过进行有效的知识管理，各企业可以确定行业最佳实践，从而改善业务战略的发展。这将有助于不断改进基于现有知识的竞争性远程服务和技术战略。而这些成功有助于企业获得比竞争对手更强的核心竞争力，以维持其可持续竞争优势。从财务的角度来看，知识管理的努力最终将导致利润增加，成本降低，销售额增加和股价上涨。因此，企业整体业绩将有所提高。

表7-7反映了知识管理在组织绩效上的利益效应。

表 7-7 知识管理在组织绩效上的利益效应

序号	利益内容	代表学者
1	增加销售额	Edvardsson, Durst (2013)
2	增加销售利润	Anantatmula, Kanungo (2006)
3	增加边际利润	Lin, Kuo (2007)
4	提高财务业绩	García-Morales et al. (2012)
5	提高增长率	Chuang et al. (2013)
6	通过专利授权提高收入	Anantatmula, Kanungo (2006)
7	提高整体市场业绩	Steinfield et al. (2010)
8	股价上涨	Choy et al. (2006)
9	降低风险	Beijerse (1999)
10	提高组织成功率	Migdadi (2009)
11	提高效率	Zack et al. (2009)
12	提高效果	Edvardsson, Durst (2013)
13	增强组织的连续性	Beijerse (1999)
14	发展核心竞争力	And reeva, Kianto (2012)
15	提高企业的知名度	Steinfield et al. (2010)

第三节 知识创造的微观基础

知识创造是人类文明发展的推动力量，它是国家创新战略的重要基础，也是提升企业竞争优势的重要影响因素。在学术上，学者从不同的视角探讨知识来源，因此形成了多种知识创造观,但主要争论点在于知识的集体主义与个体主义。在此,我们分别从个体层次和组织层次探讨知识创造的微观基础,即个体知识和组织知识的来源。

一、知识创造的定义

在1985年,马修(Mathew)将知识创造定义为新思想、理论、事实、设备(机器)的创造或发明;寻找变量或现象之间的新联系或对已知现象(事实)提供新的解释或说明;在现实世界中应用(创新)理论的原则或想法。[1] 而野中和竹内(Nonaka and Takeuchi,1995)则将创造新知识,传播新知识并将其体现在组织的产品、服务和系统中的能力描述为知识创造。[2] 根据勒曼(Loermans,2002)的说法,知识创造是学习型组织与知识管理辩论中的一个主要因素,并呈现了学习型组织和知识管理之间协同作用的主要领域。[3] 简单地说,知识创造是将新知识添加到现有知识领域的能力。

二、知识创造的集体主义与个体主义

对于知识创造,尽管在学术上存在各种不同的观点,形成了不同的学派,但这些学派或观点最终都集中在知识的集体主义或个体主义上。长期以来,知识的集体主义与知识的个体主义一直存在分歧。

科古特和赞德(Kogut and Zander,1992)明确主张知识集体主义的观点,他们认为企业之所以存在,是因为它们提供了一个由组织原则所构成的自愿行为聚集而成的社会共同体,这个社会共同体是通过不能还原为个体的组织原则来构建的。[4] 后来,科古特和赞德(1996)将企业定义为一个专注于提升知识习得速度和知识转移的社会团体。[5] 斯彭德(Spender,1996)认同集体主义的传统假设,并进一步指出企业有能力

---

[1] MIKHALOV A I. Theoretical problems of informatics: social aspects of modern informatics [C]. Moscow: All Union Institute for Scientific and Technical Information,1985:40.
[2] NONAKA I, TAKEUCHI H. The knowledge-creating company: how Japanese companies create the dynamics of innovation [M]. Oxford: Oxford University Press,1995:3.
[3] LOERMANS J. Synergizing the learning organisation and knowledge management [J]. Journal of Knowledge Management,2002,6 (3):293.
[4] KOGUT B, ZANDER U. Knowledge of the firm, combinative capabilities, and the replication of technology [J]. Organization Science,1992,3 (3):384.
[5] KOGUT B, ZANDER U. What firms do? Coordination, identity, and learning [J]. Organization Science,1996,7 (5):503.

独立地了解员工,或者至少能进行独立于他们的有意识的推理。此外,组织知识被认为是最重要的一种战略知识。①

相比之下,以知识个体主义为导向的传统理论认为,个体是知识的主要来源,应该成为理解新价值创造和组织结果的基础。西蒙和格兰特就是偏向于知识个体主义观的学者。格兰特(Grant,1996)强调个体作为关键知识来源的作用。认为个体在知识创造和主要知识宝库中起着主要参与者的角色,这种观点对于揭开组织知识的面纱和阐明组织在创造和应用知识产生了重要的作用。②此外,西蒙(Simon,1991)进一步指出,所有的组织学习都发生在人的头脑中,一个组织只通过两种方式进行学习:其一,是向其成员学习;其二,是吸收新成员,而这些新成员拥有组织以前没有的知识。③

表7-8反映了知识集体主义与个体主义在知识创造上的观点差异。

表7-8 知识集体主义与个体主义在知识创造上的观点差异

维度	知识集体主义	知识个体主义
知识中新价值的来源	集体	个体
方法论传统或认识论	集体主义	个体主义
因果方向性	宏观—宏观、宏观—微观,下向因果	微观—微观、微观—宏观,上向因果
解释或独立变量	社会事实——社区、集体、惯例、文化、环境、组织原则、能力等	个体
集体本体论	不可还原为个体;整体大于部分或独立整体的总和	可还原为个体;整体是部分的总和;只有个体是真实的
组织边界	渗透,让位给更高的集体	基于交易、个体利益
决策	大规模建立共识	专家和个体自行决定
市场的关键概念(层次结构)	社会嵌入与激励竞争问题	"看不见的手"机制
生产模式	共有	产权和个体知识
组织逻辑	社交和文化	自我选择与利益
社会交往基础	信任	成果和利益
分体论:即部分与整体或个体与集体层次的关系	涌现性整体	作为结果的整体

---

① SPENDER J C. Making knowledge the basis of a dynamic theory of the firm [J]. Strategic Management Journal, 1996, 17 (S2): 51.
② GRANT R M. Toward a knowledge-based theory of the firm [J]. Strategic Management Journal, 1996, 17 (S2): 121.
③ SIMON H A. Bounded rationality and organizational learning [J]. Organization Science, 1991, 2 (1): 125.

续表

维度	知识集体主义	知识个体主义
分析假设层次	个体同质性、高层次的集体异质性——例如，企业、文化、环境	个体异质性，独立于高层交互
知识论	外在论	内在论
知识的源泉	环境决定的	先验的或先天的
人性	后天培养性，空白状态	自然性
关键变量和机制	惯例、竞争力、能力、流程、文化、社区	个体流动性、人员选择、攫取、激励、人力资源实践、自我选择
自我概念	与社会、自我问题相互依存	核心的自我与兴趣、偏好和专长
所有权	难以概念化的知识（没有所有权）	个体归责和剩余权利的攫取是集体努力的核心

资料来源：FELIN T, HESTERLY W. The knowledge-based view, nested heterogeneity, and new value creation: philosophical considerations on the locus of knowledge [J]. Academy of Management Review, 2001, 32 (1): 195-218. FELIN T, ZENGER T R, TOMSIK J. The knowledge economy: emerging organizational forms, missing microfoundations, and key considerations for managing human capital [J]. Human Resource Management, 2009, 48 (4): 555-570

1. 对于知识的方法论的争论

集体主义的方法论建立在迪尔凯姆的社会学传统基础上，这一传统为现存的基于知识的工作提供了基础。对于方法论，集体主义者认为，导致"社会事实"的集体会产生某种东西，这些东西是自生的，或者值得去研究。[①] 事实上，个体被认为是集体主义理论的外在表现，因为集体事实（例如社区、惯例）在很大程度上决定了结果。集体必须被认为是真实的，因为它们表现出"向下的因果关系"，可决定较低层次或个体的行为。例如，迪尔凯姆（Durkheim, 1952）在他对自杀经典的分析中，试图从社会与个人的关系上解释自杀的原因；他认为，当个体与社会团体或整个社会之间产生障碍或发生离异时，便会触发自杀现象，自杀起因于个体在社会中经历的"不适应性"。迪尔凯姆认为这种现象是自上而下的，是个体之外的"社会事实"和文化环境的结果。[②] 也就是说，这些集体事实不仅存在，而且对较低层次的分析具有因果影响。集体主义者强的方法论假设是，结构和组织先于个体行为而存在，并驱动个体的行为。个体和集体只能根据先验惯例、结构、角色或组织行事。集体是独立于个体的，或者在本体论上是自主的。

但是，对于方法论，个人主义者认为，集体本质上是由个体构成的，因此个体应该

[①] ROSENBERG A. The philosophy of social science [M]. Boulder, US: Westview Press, 1988: 132.

[②] DURKHEIM E. Suicide: a study in sociology [M]. London: Routledge, 1952: 324.

成为分析的基本单位。例如，波普尔（Popper，1963）认为，对社会整体或集体经验存在的信念必须被社会现象，包括集体现象的需求所取代，即需要站在个体的角度来分析。[①] 个体主义者否认形而上学的存在，并认为只有个体才能成为解释者。集体，如组织，则由个体及其行动产生。"方法论"一词是一种先验的、认识论的承诺，即寻求个体层次的解释，或者更准确地说，它主张只有个体存在具有真正的意义，并应为所有集体解释提供基础。[②] 因此，个人的行为是分析的关键。本质上，组织和集体是由个体组成的。

2. 对于知识的本体论与分体论的争论

集体主义者的观点与在方法论上的相一致，他们认为组织知识要么是涌现的，要么是完全独立于构成整体或组织的个体或部分的。例如，集体主义者认为，惯例，即组织的基石，是"独立于执行它们的个体行为者"的。也就是说，集体不能通过将其还原到它的各个部分而被理解，因此，集体在本体论上是独立的：涌现（多重实现）甚至完全依赖于它的部分。在这一观点中学者关注的是各种各样的超个体结构，包括惯例、互动、组织原则、能力和社区。[③]

费林和赫斯特利（Felin and Hesterly，2007）提出，惯例等先验结构决定了个体的行为，因此它们成为分析结果的关键前因或解释物（见图7-8）。两个层次之间的独立性和自上而下（宏观—微观，宏观—宏观）的因果关系是至关重要的。考虑到个体的同质性，同一个集体结果可以由许多不同的个体来实现，个体和组织之间的关系不是由组成该组织的个体决定的，这强调了惯例和其他超个体因素，例如集体。

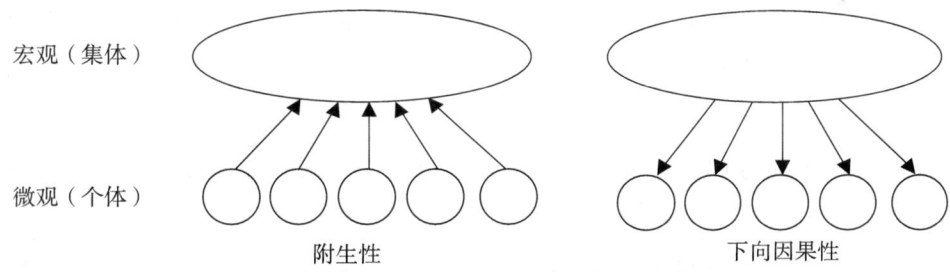

图7-8　个体与集体之间的部分整体学与因果指向性关系

图7-8涉及的附生性概念，是指在更高层次上的任何变化都严格依赖于较低层次的变化，并且所有集体的结果都可以（或最终可以）参照个体来解释。整体结果来自

---

① POPPER K R. Conjectures and refutations: the growth of scientific knowledge [M]. New York: Harper & Row, 1963: 341.
② ROSENBERG A. The philosophy of social science [M]. Boulder, US: Westview Press, 1988: 125.
③ LEVITT B, MARCH J. Organizational learning [J]. Annual Review of Sociology, 1988, 14: 320.

部分。换句话说，附生性被定义为更高层次的依赖或基于低层次的性质（或事实认定）。而个体主义者在这方面的观点，正如西蒙所主张的那样，认为组织只会根据它所组成的个体，或者基于它的较低层次的附生性基础来学习。在本体论上，他们认为只有个体是真实的，因此是它们决定组织和结果。[①]

3. 对于知识的来源的争论

迪尔凯姆（Durkheim，1962）指出，个体本性仅仅是社会因素所塑造和转化的不确定材料。迪尔凯姆的假设是，个体是不确定的或同质的，是被异质的社会事实（如文化、社会背景、环境）决定的，迪尔凯姆的这一假设被一些集体主义学者认可。对于知识的来源，迪尔凯姆认为，没有环境刺激和学习就不存在个体层次的先验知识。[②] 也就是说，刺激、语境和环境的异质性决定了个体和集体的不同层次的结果。其中，集体主义学者认为，强调个体的可塑性是合理的，他们甚至在质疑个体概念的前提下，引用心理学的工作成果，强调了认知能力和知识在一般情况下是由情境和环境决定的。[③] 但是，个体主义学者却为先验的、个体层次的知识赋予了首要地位。更具体地说，他们认为人类有一个由基因决定的初始状态，即拥有能力或禀赋，这是个体的、内涵的和内在的，并为学习提供了基础依据。[④]

应该承认，在集体主义与个体主义对于知识来源的争论中，多数学者主张集体主义观点。但同时，也有一些学者建议，应将这两种观点融合在一起。比如，拉苏拉等人（Rašula et al.，2012）认为，知识管理过程只是将知识从个体的转化为组织的。[⑤] 也有其他研究人员证明，一个组织只能通过员工的学习来学习，只能运用员工的专业化、个性化知识，尽管他们同时表示组织知识并不等同于个人知识的综合。然而，无论采取何种立场，都必须承认组织知识和个体知识是互补和相互依存的。更重要的是，组织任务往往是相互依存的，需要员工的协作，以共享一般知识和专业知识，解决企业

---

① FELIN T, HESTERLY W S. The knowledge-based view, heterogeneity, and the individual: philosophical considerations on the locus of knowledge[J]. Academy of Management Review，2007，32（1）：200.
② DURKHEIM E. The rules of the sociological method[M]. New York：Free Press，1962：106.
③ SPENDER J C. Making knowledge the basis of a dynamic theory of the firm[J]. Strategic Management Journal，1996，17（S2）：52-54.
④ FELIN T, HESTERLY W S. The knowledge-based view, nested heterogeneity, and new value creation: philosophical considerations on the locus of knowledge[J]. Academy of Management Review，2007，32（1）：202.
⑤ RAŠULA J, VUKŠIĆ V B, ŠTEMBERGER M I. The impact of knowledge management on organisational performance[J]. Economic and Business Review，2012，14（2）：147.

范围内的复杂问题。在此基础上，巴特（Bhatt，2000）证实，组织知识并不等同于企业中的个体知识，而个体知识一旦被利用，就可以转移到组织中。[①]

三、知识创造的涌现

福斯（Foss，2009）认为，组织知识实际上是拥有某些技能和知识的个体带来的一种附带现象，真正的知识来源严格来说是个体。从自组织的理论来看，知识被认为是对语境敏感的，知识的内在性质意味着知识的范畴和意义主要取决于个体。这些个体作为组织知识的主要拥有者和基本知识过程的唯一执行者，处于企业知识系统的中心。[②]

博拉德（Bolade）在探讨知识创造时从心理认知的角度提出了3C模型，即理解力（comprehension）、情境化（contextualization）和概念化（conceptualization）。在此基础上，本研究提出了3C+5S模型（见图7-9）。这里的"3C"含义与博拉德的一致，而"5S"分别指：主体间性（intersubjectivity）、组织意义建构（sensemaking of organization）、共享心智模式（shared mental model）、组织信任（sure of organization）和组织学习（studying of organization）。

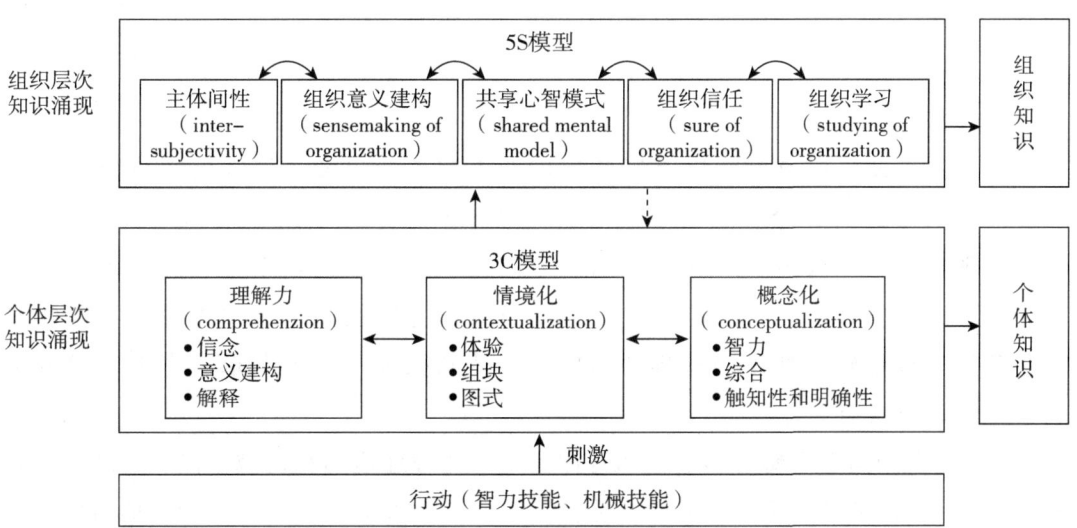

图7-9 知识创造的涌现模型

资料来源：EGBEDINA A O, BOLADE O P, EWUZIE U, et al. Emerging trends in the application of carbon-based materials: a review [J]. Journal of Environmental Chemical Engineering, 2022, 10 (2): 107260.

---

① BHATT G D. Organizing knowledge in the knowledge development cycle [J]. Journal of Knowledge Management, 2000, 4 (1): 17.
② FOSS N. Alternative research strategies in the knowledge movement: from macro bias to microfoundations and multi-level explanation [J]. European Management Review, 2009, 6 (1): 21.

3C+5S 模型的基本思想及假设是，知识创造包括个体知识创造和组织知识创造，知识的根本来源是个体。个体知识源于个体身体和心理活动的心理认知，在行动的刺激下，出现个体层次的知识涌现，在理解力、情境化和概念化等 3C 模型的作用下产生个体知识。与此同时，在 5S 模型的作用下，出现组织层次的知识涌现，由此产生组织知识。在知识创造过程中，3C 模型是基础，而 5S 模型会对 3C 模型的运行产生影响作用，原因在于高层次的因素会影响低层次的因素，这符合涌现理论的基本观点。由此可见，知识创造是一个非常复杂的过程。

（一）个体知识创造的涌现

个体知识创造是一个循序渐进的过程，在原始状态下，从体能活动和行动开始。换言之，知识创造围绕着行动和对活动表现产生的刺激的认知流程展开。任务活动、运动与感知技能的行动、认知流程之间的交互为知识创造提供了条件。这些交互作用形成刺激物，它通过 3C 模型产生个体知识的涌现。

1. 行动

解决业务问题需要采取许多实际行动，这些行动有两种形式。一种是身体上的肌肉运动，另一种是精神上的认知行为。人类活动各不相同，需要不同的技能来执行。肌肉运动需要机械技能和活动。认知行为需要智力技能和活动，如阅读、听力和写作。但要在智力状态下解决问题，就需要不同类型的认知技能。例如，逻辑推理技能使程序员能够以有序、理性的方式进行思考。视觉处理技能使验光和放射学领域的医学诊断成为可能；这一技能有助于组合和改变头脑中的图像，或将图像与概念（或声音）联系起来。记忆技能是一个人在学习时对知识进行编码和组织，以便日后更容易检索的能力或策略。排序能力是一种将解决问题的多个单独操作按正确的顺序进行排列的能力。认知技能与个人获取、存储、检索和利用知识的方式有关。

另外，肌肉运动需要内部能量和身体能量，即心理运动和机械技能。心理运动是从涉及感官运动的动作演变而来的。感官运动将一个人的想法与连续的、离散的或程序性的运动联系起来，感官运动使个体可以在周围的物质世界中表达想法。它使我们能够辨别相似性、差异性，或者确定存在于思想对象之间的关系的层次。然而，机械技能是存在于动作本身的，它能够有意识地调动肌肉和神经。反过来，肌肉和神经通过各种感官通道接收内在反馈。例如，当执行一个肌肉运动时，行动者会受到听觉、视觉或触觉的影响。这种类型的体验具有黏性且难以解释，因此便构成了触觉体验。[1]

2. 理解力

知识创造过程涉及大脑和思想中的某些过程和系统。根据神经科学，人脑包含工作记忆（短期记忆）和长期记忆。在第五章中，我们对工作记忆的基本内容已经有了初步的了解。工作记忆由缓冲区形成，每个缓冲区负责在某些代码中存储信息。不论编码的方式如何，都会有其中一个缓冲区负责存储语言信息，另一个用于存储视觉或空间信息，还有一个用于存储情节或经历信息。在工作记忆中，存在刷新存储中的信息并保持其可访问性的"演练"过程。每个缓冲区都与长期记忆相联系，因此信息可以从外部世界或长期记忆的内容进入工作记忆。同时，工作记忆包括在缓冲器中操纵信息以服务于复杂认知的执行过程。乔尼德斯等人（Jonides et al.，2005）认为，与编码信息有关的大脑区域，就是那些在信息被短时间保留时保持短暂活跃状态的区域。这就是说，这些相同的区域调节着工作记忆。大多数情况下，这种编码是通过后脑机制发生的，虽然有时这种编码不能代表输入，但可以代表前额皮质的预期输出，例如可能用于表示语音或动作的运动代码。"演练"主要用于刷新工作记忆中内部表征的注意机制，只是在信息进入感官时用来调节感觉处理的机制。这种机制同时利用了知觉系统和运动系统。[2]

波斯特尔（Postle，2006）指出，工作记忆通过大脑系统和思维的协调机制发挥作用，以实现感觉、表征和动作等相关功能。[3] 知识可以通过作为输入的信息、学习获得的信息以及思考产生的想法来创造，在各个层次上进行的正式的和非正式的学习，目的都是获得知识所需的信息。信息通过我们的感觉器官进入大脑的工作记忆，当工作记忆接收到作为刺激的信息，会立即区分并识别信息类别，判断是文本、图表、声音还是工艺。然后，大脑将刺激物解释为它们的组成部分（通常是来自不同类型的功能，如文字、图形、声音或纹理）。所以，刺激物的结构是可以被理解和解释的。

布拉滕和斯特罗姆索（Bråten and Strømsø，2006）认为，解释的正确机理是取决于认识论信念的。[4] 众所周知，人类是一种群居物种，并且人类是有理性的。人类的创

---

[1] BOLADE S. Psycho-cognitive model of knowledge creation theory [J]. Journal of Information & Knowledge Management，2022，21（1）：6.

[2] JONIDES J，LACEY S C，NEE D E. Processes of working memory in mind and brain [J]. Current Directions in Psychological Science，2005，14（1）：2-3.

[3] POSTLE B R. Working memory as an emergent property of the mind and brain [J]. Neuroscience，2006，139（1）：23.

[4] BRÅTEN I，STRØMSØ H I. Epistemological beliefs，interest，and gender as predictors of internet-based learning activities [J]. Computers in Human Behavior，2006，22（6）：1029.

造包括逻辑、数学、哲学、科学和法学等。这些都是理性或抽象思维的产物。需要注意的是，人类的社交能力比动物的社交能力更强。社会的建立、凝聚、发展、堕落和消亡都基于其信念系统。而信念系统中的系统指的就是不同信念之间的相互关系。每个人都有他们所利用的信念系统，正是通过这一机制，我们个人才能"理解"我们周围的世界。感知现实是通过符号系统构建的，会受信念系统的影响而改变。[1]

当人们第一次遇到某种意外情况时，他们会通过多种刺激和感官将信息输入大脑。随着偶遇的事情增多，人们的信念和经验也在不断积累。这种信念和经验的积累形成了对支配人类行为的基本真理的集体认识，它们会成为对不同现象得出结论的基础。我们可以通过类比，将我们的信念与新的经历以及其他人的信念进行比较，这样，我们的意识形态会一直处于不断的评估中，并可能会在当中发生变化。当一种新的思维方式被采用时，这种新的思维方式会自动成为我们信念系统更大结构的一部分。同时，由于一个人的信念系统是他有意识或无意识的信念、假设和期望的综合体，因此，信念是知识创造认知过程的真实部分，它反映了人们对各种主题的某些类型的判断。而概念揭示了个体对如何塑造个体概念化及其行为方式的理解和感受，为此，信念构成了个体对人、自然、情况和问题解决的主观感知，它具有指导行动的目的性。然而，当我们认识到当前的情况与以前碰到的事物有关时，感知质量（perceptual quality）通常会得到提高。这时，如果通过使用这些之前经历过的信息来掌握现在，我们便可以强化这种心智模式（mental model）。其实，这些经历在长期记忆中是以组块（chunks）的形式存储成汇编的感知元素的，它们可以被迅速地回忆起来，并组合成一个丰富的、详细的有关情境的心理表征（mental representation）。由此可知，组块是元素的集合。虽然每个元素之间都有很强的关联，但它们与属于其他组块的元素之间的关联很弱。组块越完整、越准确，基于图式（schemas）的决策就越合适。同样，记忆当中的组块越多，一个人的图式库就越大，他的经验就越丰富。[2]

此外，意义建构（sensemaking）也是促成知识创造的重要因素。意义建构基于一种建构主义本体论（constructivistic ontology）的观点，主要阐述人们认识外部世界的方式。它是人们赋予经历意义的过程，也是人们对信息进行建构或非建构，即信息设计的过程。意义建构论者认为，社会现实并不独立于人们的认知，而是取决于人们的

---

[1] USÓ-DOMÉNECH J L, NESCOLARDE-SELVA J. What are belief systems？[J]. Foundations of Science，2016，21（1）：147-148.
[2] BOLADE S. Psycho-cognitive model of knowledge creation theory [J]. Journal of Information & Knowledge Management，2022，21（1）：8.

认知和意义建构。在意义建构论者看来，社会现实是个体和个体间主观经验的产物，而组织则是一种个体间互动的社会现实，并且通过组织成员的沟通和相互作用不断得到建构。[①]

哲学家、社会学家和社会心理学家米德（Mead，1967）从社会心理学角度出发提出了关于认知的观点。他谈到意义是一种与社会过程密切相关的现象，是在社会互动中产生的。对他来说，意义是一种社会行为的结果，因为意义（即思想的对象）和认识都是在社会经验中产生的：思维是通过社交过程或经验背景中的手势对话，而不是通过思维交流产生的。[②] 他对语言和符号有更为开阔的认识。语言不仅仅是语言，还包括态度和手势。同样，研究人类实践意义生成过程的社会维度的社会符号学将语言定义为众多意义系统中的一种。[③] 通过意义创造的社会过程，知识和认识得到开发。

英国哲学家赫斯特（Halliday，1989）认为，知识的形式是知识的根本表达方式，与心智密切相关。他认为，绝不能把知识看成仅仅是一大堆经过检验的符号表述。这些符号表述只是人类经验开始成形的各种方式中公认的方面。获得知识就是意识到经验是由一些相当具体的方式得到建构、组织而获得意义的，并且人类的各种知识构成了这些高度发达的形式，在这些形式里人们发现经验如此得到建构、组织和获得意义的可能性。赫斯特接着指出：最有价值的知识是人类理解世界时形成的八大种独特的、基本的和逻辑上明确的认识知识的形式。这说明，知识蕴含了人类掌握世界的智慧方式。需要指出的是，文化思维实践过程沉淀的仅仅是知识的逻辑形式，它体现了专家、内行者所取得的结论，传统的教科书上的定义、划分、分类等是将专家们取得的各种结论加以浓缩提炼而成的。[④]

3. 情境化

个体的知识创造与情境化密切相关。假设一项活动是人类行为的真实背景，而这项活动是根据具体情况来构建的，这就是所谓的情境化过程。它是一种抽象的过程，它使具体情况变得有意义，并将其转化为一种特定的社会文化活动，从而产生新的行

---

① 卢东，POWPAKA S，李雁晨. 基于意义建构理论的企业社会责任沟通策略研究综述 [J]. 外国经济与管理，2009，31（6）：18.
② MEAD G H. Mind, self, and society: from the standpoint of a social behaviorist [M]. Chicago: The University of Chicago Press, 1967: 50.
③ HALLIDAY M A K, HASAN R. Language, context, and text: aspects of language in a social-semiotics perspective [M]. Oxford, UK: Oxford University Press, 1989: 4.
④ 瞿葆奎. 教育学文集：智育 [M]. 北京：人民教育出版社，1993：94-95.

动。① 情境化是一个认知过程，在这个过程中，感觉运动有助于在整个思维过程中维持一个人的工作记忆和长期记忆之间的联系。它会将当前事件或行动与该事件或行动的类似体验联系起来。这些连续的、离散的或程序性的运动会导致分块过程，从而识别相似的感知，并使用线索将其分组到一个组块库中。经过大量的曝光，组块变得更大、更复杂，因而需要进一步分类。这种二阶分类导致了一种更抽象的结构，即图式的建立。它随后存储在长期记忆中。在事件的处理过程中，线索是通过特征来区分的，这是人们用来组织信息块的心理分类。工作记忆检查线索集，查看它们是否有相应的块，并将对类似情况进行编码的块归类到一个图式中。

图式是代表一般知识的认知结构，即不是包含特定实体、实例或事件的信息，而是关于知识一般形式的结构。我们使用图式的目的，就是通过提供默认的背景信息来理解事件和描述，因为文本很少且通常没有必要包含完全理解所需要的所有细节，通常情况下，许多甚至大部分细节都被省略了，而图式则可弥补文本中的空白。由于图式代表个体的知识库，它们往往具有文化和时间上的特异性，通常被看作由给定或假设的社区的原型成员（prototypical members）共享的知识的集体存储。具体来说，图式通常被用作广泛知识结构的上级标签，包括框架、场景、脚本和计划，因此也被用作"框架"的同义词，指的是对对象、场景或情况的心理表征。② 例如，餐厅图式（框架）包含餐厅类型、餐厅内可以找到哪些对象等信息。术语"场景"有时也用于情景知识。"脚本"是一个按时间顺序排列的模式。它描述了人们对"定义一个众所周知的情况"的以常规目标为导向的事件序列的知识，餐厅脚本包含关于点餐、支付账单等操作和序列的知识。③ 除了一系列事件之外，大多数脚本还有更多的"插槽"来描述脚本中的"角色"（顾客、服务员、厨师等）、脚本中的"道具"（菜单、桌子、食物、钱、账单等）、"进入条件"（顾客饿了、餐馆有食物等）和"结果"（顾客不再饿了、餐厅食物减少了等）。"计划"包括关于实现目标所需的一系列行动的知识，并用于没有足够脚本的非陈规定型情况。

研究发现，独立的语义元素（从一阶到二阶）的整合会形成统一的心理表征，这个发现为我们理解如何连接和合成事物奠定了基调。然而，图式的认知表征的有效性

---

① OERS B V. Contextualisation for abstraction [J]. Cognitive Science Quarterly, 2001, 1 (3-4): 288.
② HÜHN P, MEISTER J C, PIER J, SCHMID W. Handbook of Narratology [C]. Berlin: De Gruyter, 2014: 756-757.
③ SCHANK R C, ABELSON R P. Scripts, plans, goals and understanding: an lnquiry into human knowledge structures [M]. New York: Psychology Press, 1979: 422.

取决于将所有元素结合在一起的线索和规则。因此，信念和图式是知识创造的关键要素。虽然信念是人类经验中最基本的模块，但图式是在一系列经历之上建立起来的复杂结构，这些经历逐渐形成对现实状况进行评估的模板（template）。因此，图式是包含情感、动觉、嗅觉、感觉、生理、神经和认知过程细节的记忆。它是个人如何看待自己、世界和他人的模板。当人们从事不同的活动或遇到不同的事件时，不同的刺激流会根据信念进行评估。对于每个任务组件，我们都积累了经验，这些经验最终会影响我们思考和执行的方式，并且会逐步在组块库中收集大量组块，这些组块会影响行动者的专业水平。[1]

认知和运动技能都是体验性的，其中的心理体验涉及智力和意识方面。我们将其视为思维、感知、记忆、情感、想象和所有无意识认知过程的组合。这种体验是主观的，因为它涉及个人在意见和感知上的主观状态。因此，对现实事件或情况的行动或反应也是主观的。

就知识创造而言，体验因素显得特别重要。杜威认为，体验是生活的实际过程和结果。体验是个体与环境及其产物的持续交易和相互形成。因此，体验同时是一个过程和一个产品，或者是过程的结果。体验发生在环境中，并因环境而发生，不应与对概念的日常理解混淆，即将其视为内在的、个人的早期经验的储存库。对杜威来说，体验是一系列相互联系的有机协调，它是交易或关系，是个人和环境的持续形成。[2]

威德（Weed，2003）的看法代表了一些哲学家的认知观。她认为，知识创造是两个辩证互动的思维过程（即合成、实践）的结合，例如，与具体经验（现实世界、实践、工艺性经验）和逻辑抽象思维过程直接相关的过程。而知识和认知是在两个互动的思维过程中发展起来的。一方面，在与现实世界直接接触的过程中，人们通过动觉、听觉、意象和概念性体验来收集经验，其目的是赋予术语含义、意义和名称，并理解体验。对威德来说，感觉是第一人称的单一意义和公共的"第三领域"思想之间的桥梁。感觉使人们能够讨论他们的经验，并开始理解所听到和读到的东西。另一方面，认识可以被认为是两个相互关联的人类过程的结合，如在现实世界中的认识（对象定位）和对世界的认识（属性归因）过程的结合。威德认为，"从世界到思想"和"从思想到世界"的思维过程是不同的，但两者都是创造新知识所必

---

[1] BOLADE S. Psycho-cognitive model of knowledge creation theory [J]. Journal of Information & Knowledge Management, 2022, 21 (1): 9.
[2] ELKJAER B. Organizational learning: the "third way" [J]. Management Learning, 2004, 35 (4): 423-424.

需的。她认为没有体验互动，认知就没有内容。① 雅库比克很赞同威德的观点，认为只有理解这两个过程的结合或综合，才能更好地理解知识创造。理解知识创造的一种可能性尝试是，让一位知识活动家取代被动的观察者，通过积极地参与这些"杂乱的"和非常人性化的过程来寻求理解变化的世界。②

从认知心理学的角度来看，体验是知识创造的构成要素。根据奥伯拉尔和海因（Oberauer and Hein，2012）的研究结果，在工作记忆的信息处理过程中，人们会有选择性地注意信息，以维持工作记忆的内容。工作记忆的两个从属系统的支持组块负责临时存储，同时维护一些其他任务。但它们是由中央执行系统进行协调和控制的。此外，中央执行系统被认为是一种注意力控制机制。它负责将注意力集中在重点任务上，如果需要同时执行两个任务，那么它会划分注意力，并在不同的过程之间切换注意力。③ 因此，一般智力是一种知识储备，是一种获取、检索、组合、比较和使用（在新环境中）储存在记忆中的信息和概念技能的能力。④

4. 概念化

著名经济学家熊彼特将理论建构程序分为三个阶段：洞察阶段、概念化阶段及模型建构阶段。概念是建构理论的基础，没有概念就难以形成理论。正如社会学家杜甘（Dogan）所言：概念向来被认为是知识的基础。康德（Kant）则认为，所有的知识都来自微妙的自觉与概念之间不可分解的连接；没有概念的直觉是盲目的，没有直觉的概念是空洞的。⑤ 概念是所有同一基因的客体的表征，它来源于事实，也是对事实的抽象。概念是抽象的思想，将特征延伸到所有同类的客体上。概念必须立足于事实，它是对事实的概括、提炼和抽象。形成概念需要观察，需要对事实有整体的认识和把握。但是仅有观察不足以形成概念，还需要研究者将观察的事实进行综合、抽象，予以表述，即便是最具体和最个人化的知识也是通过概念抽象得来的。显然，概念化是知识创造的机制，也是知识创造的基础。⑥

---

① WEED L E. The Structure of thinking: a process-oriented account of mind [M]. Exeter, UK: Imprint Academic, 2003: 13, 143.
② JAKUBIK M. Becoming to know. Shifting the knowledge creation paradigm [J]. Journal of Knowledge Management, 2011, 15 (3): 385.
③ OBERAUER K, HEIN L. Attention to information in working memory [J]. Current Directions in Psychological Science, 2012, 21 (3): 164 – 169.
④ HUMPHREYS L G. The construct of general intelligence [J]. Intelligence, 1979, 3 (2): 115.
⑤ 杜甘. 国家的比较：为什么比较，如何比较，拿什么比较 [M]. 文强, 译. 北京：社会科学文献出版社, 2010: 27.
⑥ 邓大才. 概念建构与概念化：知识再生产的基础：以中国农村研究为考察对象 [J]. 社会科学研究, 2011 (4): 90.

布拉滕和斯特罗姆索指出,"我们已经知道的"是理解的模型和意义的关键构建因素。因此,工作记忆使用线索将核心组块与长期记忆中的图式联系起来有助于调用组块库的元素。研究表明,那种更高层次的、有意识的组织和思想整合允许对结构要素进行进一步分析。它提供了一个机会来发展一种深刻、有意义的心理表征。在这一点上,学者们已经考虑了图式之间的关联和主题相似性,并对之进行了新的分类,以反映和体现每种程序模式的结果。例如,对理解模式的解释很可能揭示了行动阶段产生的情感的可表达性和黏性。而情境化模式先将焦点感受或信息映射到已有的感受或信息上。然后,它绘制出涌现的图式,并随后使用独特的关联属性将它们排列起来。然而,过量的图式可能会被阻塞。为此,图式在概念化模式下需要进行进一步的评估。这将引发主题在多个维度上的发现,如触知性与明确性、程序性和陈述性、先验和后验等维度属性上的发现。①

来自教育心理学领域的研究证据证明,概念化阶段进一步考虑了图式中组块的简单模式。对多文档理解的研究涉及意象、视觉空间表征和视听材料的文本之间的影响,学者们发现了由它们组合而成的创造性图案和符号。斯特罗姆索等人认为,这一过程会导致记忆中多次出现相似的现象。由此产生的心理模型的认知结构与新学习的材料有一定的联系,然后这些材料会经历心理转变。布拉滕等人甚至认为,构建－整合模型(construction-integration model)允许构建多个层次的心理表征。因此,这种心理综合包括比较、对比和相互关联等连接策略。这是一个创造性的过程,它允许个体在心理上进行操纵,也就是说,将元素重组为可行的模式或结构。它还将复杂的想法和分类组件(组块和图式)转化,产生新功能整体的心理图像。②

对于个体知识的创造,博拉德(Bolade,2022)认为,在最基本的层次上,每个人生来都是初学者。因此,初学者主要依靠他们的信念系统来解释活动和环境产生的刺激。这就形成了他们对主题的理解。但由于初学者在这方面缺乏足够的经验,他们没有现成的图式可以与之联系在一起,无法综合出一个可行的概念。然而,经过初次接触后,经历构成了图式的一部分,它将被存储在记忆中以供将来参考。随后,他们会在辅助存储器中为每一种新遇到的主题创建一个新的图式。但是,当第二次遇到同样主题的任一问题时,信念系统就变得不那么重要了。先前经验(图式)的丰富性有助于将当前的想法内容与更适当的情境和二者之间的相关性联系起来。在这个层次上,图式库

---

① BOLADE S. Psycho-cognitive model of knowledge creation theory [J]. Journal of Information & Knowledge Management,2022,21(1):11.
② 同上。

得到了加强，为有意义的概念开发提供了空间。而且，当遇到同一主题的次数增加时，信念系统的作用就会减少，而图式存量则会增加。这为对概念（知识）进行可行的评价和新颖的综合奠定了基础。随着时间的推移，各种主题的经历越来越多，初学者的不成熟度下降，而专业知识会增加。由此，知识储备在种类上和质量上都会有所增加。①

（二）组织知识创造的涌现

组织知识是组织中所有成员共享的个体知识，而组织是知识整合的机构。虽然组织知识的涌现和个体知识的涌现是不同的，但也是相互依存的。

1. 主体间性

斯特恩（Stern，2005）认为，主体间性是一种分享、了解、理解、移情、感受、参与、共鸣和进入他人真实主观体验的能力。它是解读诸如姿势、语调、言语节奏、面部表情以及言语内容等明显行为的一种思维方式。② 而利戈里奥（Ligorio）等人则将主体间性定义为知识创造，即从不同的角度获得了新的理解。

奥唐奈和撒普（O'Donnell and Tharp，2012）提出，主体间性是参与协作互动的人们之间分享经验的结果，分享内容包括他们的历史、价值观、思想、情感和对世界的解释。主体间性是提供他们生活意义的心理共性（psychological commonality）。主体间性并不意味着一致性，因为人们之间总是会存在技能、思想、经验和情感上的差异性。由于主体间性与社区意识的概念有关，它有助于有效沟通。人们的主体间性水平越高，对主体间性发展的活动环境产生归属感或社区意识的可能性就越大。另外，主体间性也与社会网络有关。而社会网络是在部分成员重叠的活动环境中形成的，显然，在网络中的人们拥有的共同经历（包括语言和文化传统）越多，他们就越容易、越可能发展主体间性。③ 冯·克罗和鲁斯（Von Krogh and Roos，1995）提出，将个体主观知识转化为组织知识的一个条件是，对在团队或组织内被普遍接受的东西进行调解。④ 从认识论的角度来看，主体间性是这种中介作用的基础。根据强调沟通和互动的

---

① BOLADE S. Psycho-cognitive model of knowledge creation theory [J]. Journal of Information & Knowledge Management，2022，21（1）：14.
② PERSON E S，COOPER A M，GABBARD G O. The American psychiatric publishing textbook of psychoanalysis [C]. Washington DU：American Psychiatric Publishing，2005：78.
③ O'DONNELL C R，THARP R G. Integrating cultural community psychology：activity settings and the shared meanings of intersubjectivity [J]. American Journal of Community Psychology，2012，49：23-24.
④ VON KROGH G，ROOS J. A perspective on knowledge，competence and strategy [J]. Personnel Review，1995，24（3）：63-64.

社会建构主义，主体间性构成了一种社会意义，需要处在不同层次的组织内部成员参与。因此，主体间性有助于那些在一起生活和工作的人们交流和分享知识与经验，最终促进组织知识的创造。

卡莱尔（Carlile，2004）将组织知识生成所需的复杂沟通分为三个层次：语法共享、语义共享和语用共享。[①] 语法共享层次类似于信息处理，会回忆起认知视角。这一层次使用了知识转移的概念（即组织中的知识运动），并侧重于知识的存储和检索。然而，这种程度的共享并不能充分表达复杂现象之间的差异和依赖性，这可能在遇到新的情况时造成问题。因此，当一个新的环境或问题在组织中的行动者之间造成差异或误解时，就会触发语义共享层次。当环境提出新的需求时，在术语、度量或性能方面的解释性差异可能会限制成员之间进行有效的知识转移。语义共享层次强调不同的成员或群体通过试图创造共同的意义来解决这些差异的机制或协调意义上的差异。当成员之间在新情况下出现利益冲突并需要解决时，就触发了语用共享或实践性的层次。在这种情况下，应将特定领域的专门知识转化为组织知识，以协调相互竞争的利益。[②]

2.组织意义建构

在探讨个体知识创造的涌现内容时，我们论及了意义建构在当中产生的作用。同样，对于组织知识创造的涌现，组织层次上的意义建构也起着重要的作用。因为意义建构既是个体学习的渠道，也是组织学习的渠道。

在组织中，人们会有意识或无意识地了解组织中发生的事情。韦克（Weick，1995）认为，即使表达方式不同，意义建构也可以被认为是一个将新信息融入一个人的认知系统的过程，这是一个组织中共享知识形成的过程。[③] 因此，意义建构指的是根据成员分享、交流和修改有关其主观知识的情况和问题，创造出对一个组织的理解和组织共同的意义。当人们遇到模棱两可的情况时，他们通过寻求他人的解释来减少歧义，这表明组织意义建构涉及主体间性。因为知识不能与拥有它的人分开存在，所以组织知识的创造应该从成员的互动和意义建构活动中产生的主体间性的角度来研究。

组织意义建构的定义是扫描、解释和作用于组织信息的相互作用。它不仅允许个体之间的信息收集，还允许跨组织的多层整合知识以及嵌入知识，这涉及个体和组织的创作式创造。因此，组织意义建构包括创建基于个体对其所处环境的解释的组

---

① CARLILE P R. Transferring, translating, and transforming: an integrative framework for managing knowledge across boundaries [J]. Organization Science, 2004, 15 (5): 555.
② AHN J S, HONG A J. Transforming I into we in organizational knowledge creation: a case study [J]. Human Resource Development Quarterly, 2019, 30 (4): 567.
③ WEICK K E. Sensemaking in Organizations [M]. London: Sage, 1995: 81.

织知识。[①] 同时，组织意义建构不仅包括简单的意义解释和创造意义，还包括组织成员解释其情况的过程。此外，虽然成员可能会根据他们的具体环境对问题产生不同的理解，但产生的组织知识却是基于一种共识理性的，这种理性对所有相关成员来说都是共同的（这点与实证主义的观点不同）。换言之，最优决策不是在完全信息和事实的基础上实现理性决策，而是在现实生活中能够收集到的有限信息和事实的基础上实现决策。因此，组织意义建构的概念符合社会建构主义关于组织知识创造的观点。[②]

3. 共享心智模式

心智是对包含人类智力因素（感觉、知觉、表象、思维等）和非智力因素（情感、情绪、意志、动机、信念等）在内的全部精神活动的统称，其中智力因素构成知识创造活动的基本内容。在心智系统中，智力和非智力两类因素相互对立、相互统一，共同构成完整的、现实的主体心智结构。[③]

心智模式是指深植于我们心中的关于我们自己、他人、组织以及世界每个层次的假设、形象和故事。它不仅决定我们如何认识周边世界，并且影响我们如何采取行动。人们行为的差异，就是不同的心智模式引导下的结果。心智模式的形成受到来自遗传、经历、教育等各方面因素的深刻影响，它主要发挥描述外界环境、解释周围现象、预测未来可能性、选择行动策略的功能。心智模式会影响我们看待问题的视角，而从不同的视角出发会得出不同的判断和结论。同时，心智模式是信息流的一个过滤器，它影响我们对外界信息的获取。人总是处在一定的组织当中，不断与外界进行信息交流，组织也需要与外界进行信息交流及获取。此外，心智模式是我们行为的先导。色瑞（Seri）认为心智模式是作为人脑中的一个评价功能而工作，它会重新描述和选择环境的刺激，并形成世界状况的心智图像，然后再确定其行为。[④]

知识是分散的，组织内的每个员工都是组织知识的提供者和真正载体。组织知识的创造既是个人行为又是组织行为，组织知识的创造活动离不开员工之间的知识分工与协作，只有在组织提供的内、外部互动情境中，组织知识的创造才能顺利完成，而共享心智模式则为协调组织的知识活动提供共有知识。所谓共享心智模式，是把个体

---

① MOON H, RUONA W, VALENTINE T. Organizational strategic learning capability: exploring the dimensions [J]. European Journal of Training and Development, 2017, 41 (3): 225.
② AHN J S, HONG A J. Transforming I into we in organizational knowledge creation: a case study [J]. Human Resource Development Quarterly, 2019, 30 (4): 568.
③ 戈黎华. 企业知识创造路径探讨：基于共享心智模式的分析 [J]. 科学学与科学技术管理, 2008 (6): 94.
④ 周立军. 心智模式与知识创造：一个认知的视角 [J]. 科技管理研究, 2010, 30 (12): 227-228.

心智模式的概念延伸至企业组织层次的产物，是对组织成员共有知识和非智力因素系统的一种表达，是一种虚拟的、以共有知识为主要结构的自组织系统。共享心智模式具有可以使团队成员在工作过程中对问题的界定、对情境采取的反应以及对未来的预期表现出协调一致性的功能。企业是各种知识和知识系统的集合，知识可以划分为战略性知识、陈述性知识、程序性知识和策略性知识，这些知识要素分布在企业的各个知识系统中，而共享心智模式本身就是一个认知系统，为个体提供运用知识和创造知识的共同知识基础与心智背景。只有在共有知识的统领下，企业的知识运用和知识创造活动才会目标一致，才有利于企业的"能量"聚焦，才能形成企业良好的知识分工和协作秩序，从而有效地配置企业资源。[1]

4. 组织信任

学术上，信任有多个不同的定义。比如，信任是一个人对另一个人的未来行为可能是有益的、有利的，或至少不会损害自己利益的可能性的期望、假设或信念；[2] 信任是基于共同的准则和价值观，对常规、诚实和合作行为的期望；[3] 信任是指在风险交易情况下，委托人对受托人的善意和可靠性持积极态度的程度；[4] 信任是一种心理状态，包括基于对他人意图或行为的积极预期而接受脆弱性的意图；[5] 信任存在于不确定和有风险的环境中，它反映了可预测性的一个方面，也就是说，它是一种期望。[6] 迈耶等人（Mayer et al., 1995）提出的信任定义是最常用的定义之一，即一方当事人愿意因另一方当事人的行为而受到损害，因为他们期望另一方当事人将执行对委托人而言重要的特定行为，而不管是否有能力监督或控制另一方。[7]

---

[1] 戈黎华. 企业知识创造路径探讨：基于共享心智模式的分析 [J]. 科学学与科学技术管理，2008 (6)：95.

[2] ROBINSON S L. Trust and breach of the psychological contract [J]. Administrative Science Quarterly, 1996, 41 (4): 576.

[3] FUKUYAMA F. Trust: the social virtues and the creation of prosperity [M]. New York: Free Press, 1995: 26.

[4] DAS T, TENG B S. Between trust and control: developing confidence in partner cooperation in alliances [J]. Academy of Management, 1998, 23 (3): 494.

[5] ROUSSEAU D M, SITKIN S B, BURT R S, et al. Not so different after all: a cross-discipline view of trust [J]. Academy of Management Review, 1998, 23 (3): 393-404.

[6] BHATTACHARYA R, DEVINNEY T M, PILLUTLA M M. A formal model of trust based on outcomes [J]. Academy of Management Review, 1998, 23 (3): 461.

[7] MAYER R C, DAVIS J H, SCHOORMAN F D. An integrative model of organizational trust [J]. Academy of Management Review, 1995, 20 (3): 712.

卢梭（Rousseau）等人指出，信任的不同定义之间具有一些共性，即：风险；期望或信念；愿意将自己置于风险之中，并假设和期望自己不会受到伤害。也就是说，信任有以下三点共同特征。第一，对另一方的信任反映了一种信念，即相信对方会仁慈地行事。第二，一方不能强迫另一方实现这一期望；因此，信任意味着愿意变得脆弱，并冒着承受对方可能无法实现善意行为预期的风险。第三，信任涉及当事人之间的依赖，这意味着一方当事人的履行受到另一方当事人履行的影响；为此，组织信任可以被看作是一方，即委托人（用人机构），对另一方，即受托人（如员工）所持的一种态度。布伦奇（Brenkert，1998）支持信任是一种态度的观点，他指出，在各种各样的讨论中都应将信任理解为一种态度。[1] 从这个角度来看，组织信任是指管理者在风险情况下对员工的可靠性和善意持积极态度的程度，反之亦然。[2]

信任可以促进信息和知识共享。信任关系导致委托人和受托人之间产生更多的信息交换，信任是个人决定分享知识的关键因素。麦克内什和曼恩（Mcneish and Mann，2010）认为，信任是组织中支持知识共享的组织文化、社会过程、以往的知识共享经验和外部激励等因素之一。[3] 莱文等人指出，如今，一个组织的成功比以往任何时候都更依赖于其有效和高效地创造和分享知识的能力。作为关系的核心特征的人际信任，可以促进组织网络中有效的知识创造和共享。研究表明，信任会增加企业整体的知识交流，降低员工知识交流的成本，并提高从同事那里获得的知识被充分理解和吸收，从而被人利用的可能性。[4]

一些学者从实证上检验了信任对信息或知识共享的影响。比如，纳尔逊和库普里德（Nelson and Cooprider，1996）就信任对知识共享的影响进行了实证检验，结果表明了信任可以通过知识共享来影响团队绩效，同时，信任还可以让员工分享他们的想法；[5] 莱文（Levin et al.，2003）等人通过调查研究了基于能力和仁慈的信任对信息共享的影响，他们的研究表明，当知识接受者同时基于能力和仁慈信任知识来源时，知

---

[1] BRENKERT G G. Trust, morality and international business [J]. Business Ethics Quarterly, 1998, 8 (2): 295.

[2] LÄMSÄ A M, PUČETAITĖ R. Development of organizational trust among employees from a contextual perspective [J]. Business Ethics: A European Review, 2006, 15 (2): 131.

[3] MCNEISH J, MANN I. Knowledge sharing and trust in organizations [J]. The IUP Journal of Knowledge Management, 2010, 8 (1&2): 20.

[4] LEVIN D Z, CROSS R, ABRAMS L C, LESSER E. Nurturing interpersonal trust in knowledge sharing networks [J]. Academy of Management Perspectives, 2003, 17 (4): 64-65.

[5] NELSON K, COOPRIDER J. The contribution of shared knowledge to IS group performance [J]. MIS Quarterly, 1996, 20 (4): 424.

识交流会更加有效。当知识的状态是经验性的、难以验证的或隐性的时候,它将涉及更大程度的基于能力的信任而不是基于仁慈的信任。当知识是更加有形的或可被编纂的时候,基于仁慈的信任会对交流产生更大的影响。[1]

由于知识创造本身就是一种风险活动,创造知识就必须有一种安全的氛围和积极的期望,这种氛围是信任所带来的,它会刺激创造性行为。在不信任的情况下,人们会倾向于保护自己和对自己有价值的知识,这将会阻碍知识的转移。在这方面,埃德蒙森(Edmondson)的一项调查发现,心理安全(一种类似于信任的结构)意味着反思,反思会导致新想法和新知识的产生。同时,纳比特(Nahapiet)和戈沙尔(Ghoshal)从社会资本理论的视角揭示了信任是激励各方进行资源组合或交换的前提条件,认为信息和知识可以被解释为资源的一部分。这一命题的基本逻辑在于,信任程度越高,个人就越有可能调动信息资源,并在创造新知识方面表现得更好。[2]

此外,信任被认为是发展组织间关系的一个重要前提,它可以促进组织间的知识交流。信任也是一种社会现象,它使组织之间的合作成为可能。在企业间网络等现代组织形式中,信任被视为一种重要的控制机制,通常被认为是促进企业间知识交流的手段。

5. 组织学习

费奥尔(Fiol)和莱尔斯(Lyles)采用认知学习方法,将组织学习定义为知识的变化。莱维特和马奇认为,经验是组织惯例的基础。胡贝尔(Huber)将组织学习定义为组织中与经验相关的潜在行为范围的变化。还有研究人员研究了组织绩效的变化,这些变化是作为组织学习指标的经验的函数。这些定义所共有的核心要素是,组织学习是组织中的一种变化,它是经验的函数。尽管这些定义对于变化发生的地方持不同的观点,但大多数观点中的变化都可以被归类为概念化的变化,即变化发生在组织的认知或知识、惯例、实践、实践绩效中。因此,阿戈特和托多罗娃(Todorova)将组织学习定义为组织中的一种变化,这种变化是经验的函数。这种变化可以以多种方式反映出来,最突出的是组织知识、惯例或绩效的变化。[3] 泰晤士和韦伯斯特(Thames and Webster,2009)将组织学习定义为一种利用

---

[1] LESSER E, PRUSAK L. Creating value with knowledge: insights from the IBM institute for business value [M]. Oxford: Oxford University Press, 2004: 36-42.
[2] SANKOWSKA A. Relationships between organizational trust, knowledge transfer, knowledge creation, and firm's innovativeness [J]. The Learning Organization, 2013, 20 (1): 89.
[3] HODGKINSON G P, FORD J K, COOPER C, et al. International review of industrial and organizational psychology 2007, volume 22 [C]. New Hoboken, US: John Wiley & Sons, 2007: 193-194.

知识使组织能够学习并有效地适应其所在环境变化的能力。①

学术上，组织学习和组织知识创造通常是研究的两个独立主题，学者们往往会在文献中"遗忘"它们之间的联系，这一方面是因为他们在研究二者时分别致力于不同的思想流派，另一方面是因为他们发现很难调和二者关于知识、信息、环境和学习的基本假设。然而，在复杂而混乱的组织现实中，组织学习与组织知识创造必然是相互依存的。原因在于，组织学习是组织增强其行动能力的过程，而行动能力又以知识为前提，知识在增长时又会提供新的选择。因此，组织学习是一个动态的过程，即创造知识，并将其转移到需要被使用的地方。组织知识创造需要使个人创造的知识可用，在社会环境中放大它，并有选择地将它与组织中已有的知识联系起来。②

克罗森等人（Crossan et al., 1999）认为，组织学习是实现企业战略更新的主要手段。它是一个动态的过程，随着时间的推移发生在三个层次上：个体、群体和组织。他们认为，组织学习与四个微观过程相关：直觉（intuiting）、诠释（interpreting）、整合（integrating）和制度化（institutionalizing），即4I框架。③作为对克罗森等人的补充，阿戈特提出，组织学习过程可以通过三个部分来理解：知识创造、知识保留和知识转移。根据这个观点，组织学习首先发生在个体成员将新知识嵌入数据库、工具、惯例、社交网络和交互记忆系统等各种存储库的过程中。在此基础上，布里克斯（Brix, 2017）提出了一个组织学习与知识创造的整合框架（见图7-10）。

根据克罗森（Crossan et al., 1999）等人的观点，直觉是对个人经验流中固有的模式或可能性的先入为主的认知。诠释是通过言语或行动向自己和他人解释一种见解或想法。这一过程从孩童学说话前的阶段持续到言语阶段，最终导向语言的发展。整合是个人之间发展共同理解和通过相互调整采取协调行动的过程。对话和联合行动对于发展共同理解至关重要。整合这一过程最初将是临时的和非正式的，但如果协调一致的行动是经常性的和重要的，它将制度化。制度化是确保惯例行动发生的过程，它定义了任务，指定了行动，并建立了组织机制，以确保发生某些行动。制度化是将个人和群体的学习融入组织的过程，包括系统、结构、程序和策略。直觉、诠释、整合和制度化这四个学习过程会在三个层次上运行。由于流程自然地从一个流程流向另一个

---

① THAMES R C, WEBSTER D W. Chasing Change [M]. Hoboken, US: John Wiley & Sons, 2009: 122.
② LYLES M A. Organizational learning, knowledge creation, problem formulation and innovation in messy problems [J]. European Management Journal, 2014, 32 (1): 132-133.
③ CROSSAN M M, LANE H W, WHITE R E. An organizational learning framework: from intuition to institution [J]. Academy of Management Review, 1999, 24 (3): 522.

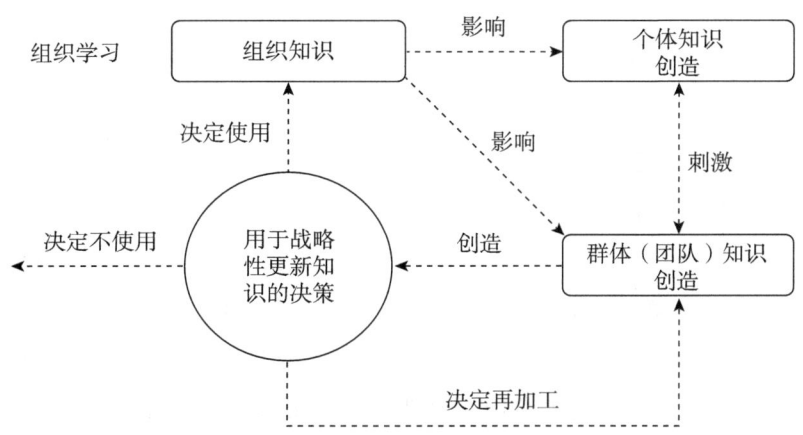

图 7-10 组织学习与知识创造的整合框架

资料来源：BRIX J. Exploring knowledge creation processes as a source of organizational learning: a longitudinal case study of a public innovation project[J]. Scandinavian Journal of Management, 2017, 33(2): 116.

流程，因此很难精确定义一个流程的结束位置和下一个流程的开始位置。很明显，直觉发生在个体层次，制度化发生在组织层次。然而，诠释是个体和群体层次的桥梁，而整合则是群体和组织层次的纽带。[①]

为此，布里克斯认为，直觉和诠释过程创造个体知识，诠释和整合新知识创造群体（团队）知识，整合和制度化新知识创造组织知识，这样便形成了组织学习发生的基础。这种学习和知识创造在不同聚合层次上的划分也表明，组织学习不能仅因为组织成员创造了新知识并因此获得了更多的知识就得到保障。总之，知识是通过学习过程创造的，同样的知识会影响不同聚合水平上的学习。

在组织学习与知识创造关系的模型中，重要的是要理解作为情境的组织是如何启用或禁用战略性更新过程的。知识创造学者也强调语境的重要性，认为它是一个极具影响力的因素。在知识创造过程中，最高管理层必须创建一个赋能的环境，激励员工分享、获取新创造的知识，并将其嵌入组织的文化和集体知识中，从而启动组织学习与知识创造过程。合适的领导风格和激励结构将会促进知识创造以及群体（团队）成员之间、群体（团队）成员和决策者之间的知识交换行为，反之亦然。而明确的战略焦点对于组织层次和个体以及群体（团队）操作的微观层次都很重要，会直接影响到员工和管理者的行动和行为。

---

① CROSSAN M M, LANE H W, WHITE R E. An organizational learning framework: from intuition to institution[J]. Academy of Management Review, 1999, 24(3): 525.

布里克斯还认为，战略性更新的情境取决于现有的组织知识。在集体知识创造和转化过程中，组织知识既影响作为知识创造者的个体，也影响单独的群体（团队）。图7-10表明了个体知识创造会刺激群体（团队）知识创造，反之亦然。在群体（团队）知识创造环境中，重要的是理解知识是如何被创造出来的，以及如何作为一个迭代过程转化为可传播给相关决策者的战略性更新的知识。根据图7-10，组织学习首先发生在对用于战略性更新知识的决策作出决定时。这个决定可以分为三类：①不使用新知识的决定；②要求群体（团队）对新知识进行再加工（rework）和改进的决定；③使用新知识并将其作为组织知识的新的或改进的一部分加以实施的决定。在组织中作出以上哪种正式决定，取决于组织主动吸收新知识进行战略性更新的准备程度。或者，它取决于决策者评估新知识的使用是否会导致组织或其产品（服务）处于与现有活动相比更为劣势地位的能力。[1]

布里克斯（Brix，2017）提出的框架，将知识创造和组织学习作为组织环境中发生的两个不同过程进行了明确区分和整合。在这种情况下，知识创造是一种与内容创造相关的迭代式个体和群体（团队）活动。而组织学习则是一个能够在相同背景下传播和潜在再创造新知识的过程。内容和过程可以使已建立的组织持续相关，因为这些视角可以解释战略性更新的内容、地点、方式和原因。在此基础上，布里克斯提出了一个可以用来统一和研究组织学习和知识创造这两种理论建构的工作定义（working definition）：组织学习是为战略性更新创造新知识并将其传播到相关地方以便被使用、再加工或拒绝的过程。这一工作定义的一个重要部分是刻意关注拒绝使用新知识的决定，因为它也代表了组织学习中的一个关键过程。对于综合框架的创建，布里克斯特意强调了"战略性"一词，因为并不是所有寻求更新的项目都一定是"战略性"的。同时，这也因为布里克斯不希望限定框架的潜在用途，以便于探索对小规模改进的解释。[2]

---

[1] BRIX J. Exploring knowledge creation processes as a source of organizational learning: a longitudinal case study of a public innovation project [J]. Scandinavian Journal of Management，2017，33(2)：116-117.

[2] 同上。

后　记

现在，我终于有一种如释重负的感觉了，因为我的专著稿件已经可以定稿了。

从 2010 年起，我就开始关注有关企业竞争优势的话题，陆陆续续写了一些这方面的文章，发表了一些相关方面的论文，并于 2016 年 7 月出版了《企业竞争优势的构建与提升：理论及案例研究》一书。在撰写该书的过程中，我偶然从英文文献中发现有学者从微观基础的视角研究战略管理问题，从此，我便对该领域的研究产生了兴趣。自从该书出版后，我便投入大量时间和精力去查找关键词为"微观基础"，并涉及企业竞争优势或企业战略的学术文献，并对这些文献爱不释手。在收集与研读文献的过程中我发现，战略管理微观基础理论起源于西方，虽然它产生的时间不长，但近年来，已有越来越多的学者投入其中，从学术成果来看，它的发展势头比较迅猛，可见发展前景非常广阔。

由于上述原因，战略管理微观基础的文献大多是英文文献，而中文文献相对较少。于是，出于爱好，我也萌生了撰写一部这方面著作的想法，并想将之命名为"企业竞争优势来源之微观基础研究"。显然，撰写这部著作，对于我来说，难度非常大。但当我了解到国内尚缺乏这方面的著作时，一种责任感油然而生，出书的信念更为坚定。经过五年多的艰苦努力，这本专著终于定稿，梦想成真之时，喜悦之情，溢于言表。

当然，本书的出版并不仅仅是个人的功劳，它浸透了许多人的心血和汗水，如果没有他们的付出，要完成并出版这部著作或将不能实现。本书在撰写过程中参考了大量的学术文献和相关资料，并借鉴吸收了其中有益的理论观点和学术成果。本书得到了单位有关部门领导的大力支持和帮助，尤其是得到了"惠州学院创新团队发展计划"资助。同时本书得到了北京大学出版社的领导和编辑老师的关心和支持，对于我来说，这是一种极大的鼓励。对此，我谨在这里向以上单位和个人表示衷心的感谢！

顺便想提及的是，本书从资源、人力资本、企业能力、动态能力、知识创造等五个方面探讨了构成企业竞争优势来源的微观基础，其实，企业竞争优势的来源，除了这五个因素外，还有其他一些因素，比如，技术创新、企业文化、商业模式、企业制度、社会责任等,这些因素的微观基础也值得我们去探索。这或将成为我们下一步的努力方向,希望有更多的国内学者加入战略管理微观基础的研究领域中来,为该领域的学术发展作出积极的贡献。

杨 荣

2022 年 9 月